KB050874

피싱

인간과 바다 그리고 물고기

FISHING
How The Sea Fed Civilization

피싱

Fishing

인간과 바다 그리고 물고기

브라이언 페이건 지음 | 정미나 옮김

을유문화사

피싱

인간과 바다 그리고 물고기

발행일
2018년 6월 30일 초판 1쇄
2018년 7월 20일 초판 2쇄

지은이 | 브라이언 페이건
옮긴이 | 정미나
펴낸이 | 정무영
펴낸곳 | (주)을유문화사

창립일 | 1945년 12월 1일
주소 | 서울시 마포구 월드컵로16길 52-7
전화 | 02-733-8153
팩스 | 02-732-9154
홈페이지 | www.eulyoo.co.kr

ISBN 978-89-324-7383-3 03900

(Staten Museum for Kunst/ SMK Foto)

〈보트 옆의 두 어부〉, 마카엘 앙케Michael Ancher, 1849~1927의 1879년 작품

저자의 일러두기

연대

모든 연대는 방사성 탄소 연대 측정법에 따른 역법의 연대에 의하여 서기, 기원전, BP를 기준으로 표기한다. 기원전 1만 년 전의 연대는 편의상 BP나 '○○○년 전'으로 인용한다.

지명

현대 지명은 오늘날 가장 통상적으로 쓰이는 철자에 따라 표기한다. 다만, 그러는 편이 적절한 경우에는 널리 통용되는 고대식 표기를 따른다.
이란이나 페루처럼 오늘날 현대 국가에 자리 잡은 지역을 가리킬 때는 편의상 '현재 ○○○' 지역이라는 문구를 별도로 붙이지 않았다. 굳이 덧붙이지 않아도 될 만큼 뻔한 얘기지만, 현대 국가의 명칭 상당수는 최근에 지어진 것이다.

단위

모든 단위의 표기는 오늘날 과학적 통례인 미터법에 따른다.

취미 생활로의 낚시

이 책에서 한정된 지면상 취미 생활로의 낚시에 대한 역사는 다루지 않았다. 파라오 시대부터 시작되었던, 아니 어쩌면 그보다 앞설 수도 있는 그 흥미로운 역사는 아쉽지만 다루지 못했다.

지도

경우에 따라 위치가 불분명한 곳이나 군소 지역 또는 현대 도시에 속하거나 아주 근접지에 드는 지역은 지도에서 생략했다.

서문

내가 물고기를 좀 잡아 봤다고 내세울 만한 자랑거리라곤 수 년 전에 잉글랜드의 어느 잔잔한 개울에서 손으로 잡은 송어 말고 없다. 낚싯대를 잡아 본 경험도 아홉 살 때뿐이다. 그때 친구들과 동네 인근의 작은 강으로 몰려가서 되든 말든 무작정 낚싯대를 던졌는데, 결국 뱀장어밖에 못 잡았다. 한때 뱀장어는 식탁에 자주 오르던 생선이었지만, 우리 어머니는 징그럽다며 질색했다. 나는 맛있는 생선 요리를 누구 못지않게 즐겨 먹고 있지만, 그 유명한 아이작 월턴Izaak Walton, 1593~1683•이 말한 "낚시의 예술The Art of Angling"을 그다지 즐기지 않는다. 워낙에 인내력도, 주의력도 없어서다. 낚시를 취미 삼아 즐기려면 인내력과 주의력이 필요한데, 그런 것

• 영국의 수필가. 크롬웰 정권 아래에서 왕당파였던 그는 당시의 내란을 외면하고 전원으로 도피하여 낚시질을 하면서 한가로운 생활을 보냈다. 그가 쓴 『조어대전*The Complete*』(1653)은 영국의 대표 수필 문학으로 꼽힌다.

들은 내가 그저 우러러만 볼 뿐 엄두도 못 낼 자질이다. 따라서 이 책은 비非낚시꾼이 쓴 고기잡이 역사의 이야기인 셈이다. 사실, 세계적 관점에서 고기잡이의 역사를 다룬 책은 북대서양의 대구 교역사•를 제외하면 전무하다시피하다. 심지어 인기 기고문조차 찾아보기 어렵다.

고기잡이는 지금껏 인간의 역사에서 중요한 역할을 해 왔는데도 제대로 평가받지 못했다. 고대에는 수렵, 채집, 고기잡이를 통해 식량을 구했으나, 농경과 목축이 발달한 1만2000년경 이후에도 여전히 식량 획득 수단으로서의 중요한 위상을 잃지 않은 것은 이 세 가지 중 고기잡이뿐이다. 오늘날 야생 식물의 채집은 세계 어느 지역이든 경제적으로 채산성이 없다. 수렵은 대체로 상아나 전통 약재 등을 밀렵하는 형태이거나 북미에서 야생 동물의 개체수를 조절하기 위한 수준에 그치고 있다. 하지만 고기잡이는 여전히 과거의 위상을 지켜왔을 뿐 아니라 파라오가 배급 식량으로 제공하는 수단을 넓혀 주었다. 하지만 어부와 어부 사회는 그동안 제대로 주목받지 못했다. 어부들은 자신들이 쌓은 견문을 가슴에만 묻어 두었고, 강력한 군주나 신과 같은 지배자를 배출한 경우도 드물었다. 무명의 존재로 조용히 살다가 세상을 떠났기 때문에 이들의 역사를 쓰려면 비전秘傳되거나 한정된 출처에 의존할 수밖에 없다.

고기잡이 역사의 상당 부분은 그 시대를 살았던 이들과 함께

• 대구는 미국으로 건너간 영국의 청교도에게 중요한 물고기였는데, 어획량이 많아지면서 지불 수단으로 사용되기도 했다.

사라졌다. 문제는 어부들과 관련하여 특히 심각하다. 이들의 살아 온 이야기가 대대로 입에서 입으로 전해 온 탓이다. 그중 상당수는 바다에서의 험난한 시간을 배경으로 한다. 덴마크의 화가 미카엘 앙케Michael Ancher, 1849~1927는 어부들이 북해에서 돛을 올리고 항해하던 1870년대 말에 덴마크 북부의 스카겐곶Skagen에서 일하는 어부들의 모습을 그렸다. 그중 앞 장에 있는 그림을 보면, 두 어부가 육지를 등진 채 배에 기대 거칠게 불어 닥치는 바람을 응시하고 있는데, 턱수염은 더부룩하고 햇볕에 그을린 얼굴의 표정은 사뭇 비장하고 강인해서 바다를 대하는 자세가 확연히 느껴진다. 어부들은 인간의 운명과 고통 따위에는 신경도 쓰지 않고 그런 거칠고 건잡을 수 없는 세계에서 생계를 꾸려 나가는 사람이다. 내가 고기잡이 역사를 쓰는 이유도 바로 그런 어부들이 현대 세계가 세워지는 데 어떻게 이바지했는지 보여 주고 싶어서다.

최초의 고기잡이는 기회주의라는 인간의 기본적인 속성에 의거해 일어났다. 약 200만 년 전에 우리 선조들은 유심히 지켜보다가 기회가 오면 움켜쥐는 식으로 물고기를 잡기 시작했다. 아프리카의 얕은 저수지에서 적갈색 메기를 건져 올리려면, 날렵한 손은 물론이고 수면 위로 그림자가 드리우지 않도록 주의하며 슬금슬금 다가갈 줄 아는 주도면밀함이 필요했다. 그 요령은 벌꿀을 채집하고, 사자들이 먹다 남긴 사냥감을 뒤지고, 작은 영양을 좇는 것과 같이 언제 어디를 주시할지 감을 잘 잡는 데 있었다. 단지 차이라면 얕은 물이라는 장소만 다를 뿐이다. 이런 활동은 고기잡이라고 부르기도 민망하다. 오히려 기회주의적 사냥에 가까웠고, 이런 식의 물고기 사냥은 수천 년간 계속되었다.

연체류를 잡을 때도 마찬가지였다고 볼 만하다. 더군다나 연체류는 물고기보다 잡기가 훨씬 쉽다. 접근 용이성과 조류 등의 변수가 있겠으나 대합조개, 꽃양산조개, 굴, 쇠고동이 등은 군집해 있어서 어렵지 않게 잡을 수 있다. 그리고 물고기처럼 주식보다 대체로 부식으로 쓰였다. 수렵채집인의 관점에서 보면 조개류는 예측 가능한 식량이었다. 말하자면 이동 생활에서 의지할 만한 자원인 셈이었다. 그래서 사람들은 대체로 늦겨울과 봄철에 다른 식량원이 달리면 연체류 군락지를 찾았다.

이러한 기회주의식 채집은 넓든 좁든 사냥 영역을 이리저리 옮겨 다니는 이동 생활 중에 필수적으로 거쳐야 하는 활동이었다. 4만 년 전에 동티모르에서는 사람들이 연안에서 헤엄치는 가다랑어를 먹잇감으로 잡았다. 네안데르탈인과 빙하시대 말기의 현대 수렵인 모두 필요하거나 기회가 생길 때마다 물고기와 연체류를 잡았다. 1만5000년 전쯤에 프랑스 남서부의 베제르강Vézère 연안을 비롯한 여러 지대에 거주한 사람들은 봄과 가을에 제철 연어를 떼로 포획했다. 이들은 물고기 그림을 순록의 뿔에 조각하거나 동굴 벽에 새기기도 했다.

고기잡이는 누군가가 '발명'한 것이 아니다. 특정 시기나 장소에 가면 물고기가 있었을 뿐이다. 신통하게도 물고기는 대단한 기술적 혁신 없이도 잡혔고, 심지어 아주 대량으로 포획되기까지 했다. 얕은 물에서 물고기를 잡을 때는 육지에서와 흡사하게 가시 있는 나무를 박아 넣은 창이나 가지진 사슴뿔을 사냥 도구로 사용했다. 사슴뿔, 뼈, 나무 등으로 만든 뾰족한 원시적 낚싯바늘이나 그 이후의 갈고리는 새를 잡기에도 좋았다. 그물과 덫은 물가에 돌아다니는 작은 사냥짐승을 잡는 데도 이용되었다. 오랜 역사 동안 고기잡이에 사용된 인공 도구는 놀라우리만큼 그대로다. 전용 낚싯바늘이나 대형 그물이 등장하긴 했지만 근본적인 변화로 볼 수 없다. 또한 예나 지금이나 변함없이 물고기를 잡는 주요 수단은 어부의 관찰력이다.

오늘날 상식에 의하면 고기잡이는 1만5000년 전 이후, 특히 BP• 6000년경 이후 자연적으로 발생한 지구온난화에 따라 빙하시대 말기가 막을 내리면서 해수면도 안정되자 그 진가를 발휘하게 되었다. 점점 기온이 오르고, 빙하가 줄고, 해수면이 상승하면서 북부의 환경이 달라졌다. 그에 따라 사람들은 해안과 강둑으로, 호숫가와 못 주변으로 이동했다. 바로 이런 곳에서 고기잡이는 생존에 중요한 역할을 하게 되었고, 얕은 물에서 많이 서식하는 물고기와 연체류는 고기잡이에 유리한 해안 지대에 사는 무리에게 더욱 중요해졌다. 이때부터 비로소 인간 존립의 양상이 바뀌었다. 이제는 수많은 공동체가 영구적으로든 연중 대부분이든 한 장소에 정착해 살아갔다.

지역 인구가 늘어나면서 땅은 점점 좁아졌고, 연체류 군락지와 어류도 갈수록 고갈되었다. 결국 수산 자원을 서로 차지하기 위한 경쟁이 심해지면서 때로 폭력 사태가 빚어졌는데, 캘리포니아 남부의 추마시Chumash족과 스칸디나비아의 에르테뵐레Ertebølle 주민들 사이에서도 그런 폭력이 일어났다. 이곳뿐 아니라 또 다른

• before the present, 방사성 탄소 연대 측정법에서 1950년을 기준으로 역산한 연대를 나타낸다.

공동체도 연체류, 식물류 그리고 풍부한 어류에 의존하면서 점점 정교해졌다. 친족 공동체의 유력한 족장은 조상 숭배를 통해 초자연 세계와 이어진 특별한 존재로서의 권위를 누리게 되었다.

족장은 파라오나 메소포타미아의 수메르 지도자들처럼 신과 같은 지배자가 아니었다. 이들의 힘은 개개인의 카리스마와 연륜 그리고 변덕스럽기 마련인 추종자들의 충성심에 따라 좌우되었다. 고기잡이 사회는 도시와 상설 군대를 갖춘 문명사회로 발전하지 못했다. 그렇게 발전할 만한 수단이 전혀 없었기 때문이다. 족장들은 남아돌 정도로 넉넉한 식량과 장신구 같은 진귀한 물건들을 추종자들에게 나누어 주면서 위세와 부를 누렸으나, 어류의 자원 기반이 너무 불안정했기 때문에 결코 왕이 되지 못했다. 산업화 시대 이전의 문명에서 어부들은 줄곧 문명의 언저리에만 머물렀다.

고기잡이의 역사는 대체로 이동과 관련 있다. 또한 고기잡이 자체의 변천 과정만이 아니라 고기잡이 사회와 그런 사회에 의존하는 다른 사회들과의 상호 작용과도 엮여 있다. 고기잡이는 교역, 이주, 탐사를 이끈 기술인 배를 발달시킨 주된 원동력이었다. 사람들은 4만5000년 전까지 동남아시아 지대까지 고기를 잡으러 다녔다가 1만5000년 뒤에는 태평양 남서부의 비스마르크 제도까지 진출했다. 서기 1200년 무렵엔 소시에테 제도, 라파누이섬, 하와이까지 카누로 항해하면서 태평양 섬에서 노련한 수로 안내인과 초호礁湖• 고기잡이에 의존하며 살았다.

• 산호초 때문에 섬 둘레에 바닷물이 얕게 괸 곳

조몬시대에 일본 북부의 어촌에 사는 어부들은 연어 떼에 크게 의존해 날씨가 험악한 쿠릴 열도 해역의 먼 바다까지, 심지어 동북아시아의 끄트머리인 캄차카 반도 해역까지도 위험을 무릅쓰고 배를 타고 나갔다. 조몬 어부들이 포획한 어종은 초기 아메리카 원주민들이 알래스카 해안에 정착해 잡았던 것과 거의 비슷했다. 대략 1만1000년 전까지만 해도 시베리아와 알래스카를 잇는 베링 육교 부근 최북단 해역에서는 물고기와 해양 포유동물의 포획이 이동성과 정교한 기회주의 방식에 따라 이루어졌다.

가정과 마을 차원에서 먹고도 남을 만큼 넉넉한 먹거리를 마련하기 위한 생계형 고기잡이와, 상품으로서 물고기를 대량 포획하는 것은 별개의 문제다. 고대에 물고기를 포획하는 것은 흔한 일상사였지만, 잡은 물고기는 근거리나 원거리의 다른 공동체와 일부 교역했다 하더라도 대체로 공동체 안에서 소비했다. 태평양 연안 북서부에서는 연어 떼를 통제하는 것이 경제적 · 정치적 권력을 얻는 중요한 원천이었으며, 이는 조몬에서도 크게 다르지 않았을 것이다. 도나우강의 어부들은 거대한 철갑상어가 알을 낳기 위해 얕은 물가로 나올 때를 노렸다가 포획했다. 생계형 고기잡이에서는 수십 만 년 전부터 수렵인이 썼던 건조, 염장, 훈제 등 효율적인 보존 방식도 중요했다.

공동체 안의 생계형 고기잡이는 아무리 계절에 따른 체계적인 포획 활동이라고 해도, 기자Giza 피라미드를 짓기 위해 동원된 고대 이집트 노역자들의 배급 식량으로 말린 생선을 대 주던 대규모 고기잡이와 차원이 달랐다. 이집트의 대규모 고기잡이에서는 커다란 **후릿그물**로 고기를 잡는 전업 어부들이나 계약한 어획량을 기록하는 서기관과 말단 관리들이 많이 필요했다. 수천 명이 내장을 제거해 씻은 다음 나비꼴로 갈라 펴 말린 물고기는 산업화 이전 경제에서 노역자의 배급 식량으로 삼기에 여러 이점이 있었다. 가벼운 데다 바구니에 담아 옮기기도 쉬웠고, 장기간 저장하는 것도 가능했다. 물고기가 배급 식량이 되면서 고기잡이의 규모에도 변화가 일어났다. 이는 비농업인의 증가, 도심 시장의 출현, 군인과 선원을 위한 영양분이 풍부한 배급 식량의 필요성 등이 맞물린 필연적 결과였다.

어류 양식 역시 누군가의 발명이 아니었다. 물고기의 수요가 급증하자 사람들은 물고기를 닥치는 대로 잡았고, 그만큼 선택할 폭이 줄어들었다. 결국 **주낙** 등의 도구를 사용해 고기잡이의 강도를 높이는 사람도 있었고, 고기를 잡으러 더 먼 해역까지 나가는 이들도 있었다. 그도 아니면 양식, 즉 물고기를 직접 기르는 것으로 관심을 돌리기도 했다. 이는 어획량 감소를 걱정하는 사람들에게 필연적인 전략이었고, 덩치 큰 물고기를 잡는 방법이기도 했다. 중국인은 기원전 3500년이라는 이른 시기부터 헤이룽강에서 잉어를 키웠다. 부유한 로마인은 연회 자리에서 자기가 키운 물고기를 눈요깃감으로 과시하길 즐겼다. 중세 유럽의 수도원도 물고기를 키웠는데, 여기에는 독실한 신자들에게 육식을 금하는 성일聖日의 준수를 더욱 장려하려는 기독교 교리도 작용했다.

물고기는 한때 죽음을 상징하는 이교도적 성격을 가졌으나, 이후 그리스도와 그리스도의 십자가 및 고난을 의미하는 식사 메뉴가 되었다. 가톨릭교에서는 2000년 동안 금요일에 육식을 금했는데, 독실한 신자들은 이날 고기 대신 곡물, 채소, 생선을 먹었다. 13세기 무렵엔 육식을 하지 않는 날이 연중 절반에 가까웠다. 바닷물고기, 그중에서도 특히 청어와 대구의 수요가 한없이 증가하면서 베르겐•, 노르웨이, 발트 제국••에 이르기까지 유럽 전역에 걸쳐 염장한 청어와 대구의 교역이 싹텄다. 15세기에는 북해 어부들이 아이슬란드 남부까지 나가서 대구를 잡았다. 이탈리아 항해가인 존 캐벗John Cabot, 1450?~1497?의 1497년 항해 이후에는 북아메리카 근해와 연안에서 대구잡이가 활발했다. 그런데 이 대구잡이 어부들의 기술은 본질적으로 18세기까지도 중세 수준에서 벗어나지 못했다.

19세기에 들어와 새로운 기술이 출현하면서 고기잡이는 산업 활동으로 바뀌었다. 어획량이 감소하면서 긴 낚싯줄과 더 커진 **자망**이 동원되는가 하면, 해저까지 싹 훑어 버리는 저인망 기술이 처음 등장했다. 그 다음으로 증기 기관선이 출현했고, 이어서 휘발유 동력선에 이어 디젤 동력선까지 나왔다. 결국 저인망 어선이 이전보다 더 깊은 해역을 훑으면서 오늘날 어업 위기를 가져왔다.

어업 위기는 궁극적으로 해양과 기후 분야에서 훨씬 더 광범위한 환경 재앙과도 맞물려 있다. 그야말로 문명에 존립의 위협을 드리우는 이 문제에 대해서는 이미 온갖 분야의 저서에서 다루어지고 있는 만큼, 여기에서 굳이 말을 더 덧붙이지 않으려 한다. 나

• 노르웨이 남서부의 항구 도시, 중세 스칸디나비아의 상업 중심지
•• 발트해 남동 해안에 위치한 에스토니아 · 라트비아 · 리투아니아의 총칭

로선 감히 그럴 만한 주제도 못 되거니와 그러고 싶은 마음도 없다. 하지만 인류가 야생에서 최후로 기댈 만큼 중요한 식량원에 대해서는 역사적 관점으로 다가가 볼 필요가 있다고 확신한다. 우리가 물고기의 식량원으로서의 역할에 주목하지 않는다면, 인간의 오랜 역사에서 중요한 연결 고리 하나가 단절되는 것이기 때문이다.

차례

제3부 풍요로움의 종말

일러두기

1. 고기잡이 용어는 고딕체로 표시하고, 책의 뒷부분에 '용어 풀이'를 넣었습니다.
2. 동그라미(•)로 표시한 각주는 옮긴이의 주고, 숫자로 표시한 미주는 원주입니다.

1. 풍성한 바다

내가 중앙아프리카의 천년 역사를 간직한 농촌 마을에서 생선뼈를 발견했을 때에 함께 있던 동료는 그 뼈들을 휙 내던지며 말했다. "이딴 거는 있으나마나야. 어떤 생선뼈인지 밝힐 수도 없다고." 당시만 해도 나는 동료의 발굴을 거들어 주던 입장이었고, 그 분야에서 워낙 초보였던 지라 아무 말도 못했다. 확인해 보나마나 동료는 뼛조각 따위는 이내 잊어버렸을 테지만, 나에게는 60년 가깝도록 동료의 그 말이 뇌리에 남아 있다. 내가 고대 고기잡이에 관심을 가진 계기도 이 오래전의 발굴 작업으로 거슬러 올라간다.

나는 1960년대 초반에 독자적으로 아프리카 농촌 마을들을 다녔지만 물고기와 관련된 흔적은 단 하나도 발견하지 못했다. 마을 주민들은 곡식을 재배하고 소를 키우면서 짐승을 사냥하고 식용 가능한 야생 식물을 채집하며 살아갔다. 발굴 작업을 할 때 딱한 번은 그렇게 사냥과 식물 채집을 병행하는 주민들을 함께 데려갔는데, 바로 주민들의 거주지에서 북단에 위치한 귀쇼Gwisho라는 온천 지대였다. 그곳은 3000년 전 사람들이 소규모로 무리 지어 살던 인근 지대로, 카푸에강Kafue의 범람원이 내려다보인다. 여름철 홍수로 강물이 거대한 범람원으로 흘러넘쳤다가 물러나면 곳곳에 얕은 물웅덩이가 생겨난다.[1]

귀쇼의 발굴 작업에서 나와 벨기에인 동료 프랜시스 반 노튼Francis Van Noten에게 운이 따랐다. 침수된 유적에서 목재 창날 몇 개와 땅을 파내는 막대기 하나, 양양 뼈 여러 조각, 식물 잔해와 더불어 생선뼈가 발견되었다. 우리는 이 생선뼈들을 잠비아에서 어업 부문을 관리하는 그레이엄 벨 크로스Graham Bell-Cross에게 가져가서 검토해 달라고 했다. 대부분은 홍수가 물러간 뒤에 생기는 얕은 물웅덩이에서 창으로 쉽게 잡히는 물고기, 즉 메기의 뼈였다. 그때까지만 해도 메기 뼈 발굴과 관련해서 아는 바가 전무했던 우리는 벨 크로스의 얘기를 듣던 중에 깜짝 놀랐다. 가장 온전한 형태로 발견된 뼈는 2~3킬로그램 정도 나가는 물고기의 것이라고 했다. 카푸에강에 서식하는 오늘날 메기와 몸집이 얼추 비슷하다니, 정말 의외였다. 3000년 전 귀쇼의 식생활에서 물고기는 하찮게 여겨졌다. 틀림없이 당시에는 홍수가 지나갔을 때, 다시 말해 얕은 물에서 물고기가 쉽게 눈에 띄고 죽이기도 쉬웠던 시기에 기회주의적 방식으로 물고기를 잡았을 것이다. 이때는 손으로도 거뜬히 잡았을 것이다.

나는 수년에 걸쳐 아프리카와 그 밖에 지역의 현대 어촌들을 찾아다니며 고대 물고기 뼈를 연구했다. 고대 물고기의 뼈는 나로

선 구분하기가 힘들었던 터라 수심이 깊든 얕든 여러 해역을 누비면서 잔뼈가 굵은 어부들에게 의견을 들었다. 연어 떼를 보고 감탄했던 태평양 북서부에서는 여울과 얕은 물웅덩이에 떼 지어 몰려 있는 물고기를 보고 세계의 어류가 한때 얼마나 풍부했는지 깨닫기도 했다. 하지만 고고학자와 역사가들은 최근에서야 인간 생존에서 가장 오래된 수단들 중에서 하나인 어류에 진지한 관심을 기울이고 있다.

어부들은 예나 지금이나 무명의 존재들로, 대체로 파라오의 궁이나 붐비는 도심 시장과 멀리 떨어진 변두리에서 살았다. 그들은 날마다 묵묵히 물고기를 잡았을 테고, 잡은 물고기는 계절만 허락한다면 예측 가능한 안정적인 먹거리였을 것이다. 학자의 입장에서 보면, 읽고 쓸 줄 모르던 옛 어부들은 파헤치기 어려운 존재며 그들의 교역사 역시 풀기 어려운 수수께끼다. 따라서 고기잡이 역사와 관련한 자료는 고고학, 인류학, 역사, 해양생물학, 해양학, 고기후학 등등 여러 출처를 통해 수집할 수밖에 없다.

18세기 이전의 직접적 기록은 전무하다시피한 실정이라 고기잡이의 역사 문헌을 찾으려면 법원 기록, 도심 시장의 생선 하차 관련 정보, 영지 및 수도원 일지, 해당 주제와 관련되어 어쩌다 한 번씩 발견되는 논문 등등 골치 아픈 자료들을 뒤지기까지 해야 한다. 그래도 다행이라면, 생계형 고기잡이와 연체류 채집과 관련한 현대 인류학 연구 덕분에 그런 문헌에 다양성이 더해지고 있을 뿐만 아니라 고고학 유적에서 발견된 조각나고 더러는 아주 자잘하게 부서지기까지 한 수많은 물고기 뼈들을 해석하는 데도 결정적 관점을 제시해 주고 있다.

선사시대의 물고기와 연체류를 처음으로 진지하게 살펴볼 이들은 19세기 스칸디나비아의 고고학자들이었다. 이는 당연한 결과였다. 발트해 연안의 수많은 고고학 유적 주변에서 대규모의 조개더미가 발견되었으니, 그렇게 진지하게 여길 만도 하다. 하지만 이들 고고학자들이 세심하게 작성해 둔 물고기 뼈와 연체류의 껍데기 목록은 그 뒤로 세상에 알려지지 못한 채 묻혀 버렸다. 20세기 초에는 물고기 뼈를 발견한 발굴자 대다수가 그 단서로 미루어 선사시대에도 물고기를 잡았다고 판단했다. 다만 당시 발굴된 물고기의 종류, 연령 유추 단서, 무게 등을 아예 작성하지 않아서, 보고서를 아무리 읽어 봐도 발굴된 물고기와 연체류가 선사시대에 중요한 양식으로 여겨졌는지 가늠해 볼 만한 단서는 찾기 힘들다.

이 모든 양상은 1950년대에 들어와서 달라졌다. 고고학자들은 고대 사회의 연구 영역이 석재 유물을 세거나 질그릇 조각을 비교하는 차원을 넘어 훨씬 더 광범위하다는 사실에 눈을 떴다. 이제는 동물의 뼈와 식물 잔해에 이어 물고기로도 관심 영역을 넓혀 연구한다. 이런 변화와 더불어 여러 가지 이유로, 오늘날의 고고학 발굴 속도는 한 세대 전보다 크게 더뎌졌다. 1970년대부터는 발굴지 퇴적층의 표본을 가는 체와 물로 걸러 내는 방법을 사용했는데, 이는 눈에 잘 띄지 않는 잘잘한 식물 잔해와 물고기 뼈를 찾는 데 탁월했다. 흔히 '부유선별flotation'이라고도 불리는 습식 선별법wet sifting 덕분에 고대 어류에 대한 이해도가 크게 높아졌다. 체가 가늘수록 발굴 작업은 더 효과적이다. 실례로 스웨덴 남동부의 9000년 된 노리에 순난순Norje Sunnansund 유적(57쪽 지도1 참조)에서 각각 5밀리미터와 2.5밀리미터 이하의 체를 사용해 보았는데, 전자의 경우에 물고기 뼈의 발굴률이 94퍼센트까지 낮았다.[2]

이렇게 발굴된 자잘한 뼈들은 오늘날 물고기의 뼈와 비교해 보는데, 이런 방법은 난해하긴 해도 아주 정교하다. 오늘날 물고기 전문가들은 크기나 어종을 넘어 훨씬 더 미묘한 의문도 풀어내는 수준에 와 있다. 이를테면 물고기 연령, 산란기에만 잡혔는지 1년 내내 잡혔는지 여부, 식생활에서의 위상, 도살 및 보존 방식까지 발굴자의 상상력과 창의력이 미치는 한까지 무궁무진하다. 예를 들어 뼈의 화학 성분을 분석하기 위한 안정 동위원소 분석법이 개발되면서 고대의 식생활을 이해하는 데 크나큰 기여를 했다. 이제는 인간의 뼈 표본을 통해 고대 식생활에서 바다의 먹거리와 육상의 먹거리가 어느 정도의 비중을 차지했는지도 파악할 수 있다.

한편 연구가들은 새롭게 습득한 통찰력을 토대로 고고학 정보와 역사적 정보를 융합함으로써 다양한 물고기의 습성을 파헤쳐 내기도 한다. 그에 따라 이제는 알을 낳기 위해 연안을 찾는 습성 때문에 수백 마리씩 대량으로 도살된 지중해의 참다랑어 같은 어종에 대해 훨씬 많은 사실이 밝혀졌다. 해양 생물학자들 덕분에 안초비, 청어, 연어, 철갑상어 외의 수많은 물고기의 습성이 한 세대 전에 비해 훨씬 더 많이 알려졌다. 이는 고고학자에게 귀중한 밑천이다.

고대 기후 변화를 연구하는 고기후학古氣候學에서는 크고 작은 기후 변화에 따라 해양 생태계에 끊임없이 일어나는 현상을 조금씩 밝혀내고 있다. 해양 생태계의 변화는 육상 생태계의 변화보다 더 복잡하고, 육안으로 분간하기도 더 힘들며, 물고기의 개체수에도 더 큰 변화를 일으킨다. 인간의 동식물 서식지, 특히 연안 서식지의 파괴도 물고기 개체수 변화에 큰 영향을 미친다. 크든 작든 지구의 해수면 변화 또한 얕은 물에 사는 어류에게 큰 영향을 미친다. 한 예로 지난 4000년간 미국 남플로리다 서해안 해수면의 미미한 변화는 칼루사Calusa족 원주민이 잡아먹는 물고기와 연체류를 통해서 그 영향력을 확연히 드러내고 있다.[3]

기후 변화는 해수면의 변화를 넘어 광범위한 차원에서 영향을 미쳤다. 북해, 영국 해협, 아일랜드해는 어장량이 세계에서 가장 풍부한 곳이다. 이 해역 인근 지역민들은 빙하시대 말기 이후인 약 1만5000년 전이나 그보다 훨씬 이전부터 이 해역을 활용했다. 다른 해양과 마찬가지로 이 해양의 생태계 역시 끊임없이 변했다. 엄청난 기후 변화는 이곳 생태계에 큰 영향을 미치면서 해수면을 상승시키고, 엘니뇨와 큰 폭풍우를 일으켰다. 한편 인간의 과잉 포획도 서식지를 변화시켰다.

고기잡이 역사에서 아이슬란드와 아조레스 제도Azores 사이의 기압 차이로 일어나는 북대서양 진동North Atlantic Oscillation•, 줄여서 NAO도 주목할 만한 요소다. NAO의 지수가 높으면 강한 서풍이 불고, 유럽의 겨울이 온화해진다. 반면 지수가 낮으면 서풍이 약해지고, 차가운 시베리아 공기가 유럽으로 퍼져 내려오면서 혹독한 추위가 찾아와 어항漁港을 꽁꽁 얼려 버린다. 또 NAO 지수가 높으면 앞서 말한 강한 서풍과 더불어 돌발적이고 거센 돌풍

• 북대서양과 그 주변 대륙의 기후에 막대한 영향을 미치는 자연적인 패턴을 말한다.

을 일으킨다. 실제로 1881년 7월 어느 맑은 날 밤에 스코틀랜드 북쪽의 셰틀랜드 제도Shetland Islands 먼 바다에서 갑판도 없는 작은 어선 30척 이상이 대구를 잡기 위해 미끼를 꿴 주낙long line을 던지고 있는데, 사나운 폭풍이 순식간에 불어 닥치면서 어선 10척이 침몰했다(지도1 참조). 이 사고로 어부 36명이 물에 빠져 숨지면서 과부 34명과 아버지 없는 아이 58명이 생겨났다.[4]

NAO의 종잡기 어려운 변화는 해마다 북해와 그 연안 수역으로 몰려오는 청어 떼 규모에 영향을 미친다. 훈제나 염장 청어는 중세에 즐겨 먹던 음식이었고, 특히 종교 성일聖日 때 많이 먹었다. 그런데 청어가 가장 풍성한 영국 해협과 북해 그리고 남쪽으로 멀리 비스케이만Biscay Bay에 이르는 해역은 하나 같이 NAO 지수가 낮았다.

옛 어부들은 그 이유까지 몰랐겠지만, 잡히는 어종이 일정하지 않다는 사실을 잘 감지하고 있었다. 예를 들어 한때 영국 해협 서쪽에서는 청어가 화살벌레 중에서도 추운 환경을 좋아하는 종을 먹이로 삼았다. 그러다가 따스해지는 주기에 들면서 다른 종의 화살벌레가 나타나자 청어들이 대거 다른 곳으로 떠나면서 그 빈자리를 정어리류 물고기가 채웠다. 당시 사람들은 청어든 정어리든 큰 불만 없이 잘 먹었겠지만, 정어리와 청어의 비율은 연구자에게 사람들이 그해에 혹독한 겨울을 보냈는지 포근한 겨울을 보냈는지 가늠할 만한 기준이 되어 준다.

NAO는 가장 많이 알려진 주기적 변화 현상이지만, 그와 비슷한 주기적 변화들이 전 세계에 발생했다. 페루 북부 연안 먼 바다의 안초비 개체수는 엘니뇨의 변화에 따라 기복을 보인다. 때문에 엘니뇨는 강국을 무력화시키거나 왕과 황제를 권좌에서 끌어 내리기도 했다. 그렇다고 해서 이 현상을 여기에서 부각시키고 싶은 것은 아니다. 인간과 고기잡이 사이의 복잡한 역사는 그렇게 간단히 설명하기가 불가능하기 때문이다. 다만 그런 현상에 영향을 받는 물고기는 예나 지금이나 중요한 먹거리이며, 먹거리의 풍족함이나 결핍이 크든 작든, 결과가 좋든 나쁘든 간에 온갖 사회 변화에 한 역할을 맡아 왔다는 사실을 강조하고 싶다.

19세기 중반에 스칸디나비아에서 조개더미를 발굴한 사람들이 선구적으로 연구한 이후 많은 진전이 이루어졌다. 스칸디나비아 발굴자들은 다른 곳의 발굴자보다 수 세대나 앞서서 고대 사회에서의 물고기와 연체류의 중요성에 눈을 떴다. 그로부터 150년 후 미세 발굴과 첨단 과학에 힘입어 과거 물고기와 연체류 같은 먹거리가 차지한 위상을 헤아려 볼 만한 놀라운 통찰력을 갖게 되었다. 이전 시대, 즉 국가 주도로 문명과 도시가 개발되기 전에는 생계형 고기잡이와 연체류 채집이 대체로 특정 계절에 한정되었다. 말하자면 나일강에 물이 빠지면서 생긴 웅덩이에 꼼짝없이 갇힌 메기나, 봄철에 태평양 연안 북서부 강에서 며칠이나 몇 주 정도 산란기에 접어든 연어를 집중적으로 잡는 식이었다. 이렇듯 고기잡이는 인간의 생존에서 대체로 기회주의적 활동이었다. 페루 북부 연안의 수렵 채집 사회는 연중 대부분을 육지에서 지내다가 안초비를 잡으러 바다로 나갔다. 북유럽에서도 다른 먹거리가 달릴 때 조개를 잡는 등 특정 계절에 한하여 연체류를 먹었다.

이렇게 기회를 노려 강이나 해양의 먹거리를 어획하는 역사는 인류가 살아온 역사와 맞먹을 정도로 오래되었다. 인간은 때때로 물고기와 연체류를 대량으로 채집했으나, 이는 덩치 큰 사냥 짐승, 작은 동물, 식용 식물류를 아우르는 훨씬 더 복잡한 식량 획득 전략의 한 부분에 불과했다. 이런 양상에 아주 획기적 변화가 일어난 것은 도시 문명이 발전하면서부터였다. 파라오나 동남아시아의 캄보디아 왕 같은 지배자들은 스스로를 신과 같은 지도자로 여겼을지 모르지만, 아무리 그렇더라도 자신의 궁과 공공 공사에 동원된 그 수많은 노역자를 먹이지 않으면 안 되었다. 이때 물고기도 보존 처리된 형태로 곡물과 함께 피라미드를 쌓거나 저수지를 만드는 노역자에게 지급되었다. 이때부터 물고기는 평범하고 획일화된 상품이 되었고, 이는 1000년 뒤에 북대서양을 탐험한 노르웨이 선원들에게도 마찬가지였다. 나일 메기Nile catfish와 대서양의 대구는 바다 위 선원들에게 육포와 다를 바 없는 음식이었다. 로마의 어부들은 봄에 수백 마리의 참치를 대량 도살했다. 고기잡이는 거의 모든 문명에서 상업 활동이 되었다. 물고기 관련 연구의 과학적 진보는 아직 요람기지만 막대한 가능성이 열려 있다. 특히 물고기 뼈의 분석에서 크나큰 진전이 이루어진 덕분에 이제는 노르웨이 서북부의 로포텐 제도Lofoten Islands의 대구와 수출하려고 머리를 잘라 내고 건조 처리한 노르웨이 북부 연안의 대구를 구분할 수 있다. 심지어 뼈를 토대로 평균 무게를 추정할 수도 있다. 그런가 하면 영국의 중세 시장 터에서 발견된 대구의 DNA를 연구하여 당시 국제 생선 거래의 변화 추세도 차츰 밝혀지고 있다.

어업생물학자와 고고학자는 이제까지 밝혀지지 않은 미지의 과거를 비춰 줄 만한 거울을 찾아 나가는 중이다. 어부와 어부가 잡은 물고기와 그와 관련한 미지의 과거를 파헤치고, 도시와 막강한 문명의 그림자에 가려 익명으로 살다 간 사람들의 이야기를 알아 내려 노력하고 있다. 그에 따라 신新과학은 이제야 비로소 우리에게 다른 관점에서 생각해 볼 여지를 열어 주고 있다. 따라서 이제는 피라미드와 파라오, 앙코르와트의 넘치도록 풍요롭던 식량, 페루 연안의 모체Moche 문화에서 안초비와 생선이 차지했던 중요한 위상 등에 대해 다른 각도에서 생각해 볼 때가 되었다. 고기잡이가 문명을 탄생시키는 데는 별 역할이 없었을지 몰라도, 그 문명을 지탱시키는 데는 이바지했다고 말이다.

적어도 내 견해로는, 인간이 물고기를 잡기 시작한 시기는 거의 200만 년 전부터며 어쩌면 더 오래 전일 가능성도 있다. 또한 초창기 고기잡이는 약삭빠른 기회주의에 불과했다고 본다. 아프리카의 얕은 호수나 강가의 물웅덩이에서 잡아챈 메기가 스르륵 미끄러져 나가거나 손을 물지 못하게 꽉 움켜쥐던 그 이상도 이하도 아니었다고. 그런 식의 물고기 채집은 사냥이나 식용 식물류의 채집과 다를 바 없이 일상적인 일이었다. 기회주의는 인간의 본질적 속성이자 변화하는 환경을 자신에게 유리하게 이용할 줄 아는 능력이다. 인간의 초창기 고기잡이 역시 때를 노리며 기회를 발견하고 붙잡는 차원의 활동이라고 볼 만하다. 이런 기회주의 요소는 고기잡이라는 관행과 떨어진 적이 없다. 훗날 기계화된 이후에도 말이다.

기회주의는 고기잡이에서만 유일하게 나타난 특징이 아니었다. 선조들은 사자가 먹다 남긴 사냥감을 찾거나 벌집에서 꿀을 채집하면서 매일같이 기회주의를 펼쳤다. 알을 낳으러 왔다가 홍수로 불어난 물이 빠지면서 갇혀 버린 메기를 집어 드는 것은 기교보다 타이밍의 문제였다(별 재주 없는 나조차도 아프리카의 얕은 진흙물에서 오도 가도 못하고 묶여 있던 메기 몇 마리를 손으로 잡아 본 적이 있다). 훤히 꿰고 있는 장소에서 조수가 낮을 때 연체류를 채집하는 것 역시 타이밍이 중요했다. 수십 만 년 동안 고기잡이는 일종의 기회주의적 사냥이었고, 작은 영양에게 살금살금 접근하는 것과 다를 바 없는 본능이었다. 그러다가 1만5000년쯤 전에 해수면이 상승하여 대륙붕 위를 높이 뒤덮으면서 고기잡이가 진가를 발휘하게 되었다.

빙하시대 말기에 지구에서 살던 1000만여 명의 사람들은 상상을 초월할 정도로 변한 세계에 적응해야 했다. 대다수는 이른바 넓은 지역에 걸쳐 작은 포유동물, 새, 식물 등을 사냥하거나 채집하면서 생계를 이었다. 당시에는 바닷물의 상승으로 강의 사면이 평평해지면서 물의 흐름이 느려졌고, 이로 인해 침니沈泥가 퇴적되면서 습지대, 삼각주, 강어귀가 형성되었다. 그에 따라 새, 물고기, 식용 식물 등 먹을 수 있는 것들이 많아졌다. 이런 풍요로운 먹거리와 다양한 지형은 필연적으로 인간의 발길도 끌어들였다. 고기잡이는 이전 시대에 비해 사냥 기반의 경제 활동 쪽에 더 가까워졌다. 세심한 관찰에 기반한 기회주의식 채집 방식은 보다 복잡하고 까다롭게 바뀌었다. 해안이나 호수, 강 등에 수산물이 많아지면서 사람들은 물고기의 종류에 맞게 특화되고 정교해진 도구를 고안해냈다. 고기잡이는 기후가 급변한 천년기 동안에 광범위한 생존 방식이 되었다. 바야흐로 고대의 3대 식량 획득 방법인 수렵, 채집, 고기잡이는 기회주의에 기반을 두고 활개를 쳤다.

3대 식량 획득 방법은 인간의 또 다른 본질적인 전략에 의존하기도 했다. 바로 이동성이다. 발굽 달린 발로 이리저리 돌아다니는 먹거리든, 큰 나무나 관목에 매달린 먹거리든, 물속에 사는 먹거리든 간에 먹거리가 아무리 밀집하거나 엄청난 개체수를 이룬다 해도 곳곳에 골고루 흩어져 있진 않았다. 때문에 사람들은 영양분을 제대로 섭취하기 위해서 물고기 떼나 사냥짐승 무리의 이동, 연체류 군락지, 잘 여문 도토리 등을 살펴야 했다. 그리고 대체로 세대에서 세대로 구전되어 온 경험에 의존하여 자주 이동해야 했다.

작은 무리를 지어 이동하며 살던 세계에서는 한 사람이 평생 평균 30~50명 정도를 만났다. 하지만 그렇다고 해서 이웃과 교류 없이 살았다고 단정할 수 없다. 모든 무리가 어떤 식으로든 물물 교환을 했다. 암석의 흔적 연구에서 밝혀졌듯이, 일부 무리는 도구로 만들기 좋을 평평한 돌덩이나 창촉 같은 완제 도구를 교환했고, 근처 참나무 숲에서 구한 도토리나 사슴 가죽, 진귀한 바닷조개 등도 거래했다. 이것들은 모두 손에서 손으로 건네지면서, 더러 아주 먼 거리까지 전달되기도 했다.

친족 간에 함께 먹고 마시면서 쌓던 유대도 먼 거리에 사는 무리로까지 이어졌다. 간혹 상당한 거리를 두고 사는 무리들이 서로 유대를 쌓다가 배우자를 구하는가 하면 때로 훨씬 더 중요한 것까지 얻었으니, 바로 수평선 너머의 식량 정보였다.

칼라하리 사막과 캐나다 북극 지역 같은 곳에서 수렵 채집하며 살았던 무리를 연구한 결과를 보면, 이들의 수는 들고나는 사람들로 인해 끊임없이 달라졌다. 이와 같은 이동은 수렵 채집 생활에 따른 자연스러운 과정이었다. 딸이 다른 무리로 시집가거나, 다툼에서 패한 사람이 떠나거나, 아들 부부가 살 만한지 인근 마을에 살피러 갔다가 아예 눌러앉아 새로운 무리를 이루는 등 다양한 이유로 이동이 잦았다. 게다가 끊임없이 새로운 사냥터나 고기잡이 터를 찾아다니다 보니, 그 짧은 생애동안 아주 넓은 지역을 이동할 수밖에 없었다. 실제로 알래스카에서 처음 정착한 이후 남아메리카 대륙 남단까지 1만6000킬로미터에 가까운 거리를 이동하는 데 불과 2000년이 걸렸으리라 추정된다고 하니, 놀라울 따름이다. 그리고 이동 과정에서 잡기 쉬운 어장이 있으면 기회주의식 고기잡이가 행해졌다. 페루의 북해안에서는 기원전 9200년 전까지 얕은 물에서 고기를 잡았다.[5] 이곳을 비롯해 다른 곳에서도 이동성과 기회주의는 밀접히 연관되어 있었다.

이러한 상황은 서남아시아에서 처음 변모했지만, 농업은 중국과 중앙아메리카 등지의 여러 지역에서 독자적으로 발전했다. 약 1만2000년 전, 중동 일부 지역에서 수렵과 채집 생활을 하던 무리가 농사를 짓고 가축을 기르기 시작했다. 그렇게 바뀐 이유를 놓고 수세대에 걸쳐 지금까지 논란이 분분하지만, 주기적으로 찾아온 가뭄으로 인해 과실나무와 곡류가 열리는 야생 식물이 피폐해진 것과 어느 정도 연관성이 있을 것으로 추정된다. 식량을 생산하는 양식은 산불처럼 빠르게 번졌고, 몇 천 년 사이에 지구상의 대다수 사람들이 농사를 짓거나 가축을 치면서 살게 되었다. 농경촌은 작은 마을을 이루었다가 도시로 성장했으며, 일부 유력 부족의 거주지는 세계 최초의 문명지로 도약했다. 관개 농업, 도시, 식자 능력, 교역, 체계화된 전투 등으로 인류는 새로운 궤도에 오르면서 오늘날과 같은 가파른 인구 증가와 거대 도시의 출현이 이루어졌다.

이제 사냥과 채집은 그 가치가 퇴색되었다. 곡물이나 야생 식물의 채집은 오늘날 세계 어디에서도 경제적 이득을 가져다주지 않는다. 사냥은 식량을 구하는 것보다 취미 활동이나 유해 동물을 관리할 때, 상아의 불법 거래 등으로 더 각광받고 있다고 해도 무방하다. 생존형 고기잡이만이 변화를 버텨 내며 중요한 경제 활동으로서의 위상을 지켜낸 셈이다.

세계 인구가 증가하면서 고기잡이에 대한 부담도 커졌다. 그에 따라 가족이나 소집단을 위한 개인적 어획은 상업적 어업에 자리를 내주었다. 이제 물고기는 포획할 상품이 되었다. 산업혁명 이후 보다 많은 사람을 먹이기 위해 고기잡이 전략을 강화하면서 고기잡이는 대규모 국제 산업으로 급성장했다. 그리고 그 결과, 대도시의 수요를 맞추기 위해 고안된 디젤 동력의 저인망 어선과 심해 어선이 바다를 누비면서 세계 어장의 대부분은 황폐해졌다.

생계형 어부들은 먹고살 먹거리를 마련하는 데 고심했는데, 말리거나 훈제시켜서 황량한 겨울과 봄의 몇 달 동안에도 먹을 수 있게 물고기를 넉넉히 잡았다. 생계형 고기잡이는 인구 밀도가 낮을 때라면 문제될 것이 없다. 그러나 인구가 늘어나면 상황이 달라진다. 사람들은 대형 후릿그물을 사용하거나 항해용 카누를 개발해서 상대적으로 접근하기 어려운 어장까지 가서 물고기를 집중적으로 포획했다. 알을 낳기 위해 민물로 돌아오는 연어, 큰 무리를 지어 다니는 청어나 고등어 같은 어류들을 점점 대량으로 잡왔다.[6] 서기 1000년에 태평양 연안 북서부의 연어 출몰지에는 포말을 일으키며 흐르는 얕은 하구에 말뚝과 두툼한 막대기로 **어살** 울타리를 단단히 쳐 놓은 광경이 흔했다. 상류로 거슬러 올라가는 연어들이 서로 부대낄 정도로 빽빽하게 몰려들면, 물가는 어느덧 활기가 넘쳤다. 어살 울타리 앞에 수백 마리씩 모여든 연어 떼는 어쩔 줄 몰라 제자리를 빙글빙글 돈다. 그 위쪽에서 어부들이 길쭉한 그물 자루를 붙잡고 서 있다가 연어 떼 쪽으로 그물을 담갔다가 들어 올리면, 그물은 마리당 14킬로그램까지 나가는 통통한 연어들로 불룩해진다. 어부들은 저마다 가져온 바구니에 연어를 던져 넣고, 다시 그물을 물에 담근다. 어살 울타리의 상류 쪽에서 카누를 이용해 연어 떼로 가득 찬 바구니들을 물가로 실어 나른다.

이런 식으로 남자들이 수백 마리씩 연어를 잡아 오면, 여자들은 내장을 발라내고 나비꼴로 살집을 벌린 다음 훈제시키거나 나무 건조대에 얹어 말린다. 잡은 연어는 수십 명이 수개월 동안 먹을 식량이었지만, 풍어인 해에도 어획량은 부족해서 조개류에 의존할 때가 있었다. 농촌에서 흉작일 때 야생 식물에 기대듯, 어촌에서 연체류는 대체 식량이었다.

태평양 연안 북서부처럼 인구가 밀집한 곳에서는 이런 식의 집중적 생계형 고기잡이가 정치적 · 사회적 대변화를 이끌었다. 그물을 던지고 거둬들일 인력이 다수 필요하고, 산란기에 수천 마리의 연어를 보존하고 처리할 복잡한 기반 시설이 있어야 한다. 그리고 잡은 물고기를 운반하려면 물류 체계가 갖춰져 있어야 하므로 사회는 계속 복잡해질 수밖에 없다. 고기잡이의 성패는 친족

간 유대와 집단 내외의 사회적 의무, 그리고 관리자의 감독에 따라 좌우되었다. 대체로 남자든 여자든 능력과 카리스마를 갖추고, 사람들에게 신의를 얻은 인물이 부족의 막강한 지도자로 부상해서 중요한 의례를 주관하는 한편 식량과 부를 분배했다. 지도자는 잔치를 주관하고, 선조나 자연의 영기를 중재하는 일을 했다. 나머지 추종자들은 지도자를 생명계와 초자연계를 이어 주는 특별한 힘을 지닌 존재로 여겼고, 그런 힘이 반드시 아버지로부터 아들에게나, 어머니로부터 딸에게 전해지는 것은 아니라고 생각했다. 고기잡이 사회에서 중요한 것은 잡기 힘들고 때로는 잽싼 사냥감에 대처할 줄 아는 연륜이었다.

문명의 출현과 동시에 잡힌 물고기는 더욱 상품화되었다. 기원전 3000년경 이후 마을과 도시의 인구가 늘어나면서 물고기를 찾는 수요도 늘었다. 이집트와 메소포타미아 문명 같은 산업화 이전에는 먹거리를 마련하는 것 외에 다른 일을 해 줄 일꾼이 대거 필요했고, 이런 일꾼을 쓰려면 그들에게 먹거리를 줘야 했다. 고대 이집트 국가는 대대적으로 공공 공사를 벌였다. 기자의 피라미드를 세웠던 장인, 사제, 평민 들은 빵과 맥주 그리고 나일강에서 잡아 말린 수백 만 마리의 생선으로 연명했다.[7] 이런 식량은 철저한 배급 과정이 필요했고, 그에 따라 또 다른 노동층이 생겼다. 상상해 보라! 볼록한 후릿그물이 강둑으로 끌어 당겨지고, 흰 옷을 입은 관리들이 그 수를 세는 모습을. 바구니에 담긴 물고기가 건조대로 옮겨지고, 그 수가 기록된다. 주방 일꾼들이 작업장에서 물고기를 손질해 놓으면 분배되어 상품으로 거듭난다. 이처럼 물고기의 상품화는 메소포타미아 도시에서도, 훗날 로마 제국의 지배하에서도 똑같이 일어났다.

당시 로마 제국에서 부유층은 흥청망청 연회를 벌여 1인당 3킬로그램의 숭어를 먹어 댔지만, 물고기의 진가는 도시 시장과 군대 식당에서 발휘되었다. 로마 제국이 전성기일 때는 고등어 같은 하급 어종이 선원이나 군인의 일반 식사 메뉴였는데, 가벼워서 대량으로 운반하기가 수월한 때문이기도 했다. 사회적으로 최하층에 속한 어민 사회는 도시의 평민층에게 팔기 위해 이 작은 물고기를 대량으로 잡았다. 그중 일부는 로마 시대에 양념으로 널리 쓰인 생선 소스, 즉 가룸garum의 재료였다. **가룸**은 로마 제국의 주요 경제 상품이었고, 북쪽으로 멀리 영국에까지 거래되었다. 한편 어부들은 자신들이 터득한 견문을 자기들끼리만 비밀리에 전수했다. 또한 로마 시대의 기록에는 '물고기 먹는 사람들fish eater'이라는 뜻의 '이크티오파기ichthyophagi족'에 대한 언급이 나오지만, 인도양과 홍해 연안에 살면서 자기 거주지를 지나가는 상선에 말린 생선을 대 주던 집단 정도로 언급될 뿐 자세한 이야기는 없다. 다만 희박하게나마 글로 남겨진 기록에 따르면, 이들은 독립적이고 상대하기 까다로웠으며 인도양 무역에서 없어서는 안 될 존재였다.

로마 시대에는 이미 물고기가 노예의 배급 식량이나 대량 판매 정도의 상품으로 자리 잡힌 상태였다. 물고기는 적절히 훈제시키거나 염장하면 육포나 건빵 같은 다른 건조식품보다 뛰어난 식량이었고, 파라오와 평민, 노동자, 노예, 군인, 뱃사람 등을 두루두루 먹여 살렸다. 또 휴대가 편리해서 뱃사람들이 바다에 나가 몇 달씩 버틸 수 있는 식량이 되어 주었다. 서기 제1천년기 중반에 기독교에서 종교 성일과 사순절에 육식을 금하는 교리를 선포하면서 물고기는 중세와 그 이후에 주요 경제 상품으로 떠올랐다. 하지만 집중적이고 무분별한 어획으로도 수요를 충족시키지 못했다. 그 결과 5000년 전에 또 다른 전략, 즉 양식이 보편화되었다.

물고기 양식

고기잡이가 누군가의 발명이 아닌 것처럼 어류 양식 역시 발명이 아니다. 양식은 개울가의 얕은 물웅덩이에 갇혀 오도 가도 못하는 물고기를 지켜보다 '둑을 낮게 쳐 놓으면 물고기들이 밖으로 빠져나가지 못하겠구나' 하는 감을 잡으면서 시작됐다. 이 방법은 아주 단순한 형태의 위기관리 대책이었으나, 엄밀히 따지면 딱히 양식이라고 말하기도 민망하다. 보다 정형화된 양식은 기원전 3500년경에 중국에서 시작됐다. 중국의 양쯔강 하류 계곡에 사는 농부들은 오래 전부터 우기의 홍수가 물러날 때면 연못을 만들어 잉어를 산 채로 키웠다. 잉어는 가두어 놓아도 쑥쑥 잘 커서 양식이 쉬운 편이다. 특히 헤엄칠 수 있게 연못만 넓게 조성해 주면 그 수가 엄청나게 늘어난다. 양식은 중국의 촌락 사람들에게 중요한 활동이었다.

고대 이집트인은 나일강 계곡에서 틸라피아tilapia•를 잡으며

• 아프리카 동부 · 남부 원산의 민물고기

살았는데, 인구가 늘어나면서 그만큼 식량이 필요해지자 관개 농업의 일환으로 틸라피아를 집중적으로 길렀다. 치어 수준의 물고기를 (조개류와 함께) 인공 환경에 집어넣고 키우는 식이었다. 고대 어류 양식의 전형적 사례로 나폴리만Bay of Naples의 양식도 있다. 부유한 로마인은 화려하게 꾸민 연못에 야생에서는 보기 힘들 만큼 커다란 숭어를 길렀다. 식용으로 기르는 경우도 있었고, 연회에서 과시할 셈으로 기르는 이들도 있었다. 양식은 중세 말기의 유럽에서 중요한 위상을 차지했다. 성직자들을 먹이고 수많은 가정에 식량을 대 주는 한편 육식이 금지된 종교 성일에 독실한 신자들의 배를 채워 주는 면에서도 한몫했기 때문이다. 하지만 양식한 생선이 비싸고, 더 저렴한 바닷물고기가 유통되면서 양식 산업은 크게 휘청했다.

13세기에 사람들이 하와이에 정착하면서 나타난 고대 어류 양식은 가장 성공적인 사례로 꼽힌다. 당시 하와이인은 물가에 방파제를 쌓아 바닷물로 못을 만들었다. 창살문과 수로라는 독창적인 체계를 갖춘 덕분에 못 안으로 치어는 들어올 수 있되, 다 자란 물고기는 알을 낳기 위해 바다로 나가지 못했다. 또 인간이 관여하지 않아도 조수 간만의 차이에 따라 물이 주기적으로 순환되었다.

고대의 어류 양식은 앞의 사례가 극히 일부일 정도로 아주 성행하다가 산업혁명 이후 전 세계적으로 쇠퇴하였다. 그리고 아주 파괴적인 저인망 어업의 시대가 이어졌다. 그러나 오늘날 인구가 급격하게 팽창하고 도시 인구가 과밀해지면서 수심이 깊든 얕든 가리지 않고 어류 자원을 마구 잡아들이게 되자, 양식이 다시 떠오르고 있다. 현재 인간이 소비하는 수산물에서 절반 이상은 양식이다.

놀랍게도, 생계형 고기잡이에 사용되는 기술뿐 아니라 태평양의 연어나 도나우강의 거대 철갑상어 같은 소하성 어류(즉, 알을 낳기 위해 민물로 거슬러 올라가는 바닷물고기)를 수만 마리씩 포획하는 기술도 천년이 열 번 지나는 동안 거의 달라지지 않았다. 단순한 **원시적 낚싯바늘**gorge, 뼈나 나무 촉이 달린 창, **미늘** 하푼barb harpoon, 여러 종류의 그물과 덫 등 거의 모든 도구는 수천 년 전에 육지의 사냥감과 새를 잡을 때 쓰던 사냥 무기에서 발전하였다. 어부들은 고기잡이 특유의 난관에 적응하는 과정에서 특정 목적에 맞추어 낚싯바늘을 비롯한 고기잡이용 무기를 변형하고 발전시켰다.

하지만 고기잡이의 역사 이면에는 이렇게 효율적이면서도 단순한 기술 외에도 아주 많은 측면이 있다. 물고기를 잡는 일은 인간의 여러 특성에 따라서 달라진다. 물고기 잡기는 사슴을 사냥할 때와 흡사한 면이 있다. 기발함과 주도면밀한 계획 못지않게 예리한 관찰력과 먹잇감에 몰래 다가가기 같은 조용한 기술도 필요했다. 이런 활동은 전 세계의 상상 가능한 온갖 지형의 물가에 터를 잡았던 고기잡이 사회의 보수적 환경에서 공통적으로 나타났다. 고기잡이 사회는 도시와 문명, 지나가는 상선, 모든 육군과 해군에 식량을 대 주었다. 한편 수천 년이 지나도록 이들의 세계는 육지 사람들에게 이질적이고 낯설었다. 원래 서식지였던 바다로부터 멀리 옮겨 온 이국적인 바닷조개를 통해서나 어렴풋이 느낄 수 있는 그런 세계였다.

멀리에서 온 바닷조개

나는 수백 킬로미터 떨어진 바다에서 옮겨 온 바닷조개를 발견할 때마다 새삼 놀란다. 천 년을 훌쩍 넘긴 중앙아프리카의 고원에서 융성한 어느 아프리카 마을의 유적에서도 그런 바닷조개들을 발굴했다. 작은 무늬개오지로, 인도양 해안에 수북이 쌓여 있던 조개더미에서 봤던 바로 그 조개였다. 발굴지에서 본 조개는 끈으로 꿰어져 있었는데, 이는 사람의 손을 거쳐 내륙으로 옮겨졌음을 의미한다. 조개가 그렇게 먼 내륙까지 이동한 경우는 어쩌다 한두 번이었지만, 그렇다고 해서 매우 드문 일도 아니었다. 조개는 머리 장신구나 옷에 정성스럽게 장식되는 등 소중히 다루어졌다. 나는 그 무늬오지개가 당시에 어떤 상징을 띠었는지, 얼마나 가치 있는 물건이었는지, 그 소유자에게 남다른 위신을 부여해 줄 만큼 특별한 물건이었는지 등등 별의별 궁금증이 일었다(아프리카 못지않게 먼 내륙인 티베트에서도 같은 조개류가 발견되고 있다). 이국적이고 알록달록한 조개는 연체류 식량으로서의 가치와는 별개로, 아주 매력적인 물건이기도 했다. 5만 년 전에 바다에서 멀리 떨어져 살았던 네안데르탈인도 조개껍데기를 버리지 않고 간직했다. 1만 7000년 전에 유럽 사냥꾼은 바닷조개의 껍데기에 구멍을 뚫어 장식으로 걸쳤고, 이는 우크라이나의 얕은 강 계곡에 살던 사람들도 마찬가지였다.

멀리에서 온 조개껍데기로 정교하게 만든 장식품은 본질적으로 평등한 사회에서 그 소유자의 위상을 돋보이게 했다. 서남아시아에서는 농부의 초기 무덤에서 뿔조개 같은 관 모양의 바닷조개가 발견되고 있다. 보다 최근에는 이로쿼이Iroquois족이 뿔조개로 조가비 구슬 목걸이를 만들어 썼던 것 같은 귀한 장식품도 나왔다. 귀하게 대접받은 조개껍데기로 보자면 동아프리카에서 발견된 원뿔형의 청자고둥껍데기만한 것도 없다. 아래쪽은 원형이고, 안쪽은 나선형인 모양 때문에 귀하게 여겨졌고, 뜨내기 장사꾼의 손을 거쳐 잠베지강Zambezi 상류 수백 킬로미터 떨어진 곳까지 줄에 꿰어져 전달되었다. 선교사이자 탐험가였던 데이비드 리빙스턴David Livingstone, 1813~1873이 1853년에 보고한 기록에 따르면, 중앙아프리카의 어느 왕국에서는 그런 조개껍데기 두 개가 노예 한 명의 몸값과 같았다. 서기 1450년에 미들 잠베지Middle Zambezi 계곡의 잉곰베 일레데Ingombe Ilede라는 낮은 산마루에서 어느 무역상이 청자고둥껍데기 아홉 개를 꿰어 만든 목걸이를 두른 채 묻혔다. 그 중 한 개의 껍데기 뒤판에는 19캐럿 황금 박판도 붙어 있었다.[8] 그 껍데기가 950킬로미터 이상 떨어진 곳에서 어느 어부가 채집한 바닷조개였던 점으로 미루어 보아, 이 무역상은 틀림없이 어마어마한 재력가였을 것이다.

귀금속과 달리 조개껍데기는 채집하고 가공하기가 쉬웠다. 동아프리카 연안과 북아메리카 멕시코만 연안의 이국적인 조개껍데기는 고기잡이 사회가 장거리 교역을 펼쳤음을 뒷받침해 주는 확증이나 다름없다. 연체류는 풍요롭고도 재생가능한 자원이어서, 농경이나 목축이 시작되거나 도시 인구가 밀집되기 훨씬 전부터 중요했다. 연체류의 가치는 조개껍데기의 미적 매력에서만 그치지 않는다. 이런 조개껍데기의 교환은 때로 중요한 상징적 의미를 지녔다. 즉, 오랜 세대에 걸쳐 먼 친족과의 유대를 형성해 주기도 했다. 한편 중앙아메리카와 안데스의 멋들어진 수정고둥은 지위를 상징하는 것은 물론 의례용 나팔로도 쓰이면서 영향력이 대단했다.[9] 마야족에게는 달의 여신을 상징하기도 했다.

고대 고기잡이는 바다가 획일적이지 않고, 육지만큼 복잡하고 변화무쌍한 환경이었음을 상기시켜 준다. 1653년에 아이작 월턴은 명저 『조어대전*The Compleat Angler*』에서 "'물'이 '땅'보다 생산력이 더 뛰어나다"라는 견해를 밝힌 바 있다.[10] 이 문장이 당시엔 맞았을지 모르지만 오늘날엔 더 이상 맞지 않는다. 월턴이 죽은지 350년이 지난 지금은 산업화된 어업으로 인해 인류가 그토록 오랫동안 의존한 강과 바다가 황폐해졌으니 말이다. 어쩌다 이 지경이 되었는지를 이야기하려면 대략 200만 년 전으로 거슬러 올라가야 한다.

제1부 기회주의적 어부들

생계형 고기잡이, 속된 말로 바꿔 말하면 먹고살기 위한 고기잡이는 인류의 역사와 맞먹을 만큼 오래되었다. 말하자면, 호미닌hominin•이 열대 아프리카의 물이 말라가는 웅덩이와 강가 웅덩이에서 메기를 끄집어 낸 것이 시초다. 이런 고기잡이는 호미닌의 생존에서 워낙에 중요했고, 그런 의미에서 이 장의 제목을 '메기, 문명을 낳다'라고 붙이고 싶었다. 그러나 그 제목이 복잡하게 얽힌 역사적 진실을 되레 호도하게 될까 봐 마음을 바꾸었다. 그래도 고기잡이는 인간의 모든 식량 획득 방식을 통틀어 가장 오래되었으며, 현대 사회를 탄생시키는 데 한몫을 했다.

이번 장에서는 그 이야기를 본격적으로 시작해 보겠다. 먼저 인간의 기본적인 특성인 호기심, 관찰력, 기회주의부터 살펴보자.

• 사람과에 속하는 현생 인류와 그 조상 그룹

호미닌, 고인류를 거쳐 현생 인류인 호모사피엔스에 이르기까지 인류는 언제나 끊임없는 호기심과 예리한 주변 인지력에 의존해 살아왔다. 우리의 조상은 포식동물이 우글거리는 환경에서 진화하면서 사냥꾼인 동시에 사냥감이기도 했다. 따라서 자신이 사는 곳의 지형, 제철 식량과 먹거리, 포식동물의 이동 등을 훤히 꿰고 있었다. 노련한 기회주의자가 되어, 사자가 먹다 남긴 고기를 찾아다니거나 벌집에서 몰래 꿀을 훔칠 태세를 갖추어야 했다. 우기가 끝나면 얕은 물에 숨어 있는 메기를 손쉽게 잡을 수 있다는 점도 알아챘다. 메기가 오랫 동안 안정적이지는 못하더라도 비가 그치고 물이 빠질 즈음에 으레 잡을 수 있는 식량이라는 점도 간파했다.

물고기는 열대성 기후에서 금방 부패하기 때문에 초기에만 해도 한시적 식량이었을 것이다. 이런 상황은 수십 만 년 동안 변함이 없었고, 물고기만이 아니라 얕은 물에서 손쉽게 잡을 수 있었던 민물 연체류와 바닷물 연체류 역시 마찬가지였을 것이다. 당시 생존은 식량이 어떻게 분포되어 있느냐와 인간이 식량을 얼마나 능숙하게 찾아내느냐에 따라 좌우되었다. 물고기와 연체류는 듬성듬성 흩어져 살던 수많은 무리에게 없어서는 안 될 기회주의적 식량이었다. 손으로 채취하여 상하기 전에 바로 먹었을 테지만, 이는 점점 복잡해지는 수렵 채집 생활의 일부분을 차지했다.

초기의 수렵 채집 생활에서는 기술도 원시적 수준이어서 주의 깊은 관찰과 몰래 다가가는 재간에 크게 의존했다. 사냥꾼이 창을 던질 만한 거리까지 덩치 큰 사냥감에게 접근할 수 있느냐 마느냐가 관건이었다. 이 시기에는 나무에서 돌촉과 창으로 무기의 소재만 바뀌었을 뿐 근거리용 무기가 쓰였다. 먼 선조들에게는 오로지 두 손과 주의 깊은 경계심, 머릿속에 정교한 지도와 길 안내서를 담고 다니는 능력밖에 없었다.

그 정확한 시기에 대해서는 논쟁이 분분하지만, 인간은 대략 190만 년 전에 불을 이용했으며, 그 과정에서 고기잡이에도 대변혁이 일어났을 것으로 본다. 불은 몸을 따뜻하게 덥혀 주고, 잡아온 사냥감을 익혀 먹을 수 있게 했다. 또한 잡은 물고기를 건조하여 보관하는 방법을 깨우치게끔 해 주지 않았을까 추정할 수 있다. 말린 생선은 여러모로 편리하다. 가벼워서 운반하기에 좋고, 작은 가죽 자루에 차곡차곡 담기에도 수월하며, 그대로 먹거나 살짝만 익혀 먹어도 된다. 게다가 땅이 아닌 물에서 자란 차이만 있을 뿐 육포나 다름 없으니 당시 이동 생활을 하던 무리에겐 더 없이 좋은 식량이었을 것이다. 아무튼 불을 이용한 순간부터 물고기는 기회주의적 식량에서 그 이상으로 올라가는 과도기를 맞게 되었다.

빙하시대 말기인 2만여 년 전에 아프리카, 아시아, 유럽에서 수렵 생활을 하던 무리는 대다수가 물고기를 불규칙적으로 드문드문 잡았다. 고기잡이 기술이 특히 뛰어난 무리는 4만5000년경 전부터 동남아시아 먼 바다의 섬에서부터 뉴기니와 호주까지 옮겨 다니며 고기를 잡았다. 당시에는 빙하시대의 마지막 대한파로 인해 세계의 해수면이 90미터가량 낮아지면서 대륙붕이 대거 노출되고, 시베리아와 알래스카, 영국과 유럽 대륙을 잇는 육교가 생겨났다. 그러다 1만5000년 전 이후로 지구온난화가 일어나면서 불어난 바닷물이 저지대 연안으로 범람하여 강가에 못이 괴고,

얕은 물이 드넓게 형성되면서 어류와 연체류가 풍성한 군락지도 생겨났다. 급격한 기후 변화가 일어난 천년기에 생계형 고기잡이가 진가를 발휘했다. 새와 물고기와 연체류로 그득그득한 삼각주, 강어귀, 습지대를 갖춘 천혜의 환경이 곳곳에 생성된 덕분이었다. 고고학적 기록에 의거하면, 초기의 고기잡이 도구는 육지에서 짐승을 사냥할 때 썼던 도구를 변형한 낚싯바늘, 미늘 창, 얕은 물용 덫, 그물 같은 것들이었다. 기원전 8000년경에는 발트해 연안, 강가의 넓은 계곡 지대, 일본 북부 지역을 중심으로 물고기에 크게 의존하면서 점차 정교한 사회로 번성했다. 인구가 점점 늘자 일부는 영구 정착지를 세우고 수 세대에 걸쳐 터를 잡고 살았다.

하지만 식량 자원이 풍성한 연안 지대를 제외하면 여전히 대부분의 인간 사회는 이동성에 의존해야 했다. 어류가 풍성한 지대조차 나일 강변에서 알을 낳는 메기나 일본 북부, 시베리아, 북아메리카 서부의 연어 떼를 식량용으로 제때 잡기 위해 연중 적절한 시기를 살피며 이곳저곳으로 옮겨 다녔다. 식량 자원이 풍성한 축에 드는 지대조차 보유량이 높지 않았다. 다시 말해 그만큼 넓은 지대로 돌아다니며 사냥하거나 물고기를 잡아야 하는 사람들은 평생 이리저리 먼 거리를 이동해야 했다. 빙하시대 이후에는 배로 인해서도 이동 생활이 부추겨졌다. 물고기를 찾아 나서는 활동은 이동성에 두 가지 측면으로 기여했다. 배의 건조술이 정교해지도록 자극했는가 하면 멀리까지 이동할 만한 동기 부여를 해 주었다.

생계형 고기잡이는 아메리카 대륙에서 인간이 최초로 정착하는 과정에 중요한 역할을 했다. 보편적으로 인정되는 바에 따르면, 이곳의 최초 정착자는 알래스카에서 북아메리카의 중앙 지대가 아닌 태평양 연안을 따라 남쪽으로 내려왔다. 특히 태평양 북서부 연안, 캘리포니아 남부의 샌프란시스코만과 샌타바버라 해협, 중서부 지역의 비옥한 강가 계곡 지대와 플로리다 북동부 및 남부 연안 등을 선호했기에 그곳은 필연적으로 인구 밀도가 높아졌다. 연체류 군락지와 물고기가 몰려 있는 수역을 서로 차지하기 위한 경쟁도 심해졌고, 주변 일대는 사람들로 점점 에워싸이며 집단끼리 더욱 치열한 경쟁을 펼치게 되었다. 사람들은 한곳에 오래 머물기도 했다. 필연적으로 사회는 점점 더 복잡해지면서 단순한 가족 관계를 넘어 작은 무리와 집단이 수천 년에 걸쳐 하나로 합쳐졌다. 이제는 신망받는 지위에 앉아 모범적으로 무리를 이끌고 의식을 집행하는 권한까지 얻은 유력한 씨족장이 생겨났다. 이들은 절대 권력을 움켜쥔 신과 같은 지배자가 아니었다. 집단에 따라 씨족장의 지위는 대대로 물려받기도 하고, 그렇지 않기도 했다. 씨족장은 씨족과 추종자들의 충성심, 그리고 다른 씨족장에 대한 아량과 세심한 배려를 아주 중시했다. 대다수 씨족장은 인류학자들의 표현대로 '훌륭한 인물'이었다.

제1부에서는 살기 위해 물고기를 잡고, 연체류를 먹는 사람들을 이야기하려 한다. 이들은 대체로 인근 지대에서 식량을 구했다. 건조시키거나 훈제한 생선을 이웃과 교역하긴 했으나 오늘날의 상거래와 달랐다. 단순히 먹을 것이 필요한 사람들에게 거저 베풀어 주는 식이었다. 훗날 자신도 자선이 필요하리라는 생각에 이웃에게 기부하듯 주었다. 오늘날과 같은 상거래는 더 훗날에 시작됐다.

생계형 고기잡이의 방법과 기술이 수천 년 동안 크게 바뀌지 않았다는 사실은 매우 인상 깊다. 그물, 창, 낚싯바늘, 낚싯줄, 덫은 선사시대의 고기잡이 도구들이었는데, 오늘날에도 여전히 쓰이고 있다. 고기잡이에서는 연륜, 주의 깊은 관찰력, 환경 숙지도, 어획 잠재성에 대한 통달도 등이 중요하다. 이런 것들은 남들에게 웬만해선 알려주지 않는, 친밀한 사이끼리만 대대로 전수되는 노하우였다. 그리고 바로 이런 이유로 기원전 3000년 이후 초기 문명이 계속 복잡해지는 단계에서도 어부들만은 그들끼리 동떨어져 있었다.

생계형 고기잡이는 전 세계에 농경 사회가 등장한 이후에도 건재했다. 어부들은 들판이나 목초지와 달리 경계선이 정해지지 않은 어장에 덫을 내리고 고기를 잡았다. 어부들이 흔히 둑을 쌓아 만든 고기잡이 터나 비바람이 들이치지 않게 만든 지대는 농사를 짓고 살기에 좋은 환경이 아니었다. 어부들은 땅을 갈거나 가축을 치며 살았던 이들과 달리 언제든 카누나 그 외의 다른 배를 가지고 어장이나 조개류 군락지가 있는 해역으로 나가면 바로 식량을 낚아 올릴 수 있었다. 물론 일본 북부의 조몬jomon족처럼 농경을 병행하는 경우도 있었지만, 캘리포니아 연안 지대의 추마시족과 플로리다 남부의 칼루사족처럼 농경에 정통하면서도 농사일엔 아예 손도 대지 않거나 손바닥만 한 땅만 일구는 어부들도 있었다. 사실 어부들은 농사를 지을 필요가 없었다. 엘니뇨 같은 단기 현상으로 고기잡이가 크게 위축돼도 연체류나 식용 식물에 의지하거나 새로운 종류의 물고기를 잡아먹으면 그만이었기 때문이다.

어부의 세계는 변두리의 세계였다. 그들은 연안과 강어귀, 얕은 물과 깊은 물, 지나간 사람은 있으나 발길은 없었던 이질적이고 신비스러운 영역, 신화 속 생명체와 창조주가 그득한 영역과 밀접히 얽혀 살아갔다. 생계형 어부들은 역사에서도 변두리에 존재했지만, 그들의 뛰어난 적응력은 인간이라는 종이 전 세계 곳곳에 퍼지는 데 크게 이바지했다.

2. 시초

때는 175만 년 전이고, 장소는 탄자니아 올두바이 협곡Olduvai Gorge이다(지도1 참조). 물이 점점 빠져나가고 있는 호수는 쨍쨍한 햇살을 받아 반짝이고, 오후의 뙤약볕 아래에서 해안선은 날마다 뒤로 물러나고 있다. 단신의 호미닌족 무리는 물이 빠르게 줄어들어 웅덩이 안에 갇힌 메기를 주시하면서 수심이 얕은 물가를 따라 조심조심 이동하고 있다. 이들은 악취에 아랑곳하지 않고 뭍으로 밀려나와 진흙탕에 뒤범벅되어 썩어 가는 메기에게 접근 중이다. 한 남자가 물속으로 재빨리 손을 뻗어 포동포동한 메기 한 마리를 붙잡는다. 뒤이어 다른 남자가 마른 땅바닥에 메기를 능숙하게 내던지자 한 동료가 묵직한 막대기로 메기의 숨통을 끊는다. 무리 중 몇 사람이 다른 웅덩이로 향하더니, 가만히 서서 발끝까지 물고기의 움직임에 촉각을 곤두세운다. 잠시 후, 물고기의 꼬리가 드러나자 숙달된 솜씨로 물고기를 붙잡아 올려서 또다시 마른 땅으로 내던진다. 그렇게 잡은 물고기는 뙤약볕에서 금세 썩는다는 사실을 나이가 많든 적든 누구나 아는 터라, 호미닌족 무리는 물고기를 바로 토막 내어 날것 그대로 입안에 쑤셔 넣는다. 이때 하이에나와 자칼이 썩어가는 물고기 찌꺼기를 먹으려고 어슬렁어슬렁 다가온다.

고기잡이는 인류만큼이나 역사가 길다는 주장은 인류의 최초 조상이 짐승을 사냥하고 풀을 채집해 먹고살았다는 종래의 추정에 반하는 진술이지만 설득력 있어 보인다. 적은 수가 무리지어 다니던 초창기 인류가 옴짝달싹 못하게 된 메기를 마음껏 먹었을 가능성은 충분하다. 우리가 곧잘 잊어버리는 사실이지만, 초창기 인류는 계절의 변화에 따라 식생활을 맞추어 다양한 종류를 먹는 잡식동물이었으니, 충분히 그럴 만하다. 올두바이 협곡의 고고학 유적에서 발견된 유물들과 동물의 뼈들 중에는 자잘한 뼈도 여기저기 흩어져 있었는데, 이를 통해 메기도 그런 기회주의식 식생활의 증거였음을 확인할 수 있다. 올두바이 협곡에서 출토되는 물고기 뼈 가운데 일부는 살아있는 물고기를 잡았던 것으로 거의 확실시되지만, 아직까지 이를 뒷받침해 줄 만한 증거가 미흡하다.[1] 산업화 이전의 고기잡이는 그 형태를 막론하고 예외 없이 기회가 생기면 포획하는 방식, 즉 먹이를 직접 기르기 전까지 대략 300만 년 동안 인간이 살아온 주된 생존 방식에 따랐다. 물고기가 당시 식사 메뉴에 올랐던 것은 지극히 자연스러운 일이었다. 얕은 개울이나 웅덩이에서 물고기를 잡아먹었던 이들은 식량을 구할 만한 곳을 훤히 꿰고 있었다. 야생 과일이 여무는 시기나 세렝게티 근처 누 떼의 이동과 마찬가지로 메기가 언제쯤 오도 가도 못하고 갇힐지 훤히 예측할 수 있었기 때문에 그들에게 산란기의 메기처럼 잡기 쉬운 물고기는 확실한 사냥감이었다.

초창기 선조들은 건기에 하이에나나 표범 심지어 개코원숭이 등이 먹이를 찾아 얕은 웅덩이를 뒤지던 모습을 지켜보면서 물고기도 먹을 수 있는 먹거리라는 것을 알아챘을 것이다. 먹을 것이 부족해지는 계절이 오면 초식동물이나 육식동물 모두가 힘들었다. 가뭄이 닥치면 인간이나 인간의 먹잇감이나 모두 지방이 부족해졌고, 식물의 단백질 함량도 낮아졌다. 현대의 수렵 채집 사회에서도 늦겨울이나 초봄이면 부족한 먹거리를 대체로 물고기와 연체류에 기댄다.

물고기를 잡는 데는 도구도 많이 필요하지 않았다. 나무 몽둥이나 절개용 돌날만으로도 충분했을 터다. 그러다 어느 시점에 이르러 인간의 지능이 발달하면서 터득했을 것이다. 물고기를 햇빛에 말리면 잡자마자 먹지 않아도 되고, 가지고 다니기도 편하다고. 또 메기의 발라낸 살도 그런 식으로 말릴 수 있다고. 메기는 영양분도 많다. 어류 전문가의 연구에 따르면, 30센티미터짜리 메기 한 마리에는 살코기가 1킬로그램 가깝게 있고 지방도 풍부해서 한 가족이 며칠간 생명을 유지할 수 있었다고 한다. 메기는 그와 같은 무게의 초식 포유동물보다 지방 함량이 높다.

올두바이 협곡의 물고기 뼈는 인간이 오도 가도 못하게 된 물고기를 그냥 집었다기보다 작정하고 잡았으리라 단정할 만한 결정적 증거가 되지 못한다. 그럴 가능성이 높긴 해도 확실히 단정 짓기에는 불충분하다. 최근에 케냐 북부의 투르카나호Turkana Lake 인근의 호미닌 유적에서 발견된 195만 년 전의 메기 뼈 역시

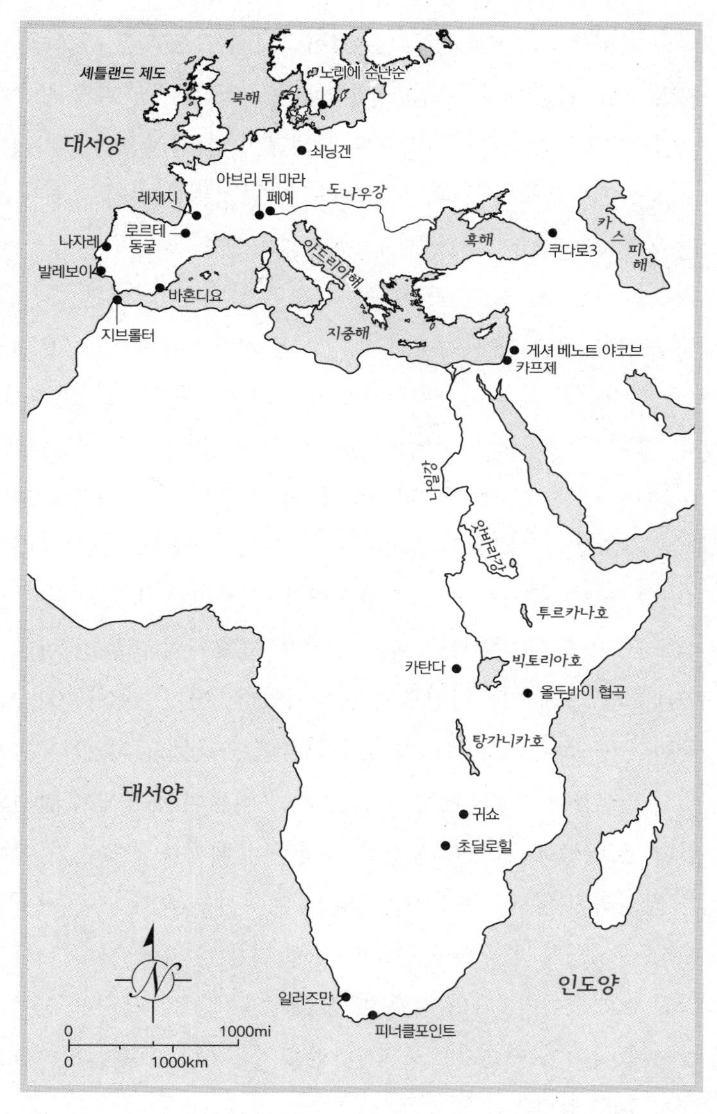

지도1 인류가 시작된 초기부터 빙하시대 말기까지 아프리카, 유럽, 중동의 유적

마찬가지다(지도1 참조). 엄밀히 따지면, 호미닌족의 고기잡이 활동은 기회주의적으로 먹잇감을 찾아다닌 차원으로 볼 만하다. 하지만 이런 활동이 수렵 집단 생활에서 수십만 년에 걸쳐 꾸준히 보편화되었고, 아주 일상적으로 행해진 만큼 실질적인 고기잡이로 분류해도 무리는 아니라고 본다. 창을 비롯한 여러 도구가 쓰인 후부터는 특히 더 그렇게 분류할 만하다.

인간이 수산물을 먹었다는 것을 보여 주는 명백한 증거 중에 가장 오래된 것은 자바섬의 솔로 분지Solo Basin에 있는 트리닐Trinil 지역에서 찾을 수 있다(81쪽 지도2 참조). 특히 그곳의 석호, 강, 습지대 등지의 저지대 연안 평야에서 많이 발견되고 있다.[2] 1894년에 이곳에서 네덜란드의 화석 탐험가 외젠 뒤부아Eugène Dubois, 1858~1940가 100만~70만 년 전의 고대 인류인 호모에렉투스Homo erectus 표본을 최초로 발견했다. 뒤부아를 비롯한 다른 사람들의 발굴 과정에서도 육지 동물과 물고기의 뼈뿐만 아니라 연체류의 잔해들도 다양하게 출토되었다. 메기는 소금기 있는 물이나 연안의 맹그로브 습지처럼 탁한 흙탕물 등의 습한 환경에서 잘 살며, 트리닐에는 이런 메기의 뼈들이 곳곳에서 발견되었다. 트리닐에서 수렵 생활한 사람들이 메기를 잡았는지 여부는 확실하지 않다. 왜냐하면 발굴된 뼈에서는 뼈가 있는 사체의 내장을 제거할 때 생기는 절개 자국 같은 흔적이 전혀 보이지 않았기 때문이다. 다만, 이곳이 산란기인 메기를 단순한 창이나 몽둥이 심지어 맨손으로도 쉽게 잡을 수 있을 환경이라는 점을 추정할 수 있다.

이곳에서는 거대한 민물 홍합인 프세우도돈*Pseudodon*이 인간 유해만큼이나 많이 발굴되었다. 여기에서 발견한 조개껍데기는 유난히 그 크기가 모두 비슷했는데, 이는 인간이 껍데기 안의 살을 먹기 위해 의도적으로 골라잡은 것으로 추정할 수 있다. 또 다른 종의 민물 연체류인 엘론가리아 오리엔탈리스*Elongaria orientalis*의 껍데기에서도 이런 추정을 뒷받침할 만한 결정적인 흔적이 발견되었다. 껍데기의 가장 약한 뒤쪽 끝이 대부분 깨진 채 벌어져 있었는데, 이는 인간이 의도적으로 잡아먹은 흔적으로 추측된다. 올두바이 협곡의 호미닌족처럼 트리닐 지역의 호모에렉투스 무리 역시 생태학적으로 잡식성 동물로서 수십만 년에 걸쳐 조개 채집 활동을 벌였는데, 이는 그런 식으로 해야 먹고살 수 있었기 때문이다.

79만 년 전 이스라엘 북부 요르단 계곡Jordan Valley의 훌라호Lake Hula는 사냥짐승, 물고기, 식물류 등 먹거리가 그득한 그야말로 싱그럽고 푸릇푸릇한 곳이었다. 참게와 홍합이 지천에 널렸던 이곳은 기회주의 방식이 빛을 발했다. 멀리 나가지 않아도 인근에 아주 다양한 먹거리가 즐비했고, 인구 밀도도 낮은 까닭에 이곳에서 살던 무리들은 비교적 좁은 영역만 차지해도 사는 데 문제가 없었다. 이들이 일반적으로 머물던 거주지 중 한 곳은 현재 게셔 베노트 야코브Gesher Benot Ya'aqov로 불리는 곳이다.[3]

게셔 베노트 야코브에 발길을 들인 인간은 땅뿐만 아니라 호수의 얕은 물도 식량원으로 삼았다. 그들은 세심한 관찰력으로 풍성한 먹거리를 확보했다. 특히 산란기에 접어든 물고기를 유용한 식량원으로 이용했다. 이곳 사람들은 사이프리니대Cyprinidae라는 잉어과를 잡아먹었는데, 잉어는 올두바이 협곡과 트리닐의 물고기와 마찬가지로 얕은 물에 알을 낳았다. 돌잉어 및 잉어류를 잡을 때는 불로 단단하게 지진 촉이 달린 창을 들고 물속으로 들어갔다. 그리고 잉어가 가까이 다가올 때까지 꼼짝 않고 지켜보다가 기회다 싶을 때에 번개같이 창으로 잉어를 찔러 잡았다.

돌잉어 및 잉어류를 창으로 찌르기 위해서는 땅에서 사냥할 때와 마찬가지로 끈기가 필요했다. 하지만 겁 많은 영양을 쫓을 때처럼 아주 살금살금 다가갈 필요는 없었다. 돌잉어 및 잉어류는 특정 시기에 그것도 한 번에 며칠밖에 잡을 수 없었다. 이 점을 아주 잘 아는 고기잡이들은 해마다 같은 장소로 다시 찾아왔다. 지금까지 남아 있는 뼈들이 잘 보여 주듯, 대부분 1미터가 넘는 커다란 잉어가 두 군데에 몰려 있었는데, 그중 한 곳에서는 불을 피운 흔적도 있었다. 이로 미루어 볼 때 잡은 잉어를 익혀 먹거나 나중에 먹기 위해 말렸던 듯하다.

게셔 베노트 야코브는 인상적일 만큼 유적이 아주 잘 보존되어 있다. 덕분에 발굴자들이 아주 미묘한 흔적을 찾아내고 있다. 하지만 이 유적에서만 유일하게 물고기가 잡혔을 리 없다. 물이 맑든 탁하든 수심이 얕은 곳에서 창으로 물고기를 잡을 만한 기회는 다른 곳도 많았을 것이다. 올두바이나 트리닐처럼 게셔 베노트 야코브에서도 확실하게 증명해 주다시피, 물고기나 연체류를 잡는 것은 잡식성인 우리 조상에게 일상생활이었으며, 호모사피엔스부터 생각해 낸 것이 아니었다.

남아프리카의 피너클포인트 동굴Pinnacle Point Cave은 연안의 메마른 평야가 내려다보이는 절벽 사이에 자리 잡았다. 한번 상상해 보라. 16만2000년 전에 두 사냥꾼이 피너클포인트 동굴 입구 언저리에 만든 임시 거주지에서 작은 영양 한 마리를 도살하는 모습을. 강한 남서풍이 대륙붕을 스치며 흙먼지와 모래를 일으켰다가 평지를 휩쓸고 지나간다. 강풍이 부는 동안 사냥꾼의 귓가에 몇 킬로미터 떨어진 해안에서 파도가 일으키는 굉음이 어렴풋이 들려온다. 만월이라 한낮에도 썰물이 크게 빠져 있다. 무리 중 여자들과 아이들 몇 명은 맨발로 파도 가까이까지 걸어 들어간다. 그들은 발가락을 더듬거리며 파묻힌 모래 홍합sand mussel을 찾는 중이다. 이따금씩 허리를 숙여 홍합을 하나씩 건져 내서는 어깨에 걸친 그물이나 가죽 자루 안에 집어넣는다. 나이 지긋한 여인은 조수가 빠르게 밀려 들어올 것을 잘 알고 있기에 굽이치는 파도를 유심히 살핀다. 잠시 후 다들 더 높은 지대로 슬슬 뒷걸음쳐 나오다 잡은 홍합을 동굴로 가져온다.

피너클포인트 동굴에서 임시로 거주한 사람들은 해부학적으로 현생 인류에 속하므로 그 생김새가 오늘날 사람과 아주 비슷했을 가능성이 높다. 일반적 견해에 따르면, 현생 인류 조상은 대략 15~20만 년 전에 아프리카에서 진화되었다. 초기 현생 인류가 오늘날 호모사피엔스만큼 인지 능력을 갖추었는지 아직 확실히 밝혀지지 않았고, 아프리카에서 아시아로 처음 이주한 조상에 대해서도 알려진 바가 별로 없다. 현생 인류가 지능을 전반적으로 발달시키면서 뜻이 분명한 말을 할 줄 알고, 개념화하고 계획을 세우고 앞일을 미리 생각할 줄 알며, 상상할 줄 알게 된 시기 역시 확실치 않다. 보편적으로 대략 7만5000년 전으로 추정할 뿐이다. 하지만 남아프리카의 이 동굴에서 발견된 송곳처럼 뾰족한 뼈나 창의 촉과 같은 유물 등은 식량을 구하는 보다 숙달된 요령 같은 행동 변화를 보여 주며, 이러한 흔적을 토대로 볼 때 그 추정 시기보다 훨씬 앞서 있었다. 이런 점진적 변화의 자취로 인해 피너클포인트 동굴은 특히 더 주목할 만한 유적이다. 그 변화상을 통해 16만5000년 전에 연체류를 채집한 상황을 아주 세밀하게 재구성해 볼 수 있기 때문이다.[4] 조개껍데기를 개인용 장신구로 사용한 흔적은 오늘날 수준에 이르기까지 인류의 인지 능력에 나타난 여러 단계의 변화 가운데 최초의 변화 징후이기도 하다. 적어도 지금껏 밝혀진 한은 그렇다.

피너클포인트 동굴 13B(고고학적 명칭대로)는 남아프리카 공화국의 중남부 연안에 자리하는데, 모셀베이Mossel Bay라는 도시의 서쪽에 있다. 바다가 내려다보이고, 절벽에 큰 동굴이 여럿 뚫려 있다. 과거에는 거대한 대륙붕이 현재의 대서양과 인도양이 합류하는 지점까지 최대 120킬로미터 정도 뻗어 있었다. 사람들이 피너클포인트 동굴을 사용하기 한참 전까지 현재 물에 잠긴 이곳 평지에서 수렵 채집 생활을 하면서 다른 무엇보다 특히 인근의 조수 웅덩이에서 잡히는 연체류에 마음이 끌렸을 것이다. 그러다 닥친 기후 변화에 북반구 빙하가 물러났다 밀려듦에 따라 해수면이 올라갔다 내려가면서 피너클포인트 동굴의 역사에 큰 영향을 미쳤다. 그러면 지금부터 커티스 마리안Curtis Marean을 위시한 여러 발굴자들이 약 10년 동안 이 동굴을 발굴하면서 밝힌 수천 년의 조직적 연체류 채집 활동을 살펴보자.

16만 년 전에 이 동굴은 바다에서 5킬로미터가량 떨어져 있었다. 이 동굴을 찾아든 사람들은 두 생태학적 지대의 경계지에 살면서 다양하고 안정적인 식량원을 누렸다. 남극 대륙에서 북쪽으로 흘러오는 벵겔라 해류가 용솟음치며 아프리카 동쪽을 따라 흘러 내려오는 세찬 아굴라스 해류와 만나는 이곳의 해안선은 수산 자원이 세계에서 가장 풍요로운 곳이다. 한류와 난류가 한데 섞이는 곳이라 암석이 많은 조간대潮間帶•에 서식하는 다양한 조개류들이 그득했다. 동굴의 내륙 지대는 현재 케이프 식물 보호 지구Cape Floral Region로 불리며, 9000종에 가까운 다양한 식물과 다양한 종의 작은 포유류 동물이 서식한다. 이 근방에는 몸집이 큰 동물이 많지 않아서 당시 수렵 생활을 하던 무리는 식물이나 작은 사냥짐승을 식량으로 삼았으며, 긴 가뭄이 들어도 연안의 풍요로운 연체류 덕분에 식량원이 안정적이었다.

피너클포인트 동굴에서 살던 여인들이 발가락으로 더듬거려 캔 모래 홍합인 도낙스 세라*Donax serra*는 역사적으로 그다지 주목할 만한 것은 못 된다. 여인들이 캔 또 다른 종인 갈색 홍합인 페르나 페르나*Perna perna*도 마찬가지다. 하지만 과학계에 밝혀진 것 중에서 연체류를 조직적으로 채집한 활동으로서는 가장 오래된 사례다. 연체류는 사실상 세계 어느 해역에서나 흔히 볼 수 있는 생물이며, 대개 조수 웅덩이나 저지대 암석에 무리 지어 산다. 그래서 쉽게 잡는 편인데, 끝이 날카로운 돌칼로 비틀어 떼어 내서 그물이나 가죽 자루에 넣으면 그만이다. 더 깊은 물속에 사는 종도 잠수만 하면 손쉽게 캐낼 수 있다. 도낙스 같이 모래 속에 숨어 사는 종을 잡는 데는 대단한 기술이 필요하지 않다. 조수만 잘 꿰

• 만조 때의 해안선과 간조 때의 해안선 사이의 부분. 만조 때에는 바닷물에 잠기고 간조 때에는 밖으로 드러난다.

고 있으면 된다. 피너클포인트 동굴에서 연체류를 채집하며 사는 이들은 일명 적조라 불리는 유해 조류가 언제 퍼지는지, 언제 해안에 폭풍이 일어나 채집이 위험한지 등을 훤히 꿰고 있었다. 인간 사회에서 연체류만 먹고살았던 집단은 전무하지만, 연체류는 사냥감이 귀해지거나 물고기가 줄어들거나 식물이 부족해졌을 때 귀한 보조 식량이었다.

조간대에 서식하며 조수가 낮을 때 모습을 보이는 연체류는 피너클포인트 주변에서 가장 흔한 종이다. 이곳 수역은 보름달 때와 초승달 때 만조 수위가 가장 높아지는데, 아마 이 시기에 이곳에서 살던 무리도 가장 부지런히 채집 활동을 벌였을 것이다. 한편 현대의 수렵 채집 집단이 특히 **대조**大潮 때에 채집하는 것을 좋아하는 점에 비추어 볼 때, 과거 피너클포인트 동굴에서 살던 거주자들도 같은 성향을 지녔을지 모른다.

피너클포인트에서 발견되는 조개껍데기는 대부분 채집하기 쉬운 연체류의 것이지만, 몇몇 예외 종은 대단히 흥미롭다. 대표적으로 물속 깊이 사는 까닭에 잠수해야만 잡을 수 있는 헬멧 고둥, 새조개 등이 있다. 몇몇 표본은 한동안 해안에 널려 있다 파도에 쓸렸던 것처럼 살짝 마모되어 보인다. 그런가 하면 목걸이 장식으로 쓰인 조개껍데기도 있다.

이 지대에서는 생소한 조개껍데기도 발견된다. 깊은 물속에서 채취한 아주 예쁜 조개껍데기는 장식이나 연장자의 표식으로 쓰이는 등 일반 조개껍데기와 다른 대접을 받았으리라 예상된다. 물론 추정일 뿐 확인할 길은 없으며, 이 시기에 거주지와 멀리 떨어진 곳에서 조개껍데기를 교역한 사례도 밝혀진 바 없다. 하지만

이 생소한 조개껍데기는 아주 먼 곳에서 사는 무리와 일상적으로 교환했으리라 추정할 만한 증거가 된다.

이스라엘 북부에 있는 갈릴리 저지대의 카프제 동굴Qafzeh Cave은 온갖 다양한 식량이 풍요로운 땅에 자리 잡고 있다(지도1 참조).[5] 사슴을 사냥하던 이들이 이 동굴에 처음 찾아든 시기는 10만~8만 년 전까지 거슬러 올라간다. 이들은 굴, 백합, 대합 따위의 쌍각류 조개, 즉 지금까지도 지중해에서 발견되는 그라이사이메리스 인수브리카*Grycymeris insubrica*를 채집해 40킬로미터가량 떨어진 동굴로 가져왔다. 이 유적에서 일곱 개의 쌍각류 조개껍데기가 거의 완벽한 형태로 발견되었다. 구체적으로 보면 자연적으로 생긴 구멍이 있었고, 네 개는 가죽끈 같은 것에 매달려 있다가 마모된 것 같은 자국도 있었다. 아무래도 카프제 동굴에서 살았던 사람들이 채집한 조개의 껍데기를 가죽끈에 꿰기 위해 일부러 모은 듯하다. 카프제 동굴에서 발견된 조개껍데기 중 일부는 60킬로미터나 떨어진 곳에서 가져온 빨간색과 노란색 황토로 물들여 있었다. 조개껍데기는 자기 쓰임새에 대해 입을 꾹 다물고 있지만, 옛 사람들이 치장에 활용했을 가능성이 농후하다. 또 피너클포인트 동굴 시대로부터 8만 년 후에는 인간의 자의식이 한껏 발현되면서 필연적 결과로 허영심이 출현한 징후도 발견되고 있다.

"일일이 가르쳐 줄 수 없는 것"

아이작 월턴은 고기잡이를 두고 "수학과 아주 비슷해서, 일일이

가르쳐줄 수 없다"고 말했다.[6] 월턴은 고기를 잘 잡으려면 주의 깊은 관찰과 연륜이 한데 어우러져야 한다고 봤다. 고대 사냥꾼은 얕은 물가에서 물고기를 지켜볼 수 있었을 테지만, 다른 사냥감보다 요리조리 잘 피하고 빠르게 움직이는 사냥감을 잡기가 훨씬 힘들었을 것이다. 단, 말라가는 물웅덩이 안에 떼로 갇히거나 얕은 강물에 연어가 산란하려고 몰려들어 손만 뻗으면 붙잡을 수 있는 경우는 예외다.

그런 고기잡이는 연중 일과 가운데 며칠이나 몇 주간의 활동으로 그쳤다. 계획은 세울 필요야 있었지만, 수렵채집인에게 새로운 일이 아니었다. 사냥짐승의 이동을 잘 살피고, 먹을 수 있는 과일과 견과류를 따도 될 만큼 여무는 시기를 꿰고 지내면서 그런 일에 워낙 길들어 있었다. 초창기 고기잡이는 기회주의적 적응이어서, 이곳저곳 돌아다니며 행해졌다. 특히 산란기 물고기가 큰 떼를 이루어 얕은 물로 몰려드는 강가는 고기잡이의 주된 장소였다. 하지만 날이면 날마다, 달이면 달마다 일 년 내내 눈에 띄지만 요리조리 잘 피하거나 해안에서 멀리 떨어진 깊은 물속에 사는 사냥감을 잡는 일은 기회주의적 고기잡이와 차원이 달랐다.

고기잡이는 창을 사용하면서 훨씬 적극적으로 변모했다. 초반엔 불로 달구어 단단하게 만든 촉을 막대기에 끼워 단순히 뾰족한 형태로 만들었고, 최소한 50만 년 전에 유럽의 고대 인류가 처음 사용했다. 이 창은 물고기를 잡는 데 확실히 유용했다. 더 멀리 있는 사냥감은 물론이요, 경우에 따라서는 조금 더 깊은 물속의 사냥감까지도 잡을 수 있었기 때문이다. 물속에서 창을 쓰는 일은 땅에 비해 더 어려웠다. 고기를 한낮에 잡든 어둠이 내린 밤에 횃불을 밝히며 잡든 간에 물의 굴절을 감안해야 했다. 호주의 원주민은 촉을 불로 단단히 달군 나무창을 오늘날까지 사용했지만, 나무가 아닌 다른 소재로 만든 창을 사용한 지역도 많았다. 특히 사슴의 뿔, 뼈, 상아, 돌 등이 주된 소재가 되었고, 나중엔 철창도 만들어 썼다. 약 40만 년 전에 독일 북부의 쇠닝겐Schöningen에서는 육지 짐승을 사냥할 때 자루가 긴 나무창을 썼는데, 초기의 물고기 사냥꾼도 이런 긴 자루의 유용성에 눈을 떴을 터이며, 깊고 탁한 물속이나 빙판 아래의 물고기를 잡을 때 그 유용성을 특히 더 느꼈을 것이다. 아무튼 자루가 길면 그만큼 더 세게, 더 멀리 던질 수 있었을 것이다.

물고기는 미끌미끌한 데다 꼼짝 못하게 하면 꿈틀거리는 까닭에 미늘창이 고기잡이 초창기에 혁신을 일으켰다. 미늘창은 처음엔 육지 짐승을 사냥하기 위해 만들어졌을 테지만, 오래 지나지 않아 물속의 먹잇감을 잡는 데도 쓰였다. 특히 8만 년 전 세밀리키 계곡Semiliki Valley에서 물고기를 잡을 때 아주 유용했다. 세밀리키 계곡은 중앙아프리카의 그레이트 리프트 밸리Great Rift Valley의 기슭을 따라 루탕지게호Rutanzige Lake에서 자이르Zaire 동쪽의 무탕지게호Lake Mutanzige로, 물이 북북동쪽으로 흘러가는 지대에 펼쳐져 있다.[7] 지금보다 훨씬 더 서늘하고 건조한 당시 기후에서 강물은 확트인 사바나 초원 위로 범람하고, 강기슭을 따라 울창한 숲과 습지가 펼쳐져 있었다. 세밀리키강은 정착하려는 인간과 크고 작은 야생 생물을 자석처럼 끌어들였다. 이곳은 인류 최초의 고기잡이가 펼쳐진 무대이기도 하다.

오늘날 호주 원주민이 하는 방식대로 얕은 물에서 창으로 물고기를 잡기 시작한 것은 정확히 8만 년 전이었다. 한번 상상해 보라. 큼지막한 메기 여러 마리가 따뜻하고 얕은 물속에 거의 미동도 없이 누워 있는데, 나무 그림자에 가려 잘 보이지 않는다. 두 남자가 무릎 높이의 물속에 조용히 서서 뾰족한 뼈가 달린 창을 던질 자세를 취하고 있다. 강기슭에서는 또 다른 남자가 악어가 나타나면 알려 주려고 망을 보고 있다. 두 물고기 사냥꾼은 파리가 머리 주위에서 윙윙거리거나 말거나 신경도 쓰지 않고 강바닥에서 눈길을 떼지 않는다. 그때 물고기 한 마리가 사정거리 밖으로 벗어나려는 듯 꼬리를 살짝 움직인다. 한 사냥꾼이 창을 물속으로 휙 던진다. 그는 별 기술을 쓰지 않고도 미늘촉을 그 물고기의 몸통에 거뜬히 박아 넣는다. 물고기가 마구 몸부림을 친다. 창을 던진 사람이 허리를 숙여 물고기를 들어 올려 창을 뽑아낸 다음, 연안으로 던져 주자 망보던 사람이 나무 몽둥이로 물고기의 숨통을 끊는다. 물가는 잔잔하고, 다시 기다림이 시작된다. 두 사냥꾼은 물고기가 사정거리에 들어오는 순간을 노리며 꼼짝 없이 서 있다.

이상고Ishango라는 도시에서 북쪽으로 6킬로미터가량 떨어져 있고, 세밀리키의 강줄기가 루탄지게호를 벗어나는 지점인 카탄다Katanda(지도1 참조)에서 고고학자 존 옐런John Yellen과 앨리슨 브룩스Alison Brooks는 여러 도구와 동물 및 물고기 뼛조각이 잔뜩 모여 있는 유적을 발견했다. 그들은 단기간 사용한 움막 터의 잔해라고 추측했다. 동물의 유해는 습지대와 더 건조한 사바나 지대에서 나왔고, 물고기 뼈는 대부분 몸집이 큰 메기였다. 그중에는 산란기에 세밀리키강의 얕은 수역에 자주 나타난다고 알려진 2미터 넘는 메기도 있었다.

카탄다의 물고기 사냥꾼이 사용한 창촉은 덩치 큰 포유동물의 뼈로 만들어졌고, 뚜렷한 윤곽의 미늘이 있었다. 브룩스와 옐런이 그 방법대로 재현하면서 밝힌 바에 따르면, 창은 일종의 석재 연마기로 뼈의 테두리를 다듬은 다음에 그 뼈를 비스듬하게 파내어 미늘 모양을 잡는 식으로 만들었다. 온전한 형태로 남아 있는 창의 촉은 끝부분에 홈이 파여 있었는데, 아마도 이 홈을 나무 자루에 끼운 듯하다.

발굴된 유물과 뼈의 규모로 봤을 때, 이곳에서의 고기잡이는 일회성이 아니었을 것으로 추측된다. 하나나 그 이상의 무리가 같은 장소를 매년 수년간 찾았던 듯하다. 그것도 메기의 산란기에 맞추어 찾아왔을 가능성이 높다. 이런 식의 단순한 고기잡이는 수만 년 동안 별 뚜렷한 변화 없이 지속되었다. 실제로 약 2만1000~1만7000년 전에 이곳에서 불과 7킬로미터 떨어진 상류에서도 또 다른 사냥꾼이 역시 뼈로 만든 미늘창을 사용해 메기를 잡았다. 그런데 대략 200세대가 흐르는 사이에 변화된 점이라곤 미늘이 한쪽이 아닌 양쪽에 달린 것뿐이다. 이 모든 증거가 가리키듯, 메기의 산란기에 신중히 선별된 장소에서 메기를 잡는 식의 특정 계절에 한한 고기잡이가 하나의 전통으로 이어져 온 것 같다.

뼈로 만든 미늘촉은 그 뒤로도 장기간 드문드문 사용되었다. 카탄다에서 북쪽으로 멀리 떨어져 있고, 앗바라강과 나일강이 합류하는 부근인 수단의 앗바라Atbara 지역에는 기원전 6600~5500년경의 중요한 유적 세 곳이 있다.[8] 이 유적들은 하얀

단구河岸段丘•로, 연간 강우량이 현재보다 다소 높았던 시기에 건조한 사바나에 대규모 정착지로 자리 잡았다. 때문에 매년 범람기마다 물에 잠기는 일은 모면했지만 그보다 주목할 부분은 따로 있다. 모든 정착지가 좁은 와디wadi•• 근처였다는 점이다. 와디의 얕은 물에서는 창을 쓰거나 심지어 맨손으로도 물고기를 쉽게 잡을 수 있었을 터다.

이곳 어부들은 강물에 사는 무려 30종이나 되는 물고기를 잡았는가 하면, 먹을 수 있는 연체류를 3종 정도 채집했다. 잡은 물고기는 대체로 메기같이 얕은 물에서 사는 어종이었으나, 몸집이 아주 큰 나일 퍼치Nile perch나 잡는 즉시 독이 든 내장을 제거해야 하는 줄무늬 물고기 나일 퍼퍼Nile puffer 같이 강의 본류에 서식하는 종도 있었다. 본류에서 사는 물고기가 어떤 식으로 잡혔는지는 아직까지 풀리지 않은 수수께끼지만, 수심이 얕아지는 건기 때 창을 써서 잡았으리라 짐작된다. 이곳 어부들은 섬유로 그물을 만든 것으로 보인다. 만약 그렇다면, 이들은 섬유로 그물을 만들어 사용한 최초의 아프리카인이 된다.[9]

그 무렵에는 드넓은 아프리카 지대 곳곳에서 뼈 미늘촉이 달린 창으로 물고기를 잡았다. 한 예로 케냐 북부에서는 강우량이 많고 투르카나호의 수위가 높았던 기원전 7420~5735년경에 이런 미늘촉을 만들어 썼는데, 이들은 2000년이 넘도록 거의 물고기만으로 연명했다. 에디오피아의 오모강 계곡Omo River Valley과 나

• 하천의 흐름을 따라 생긴 계단 모양의 지형
•• 중동 · 북아프리카에서 우기 외에는 물이 없는 계곡이나 수로

쿠루호Lake Nakuru 부근의 갬블 동굴Gamble's Cave에서도 비슷한 창촉이 발견되었다. 보츠와나 북부의 초딜로힐Tsodilo Hills에서는 서기 3세기~2만 년 전까지 아주 오랜 시기의 미늘촉 파편들이 발견되고 있다(지도1 참조).[10]

아프리카 도처에서는 주로 이와 유사한 고기잡이가 성행했다. 메기는 수심이 매우 얕고 풀이 무성한 범람원에서 알을 낳으므로 창이나 맨손으로 쉽게 잡혔고, 연안의 얕은 물가에서는 농어가 창이나 그물에 쉽게 잡힌 듯하다. 농어를 잡는 데는 바구니 덫이나 그물 등을 썼으나, 얕은 물웅덩이에 독 있는 식물을 풀어 놓는 방법도 활용했을 가능성이 있다. 초딜로힐 남쪽 인근에서 당시 지질 침전물에 민물 연체류와 규조류가 포함된 점으로 비추어 볼 때, 몇 미터 깊이의 얕은 호수가 8×5킬로미터 넓이의 지대를 뒤덮었을 가능성이 있다. 전해 오는 바에 따르면, 아주 최근까지도 인근 계곡에서 고기잡이가 이루어졌다고 한다.

아프리카에서 발견된 톱니 모양의 미늘 촉은 강우량이 늘어날 때마다 기회주의식 고기잡이가 그 진가를 발휘했음을 짐작케 한다. 이런 유물은 아프리카만이 아니라 북아메리카와 남아메리카를 비롯한 세계 곳곳에서 발견되고 있다. 다만, 호주나 남아프리카에서 발견된 사례는 없다. 한편 인류학적으로 관찰해 보면, 다른 지역에서는 이런 유물이 다목적용으로 쓰였으나 아프리카에서만큼은 단 하나의 예외도 없이 물고기 뼈와 연관되어 발견된다.

아프리카에서 발견된 물고기 뼈, 뼈 촉, 연체류의 알쏭달쏭한 실마리들이 점점 쌓이면서 뒷받침해 주고 있다시피, 기회주의 방식의 고기잡이는 인간이라는 종이 처음 출현한 이후로 오늘날까지 이어지는 전통이다. 현재까지도 아프리카 부족은 산란기에 메기를 창으로 낚은 후 몽둥이로 때려잡는다. 월턴의 말이 맞았다. 기회주의는 실력 있는 어부의 기본 자질이며, 물고기를 잡기 쉬웠던 시대에 어부로서는 굳이 그런 고기잡이 기술을 바꿀 필요가 없었다.

3. 네안데르탈인과 현생 인류

몸에 털옷을 두른 두 명의 네안데르탈인이 훗날 도나우강으로 불릴 강으로 흘러드는 개울가에서 물이 닿아 반질거리는 자갈돌밭에 쭈그려 앉아 있다. 손에서 가까운 곳에 돌촉 창을 놓고는 투명하고 얕은 물을 빤히 들여다보고 있다. 모래와 자갈이 깔린 강바닥에 휙휙 빠르게 헤엄쳐 다니는 연어의 그림자가 비친다. 도나우강의 연어들은 지금 한창 알을 낳을 채비를 하고 있다. 어떤 연어는 몸집이 엄청나서 사람과 맞먹는다. 너무 커서 어찌어찌 잡는다 해도 손으로 들어 올릴 엄두가 나지 않을 정도다. 두 사내는 꼼짝하지 않고 한참을 지켜보다가, 마침내 연어가 너무 빨리 움직인다는 결론을 내린다. 이는 산란기가 아직 시작되지 않았다는 뜻이다. 두 사냥꾼은 빈손으로 자리를 뜨지만, 먹잇감을 쉽게 잡을 수 있는 시기를 분간하는 감을 더 키운다. 이들은 며칠 더 물가를 서성거리다가 마침내 무리를 데리고 물가로 다시 온다.

네안데르탈인은 대략 30만~4만 년 전에 유럽과 일부 서아시아 지역에서 번성한 토착 유럽인종이었다(이 연대에 대해서는 논쟁이 분분하다). 땅딸막하고 눈썹이 굵고 움직임이 기민하고 힘이 아주 셌던 네안데르탈인은, 기후 변화를 견디며 겨울이 9개월간 지속되는 경우가 다반사고 기온이 영하로 떨어지는 날이 예사이던 수천 년간의 혹독한 추위 속에서도 꿋꿋이 살아남았다. 이들은 지능이 잘 발달되어 있었고, 미미한 수준이나마 언어도 구사했다. 최근까지 대다수 고고학자들은 이 강인한 인종이 막강한 사냥 기술, 짐승 같은 힘, 빙하시대의 거대한 사냥짐승에 맞서기 위해 만든 단순한 무기를 내세워 덩치 큰 사냥짐승도 사냥했으리라고 추정했다.[1]

네안데르탈인은 정말로 이런 거대한 짐승을 사냥하긴 했지만, 노련한 잡식성 동물이기도 했다. 그럴 수밖에 없었다. 빙하시대 말기의 혹독한 추위 속에서 살아가기란 결코 만만한 일이 아니었기 때문이다. 당시 생존은 불, 일종의 가죽옷, 겨울을 날 수 있는 은거지에 달려 있었다. 네안데르탈인이 밀집한 주거지 중에는 프랑스 남서부의 강가 계곡 지대도 있었다. 이 지대에서 네안데르탈인은 봄과 여름에 이동하는 순록을 사냥하며 살다가 날이 더 따뜻해지면 확 트인 땅으로 옮겨 갔다. 겨울이면 신선한 고기가 더욱 부족해져서 이것저것 잡식했고, 그중에 연어도 있었다.

대서양 연어(살모 살라*Salmo salar*)는 포르투갈부터 노르웨이까지 이어진 여러 강과 북아메리카 동해안에서 번식하며, 연어과에서 가장 큰 종에 든다. 어린 연어는 태어난 강에서 1~4년을 지내며 스몰트Smolt•를 맞거나 생리학적 변화를 겪으면서 바닷물에서 살아가기 적합해진다. 이런 과정에서 개울에 적응된 위장僞裝을 버리고 바다 생활에 더 적합한 빛나는 옆구리를 갖추기도 한다. 스몰트를 맞은 연어는 3~6월에 바다에 다다라서 표층 해류를 따라가며 플랑크톤이나 청어 같은 다른 어종의 치어를 잡아먹는다. 그렇게 1~4년 동안 바다에서 잘 자란 연어는 냄새로 길을 찾아가며 자신이 태어난 강으로 돌아온다. 제법 몸집이 커진 연어는 이제 먹이를 잡아먹지 않으면서 상류로 헤엄쳐 올라가 늦가을에 조용한 자갈 바닥에 알을 낳는다. 알을 낳은 후 죽어버리는 태평양 연어와 달리 대서양 연어는 드문 경우이긴 해도 한 번 이상 알을 낳기도 한다.

해마다 강을 거슬러 오르는 고대의 물고기 떼 중에는 수천 마리씩 얕은 못이나 세찬 급류, 좁은 물길을 헤엄쳐 오는 물고기도 있었을 것이다. 특히 연어 떼는 언제나 어김없이 찾아왔다. 그 수는 달라졌을 테지만, 매년 찾아와 사냥꾼에게 예측 가능한 안정적인 식량원이 되어 주었을 것이다. 수십 만 년 전에 아프리카인이 열대 포식동물이 물고기를 잡아먹는 모습을 목격했듯이, 네안데르탈인도 곰과 새들이 현재의 알래스카에서처럼 급류나 얕은 물에서 연어를 잡아먹는 모습을 봤을 것이다. 그런 모습을 보고 나서 물고기를 잡아먹기는 아주 쉬웠다. 사냥 실력이 그다지 뛰어나지 않은 네안데르탈인도 돌촉의 창으로 못의 연어를 잡아 연안

• 연어과 어류가 강 · 하천에서 일정 기간 동안 어린 시기를 보내고 바다로 내려가기 위하여 은백색 광택이 나는 체색으로 바뀌는 시기

으로 던졌다가 잽싸게 몽둥이로 내리치는 일은 어렵지 않았다.

그 외의 다른 물고기도 귀한 식량원이었을 것이다. 특히 유럽과 유라시아 곳곳에서 서식하는 **소하성** 대형 물고기인 철갑상어는 그 크기 때문에 어쩌다가 한 번씩 드물게 잡혔을 터다. 차갑고 맑은 호수와 강에서 자라는 민물고기인 브라운 트라우트(살모 트루타*Salmo trutta*)도 있었다. 연어와 가까운 친척뻘인 브라운 트라우트는 물살이 빠른 얕은 여울을 좋아한다. 아침저녁으로 먹잇감이 있어서다. 물빛이 거무스름한 못에도 자주 찾아와 한낮동안 머물다 가기도 한다. 거의 어디에나 있는 흔한 브라운 트라우트는 연어보다 몸집이 작고 불안한 낌새를 감지하면 번개같이 빨리 피해서 창으로 잡기가 어지간해서는 힘들다. 네안데르탈인은 브라운 트라우트의 하복부를 손가락으로 간질간질 문지르며 최면 같은 상태로 유도해 놓고는, 그 순간 땅으로 내던져 잡는 요령을 터득했을 수도 있다.

네안데르탈인 시대에서조차 이런 단순한 고기잡이 요령은 그 역사가 오래됐을 것이다. 그로부터 훨씬 이후인 서기 230년경에 그리스 작가 아에리아누스Aelianus가 쓴 『동물의 본성*De Natura Animalium*』에는 얕은 물에서 모래를 밟아 뭉개며 먹잇감의 쉬어 갈 자리를 만들어 주는 어부의 이야기가 나온다. "어부들은 잠시 사이를 두고 기다렸다가 물속으로 들어가…… 잠들어 있는 넙치를 잡았"다고 한다.[2] 셰익스피어의 『십이야*Twelfth Night*』에서는 올리비아의 하녀 마리아가 다가오는 집사 말볼리오를 보고 장난치려고 하면서 동료에게 이렇게 말하는 대목도 있다. "어서 숨어. 간질이면 잘 잡히는 송어가 여기로 오고 있어."[3] 간질이는 것은 말이 쉽지 실제로 그 요령을 터득하기는 어렵다. 먼저 물속의 돌 근처에서 지느러미 끝이나 움직이는 꼬리가 보이면 무릎을 꿇고 손가락을 돌 아래로 넣어 더듬거리며 물고기의 꼬리를 찾아야 한다. 그런 다음 먹잇감의 아래쪽을 집게손가락으로 간질이며 아주 조심스럽게 녀석의 몸을 훑는다. 그러다가 손가락이 아가미 밑에 닿아 물고기가 최면과 비슷한 상태에 빠지면, 그때 물고기를 붙잡아 물 밖으로 냅다 던진다. 미국에서 누들링noodling이라 부르는 물고기 **간질이기**는 미묘한 기술인데, 틀림없이 우연히 요령을 터득했을 것이다. 이 정도라면 네안데르탈인이 충분히 할 수 있을 만한 수준이었으라 짐작된다.

피너클포인트의 초기 인류와 마찬가지로 네안데르탈인에게도 고기잡이나 조개류 채집은 일상이 아니었다. 이들은 연어나 그 밖에 쉽게 잡힐 물고기만이 아니라 연체류도 식량원으로 삼았다. 스페인 남부의 바혼디요 동굴Bajondillo Cave은 한때 암석이 많은 지중해 연안 인근일 뿐이었다(지도1 참조). 그러나 지금은 토렌몰리노스Torremolinos라는 도시에 위치한 절벽 지대의 널찍한 은거지 유적으로, 네안데르탈인이 연체류를 채집하기 위해 반복적으로 임시 숙소로 삼았던 곳이다.[4] 약 15만 년 전 이들이 처음 발길을 디뎠을 무렵엔 기후가 지금보다 다소 따뜻하고 해수면이 높아, 근처에 연체류로 뒤덮인 바위가 널려 있었다.

사람들은 구하기 쉬운 식량원을 수만 년에 걸쳐 잘 활용했다. 썰물 때면 손쉽게 대량으로 채집 가능한 만각류를 비롯해 적어도 9종의 바다 무척추동물을 채집했다. 채집한 연체류는 밀물 때 바닷물이 밀려오는 지점에서 멀찍이 떨어진 거처로 가져온 후,

깨뜨려서 살점은 빼먹고 껍데기는 버렸다. 해마다 찾아오는 횟수가 달랐을 뿐 이런 방식이 1000년간 바뀌지 않고 이어졌다. 그러다 10만 년 전 이후에 마지막 빙하 작용으로 지중해 수면이 낮아지면서 연체류는 자취를 감추고 말았다.

바혼디요의 조개는 다양한 식량 가운데 하나일 뿐이었다. 식량을 구하기 힘든 환경을 제외하면 주된 양식은 아니었다. 이곳에서는 물고기가 연체류에 비해 훨씬 잡기 힘들어서 먹더라도 아주 드물게 어쩌다 한 번씩 먹었을 것이다. 하지만 대략 5만~12만5000년 전에 수 세대에 걸쳐 드문드문 거처로 활용된 페예Payre의 또 다른 동굴에서는 상황이 판이하게 달랐다.[5] 페예는 론Rhône 북쪽의 곳에 자리 잡고 있으며(지도1 참조), 아주 다양한 음식을 먹으며 살아가는 사람들에게는 환상적인 곳이었다. 이곳에서는 발굴 과정에 물고기 뼈가 나오지 않았지만 쌍안 현미경을 통해 유물과 뼈들을 주의 깊게 살펴보며 모서리의 마모 징후를 찾아본 결과, 일부 도구에서 생선 손질로 추정할 만한 직선 형태의 뭉툭하고 반들반들하게 닳은 자국이 발견되었다. 이를 검증하기 위해 오늘날 물고기를 가지고 비늘도 벗기고 절단도 하고 그런 마모 패턴을 재현하는 실험도 펼쳐졌다. 또한 물고기 뼈가 전혀 출토되지 않은 거주지에서 발견된 유물을 관찰한 결과, 모서리 쪽에서 비늘과 물고기 뼛조각과 근육의 미세한 흔적도 발견되었다. 따라서 어부들이 잡은 물고기를 거주지 밖에서 손질해 먹고, 돌아올 때 도구만 챙겨 왔을 것으로 추정할 만하다.

같은 장소를 반복적으로 찾는 생활은 스페인에서부터 폴란드와 흑해 연안 지역에 이르기까지 네안데르탈인의 세계에서 두루 나타난 전통이었다. 약 8만9000년 전 기온이 대폭 낮아진 시기에 네안데르탈인 무리들은 론강의 지류인 아르데슈강Ardèche River 인근의 작은 계곡에 있는 아브리 뒤 마라Abri du Maras 바위 은거지rock shelter에서 살았다(지도1 참조).[6] 페예와 달리 아브리 뒤 마라에서는 처브chub의 뼈가 발견되었다. 처브는 주로 잔잔한 못에서 사는 유럽산 농어로, 4월 말부터 5월 초에 알을 낳는다. 아브리 뒤 마라에서 발견된 뼈들을 토대로 산정해 보면 처브의 무게는 500~862그램으로, 일반 포식 동물이 옮기기에는 상당히 무거운 편이다. 따라서 네안데르탈인은 이 물고기를 작정하고 잡았을 가능성이 있다. 동쪽 멀리 떨어져 있는 코카서스 산맥Caucasus Mountain의 쿠다로 3 Kudaro 3 동굴에서는 약 4만8000~4만2000년 전에 어떤 네안데르탈인의 무리가 인근 강에서 잡아 온 연어를 먹은 흔적이 나왔다(지도1 참조).[7] 지브롤터의 바위에서도 4만1800년 전에 사람들이 잠시 머물며 뱅가드 동굴Vanguard Cave 근처의 강어귀에서 다량의 연체류를 채집해서 열을 가해 껍데기를 벌려 먹은 흔적이 있다.[8]

세상의 반대편에서는

카누와 뗏목을 일상적으로 사용한 곳은 동남아시아의 열대 환경 지대였을 가능성이 높다. 이 지대는 바다 온도가 따뜻해서 몇 시간씩 얕은 물에 떠 있으면서 물고기를 잡기에 무난했다. 빙하시대 말기에 해수면이 낮아지면서 동남아시아 대륙 먼 바다의 거대한 대륙붕이 지질학자들 사이에서 순다Sunda로 통칭되는 육지로 떠오르게 되었다.[9] 한편 남쪽 연안에서 불과 100킬로미터 떨어진 곳이자 마카사르 해협Makassar Strait이라는 좁은 수로 건너편에 또 다른 메마른 해안 지대가 있었는데(지도2 참조), 현재 대부분이 지질학적으로 사훌Sahul로 불리는 대륙붕이 되어 물속에 잠긴 상태다. 오늘날 뉴기니와 호주를 이어 주고 있다. 시추 굴착으로 토양 표본을 채취한 결과, 대륙붕 지대는 강의 삼각주, 범람원, 연안 맹그로브 습지의 복잡한 지형을 거쳐 왔다. 따라서 틀림없이 그 연안 인근에 살았던 이들은 맹그로브 습지와 주변 지대에서 조개와 수심이 얕은 물에 사는 물고기를 두루두루 잡아먹었을 것이다. 그러다 어느 시점에 단순한 뗏목을 만들어 탔다. 주변에서 구할 수 있는 재료로 어렵지 않게 뗏목을 만들어 비교적 안정적인 고기잡이 토대로 삼았다. 여기에서는 그물과 창을 사용한 고기잡이가 꾸준히 이루어졌을 것이 분명하지만, 안타깝게도 어부의 정착지가 지금은 바다 깊이 묻혀 있어서 확인할 길이 막막하다.

약 5만5000년 전에 뗏목 혹은 카누일 수 있는 배가 해협을 가로질러 술라웨시로 향했다. 짐이나 몇 명의 사람들을 태우고 넓은 바다를 건너려면 적어도 뗏목이나 아니면 일종의 현외부재舷外浮材•가 달린 카누 정도는 필요했을 것이며, 둘 중 카누였을 가능성이 높다. 항해 이유가 무엇이었든 먼 바다로 과감히 떠났던 사람들은 무리가 먹는 바다 식량의 대부분은 아니라도 상당 부분을 포획했던 노련한 어부들이었다. 4만5000년 전에는 배가 반다해의

• 안정성 확보를 위해 카누, 보트 등의 측면에 부착된 부재

지도2 초기부터 빙하시대 말까지 동남아시아 유적 가운데 초기 유적들

섬들 사이를 지나 뉴기니에 도착하기도 했다. 그곳에 도착한 이들은 곳곳을 누비며 대담한 모험을 감행했다. 하지만 그 자취가 주로 동굴과 바위 은거지 여기저기에 감질나게 흩어져 있어, 지나간 경로에 대해서는 가늠하기가 힘들다.

동티모르의 동쪽 끝에는 제리말라이 바위 은거지 유적이 있다(지도2 참조). 산호 모양으로 솟은 단구•가 현재 해안선과 나란히 뻗어 있는 곳이다. 호주의 고고학자 수 오코너Sue O'Connor는 동료들과 함께 이 곳에서 시굴 조사를 벌였다가 석재 도구와 3만8687점의 물고기 뼈를 발굴했는데, 그중 물고기 뼈는 발굴된 동물 유해의 절반을 넘었다.[10]

제리말라이 은거지는 4만2000~3만8000년 전에 사람들이 처음으로 살기 시작했다. 거주자들은 못해도 15종의 물고기를 잡아먹었고, 그중 절반 가까이는 가다랑어 참치skipjack tuna 종이었다. 가다랑어 참치는 날쌔고 식욕이 왕성하며, 수면을 따라 사냥하면서 섬 인근에서 흔히 볼 수 있는 안초비 등 작은 물고기를 잡아먹는다. 떼를 크게 지어 이동하면서 얕은 물에 자주 모습을 보이기도 하고, 웬만해선 바다 온도가 섭씨 28도 이하로 떨어지지 않는 수역에서 알을 낳는다.

어부들은 대부분 가다랑어 참치를 연안 근처에서 낚싯대로 잡았다. 가다랑어를 잡는 전통적 방법으로는 카누 뒤에 정교하게 미늘 낚싯바늘을 달아 끌고 다니는 **끌낚시**도 있었다. 제리말라이에서는 1만7000~9000년 전에 사용된 뼈 촉도 발굴되었는데,

• 주위가 급사면 또는 절벽으로 끊긴 계단형 지형

큰 물고기의 등뼈로 만든 것이었다. 이 뼈 촉들은 끌낚시에 사용된 복합형 낚싯바늘의 일부분이었거나 창의 촉이었을 것으로 보인다.

제리말라이에서 산 사람들은 대나무 뗏목도 만들었던 듯하다. 필리핀에서는 현재까지도 뗏목을 이용해 참치를 잡는 전통이 남아 있다. 뗏목이 드리운 그림자로 물고기를 끌어들이는 방식인데, 특히 뗏목 아래에 미끼가 매달려 있으면 물고기들이 더 잘 꼬인다. 오늘날 뗏목을 이용한 가다랑어 참치잡이는 어린 물고기를 잡는 데 가장 효과적이다. 의미심장하게도 제리말라이의 참치 뼈는 대다수가 어린 물고기의 뼈였다. 추측컨대, 이 물고기들은 그림자와 미끼에 끌려 뗏목으로 다가왔다가 낚싯바늘에 걸려 몽둥이질로 즉사했을 터다. 참치는 온혈동물이라 금방 상하는 만큼 냉동 장치가 없던 시대에서는 작은 물고기를 잡는 편이 합리적이기도 했을 것이다.

빙하시대의 마지막 한파가 절정에 달한 3만8000~2만4000년 전에는 해수면이 낮아지면서 제리말라이에 사실상 사람이 살지 않았으나, 7000년 전 이후로 해수면이 상승하면서 다시 사람들이 찾아왔다. 그 이후로 8000년 동안 이곳에서 다시 참치를 잡았지만, 이제는 그루퍼와 파랑쥐취 같은 근해 물고기가 더 중요한 먹거리로 떠올랐다. 이는 근해 물고기가 얕은 물과 암초 지대에서 더 쉽게 잡혔기 때문일 것으로 짐작된다. 어쩌면 얕은 물의 수온이 따뜻해지고 빙하시대 이후 기온이 상승한 점을 그대로 반영하는 것일 수도 있다.

비늘돔과 뿔 모양의 기관이 달린 일각고래는 암초 지대와 암석이 많은 얕은 물에서 잘 자라는 습성이 있어서 창이나 작은 섬유 소재 그물로 잘 잡혔을 것이다. 이들 어종은 초식성이라 조류와 식물을 먹고살지만 그루퍼, 도미, 사출갈전갱이는 육식성이라 오늘날 흔한 낚시법대로 미끼를 단 낚싯바늘을 쓰면 잘 잡혔을 것이다. 놀랍게도 실제로 제리말라이에서는 조개로 만든 미늘 없는 낚싯바늘이 두 점 발굴되었는데, 하나는 2만3000~1만6000년 전이고, 나머지 하나는 기원전 9000년경의 것이다. 두 점 모두 트로쿠스 닐로티쿠스*Trochus niloticus*라는 소라류를 재료로 썼는데, 두꺼운 진주층이 있어서 오늘날에 자개단추를 만드는 재료로 귀한 대접을 받는 종이다. 낚싯바늘은 그루퍼와 사출갈전갱이의 개체수가 증가한 시기에 등장했는데, 같은 종류의 유물로는 알려진 한 최초 사례다. 하지만 보다 앞선 시기의 뼈 낚싯바늘로 미루어 추정컨대, 낚싯줄에 낚싯바늘을 끼워 쓰는 전통적인 낚시 기술은 훨씬 이전부터 쓰였으리라 확실시된다. 낚싯바늘을 사용하려면 튼튼한 섬유질의 낚싯줄이 필요했을 터이며, 이를 토대로 짐작컨대 당시 어부들은 그물을 능숙하게 만들어서 육지의 설치류와 작은 사냥 짐승을 잡는 데도 두루두루 유용하게 썼을 것이다.

고기잡이에 이용된 뗏목과 카누는 이동 생활을 더욱 부추겼다. 3만5000년 전에 사람들은 태평양 남서부의 뉴아일랜드까지 가서 참치와 상어를 잡았다. 못해도 BP 3만 년에는 부카섬Buka Island의 킬루Kilu 바위 은거지에 거주하면서 고등어, 참치 등 원양 물고기를 잡았다(지도2 참조). 그런데 부카섬으로 이주하려면 130~180킬로미터의 망망대해를 건너야만 했다. 섬 일대의 식량은 주로 해안 지대나 물속에 서식하는 물고기와 연체류였다. 따라서 이곳에서는 아프리카와 달리 육지에서의 사냥이 기회주의적 활동이었고, 고기잡이가 고정적인 활동이었다. 안타깝게도 이곳에 처음 정착한 사람들은 사료상 유령 같은 존재였다. 이들은 카누나 뗏목을 타고 이 섬에 들어와 때때로 바위가 지붕처럼 돌출된 곳 아래에서 지내기도 하다가 인근의 연체류 군락지에 더 이상 잡을 것이 없거나 더 괜찮은 고기잡이 어장이 필요하면 다른 곳으로 옮겨갔다. 다른 지역도 다를 바 없었을 테지만, 이 지역 역시 물고기를 잘 잡기 위해서는 수역과 기상 조건에 따라, 또한 끊임없이 이동하는 먹잇감에 따라 면밀한 계획을 세워 이동해야 했다.

서유럽의 연어와 조개

프랑스 오트피레네Hautes Pyrénées의 로르테 동굴Grotte de Lortet에서 발견된 사슴의 가지 뿔 파편에는 강에서 헤엄치는 듯한 순록이 새겨져 있다(지도1 참조). 맨 오른쪽에 있는 순록은 뒤를 돌아 보고 있고, 그 앞쪽으로는 암컷이 있다. 두 순록의 발 사이로는 큼지막한 연어가 신나게 노닐고 있어서 빙하시대의 마지막 한파기 동안 서유럽인에게 가장 중요시된 식량 두 가지가 나란히 놓인 구조를 이룬다. 1만7000년 전 뼈에 세밀하게 그려졌지만 지금은 일부만 남아 있는 이 장면을 해독하기란 불가능하다. 다만 당시 그곳에서 순록과 연어가 그렇게 그림으로 그려질 만큼 중요하게 여겨졌으리라 짐작할 뿐이다.

현생 인류가 유럽에 처음 정착한 시기는 무려 4만4000년 전이었다. 이들은 다소 따뜻한 잠깐 동안의 서남아시아나 유라시아에 소인원으로 들어갔다. 프랑스 남서부의 레제지Les Eyzies 인근(지도1 참조) 바위 은거지 이름을 따서 흔히 크로마뇽인으로 불리는 신참 종족은 유럽 대륙 곳곳으로 흩어지던 토착 종족 네안데르탈인과 접촉하게 되었다.[11] 당시에 그 지역의 인구 밀도가 매우 낮았던 점을 감안하면 두 종족 간의 초반 접촉은 드물었을 것이다. 두 종족이 서로에게 우호적이었는지 적대적이었는지는 상상에 맡길 수밖에 없다. 다만 3만 년 전에 네안데르탈인이 멸종했다는 사실만은 분명하며, 마지막 빙하시대가 절정에 이르기도 훨씬 전에 현생 인류가 유럽을 차지했다.

신참 종족은 이전 종족이 그랬듯 지형을 금세 간파했으나 이전 종족과 달랐다. 앞서서 생각할 줄 알았고, 네안데르탈인의 뾰족끝석기, 긁개, 몽둥이보다 용도가 훨씬 다양한 기술 체계를 갖추고 있었다.

초기 유럽인의 기술을 가장 쉽게 이해하려면 하나의 몸체에 다양한 연장이 갖추어진 다목적 도구, 즉 스위스의 아미 나이프Swiss army knife(일명 맥가이버칼)를 연상해 보면 된다. 도구 제작자들은 번들거리는 부싯돌 조각을 세심하게 다듬어 몸돌로 만든 다음, 몸돌에서 가늘고 모서리가 날카로운 돌날을 베어 내는 식으로 정교한 송곳, 칼, 뾰족끝석기, 목세공木細工 연장 그리고 고고학자들이 끌이나 조각칼이라고 부르는 연장 등등 온갖 형태의 인공물로 변형시켰다. 이들이 만든 끌은 순록의 가지진 뿔과 뼈에 홈을 파기도 하고, 겹겹이 포개지거나 딱 맞는 의복을 만들기에 유용한 상아 바늘을 정교하게 다듬을 수도 있었다. 또 가지진 뿔로 미늘

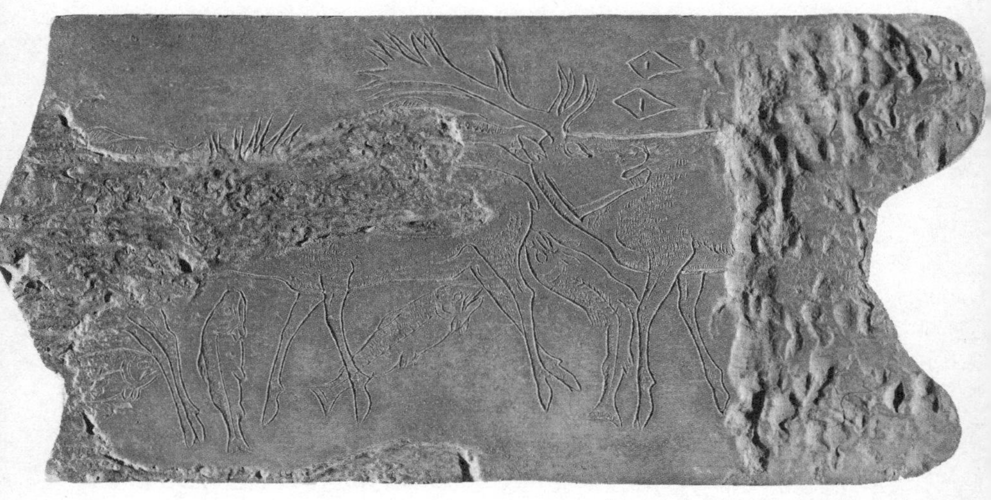

(Musée des Antiquités Nationales/ Bridgeman Images)

순록과 연어. 프랑스 로르테 동굴에서 발견된 마들렌기(구석기의 최종기)의 조각화. 약 1만7000년 전에 새긴 것으로 추정된다.

촉의 치명적인 창을 비롯한 다양한 사냥 무기도 만들 수 있었다. 이런 무기 중에는 맨 아래쪽에 사냥꾼이 가죽끈을 맬 수 있게 돌출부가 달린 혁신적인 무기, 즉 **하푼**도 있었다. 하푼은 투창기로 던지면 창의 사정거리와 충격력을 넘어서는 또 하나의 혁신적 무기가 되었다. 게다가 먹잇감의 몸에 박혀 하푼이 자루에서 뚝 끊어지더라도 매어 놓은 가죽끈으로 자루와 여전히 연결되었다.

이런 무기와 더불어 전략도 향상되면서 고기잡이와 연체류 채집 방식은 점차 기회주의 방식을 벗어났다. 대략 2만4000~1만2000년 전에 포르투갈 남부의 사그레스 반도Sagres Peninsula 인근에 위치한 발레보이Vale Boi 유적을 찾은 이들은 식용 및 장식용 연체류를 두루 채집했다(지도1 참조).[12] 이들이 채집한 조개껍데기들은 수많은 토끼 뼈나 다른 뾰족한 뼈와 함께 이곳을 빼곡히 채우고 있다.

발레보이 유적은 물고기에게나 연체류에게나 최적의 서식지였다. 이베리아 반도 서쪽 해안은 현재 포르투갈의 풍요로운 어장을 지탱해 주는 바로 용승• 지대 옆에 위치해 있다. 이곳에 거주한 사람들이 다양한 바다 포유류와 조개류를 접하며 살았던 것도 용승이 해저 영양분이 스며 있는 깊은 곳의 차가운 물을 수면으로 끌어 올려 준 덕분이다. 포르투갈 북부와 모로코 남부의 먼 바다 해저에서 채취한 침전물 표본을 통해서도 최후최대빙하기 동안인 약 1만4000년 전에 남대서양 해류가 북쪽으로 확대되며 용승의 강도와 양분의 함량이 늘어난 덕분에 이곳의 수역이 이례적으로

• 해양에서 비교적 찬 해수가 아래에서 위로 표층 해수를 제치고 올라오는 현상을 말한다. 영양이 풍부한 저온 하층수 때문에 좋은 어장이 된다.

뛰어난 생산성을 띠었던 것으로 확인되고 있다. 추위가 극에 달한 천년기 동안 포르투갈 연안은 소규모의 인간 집단을 수천 년 동안 먹여 살리고도 남을 만큼 풍요로운 환경이었다. 이런 해양 생산성은 온난기에 들어와 급격히 떨어졌으며, 현재는 그보다도 훨씬 더 낮아졌다.

포르투갈에는 그 외에도 여러 유적이 있으며, 그중 대다수가 간석지 인근의 모래 언덕에 위치한 야외 임시 거처들이다. 이 유적의 흔적이 말하는 바에 따르면, 이곳 거주자들은 조개류에 대해 비슷비슷한 취향을 가지고 있었다. 이 지대에서 채집된 장식용 조개껍데기의 일부는 20킬로미터나 떨어진 내륙 지대인 라가르 벨류Lagar Velho까지 옮겨져 훗날 거주지 매장층이나 한 아이의 묘지에서 출토되었다. 그 밖에도 리스본의 북동쪽으로 약 100킬로미터 떨어진 곳과 나자레Nazaré 연안에서 50킬로미터 떨어진 곳에서 두 개의 동굴이 발굴되면서 고기잡이와 조개 채집이 두루두루 행해졌음을 명확히 암시했다(지도1 참조).[13] 이러한 여러 유적이 확증해 주고 있듯, 이베리아 연안에서는 2만5000년 전부터 이미 바다에서 나는 먹거리가 조류, 토끼 등의 작은 육지 동물과 더불어 식생활에서 중요한 역할을 차지했다.

1만8000년 전 이후로 중유럽과 서유럽에 거주했던 노련한 수렵채집인은 고고학계에서 프랑스 남서부에 있는 라마들렌La Madeleine 바위 은거지의 이름을 따서 마들렌인으로 부르며, 뛰어난 동굴 벽화나 로르테 동굴의 헤엄치는 순록 같은 화려한 장식의 휴대용 물건들로 유명하다. 무엇이나 먹는 잡식성 수렵채집인이었던 마들렌인은 추웠다 온화해졌다 하며 들쑥날쑥 변덕을 부리는 기후 속에서 굉장한 혁신을 펼쳤다. 어쩌면 이 시기의 이런 기후 변동은 이들이 육지만이 아니라 강과 개울에서도 두루 사용할 사냥 무기를 다양하게 개발하도록 만든 계기였는지 모른다.

기후가 점점 따뜻해지자 마들렌인 무리는 변화하는 지형에 적응했다. 어떤 무리는 북쪽의 탁 트인 대초원 지대에서 오랫동안 지내며 늘 그래왔던 것처럼 순록을 사냥했다. 그런가 하면 수목이 더 많이 우거진 지역에서 더 적극적으로 식량의 종류를 다양화시키는 무리도 있었다. 혁신은 육지에서 먼저 이룬 다음에 물고기를 잡는 활동에 적용되었다. 마들렌인은 예전부터 번식력이 뛰어난 토끼 등 작은 사냥짐승을 잡아 왔다. 이런 짐승은 아주 빠르게 번식해서 남획될 위험이 없었기 때문에 섬유 그물, 덫, 가벼운 무기를 개발해서 이들을 대량으로 포획했다. 네안데르탈인과 초기 현생 인류는 창이나 덫으로 연어를 잡았다면 마들렌인 후계자들은 훨씬 더 정교한 무기를 사용했다. 하픈으로 더 깊은 수역이나 수면 근처를 헤엄치는 물고기를 찌른 후에 분리 가능한 하픈의 머리 부분과 연결된 줄로 연안까지 끌어당겼다. 미늘 날이 양편에서 마주보는 형태여서 큰 물고기를 더 잘 잡을 수 있는 **작살**을 사용했을 가능성도 있다. 이 모든 혁신은 육지에서 완성된 후에, 강과 호수에서 대서양 연어를 잡는 데 활용되었다.

유럽 대부분에서 연어는 인간의 식생활에 중요한 위상을 차지했다. 특히 약 1만8000년 전 후부터 기후가 불규칙적으로 따뜻해지면서 그 중요도가 더욱 높아졌다. 해수면이 상승하고 강의 경사도가 평평해지면서 봄과 가을이면 수많은 연어 떼가 가론강과 베제르강 같은 강의 급류로 몰려들었다. 이 시기의 극심한 환경 변화는 의례와 복잡한 영적 믿음을 크게 부추긴 것으로 보인다. 그에 따라 안 그래도 인간과 그 먹잇감이 밀접히 얽혀 있다고 여긴 믿음은 더 강해졌다.

마들렌인 역시 연어 떼를 포획해야 했을 것이다. 네안데르탈인보다 먹여야 할 사람이 더 많았다는 점만 미루어 보더라도, 그들보다 훨씬 대량으로 포획해야 했을 것이다. 산란기에 좁은 물길로 떼 지어 몰려드는 물고기를 창, 덫, 그물을 써서 수백 마리씩 잡기는 어렵지 않았을 테지만, 그러자면 철저한 계획이 필요했다. 즉, 물고기를 잡는 일만이 아니라 손질과 말리는 일까지 꼼꼼히 계획해야 했다. 포획량이 그다지 많지 않은 경우에도 남자들과 여자들이 손발을 척척 맞추면서 물고기를 어떻게 저장할 것인가는 물론이요, 제대로 건조시키고 훈제시킬 방법까지 세심히 신경 써야 했다. 그래서 마들렌인 움막촌에서는 단순히 물고기를 잡을 기회에만 신경을 쏟지 않았다. 이들은 수 세대에 걸쳐 같은 장소로 다시 찾아와 작년에 쓰다 버려 둔 건조대 근처에 가죽 움막을 세우고 건조대를 다시 쓰기 위해 손봤다. 연어가 풍성한 베제르강 근처의 레제지 인근 로즈리 오트Laugerie Haute 바위 은거지에는 수 세대를 이어 찾아오던 이들이 여울에서 고기잡이와 함께 순록 떼를 포획한 흔적도 남아 있다. 여자와 아이들은 잡아 온 생선에서 내장을 발라내고 토막 낸 살을 나비 모양으로 갈라 건조대에 얹거나 큰 불을 피워서 말렸을 것이다. 연어 떼가 몰려드는 며칠 동안엔 근처 여러 무리가 합세해서 연어를 잡았을 수도 있고, 아니면 무리별로 각자 자리 잡은 급류와 못에서 잡았을 수도 있다. 몰려드는 연어 떼가 끊길 쯤이면 각 무리에게는 사냥감이 빈약하고 식물류도 구하기 힘든 늦겨울의 배고픈 몇 달을 대비해 말려 놓은 연어가 수십 만 마리씩 쌓여 있었을 것이다.

이런 일은 정말로 그랬으리라 확실해 보이지만 아주 한정된 증거를 통해 추론된 것이다. 마들렌인이 정말로 연어를 대량으로 포획했을까? 우리에게 알려진 예술적 · 고고학적 자취 속에서 물고기는 배경에만 모호하게 등장한다. 로르테 동굴의 순록 그림을 비롯한 여러 조각화에는 더러 연어류가 발견되지만, 그런 그림도 해마다 반복됐을 법한 집중적 연어잡이에 대해서는 별 얘기를 들려주지 않는다. 게다가 마들렌인이 연어를 손질하던 인공물은 대다수가 나무나 섬유 같은 오래 가지 못하는 소재로 만들어졌을 것이다. 마들렌인은 물고기를 잡을 때 나무로 만든 창으로 찔러서 잡았을 테지만, 나무 창은 현재 남아 있지 않다. 그나마 사슴류의 가지뿔이 잘 보존되어 있을 뿐이다. 아프리카 어부들이 뼈로 미늘촉을 만든 것처럼 마들렌인도 가지진 뿔로 만든 미늘 하푼을 사용했으며, 오늘날 실험으로 증명되었듯 하푼이 물고기를 찔러 잡기에는 더 쉬운 도구였다.

인공물뿐 아니라 연어가 몰려드는 강 부근에 세운 움막 역시 오랜 세월을 버텨 내지 못했다. 세월이 흐르는 사이에 강물이 범람하고, 물길이 바뀌면서 휩쓸려 버렸다. 동굴과 바위 은거지에 남아 있는 물고기의 뼈가 아주 드문데, 이유가 여러 가지일 테지만 물고기를 잡은 이들이 강가에서 연어를 손질한 뒤에 필요 없는 부위는 물속으로 던져 버린 탓도 있을 것이다. 실제로 태평양 연안 북서부에서 연어를 잡는 이들은 아주 최근까지도 그런 식으로 하는 경우가 많았다.

마들렌인의 고기잡이와 관련된 가장 유용한 증거는 스페인 북부의 학자 군단이 아스투리아스Asturias에서 발굴된 최소 88곳 유적의 물고기 잔해 목록을 정리하던 중에 발견하였다.[14] 88곳의 유적 가운데 세 곳에서만 물고기 잔해에 대한 상세한 내용이 꼼꼼하게 기록되어 있었으며, 이는 선사시대 고기잡이 연구의 어려움을 보여 주는 증거이기도 하다. 아무튼 이 유적의 물고기 잔해 목록에 따르면 물고기는 중요한 식량원이었고, 특히 사람들이 연어와 송어 떼를 잘 활용한 강가의 삶에서 더욱 그러해 보였다. 인근 칸타브리아Cantabria에서 발견된 연어 등뼈를 토대로 볼 때, 이런 활동은 최소 4만 년 전부터 행해진 듯하다. 최후최대빙하기에 해수면이 낮아지면서 이곳 유적 대부분은 현재보다 바다에서 멀찌감치 떨어져 있었으므로 당시 대다수 무리는 바닷물고기보다 연어나 그 외의 민물 어종을 잡아먹었을 것이다.

이렇게 흩어진 단서에도 불구하고 이곳의 옛 생활상은 여전히 수수께끼로 남아 있다. 마들렌인에게 고기잡이가 얼마나 중요했는지 판단하는 일은 아주 어렵다. 마들렌인 사회의 전통적인 중심지라 할 수 있는 레제지 지역은 대서양에서 150킬로미터나 더 떨어져 있다. 따라서 이 내륙 지대의 사냥꾼들에게는 소하성 연어가 유일하게 접할 수 있는 바다 식량이었다. 유해에서 콜라겐을 분석한 실험 결과도 대다수 마들렌인의 식생활에서 해양 자원은 시간이 지나면서 그 비중이 늘어나긴 했으나 미미했다. 단, 이것이 소수 표본만을 실험한 결과라는 점에 유의할 필요도 있다.

아마도 인간의 물고기 활용 양상은 1만7000년 전 이후 크게 바뀌었을 것이다. 사람들은 빙하시대가 끝나기 전까지 연어를 체계적으로 잡았을 것이다. 당시 기후가 차츰 온화해지면서 마들렌인이 전통적으로 사냥하던 짐승의 종도 희귀해지고 지형도 점점 수목으로 뒤덮여 갔다. 사슴류의 가지뿔 하푼과 여러 유물과 벽화에 남아 있는 연어 모습이 바로 그런 새로운 시대의 시작을 반영하는 증거일 수도 있다. 즉, 이전까지 추위에 강한 짐승을 잡는 방법에 익숙했던 사냥 문화가 이제는 새로운 환경에 적응할 수밖에 없었다는 증거일지 모른다. 이런 사례가 육지의 사냥 무기를 새로운 용도로 변형시킨 것이다. 마들렌인의 유적에서는 낚싯바늘이나 그물 등 고기잡이 전용 도구가 한 점도 발견되지 않았다. 하지만 당시엔 빠르게 바뀌는 지형, 급격한 온난화, 해수면 상승에 따라 식량원에도 급격한 변화가 일어나면서 마들렌인은 물고기를 대량으로 포획하기 시작했다. 그러면서 물고기를 일 년 내내 기본 식량원으로 삼으며 연명했다.

마들렌인은 어쩌다 보니 상시적이면서도 집중적인 고기잡이 생활로 들어섰지만, 기질은 여전히 사냥꾼에 더 가까웠다. 이들의 후계자들도 이런 전통을 지켜 나갔을 것이다. 빙하시대가 막을 내리고 약 6000년 후 발트해 연안의 식생활에서 해양 자원이 차지하는 비중은 90퍼센트가량 되었을 것으로 추정된다.

4. 조개를 먹는 사람들

작은 배를 타고 북해의 강풍을 겪어 본 사람은 결코 그 순간을 잊지 못한다. 찌뿌둥한 잿빛 구름이 수면 가까이 드리워지고, 시커멓고 가파른 파도가 한꺼번에 여러 방향에서 덮쳐 오고, 갑판에서는 바람이 비명소리처럼 귀를 때리는 느낌을 어떻게 잊겠는가. 사람은 무자비한 악천후에 맞닥뜨리면 무기력감에 빠진다. 배의 앞부분을 폭풍이 불어오는 쪽으로 두고 정박한 채 무사하기만을 바라는 것 외에는 달리 어찌해 볼 도리가 없어진다. 수천 년 동안 어부들이 바로 이런 폭풍 속에서 목숨을 잃었다. 배 밖으로 휩쓸려 나가지 않으려 사투를 벌이는 사람에게는 상상도 못할 얘기로 들릴 테지만, 사실 바로 그 바다 한복판은 과거 한때 마른 땅이었다.

북해는 나이가 이제 겨우 7500년가량밖에 되지 않아, 지질학적 관점에서 애송이에 불과하다. 1만5000년 전에 빙하시대가 끝나고 지구온난화가 일어나면서 북유럽과 서유럽 지형이 완전히 바뀌는 극단적 환경 변화가 낳은 산물이다. 해빙된 새로운 땅에 정착한 사람들은 복잡하게 엉킨 환경과 마주했다. 기원전 1만 년에 훗날 북해가 될 이 지역은 바닷물이 드나드는 늪지, 습지대, 강, 개울, 작은 호수로 이루어져 있었다.[1] 이 지역 이곳저곳을 밀물과 썰물처럼 들고나며 사냥 생활을 하는 무리에게 저지대 특유의 강어귀와 습지대는 물고기, 뱀장어, 야생 생물이 풍성한 곳으로 비쳤을 것이다. 임시 거처는 약간 더 고지대이며, 배수가 잘 되는 땅 아니면 나무통 안을 파내어 만든 통나무배로 잡은 고기를 실어 나를 수 있는 작은 만이나 개울 뒤편에 마련했을 것이다. 화톳불을 놓아 연기를 피어 올리고, 손도끼로 사각사각 깎아 통나무배를 만들고, 어떤 여인은 말뚝으로 사슴 가죽을 땅바닥에 고정시켜 놓고 박박 문질러 닦으면서 인류는 무정하게 불어나는 바다의 처분에 운명을 맡긴 채 세계에 희미한 흔적을 남기며 지내고 있었을 것이다. 그러다 어느 날 강이 아무런 예고 없이 갑자기 흘러넘쳐 물길을 바꾸면서 익숙했던 만과 안전하게 배를 대던 곳이 흔적 없이 사라지곤 했을 터다.

한 세기가 지나고 또 한 세기가 지나는 사이에 북해는 서서히 낮은 섬들로 이루어진 군도가 되었다가 오늘날과 같은 얕고 변덕스러운 해역이 되었다. 낮고 사나운 파도가 일렁이는 잿빛물이 그 지형을 아련한 기억으로만 구전되도록 뒤덮고 말았다. 하지만 저지대에서 사는 사람들의 고기잡이 기술은 사라지지 않고 지켜졌다. 평생 통나무배를 탔고, 어쩌면 자작나무 껍질로 만든 카누나 가죽 배도 탔을지 모를 이 사람들의 노련한 기술은 무리가 더 높은 지대로 옮겨 가거나 새로운 바다, 즉 발트해의 급변하는 해안

지도3 빙하시대 이후 도나우강부터 발트해까지의 유럽 유적

지대에 정착하는 사이에도 꿋꿋이 명맥이 이어졌다.

복잡한 지질학적 과정에 따라 발트해 유역에는 여러 곳의 호수, 습지대, 강이 생성되었다. 해빙, 지각의 융기, 해수면의 대폭적 변화 모두 지형 형성에 영향을 미쳤다.[2] 스칸디나비아의 빙상이 뒤로 물러나면서 남쪽 주변부로 빙하호氷河湖가 생겨났고, 독일 북부와 폴란드 연안을 따라 자리 잡은 낮은 언덕들이 물줄기를 막아 주는 댐 역할을 해 주었다. 한편 빙하의 무게가 가벼워지자 육지가 상승했다. 상승하는 육지와 상승하는 바다의 상호 작용에 따라 발트해는 호수로 변했다가 다시 소금기 있는 호수가 되었다. 그러다 기원전 5500년경에 바닷물이 마침내 덴마크와 스웨덴 사이의 육교를 끊어 놓으면서 현재 발트해의 조상 격인 바다를 형성했다. 온난화의 영향으로 바다 포유동물과 물새의 종은 훨씬 더 다양해졌다. 해양성 물고기와 소하성 물고기 모두 끊임없이 변하는 수온과 지형에 따른 다양한 염분 속에서 왕성하게 번식했다. 이는 다수 종의 조개류에서도 마찬가지였다.

사람들이 발트해의 새로운 환경으로 처음 이주한 시기는 기원전 1만500년부터였다. 기원전 8000~2000년에는 인간이 활용할 수 있는 바다 및 육지 식량이 이례적일 만큼 풍성하고 다양했다.[3] 인근으로 인구가 몰려들고, 바다 식량을 선호하는 기호가 높아지면서 정착지가 속속 생겨났다. 사냥감이 물개, 물새, 물고기, 연체류로 치중되면서 수많은 집단이 수백 년, 심지어 천년에 걸쳐 같은 장소에 거처를 잡고 지내게 되었다. 하지만 삶이 녹록하지만은 않았다. 발트해 연안은 계절별로 극명한 차이를 나타냈다. 일부 물고기와 물새는 단기간, 특히 봄과 가을에만 풍성했다. 그래서 나머지 철에 연안 사람들은 사냥짐승, 해안 근처에 서식하는 물고기 그리고 특히 연체류에 의존했다. 조개는 사시사철 구할 수 있었다. 특히 썰물 때를 이용하면 손쉽게 대량으로 채집할 수도 있었다. 연체류는 수많은 고대 사회에서 그랬듯, 주식의 보조적 역할을 했지만 예측 가능한 안정적인 식량이 되어 주었다. 특히 발트해 주변 사회에서는 주요 주거 마을 주위로 조개더미가 수북수북 쌓일 정도로 조개가 중요한 식량이었다. 일부 주거 마을은 조개더미 위에 숙소를 세우기도 했다.

높든 낮든 **조개무지**는 고고학자들에게 발트해 연안의 초기 거주자에 대해 알려주는 자취였다. 19세기 발굴자들은 이 조개무지를 'kitchen midden'이라고 불렀다. 덴마크 동물학자이자 코펜하겐대학의 동물학 교수인 야페투스 스텐스트루프Japetus Steenstrup, 1813~1897는 덴마크 곳곳에 흩어져 있는 선사시대의 조개무지 수백 개를 처음으로 연구한 사람이다. 그는 '코조켄모에딩게르kojokkenmoedinger', 즉 kitchen midden(midden은 '음식물 쓰레기'라는 뜻의 덴마크어에서 유래된 단어다)이라는 명칭을 붙인 장본인이다. 이 뛰어난 동물학자는 조개무지를 조사하면서 시간에 따른 연체류 채집 습성의 변화를 찾아냈고, 이 변화상은 수 세대가 지난 뒤에 고고학계에서 널리 인정받았다.

스텐스트루프 연구팀은 인종적 우월성을 지지하는 진화론적 렌즈를 들이대고 과거를 되돌아 보았다. 당시는 비서구 사회에 대한 묘사가 인간의 다양성을 이해하려는 과학적 해석에 새로운 관점을 제시해 주던 시대였다. 한 예로 조개 채집인의 생생한 사례를 찾던 영국의 고고학자 존 러벅John Lubbock은 찰스 다윈이 『비글

호 항해기*The Voyage of the Beagle*』에서 티에라델푸에고Tierra del Fuego의 푸에고 군도 원주민에 대해 남긴 묘사를 토대로 삼았다. "주로 조개를 먹고 사는 이곳 거주민은 거처를 끊임없이 바꿔야 하지만 간혹 같은 곳에 또 다시 오기도 한다. 이는 그 무게가 수 톤에 이를 법한 오래된 조개더미가 허다한 것만 봐도 확실해 보인다." 생물학적 · 사회적 진화를 철저히 선형적 관점에서 바라보던 시대에서 푸에고 군도도, 스칸디나비아의 초기 채집인도 호의적으로 묘사되지 않았다. "바위에 붙어 있는 조개를 두드려 떼어 내는 것쯤은 딱히 재간이 필요한 일도 아니다. 머리를 조금도 쓰지 않아도 되는 일이다."[4] 다윈은 푸에고 군도 채집인의 조개 따는 기술을 동물의 기술에 견주기도 했다.

고고학자들은 오래전부터 페루와 티에라델푸에고는 물론이요 일본에서부터 남아프리카, 태평양 연안 북서부에서 북아메리카의 캘리포니아 연안, 유럽, 호주, 뉴질랜드에 이르기까지 세계 곳곳의 조개껍데기 더미를 조사해 왔다. 쿡 선장은 1769년에 뉴질랜드에서 마오리인의 조개껍데기 더미를 유심히 관찰한 바 있다. 북아메리카 동부 지역의 초기 탐험가들도 원주민이 수북이 쌓아둔 조개무지에 대한 언급을 남겼다. 초기 고고학자들 가운데는 스텐스트루프나 러벅의 예를 따른 인물이 드물었다. 조개껍데기 더미의 발굴은 대충 진행되었고, 관련 보고서도 발굴된 조개껍데기 종을 의례적으로 나열해 놓거나 종종 시간에 따른 종의 변화 정도를 기록하는 선에서 그쳤다. 조개무지에서 고대 사냥을 연구하는 쪽으로는 별 매력이나 흥미를 느끼지 않았다. 학술 문헌에서는 조개 채집인과 연관해서 단순성과 원시성의 이미지로 묘사하기 일쑤였고, 이런 이미지는 쉽게 사라지지 않았다. 영국의 저명한 선사시대 역사가 그레이엄 클라크Grahame Clark의 의견에 최근까지도 많은 이들이 동감했다. 1952년에 클라크는 다음과 같은 글을 썼다. "조개가 주식인 식생활은 보통 낮은 수준의 문화와 결부되어 있다⋯⋯ 바다에서 기운차게 사냥과 고기잡이를 펼치는 집단에게 조개는 보조 음식에 불과하다."[5]

괜한 오해를 살까 봐 덧붙이자면, 클라크는 나중에 생각을 바꿨다. 보다 최근에 펴낸 책에서 그는 고대 스칸디나비아의 식생활에서 조개가 중시된 이유를 논했다. 안타깝게도 현존하는 조개 채집인에 대한 인류학적 연구가 너무 부족한 탓에 조개는 먹을 것이 부족할 때나 먹는 생존 식량에 불과하다는 통념이 만연되어 있었다. 이것은 말도 안 되는 생각이다. 왜냐하면 조개 위주의 식생활은 '원시적' 문화의 징후가 아닐 뿐더러 이점이 많았기 때문이다. 조개는 가까운 곳에서 잡을 수 있었고, 대체로 지천에 널려 있었다. 그리고 무엇보다 연중 먹거리가 빈약한 시기에 사냥과 고기잡이로 살아가는 이들에게 귀한 단백질원이었을 뿐 아니라 안정적인 식량원이었다.[6]

스텐스트루프의 조개무지에서 나온 증거는 스칸디나비아의 초기 식생활에서 연체류가 아주 중요했다는 사실을 증명해 주는 유일한 증거다. 에르테뵐레를 비롯한 덴마크의 여러 유적에서 발견된 거대 조개무지는 장기든 단기든 유적을 찾아온 이들이 천 년까지는 아니더라도 수백 년 동안 쌓아 놓은 것이었다(97쪽 지도 3 참조). 거주자들은 연중 내내 조개를 식량으로 활용했지만, 특히 다른 식량원은 부족하고 새조개, 홍합, 굴이 주식인 계절에 더 유용했다. 덴마크 동부의 유틀란트 반도 동해안에 위치한 노르스민데Norsminde에 거주한 사람들을 예로 보자(지도3 참조). 이들은 대략 기원전 4500~3200년에 노르스민데에 정착했는데, 그곳은 좁은 해협의 깊은 수로 인근 지대에 얕은 수역도 넓게 펼쳐져 있었다.[7] 이들은 이곳에서 굴을 채취해 먹었는데, 특히 초봄에 주로 먹었다. 굴은 대체로 얕은 수역 중에서도 썰물 때 드러나는 지대의 아래쪽에서 왕성하게 번식한다. 그래서 굴을 채집하려면 살을 에는 듯 추운 물속의 바닥에서 굴을 따야 했다. 더군다나 썰물 때조차 꽤 깊은 수역에서 굴을 채집하는 것은 만만치 않은 도전이었을 것이다. 다시 말해 잠수하지 못하는 이들에게 그곳의 굴은 상당 기간 접근 불가능한 존재였다는 얘기다. 3월 춘분과 9월 추분에 조수차가 가장 크다. 현재 발트해의 조수차는 크게 대수롭지 않지만 노르스민데가 사람들이 살았던 당시에는 훨씬 컸다.

"죽은 조개껍데기 무더기"

조개무지 연구가 진행된 지 150년이 넘으면서 확증되었다시피, 적어도 몇몇 연체류 채집은 1만 년 전만 해도 여러 연안 지대의 집단에서 일상적인 활동이었다. 또한 남아프리카의 피너클포인트 발굴과 스페인에서의 조사 덕분에 확실히 밝혀졌듯, 빙하시대 말기에 조개는 기회주의적 식량이었다. 하지만 빙하시대 이후 해수면이 상승한 이후로 조개를 다량으로 섭취하는 식생활이 일상화된 점도 거의 확실하다. 그 이유는 아직 밝혀지지 않았지만, 어느 정도는 스칸디나비아와 여타 지역 같이 저지의 해안 지대를 따라 해수면이 상승하면서 연안에 드넓게 형성된 얕은 물가 덕분이었을 지도 모른다.

인간이 섭취하는 거의 모든 조개는 연체의 두 강綱에 속하는데, 부족강斧足綱, Pelecypoda(쌍각류)과 복족강腹足綱, Gastropods이다. 딱지조개와 뿔조개 같은 다른 조개류도 채집되었지만, 이런 조개들은 대부분 껍데기를 아주 귀한 장신구로 썼다. 복족강 조개류는 전복, 꽃양산조개, 고둥, 쇠고둥, 달팽이처럼 아주 흔한 연체류이며, 쌍각류에는 강어귀와 바다에 서식하는 홍합, 대합조개, 새조개, 굴 등이 있다. 가장 많이 채집된 바다 연체류는 전부 연안 가까이에 서식하는 종으로, 대체로 조간대에서도 암석이 많은 지대 아니면 진흙이나 모랫바닥에서 서식한다.

인간 포식자에게 연체류는 무겁고 먹지도 못하는 껍데기 안에 닫혀 있는 작은 고기 덩이다. 조개를 먹는 사람들은 채집한 조개를 편리하게 가져가 먹으려다 보니, 대체로 채집 장소에서 가까운 곳에 움막을 세웠다. 그러지 않으면 연안에서 조개껍데기를 손질해서 살코기만 내륙으로 가져가기도 했다. 연체류는 이상적인 식량으로 볼 수 없는 여러 이유가 있다. 우선 껍데기 안에서 살코기를 빼내려면 에너지가 많이 필요하므로 칼로리 값이 낮은 편이다. 소라 같은 몇몇 예외 종을 빼면 대체로 무게에 비해 살코기의 양도 적다. 그런데 조개를 대량으로 삶거나 구우면 손질하는 시간이 크게 절약되기 때문에 생각보다 힘이 덜 들 수도 있다. 한편 굴은 해바라기씨와 피칸에 필적할 만큼 단백질 함량이 높다. 하지만 연체류를 식량으로 삼은 훨씬 중요한 이유는 따로 있었다. 바로 연체류 군락지의 예측 가능한 개체수 때문이었다. 이런 예측 가능성은 강어귀일수록 더욱 높았다. 연체류는 일 년 내내 채집할 수 있어서 다른 식량이 부족할 때 굶주림을 모면할 수 있는 방법이었다. 고대든 현대든 대부분 사회에서 조개 채집은 여자와 아이들의 몫이었다. 껍데기에서 빼낸 살코기는 단백질의 안정적 공급원이 되어 건강 유지는 물론 임산부와 어린 아이들에게 특히 유용했다. 식용 식물류처럼 연체류 역시 사냥짐승이나 물고기에 크게 의존한 사람들에게 듬직한 식량원이었다.

고대 이야기를 쓰는 작가에게 조개 채집은 덩치 큰 사냥짐승을 사냥하는 일이나 연어 떼를 포획하는 일에 비해 따분한 소재일 수 있다. 어쩌면 그런 이유로 조개를 활용한 전통이 잘 알려지지 않은 것인지도 모른다. 다행히도 여기에는 의미 깊은 한 가지 예외가 있다. 호주 북부에 있는 기딩갈리Gidjingali(374쪽 지도13 참조) 원주민의 채집 관행에 대한 획기적 연구가 펼쳐지면서 이 따분한 활동과 관련해서 그동안 가려져 있던 커튼이 열렸는데, 밝혀진 바는 오래전부터 추측되어 온 역사를 구체화하는 정도를 훌쩍 넘어섰다. 기딩갈리족을 비롯한 호주의 여러 원주민 집단에게 연체류는 단순히 생존을 위해 어쩔 수 없이 먹는 식량이 아니었다.[8]

기딩갈리족이 거주하는 호주 북부의 광활한 땅에는 해안을 따라 모래 언덕과 맹그로브 습지가 펼쳐져 있다. 이 지대는 원주민 사이에서 안가타 와나An-gatja Wana, 즉 '큰 강'으로 불리는 블라이스 강Blyth River의 연안 평지다(지도13 참조). 안가타 와나의 물줄기가 바다와 합류하는 강의 어귀에는 보우카우트만Bou-caut Bay이 널찍하게 자리 잡고 있다. 이곳에는 두 곶을 양쪽에 끼고 60킬로미터에 이르는 모래사장이 펼쳐져 있으며, 간조(최저조위) 때는 연안에서 최소

3킬로미터까지 물이 빠지면서 모래와 진흙 둑이 널찍이 보인다. 이 지대는 오래된 강줄기의 연안선이 끊임없이 변하는 데다 습지대와 모래 언덕까지 있어서 조개를 잡기가 여간 까다롭지 않다. 기딩갈리족은 먹거리를 상시 구할 수 있을 만한 조용한 물가를 찾아 채집한다. 이 전략은 잘 통하고 있다. 인근 지역의 조개더미 발굴 기록을 보면, 6000년 동안 조개 채집이 쭉 이어져 왔으니 말이다.

호주의 인류학자 베티 미한Betty Meehan은 400여 명의 호주 원주민이 네 집단을 이루어 살던 1970년대 초에 기딩갈리족의 조개 채집을 연구했다.[9] 그녀는 안가타 와나를 연구하기 위해 어귀에 터를 잡고 사는 안바라Anbarra 집단과 오랜 시간을 어울렸다. 이 집단은 풍성한 식량원 덕분에 터전을 좀처럼 옮기진 않았으나 이동 거리가 대단해서 하루에 최대 20킬로까지도 걸었다. 인구 밀도는 1인당 2제곱킬로미터 꼴이었다. 아니, 연안 지대의 땅만 계산해서 1킬로미터에 6명꼴로, 호주 원주민의 인구 밀도치고는 아주 높은 편이었다.

이곳은 계절풍의 영향을 많이 받는 몬순 기후로, 우기와 건기가 뚜렷하다. 대체로 11월에서 3월까지 비가 내린 후 건기가 이어지다 9월이 되면 북동풍이 불면서 다시 비가 내릴 때가 왔다는 전조를 보낸다. 기딩갈리족은 자신들이 거주하는 지대의 날씨와 그 날씨에 담긴 의미를 꿰고 있었다. 바람도 최소 다섯 가지 정도는 이름을 붙여서 구분했고, 달과 조수의 주기도 세세하게 알았다. 이들에게 달과 조수의 주기는 짐을 실어 나르고, 물고기를 잡고, 조개를 채집하는 데 중요한 요소였다.

안바라족의 터전은 고정적이지 않았다. 덴마크의 조개 채집

무리와 흡사하게 이들 역시 거처와 화톳불 자리를 계속 옮겼고, 그래서 화톳불 자리 주위에는 온갖 부스러기가 한데 뒤섞여 난잡하게 쌓였다. 이따금씩 풀을 없애거나 파리 떼가 꼬이지 않도록 장작을 평소보다 많이 쌓아 불을 피우기도 했다. 부스러기는 금방 쌓인 것이 아니었다. 오래된 조개껍데기 등 쓰레기가 점점 쌓여 계속 더미에 얹혀졌다. 안바라족은 조개더미를 'andjaranga anmama', 즉 '죽은 조개껍데기 무더기'라고 불렀다. 조리는 대부분 연체류 군락지 근처에서 조심스럽게 쌓은 조개껍데기에 불을 붙이는 방식으로 했다. 갓 잡아 온 연체류를 뜨겁게 달궈진 조개껍데기 무더기 위에 놓고, 푸릇푸릇한 가지와 나무껍질로 덮어서 껍데기가 열릴 때까지 쪘는데, 2~3분밖에 걸리지 않았다.

기딩갈리족의 취사 선택적 식생활에서 조개는 빠지지 않았다. 오늘날 기딩갈리족은 해안 지대를 슈퍼마켓이라 부르기도 한다. 이들은 세 곳의 주요 조개 서식지를 이용했는데, 주로 모래와 개펄이 펼쳐진 확 트인 해안 지대다. 어떤 종의 조개류를 채집할 것인지는 아연안亞沿岸• 가까이 걸어 들어가면서 그때그때 결정했다. 조개를 채집하기 위해서는 봄과 소조小潮나 달이 차고 이우는 주기에 대해서 훤히 알아야 했다. 분점조••에는 연체류 군락지가 물 밖으로 가장 넓게 드러났다. 비교적 몸집이 큰 복족류는 조수가 가장 낮은 시기에만 채집할 수 있었기 때문에 이때가 연중 가장 중요한 시기였다.

• 저조선에서 대륙붕 사이의 지대

•• 일반적으로 같은 날 두 번의 만조나 간조의 높이가 같지 않은 현상을 일조부등이라 하는데, 일조부등이 작을 때의 조석을 분점조라 한다.

조수를 훤히 아는 것은 기본 중 기본이었다. 모래톱의 변화, 근처 해류의 패턴, 악천후의 영향 등 복잡한 환경 요소도 잘 살펴야 했다. 이런 요소에 따라 오랫동안 형성된 조개 군락지가 수 킬로미터까지 줄 수 있었기 때문이다. 수면 아래 몇 센티미터 안의 모래 속에 파묻혀 살아가는 대합조개, 타페스 히안티나*Tapes hiantina*는 해변에서 가장 많이 잡히는 종으로, 총 채집량의 61퍼센트 정도를 차지했다. 또한 담해수에 서식하는 몸집 큰 쌍각류, 바티사 비올라세아*Batissa violacea*(18퍼센트)는 너무 무거워서 잡으면 그 근처에서 조리해 살코기만 움막으로 가져갔다. 굴의 한 종인 크라소스트레아 아마사*Crassostrea amasa*는 바위 지대에 떼 지어 산다. 그래서 물속에서 뭉텅이로 채취한 다음 근처에서 조리나 손질을 했다. 개펄과 조류 세곡•••을 따라 맹그로브 나무가 숲을 이룬 강 상류에는 홍합이 풍성했다. 맹그로브 숲 사이를 헤치고 홍합을 채집하려면 종별 서식 환경을 세심히 잘 알아야 한다.

미한의 연구 기간 중에 안바라족은 29종의 조개를 채집했지만, 모두 복족류와 쌍각류였다. 채집은 보통 여자들이 아이들과 함께 도맡아 했는데, 꼼꼼한 계획에 따라 선별적으로 이루어졌다. 집중적으로 한 종만 채취하고 작업 중에 이야기를 주고받으며 전략을 수정했다. 닥치는 대로 무작정 채집하는 경우는 없었다. 단, 1~2월에 폭풍우로 크게 피해를 입은 날은 예외로 두고 아주 다양한 종을 채집했다.

채집은 보통 2시간 정도 이루어졌다. 이때 아이들은 어른 가

••• 연안의 주 조류로와 조간대를 연결하는 비교적 작은 규모의 수로

까이에 붙어 있었는데, 그렇게 자라면서 자연스럽게 일손도 거들며 배워 갔다. 조개를 채집하는 데 지식은 필요했지만 기술이나 특별한 체력은 필요 없었다. 파헤칠 만한 막대기와 채취한 조개를 담을 바구니나 망태기 정도의 단순한 도구만 있으면 되었다. 여자들은 한 지점을 손가락이나 막대기로 살펴 가면서 채집했다. 조수가 빠진 후 축축해진 모래에 구멍을 파서 그 속을 헤치며 조개를 찾았다. 아직 덜 자란 어린 조개는 놔두고, 채취한 조개는 바닷물이 고인 웅덩이로 가져가 씻었다. 얕은 물에 자주 나타나는 상어를 겁주어 쫓아내려고 개를 데리고 나가기도 했다.

안바라족 여자들과 아이들은 일 년 내내 연체류를 채집했지만, 우기 절정기에 가장 많이 나갔다. 나가는 횟수는 연체류 군락지의 거리, 필요한 조개의 양 등 다양한 이유에 따라 바뀌었다. 채집은 보통 일상 활동이었지만, 조개나 사냥짐승이나 식물 등을 다른 무리에 선물하려 할 경우에는 특별 활동이 되기도 했다. 남자아이의 성년식이라 할 수 있는 쿠나피피Kunapipi 같은 공식 의례는 어김없이 만월에 진행되었는데, 그런 날에는 참석자들에게 음식을 대접하기 때문에 더 많이 필요했다. 물가 근처에서 사는 무리는 1년에 70퍼센트 정도는 조개를 채집했고, 내륙에서 사는 무리는 그보다 덜 했다.

채집 활동의 주기는 건기가 끝나고 북서 계절풍이 불어오기 시작하는 10월의 분점조를 중심으로 돌아갔다. 1월은 우기인 데다 아주 더워서 안바라족도 많이 움직이지 않았고, 또 그만큼 조개도 먹지 못했다. 1월은 대부분 그늘에 앉아서 보냈다. 이때는 조개가 귀한 식량으로 대접받을 수 있는 유일한 시기였다. 실제로 안바라족은 이 시기를 '조개의 시간'이라고 부른다. 하지만 전반적으로 보면 연체류의 채집은 아주 일반적인 활동이었다. 기딩갈리의 네 집단이 미한의 연구 기간 중에 연체류를 채집한 날은 58퍼센트 정도였다. 고기잡이만큼이나 자주 진행한 것이다. 이곳 무리들은 사냥짐승과 식물류보다 물고기와 연체류에 더 많이 의존했다. 미한이 추산해 보니, 자신이 함께 지내는 동안 안바라족이 채집한 조개량은 최소 6700킬로그램에 달했고, 먹을 수 있는 살코기로 따지면 약 1600킬로그램이었다고 한다. 연간 총 채집량의 추산치는 7300킬로그램으로, 이 조개껍데기를 한 자리에 모으면 8세제곱미터 정도를 차지한다. 선사시대의 몇 천 년 동안 사람들이 본질적으로 똑같은 생활 방식으로 살아갔다고 가정한다면, 수많은 수렵채집인 거주지에서 조개껍데기 더미가 왜 그렇게 눈에 많이 띄는지 이해가 간다.

미한의 안바라족 연구는 조개 비중을 높인 식생활에 굉장한 이점이 있다는 것과 그동안 그 이점이 주목받지 못했다는 것을 잘 드러낸다. 세계 도처에 있는 조개무지는 고대 인류가 생존하는 데 조개가 얼마나 중추적 역할을 했는지 잘 보여 준다. 온화한 기후의 강어귀에 살았든, 열대 기후의 초호礁湖 지대에 살았든 연체류를 활용한 것은 대단히 현명한 위기관리 방식이었다. 실로 연체류는 사람들이 농사를 짓거나 도시로 이주하기 한참 전에 생존에서 중요한 역할을 했으나 제대로 인정받지 못했다. 인류가 그토록 다양한 환경에서 거주할 수 있었던 이유를 찾고 있다면, 조개가 그 답의 중심에 있을 것이다. 실제로 이 책에서 거론되는 고대의 거의 모든 고기잡이 사회에서도 조개는 매우 중요한 존재였다.

5. 빙하시대 이후 발트해와 도나우강

1만5000년 전, 빙하시대 말의 대대적 환경 변화는 기온 상승, 빙상의 감소, 해수면의 상승만이 아니라 아시아와 유럽 전역의 인간 사회에 지대한 변화를 몰고 왔다. 바로 이 시기에 인류가 처음으로 시베리아에서 북아메리카로 건너갔고, 대륙붕이 물에 잠기고 큰 강들은 못이 되었으며 유속이 느려졌다. 무엇보다 이 천년기에는 빙하시대에 거대한 떼를 이루던 덩치 큰 사냥짐승이 점점 앙상해지고 그중 많은 종이 멸종하면서 초기 사냥 생활 무리의 후손들도 생활 방식을 다양하게 바꾸었다. 수많은 수렵 채집 무리가 해안과 강가, 호숫가, 연안의 초호를 따라 정착했으며, 유럽 중에는 스칸디나비아에서 이런 변화가 가장 두드러지게 일어났다.

기원전 8000~2000년에 북유럽 연안 대부분에서 바다 및 육지 식량이 이례적일 만큼 풍성하고 다양했다.[1] 여기에는 넘어야 할 큰 난관도 뒤따랐다. 북쪽의 발트해는 계절별로 이런 식량원에 뚜렷한 차이를 나타냈다. 몇몇 종의 물고기와 물새는 짧은 기간, 특히 봄철과 가을철에만 풍요로웠다. 그래서 이 지역 사람들은 나머지 기간엔 사냥짐승, 내륙 물고기, 연체류로 연명했다. 나중에 먹으려고 보존 처리한 생선에 크게 의존하기도 했다.

끊임없는 이동 생활로 길고 혹독한 겨울을 나야 했던 빙하시대 사회에서 사냥짐승의 고기를 말리고 소금에 절이는 것은 틀림없는 일상이었을 것이다. 생선은 사냥짐승과 다른 어려움이 있었다. 생선살은 금방 부패하기 때문이다. 특히 청어처럼 기름기가 많은 생선일수록 빨리 썩었다. 그러나 생선을 건조하는 일은 북부의 추운 지대에서 힘든 게 아니었다. 특히 봄철에는 대구 같은 생선을 나무건조대에 눕혀 놓기만 하면 뜨거운 햇빛과 강한 바람이 잘 말려 주었다. 앞으로 다루게 될 테지만, 노르웨이 북부에 자리한 로포텐 제도에서 건조한 대구는 중세와 그 이후에 주요 상품이 되기도 했다. 하지만 북부에서도 춥고 더 습한 지대에서는 넓게 퍼진 습기와 짧은 고기잡이철 때문에 큼지막한 생선을 건조하거나 훈제시키는 일이 대체로 불가능했다. 그런데 운 좋게 발견된 바에 따르면, 당시 스칸디나비아의 초기 어부들은 발효 방식에 의존했다.[2] 기원전 7600~6600년에 두 번이나 거주지로 삼았던 유적, 노리에 순난순은 스웨덴 남동부의 고대 호숫가에 자리 잡고 있다(지도3 참조). 발트해의 한 어귀에서도 가깝다. 사람들은 겨울 기온이 현재보다 섭씨 1.5도가량 더 추웠던 당시 이곳에서 연중 대부분을 보냈고, 유난히 더 추운 달에 많이들 찾아왔다. 이들은 민물고기를 많이 먹었는데, 그중 상당량의 잔해가 점토층을 파서 만든 좁은 도랑에서 고고학자들에 의해 발견되었다. 발굴지는 호숫가였고, 약간 경사지다가 우묵하게 파인 구덩이에 물고기 뼈가 그득그득 차 있었다. 농어와 강꼬치고기가 흔했던 다른 발굴지와 달리 구덩이 안에서 나온 뼈들은 80퍼센트가 황어였다. 황어는 작고 가시가 많아서 가시를 흐물흐물하게 만들지 않으면 먹기 힘들다. 따라서 노리에 순난순에 살았던 이들은 황어를 잘 먹으려고 발효시켰을 가능성이 높다.

근대에 그린란드에서부터 캄차카 반도에 이르는 극지방 사람들은 생선을 소금 없이 발효시켰다. 대부분의 집단은 생선 운반의 수고를 가급적 줄이기 위해 물에서 가까운 곳의 점토층을 파낸 구덩이에 생선을 묻었다. 노리에 순난순에서 사는 사람들도 이리 했을 것으로 추정된다. 발굴지의 도랑에서 물개나 멧돼지의 가죽으로 만든 자루가 일부 발견됐는데, 그 자루에 생선을 밀폐시켜 발효했을 가능성도 있다. 도랑 주위에는 말뚝 구멍도 있었는데, 이를 통해 포식동물이 접근하지 못하도록 비교적 상시적인 구조물을 설치한 것으로 보인다. 또한 엄청나게 많은 생선뼈가 발견되었는데, 이는 아주 많은 사람이 먹고도 남을 정도였다. 이를 통해 주거 정착을 높일 정도로 많은 생선을 발효한 것으로 추정된다.

고고학적 유적에서 생선 발효의 흔적은 보존 처리에 따른 변수 탓에 조개껍데기에 비해 덜 남아 있다. 이런 전통적인 생선 가공법은 우리가 생각하는 것보다 훨씬 더 중요하게 여겨졌다. 당시 발효는 건조나 염장 방법을 제외하면 몇 안 되는 부패 방지 가공법 중 하나였기 때문이다. 빙하시대 직후부터 발효도 일상적인 가공 방식이었을 가능성이 높다. 당시 기후는 생선을 건조시키기에 너무 습해서 발효는 연어, 송어, 청어, 북극 곤들매기 같은 기름진 생선을 처리하는 하나의 방법이 됐을 것이다. 생선과 생선 부산물의 발효는 고대와 근대 세계에서 여러 가지 생선 소스를 탄생시켰다. 한 예로 로마의 유명한 가룸은 소금물에 생선 피와 내장을 발효시켜 만든 소스였으며, 로마 제국 전역에서 거대 산업을 형성할 정도로 많이 거래되었다. 요즘 들어서 독특한 풍미와 영양분을 더해 주는 전통 방식으로 생선 같은 음식을 발효시키는 분야가 다시 관심을 받고 있기도 하다.

새롭게 바뀐 발트해 환경은 아주 폭넓고 다양한 인간 사회가 고기잡이를 비롯한 다른 해양자원에 크게 의존하게 만들었다. 수천 년에 걸쳐 점점 정교해진 발트해의 고기잡이 및 채집 사회는 독특한 문화를 낳으며 그 절정을 맞았다. 고고학계에서는 기원전 4500년경에 출현한 이 문화를 (덴마크 북부의 유적 이름을 따서) 에르테뵐레Ertebølle라 칭하고 있다. 이들의 조상은 이동 생활이 더 잦았으며 더 넓은 땅을 돌아다니며 살았던 반면 에르테뵐레 문화의 사람들은 대체로 수 세대 동안 한 곳을 터전으로 삼으면서 연중 특정 시기에 물고기나 연체류를 잡기 위해 잠깐씩 임시 움막으로 옮겨 갔다. 수천 개의 생선뼈와 연체류 껍데기로 인상적인 광경을 연출하고 주요 터전이 생겨나던 그 시기엔 지금보다 해양이 더 짜고, 더 따뜻하고, 더 많은 양분으로 풍요로웠다. 조수차도 지금보다 훨씬 커서 썰물 때면 연체류 군락지가 더 넓게 펼쳐졌다.

고고학자들이 정착지 14곳에서 발견한 10만 개 이상의 생선

뼈를 연구해 밝힌 바에 따르면, 연안의 에르테뵐레 사람들은 아주 다양한 어종을 먹었다. 황어, 큰가시고기 등의 작은 어종뿐 아니라 24~35센티미터 정도 되는 대구 같은 큰 생선류, 가자미는 물론이요 30센티미터를 넘지 않는 도다리도 먹었다.[3] 실제 발견된 뼈는 모두 연안에 사는 물고기의 것이었고, 그중엔 북미산 메기 같이 평생을 거머리말 사이에서 사는 어종도 있었다. 그 외에 동갈치처럼 여름에 알을 낳기 위해 연안으로 와서 얕은 물가의 다른 물고기를 잡아먹는 어종의 뼈도 발견되었다. 이로 미루어 판단해 보면, 에르테뵐레에서는 여름철 몇 달간, 다시 말해 인근 물가에 동갈치와 고등어가 보이고 연안에서 멀지 않은 곳에 작은 대구가 헤엄치면 그때 고기잡이를 집중적으로 몰아서 했다. 또 다량의 뼈 표본에서 발견한 다양한 종에 비추어 보건대, 이곳 어부들은 몇몇 어종만 집중적으로 잡은 것이 아니라 여름철에 보이는 물고기는 가리지 않고 잡았던 듯하다.

에르테뵐레 사람들은 그렇게 다양한 물고기를 어떻게 잡았을까? 지형학적 연구에서 밝혀진 바로는, 이들은 거의 모두 큼지막한 물고기를 잡기 위한 덫을 고정적으로 설치하기에 좋을 만한 장소에 정착했다. 이를테면 해저가 비교적 가팔라서 물살이 빠른 강어귀, 작은 섬, 곶 같은 자리였다. 몇몇 자리에서는 고대의 **바구니 덫**basket trap과 어살의 잔존물도 나왔다. 스웨덴 남부에서 발견된 에르테뵐레의 덫 안에는 45센티미터짜리 대구 잔해가 남아 있었다. 이런 덫들 중에는 개암나무 말뚝을 박아 대규모로 상설한 것도 있었다. 어부들은 뼈 낚싯바늘과 (흔히 작살로 불리는) 여러 갈래의 미늘촉이 달린 창도 썼지만, 이는 조개무지에 남아 있는 그런 다양한 어획물을 잡는 데 유용하지 못했을 것이다. 연안 어획에서는 덫이 대들보 역할을 했을 것으로 보인다. 하지만 스웨덴 남동쪽 보른홀름Bornholm섬의 바위투성이 연안에 자리한 그리스비Grisby 유적에서 발견된 그보다 더 큼직한 대구 뼈들은 지형상 덫을 쓰기에 적합하지 않았던 점으로 미루어 볼 때 낚싯바늘과 낚싯줄로 잡은 것이 틀림없어 보인다(지도3 참조).

뱀장어 덫은 흔히 병 모양이지만, 원뿔형이나 구형도 있다. 바닥에 설치하는 덫으로는 단지 모양의 나무 덫을 단독으로, 혹은 여러 개를 나란히 놓는 식으로 사용하고 있다. 뗏목 아래쪽에 덫을 고정시켜 놓는 경우도 있다. 덴마크에서는 아직도 자루 모양의 정치망tyke net이라는 그물 덫이 자주 사용된다. 정치망은 나무 틀을 세우거나 바닥에 말뚝을 박아 그물을 팽팽히 당겨 놓는 식으로, 현재 온라인 경매 업체인 이베이eBay에서도 판매되고 있다. 이 그물은 여러 줄을 칸칸이 설치할 수 있어 고기를 대량으로 잡기에 유용하다.

에르테뵐레의 내륙 유적들은 몇 곳 안 되지만, 대부분 호숫가에 자리 잡고 있으며 바닥이 부드럽고 수초가 우거진 물을 좋아하는 창꼬치나 농어류의 잔해가 출토되고 있다. 유틀란트 반도의 링클로스테르Ringkloster에서는 길쭉한 개암나무 말뚝 여러 개가 발견되어 어살을 사용했음을 보여 주고 있다(지도3 참조). 발견된 뼈에서는 큼지막한 창꼬치의 것도 다수 나왔다. 창꼬치는 더운 여름날에 얕은 호수의 바닥 가까이에 누워 있어서 잡기가 쉽다.[4] 에스토니아의 쿤다Kunda에 있는 오래된 호수에서 다수의 창꼬치 잔해가 발굴되었는데, 이중 두 잔해에서 미늘촉에 찔린 흔적이 나왔

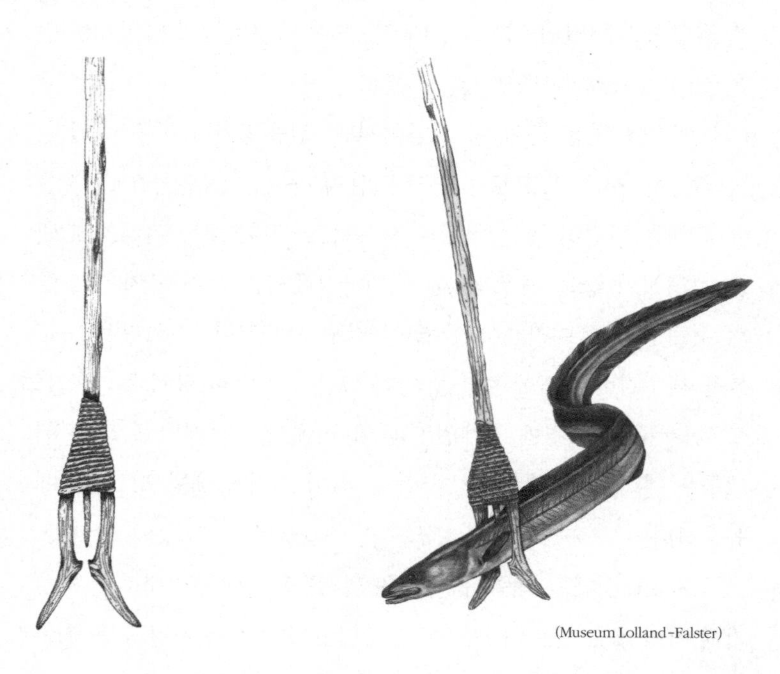

(Museum Lolland-Falster)

덴마크 롤란섬 인근에서 발견된 뱀장어용 작살을 재현한 삽화다(지도3 참조). 창꼬치는 덴마크의 군도에 있는 스바에르드보르 Svaerdborg에서도 다량으로 발견되었다(지도3 참조). 특히 몸통에서 잘린 머리뼈가 다수 발견되었는데, 이는 훨씬 훗날의 사람들이 대서양 대구를 건조시켰던 방식처럼 머리를 잘라 내고 몸통을 건조시킨 흔적이다.

에르테뵐레 사람들이 착안해 내고 개량시킨 고기잡이 방식은 산업혁명 전까지 그대로 이어졌다. 이들이 사용한 방식은 중세의 고기잡이 방식과도 별 차이가 없어 보인다. 다음은 1674년에 J. 셰페르J. Scheffer가 라플란드• 사람들에 대해 남긴 글이다. "고기잡이는 계절에 따라 달라진다. 여름에는 두 척의 배에 후릿그물을 걸거나 삼지창처럼 생겼지만 날이 더 많은 창을 써서 고기를 잡는다. 창으로 잡을 경우에는 창꼬치가 수면 바로 아래에서 햇볕을 쬐며 누워 있을 때를 기다렸다가 찌른다. 밤에도 마른 나무에 불을 붙여서 〔배의〕 앞쪽에 자리를 잡고 똑같은 방식으로 고기를 잡는다. 이렇게 불을 붙이면 물고기가 그쪽으로 꼬여든다."[5]

내륙 물고기의 고기잡이에서는 큼지막한 고정식 덫과 어살에 크게 의존했으며, 깊은 물에서의 고기잡이는 전혀 행해지지 않은 듯 보인다. 덫과 어살은 전통적이고 위험도가 낮은 고기잡이 방식이다. 근해와 호수에서의 고기잡이는 대체로 여름에 벌어졌다. 그렇다면 에르테뵐레 사람들은 나머지 기간, 특히 겨울철에는 뭘 먹고살았을까? 틀림없이 육지에서 뛰어난 사냥 실력을

• 스칸디나비아 반도와 핀란드의 북부, 러시아 콜라 반도를 포함한 유럽 최북단 지역

발휘하는 동시에 가을에는 개암 열매를 잔뜩 따 놓았을 것이다. 또 상당 기간 말려서 잘 보관해 둔 생선과 열매를 주로 먹었을 것이다.

이미 밝혀졌다시피, 이들은 연체류도 많이 채집해 먹었다. 에르테뵐레를 비롯한 여러 유적의 거대한 조개무지가 증명해 주듯, 이 지역에서 연체류가 식생활에 차지하는 비중은 상당했다. 이 지역의 조개껍데기는 천년까지는 아니더라도 수백 년 동안 단기든 장기든 머물면서 쌓아 놓은 것이 분명해 보인다. 이들에게 새조개, 홍합, 굴은 다른 식량 자원이 부족할 때 중요한 식량이었다.

에르테뵐레는 기원전 4000년경 이후 인구가 꾸준히 증가하면서 무리별 영역이 좁아졌다. 사람들이 원하든 원치 않든 이동 생활 방식도 크게 바뀌었다. 발트해 서부처럼 풍요로운 연안 지대조차도 어장과 조개 군락지가 장기간 먹거리를 제공할 수 있는 인원은 한정되어 있었다. 이제는 이웃 무리들과의 교류가 더욱 중요하고도 복잡해졌다. 거대한 조개무지로 판단해 보면, 당시에는 수많은 무리가 연중 정착해서 살거나 특정 시기에 같은 자리로 되돌아왔고, 덴마크 북부의 노르스민데엔 봄철에 굴을 채집하기 위해 찾는 이들이 많았던 듯하다. 한편 정착 생활은 결혼과 친족 관계로 집단 내의 유대를 다질 수 있는 여지를 주기도 했다.

발트해 연안의 초기 사회가 유목 생활을 했다는 가정은 찰스 다윈으로 거슬러 간다.[6] 그로부터 150년 후 고고학계에서는 수렵 채집 생활에 대해 보다 미묘한 관점을 취하고 있다. 태평양 북서부 연안의 원주민과 여타 지역의 고대 집단은 아주 복잡한 사회를 발전시켰고, 그중엔 막강한 힘을 가진 족장과 복잡한 사회 제도를 갖춘 경우도 많았다. 이렇게 복잡해진 사회에서는 이동 생활을 크게 줄일 필요까지 없었지만 그 특성을 변화시켰다. 에르테뵐레 사회도 마찬가지가 아니었을까? 하지만 아직 단언할 수 없다.

거대하든 금방 사라지든, 모든 사회는 제철에 나는 식량원에 의존해 살았다. 이동 생활을 하는 물새는 여름철과 가을철에 든든한 식량원이 되었다. 사람들은 여름과 가을에 물새를 수백 마리씩 잡아서 겨울 예비 식량으로 말려 놓았다. 청어, 고등어, 연어 등 수많은 어종이 몇 주 심지어 몇 달까지 잘 잡히는 계절은 따로 있었다. 아무리 거대하더라도, 에르테뵐레의 어떤 곳에서든 살기 위해선 절묘한 타이밍, 잦지 않더라도 최소한의 이동, 연안 어류에 대한 끊임없는 정보 등이 필요하다. 특히 수 세대에 걸쳐 배를 타고 나가거나 해안에서 유심히 관찰한 정보는 더욱 중요하다.

사냥 영역이 무리별로 아주 달랐던 점 역시 생존에 결정적 역할을 했을 것이다. 스코틀랜드에 기록된 사냥 영역에 관한 극단적 예를 보면, 어떤 무리는 이동 거리가 약 100킬로미터에 불과한 반면 어떤 무리는 무려 1만 킬로미터에 이르는 데다 그곳을 무려 배나 도보로도 무난히 이동할 수 있는 환경이었다. 한 무리가 사냥 영역을 얼마나 차지하느냐는 지형의 특성, 환경과 식량원, 거주 인원 등 다양한 요소에 의해 결정된다. 틀림없이 당시 상황에서는 거래나 교역을 하기 위해서 혹은 혼인 관계를 맺기 위해서 또는 어장을 찾기 위해서 이곳저곳으로 많이 이동했을 것이다.

문제는 이들이 이동 생활을 했느냐 안 했느냐가 아니다. 분명히 이동 생활은 했을 것이다. 정말 중요한 문제는 같은 곳으로 얼마나 자주 되돌아왔느냐다. 사람들은 이 지역을 훤히 꿰고 있었다. 식물류의 미묘한 변화와 계절별로 다르게 형성되는 구름의 특성을 잘 알았고, 조수의 주기를 간파했으며, 물살이 센 지점과 물 위에서 돌풍을 만나면 어디로 피해야 할지 꿰고 있었다. 인근 물고기와 짐승에 대해서도 친한 사람의 속사정을 보듯 훤히 알았다. 이동 생활은 일상이었지만, 전략을 철저하게 세워 개인, 가족, 친족 할 것 없이 무리의 구성원이 모두 같이 했다. 이러한 과정에서 획득된 복잡한 지형 정보는, 이를테면 구두 암송과 노래를 통해 또는 초자연적 존재로 떠받들어지던 대상을 섬기는 의례를 통해 한 세대에서 다음 세대로 전수되었다. 고기를 잡으며 생활하던 이들의 이동 생활에서 가장 믿고 기댈 만한 존재는 조상의 정기와 그 조상이 매개자 역할을 해 주는 신령한 기운이었다.

대충 살펴봐도, 기원전 9000년부터 약 6000년경 그러니까 농경 생활이 시작되기 전까지의 유럽 사회는 갈피를 잡을 수 없을 정도로 다양한 차이가 눈에 띈다. 발트해 지역의 에르테뵐레 사람들이 물고기와 연체류에 유독 의존한 부분 역시 이례적 차이로 보이지만, 북쪽 지역에서는 너무 추워서 기원전 3000년 전까지 대체로 농사를 짓기가 힘들었다는 점을 감안하면 당연한 결과였다. 그런 여건에서는 물고기와 연체류가 구하기 가장 쉬운 식량원이었다.

철문의 협곡에 출몰하는 철갑상어

발트해의 사회는 호수, 강, 바다에서 다양한 물고기를 식량으로 활용했지만, 그 다양한 어종 중에서도 최고는 도나우강, 철문의 협곡Iron Gates에서 출몰하는 거대 철갑상어였다. 철문의 협곡은 카르파티아 산맥과 발칸 산맥 사이에 골짜기가 230킬로미터에 걸쳐 이어진 지대로(지도3 참조), 한때는 물이 시간당 최대 18킬로미터 속도로 흘렀다. (철문의 협곡은 1970년대 이후 수력발전용 댐 건설로 변화를 겪어 왔다.) 협곡 지대에서도 가장 좁은 지점인 그레이트 카잔Great Kazan에는 폭 140미터, 깊이 53미터에 이르는 강이 있다. 변화무쌍한 수위 변화와 빠른 물살, 다양한 수심 덕분에 철문의 협곡은 영양분이 풍성하고, 수생 식물과 벌레, 무척추동물이 많아서 다양한 대형 어류를 먹여 살렸다. 그리고 이곳에서 헤엄치는 물고기 중의 제왕은 철갑상어였다.[7]

유럽 철갑상어European sturgeon는 아키펜세르*Acipenser* 속屬에 속하는 어종으로, 몸집이 크고 수명이 길다. 또한 올리브 빛깔이 도는 까만색이며, 배쪽은 하얀색을 띤다.[8] 강바닥에 바짝 붙어서 네 개의 수염으로 진흙 바닥을 탁하게 흐려 놓으며 헤엄을 치는 습성이 있다. 철갑상어는 크기에서나 갑옷, 즉 인갑鱗甲을 두른 면에서나 범상치 않은 물고기다. 민물에서 알을 낳은 후 바다에서 성장하고, 강어귀와 강어귀의 진흙 바닥을 좋아한다. 다 자라면 다시 민물로 돌아와 알을 낳는다.

흑해 철갑상어는 1월~10월에 도나우강 등지의 강으로 찾아온다. 이들은 수위가 최고조인 4월과 5월에 가장 활발하게 이동

한다. 도나우강에는 다섯 종의 철갑상어가 출몰한다. 그중 캐비어로 유명한 후소 후소*Huso huso*라는 학명의 벨루가 철갑상어Beluga sturgeon는 118세까지 산다. 무게 250킬로그램에 길이는 최대 6미터까지 자란다. 19세기 기록 자료에는 1500킬로그램에 7미터가 넘는, 정말로 어마어마한 크기의 벨루가 철갑상어의 얘기가 나온다. 후소 후소는 도나우강의 딱 두 구간에서만 강바닥에 구멍을 파고 알을 낳는다. 두 구간은 강이 흑해로 흘러 들기 전 마지막 몇 킬로미터 지점이자 철문의 협곡에서 한참 상류 쪽이다. 철문의 협곡의 거주자들도 바로 그 지점에서 살았는데, 이들은 적극적으로 고기를 잡았다. 실제로 블라삭Vlasac과 셸라 클라도베이Schela Cladovei에서 발견된 인간 유해의 안정 동위원소 표본을 측정한 결과, 이들의 식생활에서 60~85퍼센트는 수산물이 차지한 것으로 나타났다.

도나우강의 세르비아쪽 기슭인 레펜스키 비르Lepenski Vir는 가장 큰 정착지였다. 기원전 9500년에 네다섯 가족이 뒤로는 절벽이 있고 앞쪽으로는 도나우강이 흐르는 좁은 계단식 대지에 터를 처음 잡았다.[9] 기후가 안정적으로 바뀌면서 강의 흐름도 완만해진지 수백 년이 지난 기원전 6300년에는 이곳 양옆으로 거주지가 뻗어 나갔고, 중심부에 공터도 생기는 등 제법 마을 구색을 갖추었다. 파디나Padina와 블라삭 등에 위성 정착지도 10여 곳 딸려 있었다. 세월이 흐르면서 이 터에 최소 일곱 가지 버전의 레펜스키 비르가 세워졌고, 후반부에는 사다리꼴 주거지가 들어섰다. 각각 다른 버전의 레펜스키 비르는 모두 회반죽 바닥과 더불어, 중앙부에 석재로 만든 화톳불 자리도 갖추어졌다. 뒤쪽 벽에는 강의 큰 자갈을 쪼아 만든 작은 조각상이 성물聖物로 모셔져 있었다. 이 모든 구조는 강을 마주보도록 배치되었다. 그만큼 일상의 삶과 집단의 정성 깃든 신앙이 강을 중심으로 맞추어져 있었다는 얘기다. 또 강의 상징성에는 철갑상어가 중심에 있었다. 레펜스키 비르에서의 삶은 이 거대 물고기의 출몰에 맞춰 돌아갔다.

철갑상어는 물살이 센 곳도 거슬러 헤엄칠 수 있으며, 이런 능력 때문에 철갑상어를 먹는 이들에게 철갑상어가 힘센 수호자가 되어 주리라는 믿음을 심어 주었을지 모른다. 레펜스키 비르의 석상에는 등 쪽에 인갑 모양이 새겨져 있다. 또 다른 조각상은 툭 튀어나온 눈과 겁을 주는 듯한 표정이 특징인데, 철갑상어라기보다 재앙을 막아 주는 신화 속 조상이나 물고기 신을 재현한 것처럼 보인다. 영국의 고고학자 클리브 본샐Clive Bonsall은 레펜스키 비르의 조각상이 예측할 수 없고 때로 비극적이기까지 한 홍수를 막아 주는 수호 성물이었을 것이라고 주장하기도 했다.

이곳 강가에 처음 세워진 고기잡이용 움막은 수렵 사회의 특징이기도 한 통상적 기회주의의 발로로 시작됐을지 모른다. 하지만 이런 기회주의는 이른바 고기잡이와 영적 세계에 몰입되면서 결국 뒷전으로 밀려났다. 이는 그리 놀랄 일도 아니다. 얕은 물에서 헤엄치는 거대 철갑상어는 시선을 사로잡을 만한 경이로운 광경이기 때문이다. 제철이 오면 협곡은 철갑상어로 그득그득했을 것이다. 철문의 협곡에서 철갑상어를 잡는 일은 고기잡이 중에서도 가장 힘들고 위험한 일이었다. 철갑상어의 큰 꼬리에 빗맞아도 치명상을 입을 수 있기 때문이다.

당시엔 고기잡이 기술이 초보적이어서 물고기의 습성을 훤히 꿰고 있는 방법만큼 잘 통하는 비결도 없었다. 레펜스키 비르의 기슭 주변은 수심이 얕았지만, 그 기슭에서 불과 10미터 떨어진 곳만 해도 수심이 약 30미터를 넘는 계곡이었다. 그 지점에서는 큰 소용돌이가 일어났는데, 덕분에 이동하던 물고기가 급류에서 벗어나 얕은 물로 방향을 틀게 해 주었다. 고기잡이들은 바로 이 얕은 물가에서 기다리고 있었다. 19세기의 전통적인 관행으로 미루어 볼 때, 어부들은 댐처럼 물줄기를 막거나 V자 모양의 덫을 놓거나 튼튼한 그물을 써서 철갑상어를 포획한 다음 몽둥이로 때려잡았을 것이다. 실제로 철갑상어의 뼈가 수두룩한 이곳 유적에서는 무거운 돌몽둥이나 나무망치가 수 점 나왔는데, 그중 대다수는 한쪽 끝에 물고기의 머리를 내리치면서 생긴 듯 보이는 마모 흔적이 있었다.

도나우강의 물고기는 대부분 봄과 초여름에 알을 낳았다. 협곡을 따라 발견되는 고고학적 유적에서는 철갑상어의 뼈와 더불어 다양한 종의 작은 물고기, 몸집이 큰 메기, 야생 잉어, 창꼬치 등의 뼈도 상당수 출토되었다.

어디에서나 그렇듯 가뭄과 불규칙한 홍수 빈도는 알을 낳는데 예측불가한 영향을 미쳤지만, 철문의 협곡 어장은 매우 풍성하고 다양해서 어쩔 수 없이 이곳을 떠나는 일은 생기지 않았던 듯하다. 이 협곡 지대에서 레펜스키 비르가 철갑상어의 세상이라면, 위성 정착지 파디나는 메기의 주무대고, 블라삭에서는 잉어의 세상이 펼쳐진다. 이처럼 정착지별로 특정 어종을 잡았을 것이며, 그런 이유로 위성 정착지가 들어선 것일 수도 있다.

기원전 6000년에 레펜스키 비르는 더 이상 존재하지 않게 되었다. 철문의 협곡 인근에 있는 탁 트인 지대에서는 이제 농사를 짓는 이들이 들어와 살게 되었다. 그러면서 수천 년의 고립은 막을 내렸다. 실제로 이 지역의 고기잡이 집단이 더 큰 문화권으로 편입되었음을 보여 주는 주목할 만한 징후도 나왔다. 레펜스키 비르에 묻힌 수많은 이들 가운데 세 사람의 유해를 화학 분석한 결과, 세 사람이 같은 시기에 묻힌 다른 이들에 비해 육지 단백질의 섭취 비율이 아주 높게 나왔다. 따라서 일생 대부분을 농경지대에서 보냈을 것으로 추정할 만하다. 이들이 남성인지 여성인지는 확실치 않다. 이들이 결혼해서 농경 집단으로 들어간 것일지 아니면 그냥 농경 집단에서 얼마간 일해 주었는지도 불분명하다. 하지만 고대의 철갑상어잡이 전통은 이전보다 더 큰 규모로 계속 이어졌으며, 이 지대의 철갑상어잡이 방식은 먼 옛날과 크게 달라진 것이 없었다. 20세기까지도 철문의 협곡에서 급류나 소용돌이 쪽에 덫과 그물을 설치하는 식으로 철갑상어를 잡곤 했다. 덫과 그물을 설치해 두었다가 배를 타고 그물을 끌어 와서 그물에 잡힌 철갑상어를 큼지막한 나무몽둥이로 머리를 세게 때리는 것까지 옛 방식 그대로였다. 또 봄에는 상류에서, 가을에는 하류에서 헤엄치는 철갑상어를 잡았다. 이렇게 철갑상어를 덫으로 잡던 풍경은 지중해에서의 난폭한 참치 도살과 다를 바 없으며, 광란의 지경까지 치달았을 수도 있다.

헝가리의 중세 기록에 따르면, 그 이후 시대부터는 어획량이 어마어마해졌다. 1518년에 헝가리 북부의 코마룸Komárum이라는 도시가 고대 전통에 따라 철갑상어를 잡으면서 왕립 철갑상어 어장Royal Sturgeon Fishing Grounds의 지위를 얻기도 했다(지도3 참조). 바로

이 무렵부터 철갑상어의 어살을 관리하려면 참나무 장작을 잔뜩 실어 나르고, 마을의 농노 전체를 동원해야 할 정도로 규모가 커졌다. 이 정도라면 기반이 탄탄한 영지가 아닌 이상 노동력을 감당할 수 없었을 것이다.

1553년에는 하루에 77마리의 철갑상어가 잡혔다. 그로부터 200년 후에는 도나우강의 넓이 55킬로미터인 단 한 구간에서만 연간 어획량이 27톤에 달했다. 1890년에는 철문의 협곡 상류에 자리한 오르소바Orsova 하류 쪽 섬에서 "철갑상어가 날마다 50~100마리씩 잡혀서 도살되었다"고 한다(지도3 참조). 나무로 만들어 쓰던 어살은 이후 삼으로 만든 튼튼한 그물과 수직으로 치는 자망刺網(걸그물)으로 바뀌었다. 비교적 좁은 폭의 강을 골라 강둑과 강둑 사이에 날카로운 낚싯바늘이 매달린 줄을 걸쳐 놓는 방법을 쓰기도 했다. 이런 방법을 쓸 때는 미끼도 필요 없었다. 철갑상어가 반짝거리는 낚싯바늘에 현혹되어 호기심에 다가왔다가 낚였기 때문이다.

20세기 무렵엔 무분별한 남획으로 인해 철갑상어의 몸집이 점점 줄었다. 여기에 물이 오염되고 철문의 협곡에 댐이 두 개나 들어서면서 철갑상어의 산란 어장 접근로까지 제한되었다. 결국 오늘날 철갑상어는 멸종 수순에 들어섰다. 그래서 철갑상어 치어를 야생에 방사하기까지 했으나, 치어가 잘 자라서 훗날 알까지 낳아 주길 기대한 우리의 노력은 수포로 돌아갈 가능성이 높다. 철갑상어잡이의 천년 전통은 영원히 사라질 것처럼 보인다.

오랜 동안 유럽 대부분에서는 생존형 고기잡이가 중요한 비중을 차지했으나, 기원전 6000년경에는 도나우강 분지에 또 그

후로 약 2000년 뒤에는 스칸디나비아에 농부들이 유입되기 시작했다. 발트해 남부처럼 풍성한 어장과 조개 군락지를 갖춘 여러 지역은 인구 밀도가 높아졌고, 사회는 소인원 무리끼리 모여 살던 방식에서 벗어나 복잡성을 띠었다. 어떤 면에서 보면, 당시 복잡성은 농경과 가축 사육 생활에 동반되는 정착 마을과 사회 제도 변화의 전前 적응 단계였다. 하지만 초창기 사회가 농경과 목축 중심으로 바뀌며 새로운 경제에 적응해 가는 과정에서 19세기부터 20세기 초까지는 적어도 고대 생존형 낚시의 전통이 크게 개량된 방식으로나마 부분적으로 유지되었다.

6. 줄무늬가 있는 토기를 쓰는 어부들

동아시아의 고기잡이 역시 유럽과 아주 흡사한 문화적 궤적을 따라 발전했다. 일본 북부의 일부 집단은 빙하시대 말기의 야박한 천년기 동안 물고기를 잡았을 테지만, 고기잡이가 드문드문 산발적으로 벌어졌을 것이다. 다시 말해 연어 떼가 찾아오는 등 예측 가능한 상황에 맞춰 특정 계절에 펼쳐지는 활동이었을 것이다. 그러다 빙하시대 말기의 지구온난화로 중국과 일본 모두 환경에 큰 변화를 겪었다. 중국 북부 지역의 몇몇 고고학 유적에는 당시 사람들이 여전히 비교적 확 트인 지대에 살면서 따뜻해진 환경에 적응한 증거를 보여 주고 있다. 이들은 활과 돌화살촉 등 가벼운 무기를 사용했다. 또한 다양한 식량을 이용할 수 있도록 끊임없이 이동 생활을 했다. 하지만 일본에서는 북부를 중심으로, 지구 반대편의 스칸디나비아보다 이르진 않더라도 그곳 못지않게 이른 시기부터 집중적 어획의 고기잡이가 발전했다.

일본은 해수면이 상승함에 따라 열도가 되었다. 태평양의 물이 불어나면서 수많은 섬이 생겼는가 하면, 강어귀와 만으로 흘러넘치면서 간석지도 탄생했다. 이로 인해 길쭉하게 형성된 연안 지대는 결과적으로 생물의 생산성을 대폭 높여 주었다. 최대 3000미터까지 치솟은 산들을 품은 울퉁불퉁한 지형 역시 그 나름의 생산적인 지대를 키워 냈다. 바로 이런 환경에 힘입어 조몬Jomon 문화가 최소 1만 년에 걸쳐 융성하였다. 아주 다양한 종의 동물들, 광활한 간석지에 허다하게 널린 조개들, 풍요로운 내륙 어장, 나무 열매를 비롯한 가을철 풍성한 수확 거리를 누리던 이들에게는 빙하시대 직후부터 비롯된 생활 방식을 바꿀 만한 동기가 그다지 없었다. 조몬이라는 명칭은 '줄무늬'라는 뜻으로, 이들의 초창기 정착지에서 발견된 줄무늬가 있는 독특한 토기에서 유래되었다.[1]

대다수 전문가의 견해에 따르면, 조몬은 현재의 일본 북부 지대에 살던 토착민이 서로 손을 잡고 합세하거나 적어도 1만 4000년 전에 상승하는 해수면 때문에 아시아 대륙에서 남쪽으로 이동하던 소수의 수렵채집인에게 침략당하면서 부상했으리라고 추정된다.[2] 조몬시대 초기에는 물고기가 중요한 식량이었고, 점점 다양해지는 지형 속에서 특정 계절에 한정된 식량을 적절히 이용하기 위해 여러 지대로 옮겨 다녔을 것이다. 조몬의 어부들은 기원전 8000년에 홋카이도 남부의 유노사토Yunosato에 처음 발을 디뎠다가, 이후 수천 년 동안 거듭거듭 이곳을 찾아왔다(130쪽 지도4 참조). 이 지역에서 적어도 15곳의 수혈식 주거지•와 돌을 일

• 지면을 얕게 구멍 모양으로 파서 지붕을 씌운 원시적인 주거

지도4 장기간 지속된 고기잡이 사회: 조몬시대 일본의 고고학 유적

직선으로 놓는 특징이 있는 의례 거행 장소가 발견되었다. 거주지 안에는 화톳불 자리가 있었고, 재투성이 흙에서 산란 연령대 연어를 비롯해 잉어와 정어리의 뼈가 출토되었다.

조몬 유적은 기원전 7000년에 그 수가 크게 증가했는데, 이유는 아직까지 밝혀지지 않았다. 이곳 어부들이 살던 취락은 땅을 파서 지은 반지하식 수혈 주거지로, 다수가 모여 사는 비교적 넓은 형태였다. 도쿄 무사디다이 유적에는 19곳의 수혈 주거지가 둥근 모양으로 자리 잡혀 있는데, 이런 원형 배치는 비교적 넓은 정착지에서 수천 년 동안 이어져 온 조몬의 특징을 보여 준다. 이 시기에는 기후가 비교적 따뜻했고, 넓게 펼쳐진 낙엽수림의 참나무에 도토리가 자라고 있었다. 세계의 다른 지역에서도 그러했듯, 조몬의 무리에게도 도토리는 주요 식량이었다.

간석지 근처의 수혈 주거지 유적은 도쿄만 주변 간토 지역에 인구가 점점 많아졌음을 보여 주는 증거다. 기원전 7450년부터 급속하게 상승한 바닷물이 강의 계곡으로 밀려 들어오면서 요코스카만Yokosuka Bay의 나츠시마 조개무지 거주자들은 진흙 바닥의 내륙 수역에 서식하는 굴과 새조개를 채집했다.[3] 이후 해수면이 안정되면서 진흙이 모래로 바뀌자 모래에서 대합조개가 왕성하게 서식했고, 이를 반영하듯 나츠시마의 후기 조개무지에서는 대합조개가 흔하게 발견되었다. 이곳 거주자들은 내륙에서 참치, 숭어, 농어 등 친숙하게 알려진 어종을 잡았는데, 사슴류의 가지뿔 낚싯바늘과 섬유 소재 낚싯줄을 사용한 것으로 보인다. 한편 도쿄에서 남쪽으로 50킬로미터가량 떨어진 오시마 제도Oshima Island에서 사는 어부들은 더 깊은 수역의 어종을 표적으로 삼았다. 오시마 제도의 정착지 가운데 특히 한 곳은 화산재 퇴적물로 두껍게 뒤덮이면서 참치, 곰치, 돌돔, 고등어, 비늘돔뿐 아니라 바다거북과 돌고래의 뼈 등이 지금까지도 잘 보존되어 있다. 아주 다양한 종의 동물들, 드넓은 간석지의 풍성한 조개들, 풍요로운 내륙 어장, 나무 열매와 식물류의 윤택한 채취 거리 덕분에 오시마 제도는 인구가 꾸준히 늘어날 만한 요소를 모두 갖추고 있었다.

덕분에 조몬 문화는 인구가 꾸준히 증가하여 기원전 3000~2000년에 전성기를 누렸다. 영역의 경계는 격자 모양으로 점차 명확하게 그어졌고, 그에 따라 사회는 필연적으로 더욱 복잡해졌다. 아마 이때 대규모의 영구 정착지도 생겨났을 것이다.

이런 환경에서 물고기는 어떤 역할을 했을까? 1947년에 고고학자 스가오 야모노우치Sugao Yamanouchi는 조몬 문화의 생존과 관련하여 '연어 가설'을 제시했다. 야마노우치는 북아메리카 서해안의 연어잡이 사회와 연어 떼에 크게 의존한 홋카이도의 아이누Ainu족에 정통한 학자였다.[4] 그런 그가 주장한 바에 따르면, 일본 북동부의 강 근처에 자리한 조몬 사회 역시 시베리아 동부의 사람들이 그랬듯, 생존을 위해 연어 떼에 의존했다고 한다. 조몬의 주식은 도토리, 밤, 호두 같은 나무 열매였다. 이런 열매들은 모두 가을에 채취해서 오랫동안 먹을 수 있게 잘 저장했다. 하지만 야마노우치의 견해에 따르면, 가을마다 여러 강으로 헤엄쳐 올라오는 연어도 나무 열매 못지않게 중요했다. 잡아서 훈연하는 것이 쉬웠기 때문에 주요 식량원에 들었다는 것이다. 다소 보수적인 고고학자들은 그가 발견한 여러 유적에 연어 뼈가 너무 없다는 점을 지적했으나, 야마노우치는 연어 뼈가 산성의 토양과 조개무지 속에서 제대로 보존되지 못한다는 점을 들어 반박했다. 잡은 연어는 대부분 건조시킨 다음 가루로 빻아 먹었고, 그에 따라 내장을 발라낸 연어의 다른 부위만이 아니라 뼈도 먹은 것이 확실하다고 주장했다. 하지만 고고학계는 이 견해를 받아들이지 않았다.

오늘날 기준에서 보면 야마노우치의 주장이 맞아 보인다. 이제는 발굴된 퇴적물의 습식 체가름 시험 덕분에 발굴 방법이 대폭 개선되었고, 이에 따라 실제로 연안과 호숫가의 조몬 정착지에서 연어 등뼈 조각들이 두루두루 발견되었다. 연어의 등뼈는 신선할 때엔 지질(지방)이 높지만, 연질 성분이 썩으면서 금세 부서져 버린다. 연어의 잔해가 나온 유적 대부분은 연어가 잡힌 강가에서 떨어져 있었고, 뼈를 자세히 보면 태운 흔적이 남아 있었다. 즉 정착지로 가져가기 전에 토막을 내서 보존 처리한 것으로 추측된다.

마에다 고우치Maeda kouchi에서 발견된 조몬의 초기 유적이 이런 추측을 뒷받침해 주는 좋은 사례다(지도4 참조).[5] 물줄기가 도쿄만으로 흘러드는 다마강Tama River의 계단식 대지에서 기원전 9000년경의 거주지가 발견되었는데, 흙에서 까맣게 탄 연어와 작은 포유동물의 잔해가 무더기로 나왔다. 발견된 생선뼈는 연어 60~80마리 정도 되는 양이었고, 머리뼈가 등뼈에 비해 훨씬 많았다. 아무래도 먼저 연어의 머리를 잘라 낸 다음에 배를 벌려 등뼈와 갈비뼈를 빼낸 듯하다. 그리고 나서 벌어진 몸통을 불 위에서 건조시켰을 테고, 그 과정에서 뼈가 타면서 부서졌을 것이다. 이런 점으로 미루어 이곳은 물고기만을 잡기 위해 머물렀던 곳 같다.

노토 반도Noto Peninsula는 동해 연안 지대로 고요한 만이 연안 지대 여기저기에 펼쳐져 있다. 이곳에서 마와키Mawaki 유적이 발견됐는데(지도4 참조), 이곳 사람들은 당시 돌고래를 사냥했고, 돌고래잡이는 유사 시대까지 이어졌다.[6] 봄철에 돌고래가 1000마리 넘게 잡히는 것을 직접 본 사람의 기록에 따르면, 이틀에 걸쳐 에움걸그물• 안으로 돌고래를 몰아넣어 잡았다고 한다. 기원전 9000년부터 중세까지 살았던 같은 지대의 한 조몬 유적에서는 최소 285마리의 돌고래 잔해가 나왔고, 그중에는 라게노리추스 이블리쿠이덴스*Lagenorhychus obliquidens*, 즉 낫돌고래도 있었다. 낫돌고래는 4월과 5월에 1000마리 이상씩 떼를 지어 북쪽으로 이동한다. 낫돌고래 같이 동작이 날쌘 사냥감을 잡으려면 사냥감을 몰아넣을 만한 강한 그물이나 상설 목책을 연안 근처에 세워 놓아야 한다. 이 유적에서는 비교적 유순한 짧은부리참돌고래도 발견되었다. 이 고래는 얕은 물가로 몰리면 금세 충격에 빠지는 습성이 있어서 맨손으로 끌어 올릴 수 있었을 것이다. 마와키 지역은 잡은 돌고래를 죽이는 도살 장소였다. 쉽게 옮길 만한 크기의 돌고래 등뼈가 온전한 형태로 발견되기도 했는데, 아마 돌고래 사냥에 참여한 근처 다른 집단과 나눠 먹기 위해 등뼈를 제거하지 않은 상태로 옮긴 것 같다.

고고학자들은 수천 년간 수많은 집단이 관찰해 온 조몬의 계절 주기를 정리하여, 일명 '조몬력Jomon calendar'이라는 것을 만들었다.[7] 조몬력으로 미루어 보면, 조몬 사람들은 크게 네 가지 방

• 고기 떼 주위에 에워 치는 걸그물. 돌 따위를 던져 고기가 흩어지게 하여 잡는다.

식으로 생존한 것 같다. 우선 여름에는 바다 속 포유동물을 잡아 먹었다. 가을에는 겨울 대비용 식량을 마련하기 위해 나무 열매를 따거나 연어 떼를 사냥했다. 또 먹거리가 빈약한 늦겨울과 봄에는 조개를 주로 먹었다. 다른 활동과 마찬가지로 고기잡이 역시 이동성이나 사회 구조, 집단이나 위치별로 달라지는 복잡한 상황, 식량을 찾아 사냥하는 사람들의 의식을 지배하는 신앙 등과 깊이 결부되어 있었다. 유사 시대에는 이런 결부성이 담긴 달력이 홋카이도, 사할린, 쿠릴 열도 남부의 아이누족에게 일상적이었다. 각 집단은 각자의 경계가 뚜렷한 강에서 어살과 덫을 이용해 여름에는 송어를 잡고, 가을에는 황어 같은 작은 물고기와 연어 등을 잡았다. 이렇게 잡은 물고기는 대부분 **훈제 처리**해서 식량이 부족한 달을 대비해 저장소에 보관했다.

조몬 사회는 점토 토기를 사용한 것으로도 주목받는데, 이는 세계에서 가장 오래된 토기에 들기도 한다. 초창기 토기는 BP 1만 4700년부터 남부 지역에서 사용했는데, 작고 바닥이 둥근 조리용으로 중국에서 전해진 것으로 추정된다.[8] 그렇다면 이 토기는 어떤 용도로 쓰였을까? 발견된 항아리에 눌어붙은 자국이나 그을린 흔적이 많았다는 점으로 미루어 조리용으로 짐작된다. 재투성이 화톳불 자리에 점토 항아리 두 개가 시뻘건 깜부기불에 덥혀지는 상상을 해 보라. 항아리 안에는 생선과 나무 열매가 팔팔 끓다가 서서히 졸고 있다. 조리하기도 쉽고 따뜻하게 먹기도 좋은 이런 음식은 하루 종일 살을 에는 차가운 물속에 들어가 굴을 채집하거나 물고기 덫을 설치하다가 온 고기잡이에게 꼭 필요한 음식이었다. 역사상 실존한 (그리고 그 조상들이 적어도 일정 지대나마 조몬의 땅에 잠들어 있을 가능성이 있는) 일본 북부의 아이누족 사냥꾼과 어부들도 안이 깊은 점토 항아리를 화톳불 구덩이 안의 뜨거운 깜부기불 가운데에 올려놓고 사용했다. 아이누족의 주식이자 이 항아리에 담겨 조리된 음식은 '오하우ohaw' 혹은 '루르rur'라는 국이었다. 이 항아리는 한 번에 며칠씩 불 위에 놓아두면서 고기나 생선으로 영양가를 높인 따뜻한 국을 계속 끓여 먹기도 하고, 야생 식물을 삶고 야생 곡물 죽도 끓여 먹을 수 있었다. 조몬 사회의 무리들이 조리용 항아리를 불에 올려놓고 계속 끓이는 관습을 똑같이 따랐을지 불분명하지만, 일본의 초기 고기잡이 관습이 꾸준히 이어졌다는 점은 생선과 고기를 주재료로 끓인 국 역시 식생활에서 폭넓게 활용되었다는 증거로 볼 만하다. 조몬의 모든 토기가 졸임용도로만 쓰인 것은 아니다. 나중에는 정교한 장식이 들어간 얇은 사발과 주둥이가 달린 용기로도 쓰였음이 수많은 무덤의 부장품에서 확인되고 있다.

조몬의 유적으로 알려진 곳은 1만1000곳이 넘는 데다 다양한 규모와 복잡성을 띠고 있어서 조몬 사회를 일반화시키기는 어렵다. 조몬 사람들은 연안과 내륙의 아주 다양한 환경을 이용하며 지대별로 밀집하여 거주하기도 하고 그렇지 않기도 했다.[9] 하지만 빙하시대 이후 북태평양 연안의 드넓은 지대 곳곳에 자리 잡았던 동시대 고기잡이 사회와 구별되는 특징이 많다. 그중 특히 두드러지는 차이점은 조몬 사회가 아주 유동적인 사회였다는 점이다. 조몬 사회는 광범위한 대상을 수렵 및 채집하는 생활을 거쳐 이후에는 농경 생활에 들어가서도 생물의 다양성이 이례적이도록 풍부한 세계에서 번성을 누렸다. 대체로 아주 대규모인 집단 정착

(De Agostini Picture Library/ Bridgeman Images)

기원전 2500년경 조몬시대 후기에 살았던 마을의 모습을 재현한 그림. 작자 미상지 주변에서 어마어마한 조개무지가 발견되는데, 이를 통해 인상적인 위기관리 기술이 엿보이기도 한다. 이런 곳은 영구 정착지였던 것으로 보이지만, 조몬 사회에서는 대다수 사람들이 나무 열매를 채취하거나 연어 떼와 물새 등이 번식하는 계절과 관련하여 예리한 감이 필요한 생활 양식을 따르면서 끊임없이 이동 생활을 했다. 말하자면 연체류는 모든 무리를 정착시키는 닻이었다.

조몬 사회에서 바다나 민물 근처에 거주하던 집단은 물가에서 상당한 시간을 보냈을 것이다. 이따금씩 근해 어획뿐만 아니라 물고기 떼와 내륙 고기잡이는 매년 식량 공급에서 큰 비중을 차지했다. 덫을 관리하고, 그물을 치고, 창으로 고기를 잡고, 굴을 채집하는 활동은 모두 물에서의 이동이 필요한 일이었다. 한편 당시 조몬 사회는 친족 관계를 통해 가까운 곳과 먼 곳의 집단들이 서로 이어져 있었다. 실제로 진기한 연체류와 화산 활동 과정에서 생성된 흑요석 등 유입물이 그러한 광범위한 유대 관계를 입증해 주고 있는데, 그중 다수는 배가 필요했을 법한 유대 관계다. 조몬의 물가 유적에서 통나무배가 최소 50척이 발견되기도 했다. 이 중에서 가장 오래된 배는 후쿠이현의 미카타호 인근 물에 잠긴 도리하마Torihama 유적에서 발견된 것으로, 기원전 3500년경으로 추정된다(지도4 참조). 폭이 60센티미터가량이고, 길이는 6미터가 넘는 이 배는 일본의 삼나무를 반으로 쪼개서 만들었다. 또한 삼나무로 만든 노가 같은 유적에서 발견되기도 했다. 조몬 사회에는 도리하마의 통나무배보다 더 큰 것도 있었다. 실제로 교토 인근에서 발견된 배는 길이가 최소 10미터에 이른다.

조몬 사회의 발전은 배의 이용이나 고기잡이와 따로 떼어서 생각할 수 없다. 보다 집중적인 고기잡이 활동과 정교한 고기잡이 기술의 발전, 그리고 보다 복잡한 조몬 사회는 서로 연관되어 있었던 것이 분명해 보인다. 천년기 동안 조몬 사회가 점점 복잡해졌음은 도쿄 부근의 유적 등 특정 유적의 급속한 발전상에서도 드러난다. 도쿄 근처에 수혈식 주거지가 대거 몰려 있었고, 그 지대 곳곳이나 인근에는 편자 모양이나 고리 모양으로 둘려진 조개무지들이 쌓여 있었다. 이것이 바다 식량에 의존한 증거인지, 수년간 특정 계절마다 찾아온 증거인지는 아직 분명치 않다. 다만 더 깊은 수역에 서식하는 물고기를 잡기 위해서는 특별한 기술을 갖춘 장인들과, 배를 소유하면서 규모가 커진 고기잡이 일원들을 지휘할 인물이 필요했을 테니 배에 대한 의존도는 분명히 점점 높아졌을 것이다. 어쩌면 판자로 만든 배까지 이용됐을 수도 있다.

한국에서 일본으로 벼농사가 전파되지 않았다면 조몬 사회는 무한정 번성했을지 모른다.[10] 벼농사가 북쪽으로 전해지며 일본 열도 전체에 퍼져 나간 속도에 대해서는 논란의 여지가 있으나, 북쪽에서는 현재의 아이누족 조상으로부터 고대 고기잡이 전통의 명맥이 이어지면서 물고기는 일본 사회에서 여전히 중요성이 높았다. 서기 8~9세기에 어촌이었던 마토바Matoba는 현재의 나가타시 연안 지역 가운데 시나노강Shinano에 의해 형성된 모래 언덕 지대에 자리했다.[11] 이곳 유적에서 창끝, 그물추, 나무로 만든 찌 등이 글을 적은 나뭇조각인 목간木簡 여러 점과 함께 발견되었다. 이 강에서 잡힌 연어는 대부분 머리를 자르고 토막 내서 보존 처리했다가 납세용으로 교토에 보내졌다. 아시다 강변의 구사도 센겐Kusado Sengen은 중세에 일본 남부의 항구 도시였다가 서기

15세기에 수차례의 홍수로 파괴되었다. 물에 잠긴 이곳 퇴적물에서는 동해에서 잡힌 물고기의 잔해가 잔뜩 출토되었다. 또 음식 찌꺼기 구덩이에서는 온전한 형태의 연어 등뼈가 몇 점 나왔지만, 이 연어가 인근에서 잡혔을 리 없다. 당시 이곳 내해에서는 연어가 번성하지 않았기 때문이다. 교토나 오사카 같은 중심 지구에서 옮겨졌거나 바닷가나 산악 지대에서 잡혀 온 연어였을 가능성이 높다. 등뼈의 형태가 온전했다는 점을 통해서 오늘날 일본에서 대체로 그렇게 하듯, 연어는 염장 처리되었을 것으로 짐작된다.

기록에 의하면, 일본에서는 수백 년에 걸쳐 연어의 위상이 높았다. 연어는 천황과 귀족 일가가 먹는 고급 음식이었다. 9세기에 편찬된 법률서 『엔기시키延喜式』를 보면, 황실에서 연어를 자주 먹었다는 내용도 남아 있다. 당시 수도인 교토로 운반된 연어가 연간 2만 마리는 넘었다는 추정도 있다. 서기 8세기에는 황실에서 연어 수요가 너무 높아져서 아예 못에 연어를 키우기까지 했다. 16세기에는 동해의 해저에서 굴이 양식되기도 했다. 그렇다고 해서 이런 양식이 혁신적인 것은 아니다. 중국에서는 기원전 3500년 이전부터 해 오던 일이었으니 말이다.

조몬과 더 넓은 세계

일본 북부에 자리 잡은 조몬 사회는 물고기와 연체류에만 전적으로 의존하지 않고 위기관리의 필요에 따라 광범위화한 수렵 채집 활동을 벌이며 육지와 해상의 생활 방식을 두루두루 누렸다. 이런 점에서 볼 때, 이들은 아주 다양한 종류의 식량을 활용했던 초기 스칸디나비아인과 비슷했다. 이와 같은 생활 방식은 급변하는 환경 조건, 특히 해수면 상승에 맞서는 필연적이고 기회주의적인 대응이었다. 조몬은 일본의 전형적인 사회였고, 멀리 떨어진 발트해 연안의 에르테뵐레처럼 독자적이었다. 하지만 동남아시아 멀리까지, 또 북쪽으로는 베링 해협 바로 옆의 캄차카 반도까지 아우르는 훨씬 더 넓은 세계와도 접촉했던 것으로 추정된다(151쪽 지도5 참조). 바로 이 대목에서 흥미로운 의문이 생긴다. 그렇다면 혹시 조몬 사람들이 북아메리카의 최초 정착에 어떤 역할을 하지 않았을까?

유전학적으로 보나, 빙하시대 말기의 실질적 지형으로 보나 아메리카 대륙으로의 이동은 동북아시아에서 시작된 것이 확실해 보인다. 빙하시대 이후 훗날에는 일본 북부에서 북쪽으로 멀리 떨어진 인접 아시아 대륙, 쿠릴 열도, 알래스카 연안 지대에 이르기까지 폭넓은 문화적 유사성이 나타났다. 이 광대한 지역에 속해 있는 사람들은 연어, 바다 포유동물, 곰 등 똑같은 식량 자원을 활용했는가 하면 고기잡이 방식도 똑같은 경우가 많았다. 지금까지도 문화적 · 정서적 유대가 여전히 남아 있다. 일본 북부에 거주하는 현재의 아이누족은 추정상 조몬 사회의 후계자들로, 이 광대한 지역에 여전히 강한 끌림을 느끼면서 자신의 문화가 베링 해협 건너 북아메리카의 북서부 연안 집단과 에스키모 부족까지 아우르는 북태평양 사람들과 밀접히 얽혀 있다고 생각한다. 뭐라고 꼬집어 말할 수 없는 이런 미묘한 끌림은 그 유래가 확실히 먼 과거로 거슬러 올라가는 것임에 틀림없다. 그렇다면 조몬시대로까지 거슬러 올라갈까? 그것은 알 수 없다.

하지만 흥미로운 사실은 따로 있다. 조몬의 무리가 고국의 복잡한 환경 조건에 아주 잘 적응하면서 그들의 문화가 1만 년이 넘도록 번성을 누렸다는 점이다. 이들의 사회 조직은 필연적으로 더 복잡해졌고, 이웃 지역과의 접촉도 더 많아졌다. 조몬 사회 초기에 홋카이도 북부에 거주하던 무리들은 시베리아의 아무르강을 따라 살던 사람과 교류를 통해 접촉을 이어 갔다.

빙하시대 말기에도 오호츠크해나, 더 멀리 북쪽의 캄차카 반도와 시베리아 북동부 극단 주변에는 드넓은 켈프피시Kelp fish 군락지가 번성했다. 켈프피시는 태평양 연안 지대의 주요 식량원이었다. 이는 시베리아와 알래스카를 잇던 육고 연안 지대의 경우도 마찬가지였을지 모른다. 사람들이 연안과 물 위에서 더 맹렬히 식량을 찾아 나서면서부터 바다 포유동물의 사냥이 더 중요해지기도 했다. 또한 그로 인해 일본 남쪽의 다른 섬이나 홋카이도 북부의 쿠릴 열도 최초 정착지로 알려진 곳과의 해상 접촉도 늘어났다. 이 시기에 쿠릴만 지대에 은거한 일부 정착지에는 순록 뼈와 가지진 뿔이 발견되고 있다. 순록은 캄차카 반도에서 사냥되었고, 쿠릴 열도에서 살지 않던 종이었음을 감안하면 이 섬의 사냥꾼들이 그 먼 북쪽까지 위험을 무릅쓰고 과감히 사냥을 나섰다는 얘기다.

홋카이도와 사할린은 42킬로미터밖에 떨어져 있지 않으니 시베리아와의 밀접한 연관성은 놀랄 일도 아니다. 또 사할린은 시베리아 본토의 아무르강의 어귀와 20킬로미터밖에 떨어져 있지 않다. 아시아와 사할린섬 사이의 타타르 해협Tatar Strait은 물이 얕고 겨울의 상당 기간 얼음에 덮여 있어서 건너가기가 어렵지 않다. 그 결과, 시베리아 서부의 자바이칼Trans-Baikal 지역처럼 먼 곳에서부터의 문화적 영향이 빙하시대 말부터 맺어진 유대를 통해 조몬 본국까지 미쳤다. 안타깝게도 동북아시아의 본질적 문화 풍토는 고고학적으로 가장 밝혀지지 않은 부문에 드는 탓에 조몬이 아메리카 대륙의 첫 정착지에 기여한 바는 여전히 흥미로운 미스터리로 남아 있다.

인상적인 점은 북반구 지역에서도 지구온난화로 촉발된 환경적 변화에 맞서서 아주 비슷한 대응을 펼쳤다는 것이다. 즉, 생존형 고기잡이 활동이 많아지면서 앞선 시기의 전통적인 기회주의 차원을 크게 벗어나 발전했다는 점에서 아주 비슷했다. 한편 물고기와 연체류에 대한 중요성의 부각은 역사의 결정적 순간, 즉 아메리카 대륙 최초의 정착에 중대한 역할을 펼쳤을 가능성이 있는데, 이런 가능성은 최초의 아메리카 원주민에 대해 알아가다 보면 더욱 설득력 있게 들린다.

7. 위대한 여정

여기는 2만 년 전의 베링 육교Bering Land Bridge다. 휘몰아치는 북풍이 내리퍼붓는 눈을 몰아대고 잿빛 구름을 이리저리 흩트리면서 땅과 하늘은 흐릿하게 가려져 있다. 얕은 계곡에 낮은 산처럼 웅크린 듯한 형상으로 옹기종기 모여 있는 돔형 오두막 안에서는 사람들이 사향소 가죽 옷을 겹겹이 껴입고 그 위에 두꺼운 털옷까지 걸치고선 폭풍우 소리를 속삭임처럼 가볍게 흘려들으며 설핏 잠들어 있다. 이들은 며칠째 그렇게 누워 있었고, 볼일을 보느라 밖으로 나가야 할 때를 빼면 별 불편함도 느끼지 않는다. 어둠 속에서 지방을 태워 밝힌 등불이 깜빡거리는 가운데, 주술사가 땅의 형상은 물론이고 동물과 인간을 만든 신화 속 창조주 이야기를 들려주고 있다. 매번 조금씩 달라지는 이 이야기를 다들 몇 번씩 들었지만, 상상할 수 없을 만큼 가혹한 우주에서 안도와 안심을 느끼게도 해 준다.

최초의 아메리카 원주민은 신비에 둘러싸인 존재다. 인간의 과거에서 가장 위대한 이주로 꼽히는 업적을 이루어 낸 무명의 영웅들이다. 이들이 삭막하고 끊임없이 변하는 북부 지대를 발자취도 남기지 않은 채 이동하기 시작했던 때는 2만 년도 더 전이었다. 이른바 최후최대빙하기Last Glacial Maximum, LGM로, 빙하기의 마지막 빙하 작용으로 극북 지역 대부분이 꽁꽁 얼어붙은 때였다. 이 장에서 살펴보려는 최초의 정착 이야기는 일부 학자들이 내세우는 가설처럼 어부나, 시베리아와 알래스카 사이의 유빙을 헤치고 나간 대담한 뱃사람의 이야기가 아니다. 그보다는 아메리카 대륙을 개척한 인간의 이주 이야기다. 그것도 거대한 사냥짐승에서부터 식용 식물류, 연체류, 바다 포유동물, 물고기에 이르기까지 온갖 다양한 범위의 식량 자원을 잘 활용하는 것만이 유일한 생존 수단이었던 험악한 지대를 배경으로 펼쳐진 이야기다. 나는 몇 년 전에 저서 『장대한 여행*The Great Journey*』을 통해 아메리카 대륙의 최초 정착에 대해 다룬 바 있다.[1] 이번 장에서는 연안의 정착지를 중심으로 초점을 달리하여 이야기해 보려 한다.

고고학에서 최초의 아메리카 원주민보다 논쟁이 분분한 주제는 찾아보기 힘들다. 100년 가까이 과학적 탐구가 벌어진 오늘날에서야 여러 주장과 반박이 복잡하게 뒤엉켜 오고간 끝에 몇 가지 가설이 나온 정도다. 최근에는 고고학자, 인류학자, 식물학자, 생태학자, 유전학자, 지질학자, 고기후학자를 비롯해 심지어 빙하시대 딱정벌레 전문가들까지 팀을 이루어 공동 연구가 벌어지기도 했다. 바로 이 팀의 연구에 따르면, 어부가 고대 역사에서 중요한 역할을 펼쳤다. 말하자면, 주로 수렵 채집 생활을 하면서 연어 떼를 포획한 어부들이 인간 역사에서 가장 중요하고도 복잡한 이주 역사에서 실제로 중요한 주자로 활약했다는 얘기다.

유전학적으로나 빙하시대 말기 지형의 징표로 미루어 보나 아메리카 대륙으로의 이동은 동북아시아에 시작되었다. 빙하시대 이후에 일본 북부와 인근 아시아 대륙과 쿠릴 열도에서부터 알래스카 연안 지대에 이르기까지 극북의 광범위한 지역에 걸쳐 문화적 유사성이 나타났다. 이 광대한 지역에서 살아가는 사람들은 연어, 바다 포유동물, 곰 등 똑같은 자원을 활용했으며, 고기잡이 방식이 서로 같은 경우도 많았다. 이 지역은 현재까지도 문화적 · 정서적으로 애착이 남아 있다. 앞에서도 지적했다시피, 일본 북부에 사는 현재의 아이누족은 추정상 조몬의 후계자들이며, 여전히 자신의 문화가 북서부 연안의 집단이나 북아메리카의 에스키모 부족까지 아우르는 북태평양 연안 사람들의 문화와 친밀히 엮여 있다고 믿는다.[2]

베링기아와 광범위한 생활 방식

논리적으로 판단해 볼 때, 이야기를 시작하기에 가장 좋은 출발점은 일본 북부의 조몬이다. 조몬은 육지와 해상에 두루 걸친 인상적인 생활 방식을 취하며, 전적으로 고기잡이와 연체류에만 매달리지 않고, 사냥과 채집까지 광범위하게 진행했다. 이처럼 고국의 복잡한 환경에 아주 잘 적응함으로써 그 문화가 1만 년이 넘도록 번성했다. 필연적으로 사회 조직은 복잡해졌고, 이웃 지역과의 접촉도 늘었다. 6장에서도 설명했지만, 홋카이도 북부의 조몬 무리들은 시베리아의 아무르 강변에 살아가는 이들과의 유대를 발전시켰다(지도5 참조).

빙하시대 말기부터 오호츠크해 캄차카 반도 주변과 시베리아와 알래스카 사이의 저지대 평원 앞바다에는 풍부한 켈프피시 군락지가 널찍하게 형성되어 있었다. 바다 포유동물과 켈프피시는 태평양 연안에서, 그리고 어쩌면 베링기아 지역에서도 중요한 식량원이었다. 이 지역 사람들은 연안에서 또 물 위에서 식량을 맹렬히 찾다 보니 일본과의 해상 접촉이 늘게 되었고, 그에 따라 알려진 한 최초의 쿠릴 열도 정착지가 탄생되었다. 또한 이 정착지는 북단의 캄차카 반도까지 이어지는 연결 고리를 형성했다. 이 시기에 쿠릴의 여러 만 지대에 은거지를 잡으면서 역사가 1만 2000년으로 추정되는 정착지에서는 간혹 순록 뼈와 가지진 뿔 유물이 발견되고 있다. 섬의 사냥꾼들은 순록을 캄차카 반도에서 잡아 쿠릴 열도로 가져왔을 것이다. 태평양 북서부 극단에 위치한 연안 전 지역은 산발적이나마 문화적으로 접촉했다. 심지어 상당히 멀리 떨어져 살아가는 사람들끼리도 접촉이 있었다.

과연 조몬의 후손이 최초의 아메리카 원주민이었을까? 학계에서 오랜 기간 정설로 인정되어 온 견해에서는 시베리아에서 알래스카로 건너온 최초의 사람을 덩치 큰 짐승을 사냥하는 이들로 묘사하고 있다. 그래서 최초의 아메리카 원주민하면 여전히 발이 푹푹 빠지는 습지에 걸린 매머드에게 창을 던지는 인간을 머릿속에 떠올린다. 어쩌면 이들은 매머드에게 공격한 적이 없을지 모른다. 마찬가지로 바다 포유동물 사냥꾼과 연안의 고기잡이꾼이 카누나 가죽 보트를 타고 북아메리카에 정착한 적도 없을지 모른다. 하지만 확실한 점은 LGM의 극한 추위가 닥치기 전에 동북아시아의 넓은 지역에서는 조몬을 비롯한 여러 본국의 무리들이 행했던 광범위한 사냥과 채집이 오랜 세대에 걸쳐 이어졌다는 것이다. 아메리카 대륙의 최초 정착에 대한 가장 최근 시나리오에는 북쪽 지역 거주자들이 사실상 환경에 맞춰 광범위하게 식량을 연명할 수밖에 없었다는 추정을 하고 있다. 조몬은 초기 정착자를 먹여 살리던 이런 식의 광범위화한 생활 방식의 전형일지 몰라도 최초 아메리카 원주민의 조상은 아니었을 것이 거의 확실해 보인다.

대다수가 동의하는 견해에 따르면, 아메리카 원주민의 조상은 저지대 육교를 거쳐 알래스카로 건너간 시베리아인의 후손이었다.[3] 현대 아메리카 원주민 집단의 유전자 구성 표본과 소수의 고대인 유골을 통해 확인되고 있듯, 아메리카 원주민 전체는 단일 종족의 집단이었다가 크게 두 분파로 분산되었다. 한 분파는 빙하시대 대빙원의 남쪽인 북아메리카와 중남아메리카의 원주민에 속하고, 다른 한 분파는 애서배스카족, 고대 에스키모족, 이누이트족 같은 북쪽의 내륙 지대 집단에 속한다.

시베리아인과 두 분파의 아메리카 원주민이 유전학적으로 처음 갈라지게 된 시기는 2만3000년 전경으로 추정된다.[4] 아메리카 원주민의 조상 집단은 BP 1만3000년경에 북부 분파와 남부 분파로 완전히 갈라졌다. 그중 북부 분파는 현재의 애서배스카족과 치프위안Chipweyan족, 크리Cree족, 오지브와Ojibwa족 같은 북쪽 집단에 해당된다. 1996년에 워싱턴주 케너윅에서 발견된 유골인 그 유명한 케너윅맨Kennewick man은 아메리카 대륙 일부 지역의 고대 아메리카 원주민 집단과 현재 아메리카 원주민 집단 사이에 케너윅맨이 살았던 시기인 최소 기원전 6500년까지 거슬러 올라가는 유전적 연속성이 있다는 명확한 증거다. 이에 대한 연구는 모래바람에 끊임없이 움직이는 모래와 같은 형국이지만, 이러한 와중에 유전적 증거는 2만~1만5000년 전인 빙하시대 말기 어느 시점에 이루어진 동쪽으로의 단독 이주설을 확실히 뒷받침해 주고 있다. 따라서 이주의 이면에 가려진 사람들과 그들이 살아왔을 법한 생활 방식을 보다 자세히 들여다볼 만하다.

이들의 이주 이야기는 LGM의 절정에 이른 2만1000년 전 혹한기에서부터 시작된다.[5] 당시엔 기온이 현재보다 섭씨 5.1도가 낮았고, 북위 지대가 빙상으로 뒤덮여 있었다. 모든 위도에서 건조 기후가 널리 퍼지며 사막이 확산되고 목초지는 줄어들었다. 식물과 동물의 생산성이 인간을 먹여 살릴 수 없는 수준까지 떨어지면서 현재의 온화하고 반건조 지대에 살았던 사람들이 어쩔 수 없이 더 따뜻하고 덜 건조한 지역으로 피난을 떠나야 했다. 곳곳에 흩어진 북아시아의 LGM 이전 유적들이 증명해 주고 있듯, 4만~2만8000년 전에 추위에 적응하여 유라시아 북부로 영역을 넓혔던 사냥꾼도 BP 2만4000~2만1000년에 극한의 추위가 닥치자 사냥 영역의 대부분을 포기했다.

시련은 건조한 기후와 극한의 추위만이 아니었다. 혹독한 지형으로 인해 나무가 거의 자라지 않아 땔나무를 구하기도 힘들어졌을 것이다. 오늘날 실험을 통해 밝혀진 바로는, 포식동물이 사냥해 놓은 짐승이나 사체를 헤집어 구해 온 매머드의 사지 뼈 '장작'과 그 외의 다른 뼈를 연료로 의존할 수 있다고 치더라도, 불을 붙이기 위해서는 적은 양이라도 목재가 필요하다. 이런 와중에서 유일한 선택은 혹독하더라도 더 따뜻한 남쪽이나 레퓨지아refugium•로 피난 가는 방법뿐이었다. 아무튼 여기까지가 당시에 처했을 법한 상황이다. 의외로 들리겠지만, 그런 피난처 중 한 곳이 베링기아의 한복판이었다.

베링 육교는 시베리아의 레나강Lena River과 베르호얀스크 산맥Verkhoyansk Mountain에서부터 캐나다 북서부의 메켄지강Mackenzie River까지 뻗어 있던 광대한 북부 육상 지대였다. 전역이 그 남쪽 경계지에 들어갔던 캄차카 반도도 해수면이 현재보다 훨씬 낮았던 빙하시대 말기의 절정기 동안엔 훨씬 더 넓었다.[6] 그리고 이 지역의 중심 지대가 한때 시베리아와 알래스카를 이어 주던 저지대 베링 육교였다. 고古생태학자들은 한때 이 육교가 혹독하게 춥고, 유라시아에서부터 알래스카까지 거의 끊김없이 툰드라(동토대) 스텝 지대가 이어졌으며, 얕은 강 계곡에는 거대 초식동물이 드문드문 살던 곳으로 추정했다. 즉, 건조하고 먼지 자욱하고 바람이 휘몰아치는 야박한 땅이었으리라 여겼다. 이런 황량한 환경의 추정은 또 다른 추정을 낳았다. 지구에서 가장 혹독한 지대 중 한 곳인 시베리아에서 온 소규모 무리들이 덩치 큰 사냥짐승을 사냥하며 목숨을 부지했을 것이라는 추정이다.

베링 해협의 섬과 해저의 토양 표본 시추 조사가 진행되면서 이런 으스스한 환경의 추정은 결국 뒤엎어졌다. LGM 동안 베링

• 빙하기와 같은 대륙 전체의 기후 변화기에 비교적 기후 변화가 적어 다른 곳에서는 멸종한 종이 살아남은 지역

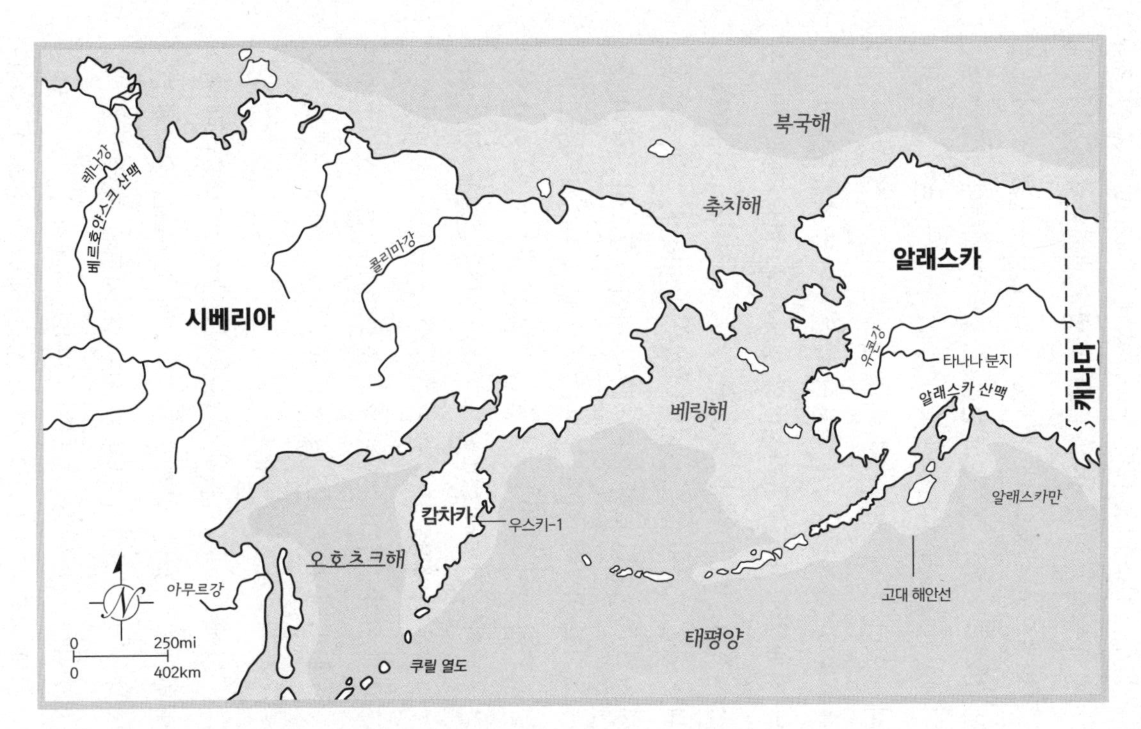

지도5 아메리카 대륙의 최초 정착기의 최북단 : 베링기아와 베링 육교가 물 밖으로 완전히 드러나 있던 때다.

기아의 상당한 지역은 기온이 현재보다 크게 낮지 않았지만, 많은 지대가 아주 건조했다. 베링 육교는 전체 지대가 한결 같이 혹독한 환경에 놓여 있었던 것이 아니라 다양한 환경으로 뒤섞여 있었다. 지리적으로 서쪽으로는 극한의 추위에 휩싸인 동북아시아 본토와 경계를 이루고 동쪽으로는 넓은 구역이 거대한 빙상에 덮인 북아메리카와 경계를 이루던 베링 육교는 기후가 조금 더 온화한 편에 들었다. 그에 따라 스텝 지대 식물 군락지가 형성되어 거대 포유동물의 엄청난 먹성을 충분히 채워 주면서 포유동물의 상당수가 시베리아 서부와 유라시아의 빙하시대 사람들에게 천년 동안 사냥감이 되어 주었다. 베링 육교의 중심 지대는 북위 60도 위쪽에는 있을 법하지 않은 그런 레퓨지아가 되었다. 실제로 현재는 물에 잠긴 지표면의 토양 표본 시추 조사에서 툰드라 관목의 잔해가 출토되고 있으며, 이따금씩 나무의 잔해도 나오고 있다. 이 지대는 얼음에 덮여 있거나 극도로 추웠던 현재의 시베리아와 알래스카 지대와는 극렬히 대비되는 환경이었다. 당시에 레퓨지아가 존재한 것은 북태평양의 순환 덕분이었다. 현재 스코틀랜드의 일부 지대에 야자수가 자랄 만한 환경을 조성해 주는 멕시코 만류와 흡사하게, 북태평양의 순환이 베링 육교 중심 지대에 수분과 따뜻한 기후를 만들어 준 것이다.[7]

LGM 동안 레퓨지아에 인간이 있었을까? 그랬으리라 확실해 보인다. 그 근거는 발견된 고고학 유적이 아니라 새롭게 밝혀진 현대 표본 집단의 유전적 자료다. 그 자료에 따르면, 아메리카 원주민은 레퓨지아에 살다가 LGM에 시베리아 본토의 조상과 분리된 집단의 후손이다. 이 시나리오에는 가장 추웠던 천년기에 거주한 수렵채집인 집단이 등장한다. 1만6000~1만7000년 전 후에 기후가 따뜻해지면서 베링기아 전역은 동물과 식물의 생산성이 크게 치솟아 그동안 거주 불가능한 지역으로 활동 영역을 넓혀 갈 수 있게 되었다. 이때 수렵채집인은 시베리아만이 아니라 알래스카까지 동서로 확산되고 있던 관목의 툰드라 지대를 따라 이동했다. 베링 해협 양편의 고지대에 위치한 몇몇 고고학 유적에는 1만4000~1만5000년 전에 인간이 머물었던 자취가 남아 있다. 아메리카 대륙 쪽에서는 대서양 연안과 태평양 연안까지 북아메리카 북부의 대부분을 뒤덮었던 거대 빙상이 줄어들면서 인구의 이동이 일어났다. 이 시나리오에 따르면, 무려 1만 명 정도가 이동하면서 베링 육교의 레퓨지아에는 훨씬 적은 인원이 오도 가도 못하고 격리됐을 것으로 추정하는데, 이런 추정은 일명 베링기아인의 정체가설Beringian Standstill Hypothesis이라 불린다. 이 가설은 입증되지 않았으나, 밝혀진 사실과 들어맞는 측면이 있긴 하다.[8]

모든 증거를 종합해 보면, 온난화의 천년기에 동북아시아와 알래스카 양편의 거주자들은 소인원끼리 무리를 이루어 잦은 이동 생활을 하며 살아갔다. 무리는 대체로 가벼운 도구에 의존했는데, 작고 날카로운 돌칼(세형돌날)처럼 휴대성이 뛰어난 무기를 활용했다. 이러한 무기는 끊임없이 이동하며 식량과 식수가 넓게 흩어져 있는 건조 지대에서 온갖 식량원을 획득해야 하는 생활상을 그대로 반영해 준다. 이 무렵에 일부 무리는 뼈와 상아로 아주 복잡한 도구를 만들어 쓰기도 했다. 러시아의 고고학자 니콜라이 디코브Nikolai Dikov의 발굴로 캄차카 반도의 우스키 1Ushki 1

유적에서는 1만3000년 전의 보존 형태가 양호하지 못한 매장지 한 곳과 몇몇 구조물이 발견되었다. 돌촉, 새의 뼈, 뼈와 상아로 정교하게 만들어졌지만 안타깝게도 잘 보존되지 못한 도구들로 잡힌 듯한 연어의 잔해도 나왔다.

정착 생활이 다시 시작된 것은 1만5000년 전 무렵으로, 이 시기에는 베링기아의 대부분 지대에서 여름철 평균 기온이 올라가고 있었다. 이는 온도 변화와 수분 증가에 민감한 딱정벌레 화석이 증명해 준다. 또한 관목 툰드라 지대는 너도밤나무와 사시나무가 드문드문 자라고 포플라 나무로 뒤덮인 지대로 바뀌게 되었다. 이 시기에 매머드와, 야생마 같이 풀을 뜯어먹고 몸집이 큰 편인 초기 시대의 포유동물 가운데 상당수가 멸종되었다.

알래스카 쪽은 아주 초기의 유적 대부분에 이론의 여지가 있다. 이 지역은 1만3800년 전쯤 호수의 수위가 올라가고 관목 툰드라가 알래스카 산맥Alaska Range의 북쪽 구릉 지대로 넓게 펼쳐지면서 베링기아 동쪽의 넓은 지역에 인간의 점유지가 드문드문 들어섰다(지도5 참조). 중앙알래스카의 타나나 분지Tanana Basin에서 발견된 세 유적은 이 지역에서 가장 오래된 유적에 드는데, 대략 1만4000~1만3400년 전으로 거슬러 올라간다. 이 유적에서 발견된 세형돌날은 예상했던 대로 그 모양이 시베리아 유적에서 발견된 세형돌날과 거의 똑같다. 타나나의 유적 중 한 곳인 브로큰 매머드Broken Mammoth에서는 크고 작은 사냥짐승의 뼈뿐 아니라 조류 뼈와 보존 상태가 양호하지 못한 몇 점의 연어 잔해가 발굴되었다. 타나나 유적의 거주자들은 광범위한 대상을 수렵 채집했고, 여기에서 물고기가 차지하는 비중은 미미했다. 물고기는 기회주의적 측면에서 특히 산란기에 쉽게 잡히는 연어를 주로 잡아먹었다. 이 유적과 캄차카 반도의 우스키 1에서 발견된 점을 통해 볼 때, 최초의 알래스카인은 광범위한 대상을 수렵 채집했다. 즉 카리부(북미산 순록), 사향소, 엘크에서부터 작은 포유동물, 조류, 물고기에 이르기까지 온갖 대상을 식량으로 삼았던 것이 틀림없어 보인다.

베링기아와 아메리카 대륙 양쪽 지역에서 고기잡이는 어떤 역할을 했을까? 베링기아의 레퓨지아에서의 인구 이동은 따뜻해진 기온과 생태계의 높아진 생산성, 저지대를 잠식해 오는 해수면 상승, 끊임없이 기회주의를 추구하며 수평선 너머의 새로운 영역을 탐험하려는 수렵채집인의 전형적인 경향에 따른 결과였다. 이들이 이질적이고 건조하고 바람이 휘몰아치는 지대에 살았던 점을 감안하면, 베링기아인이 이동 생활한 것도 무리는 아니다. 베링 육교는 약 1만1600년 전에 완전히 물속에 잠겼다. 해수면이 계속 상승하면서 강 계곡으로 물이 범람하여 연안의 얕은 수역이 생겨났다. 이런 수역은 물고기와 연체류가 서식하기에 좋은 풍성한 환경이었을 것이다. 특히 켈프피시 군락지가 왕성히 형성된 수역은 더욱 그랬을 것이다. 이 물가에는 연어 떼도 있었을 것이다. 그렇다면 혹시 최초의 아메리카 원주민은 앞서 추정한 대로 육상에서 사냥하며 산 게 아니라 연안에서 고기잡이한 어부들이 아니었을까?

이론상 육교의 연안은 바다 포유동물을 비롯해 별의별 해양식량이 풍성했을 테지만, 얼음 덩어리가 떠 있지 않으면 얼음으로 뒤덮이기 일쑤인 아마 여름철 몇 달만 빼면 배를 띄우기가 위험했다. 이곳 거주자들은 산란기의 물고기 떼를 유용하게 활용하고 연안에서 연체류를 채집하긴 했겠지만, 적극적으로 물고기와 바다 포유동물을 잡으려면 배가 필요했을 테다. 그런데 나무가 잘 자라지 못하는 지대에서 배를 만들었다면 (빠르고 방향 조종이 쉽고 내항성이 뛰어난) 에스키모 카약의 조상 격인 가죽 보트였을 것이다. 그 이후 쿠릴 열도의 아이누족과 베링 해협의 에스키모인이 바다 고기잡이에 노련했다는 점은 이를 뒷받침하는 증거로 충분하다. 최북단 지역의 바닷가 주민들에게 공통적으로 나타난 요소들을 감안하면, 베링기아인이 바다 어부였을지도 모른다는 추정 쪽으로 마음이 기운다. 하지만 그렇더라도 여전히 의문이 남는다. 이렇게 바다와 고기잡이에 관심이 쏠린 것은 빙하시대가 끝나고 얼마나 지나서였을까?

의문의 여지없이 명백한 점은, 베링기아에 처음 정착한 사람들은 바다 포유동물과 연어 떼를 비롯해 연안 근처의 켈프피시 군락지 같은 곳에서 무난히 잡을 만한 그 외의 물고기에 대해 훤히 꿰고 있었다는 것이다. 다만 이런 식량을 연중의 특정 계절에 기회주의적으로 잡았는지, 아니면 계획에 따라 체계적으로 잡았는지는 여전히 미스터리다. 아주 드문드문 발견되는 고고학적 흔적으로 미루어 판단해 보면, 베링 육교 지역의 최초 거주인은 기회가 생기면 물고기와 연체류를 먹었던 광범위한 대상의 사냥꾼이었다. 하지만 알래스카의 최초 정착이 순전히 가죽 보트를 이용한 고기잡이 생활인에 의해 자리 잡힌 것이었으리라는 가정은 지금까지의 희박한 증거로 단정하기 어렵다.

알래스카에서 연어잡이가 벌어졌음을 증명해 주는 가장 오래된 증거는 업워드선강Upward Sun River 유적에서 나왔다. 이 유적은 연안 지대가 아니라 유콘강Yukon River 어귀에서 1400킬로미터가량 떨어져 있고, 타나나강과 만나는 지점에서 가깝다(지도5 참조). 이 유적 중 대략 1만1500년 전 구조물의 화톳불 자리에서 인간이 알래스카에 발을 디딘 지 오랜 후에 잡힌 물고기의 뼈가 나왔는데,[9] 물고기 등뼈의 안정 동위원소와 DNA 분석을 통해 백연어chum salmon로 확인되었다.

백연어는 북태평양의 어종으로, 아주 멀리 이동해 베링 해협 양편의 유콘강과 아무르강을 거슬러 가며, 한국과 일본 수역에서도 알을 낳는다. 남쪽 멀리 캘리포니아에서도 친숙한 어종이며, 알래스카에서는 6월과 8월에 알을 낳기 위해 상류를 거슬러 올라간다. 백연어는 예측 가능하고 대체로 풍부한 어종이라, 그 이전은 아니더라도 빙하시대 직후에 끊임없이 이동하는 수렵채집인에게 이상적인 사냥감이었을 것이다. 이런 백연어 떼는 틀림없이 특정 계절에 한해 잡았을 테고, 잡은 백연어의 상당량은 나중에 먹기 위해 건조하거나 훈제 처리했을 것이다.

업워드선강의 퇴적물에서는 얼룩다람쥐, 뇌조 등 조류, 포유동물의 뼈 등도 출토되고 있어서 더 앞선 시기의 베링기아 유적에서 나오는 뼈들과 비슷한 양상을 띤다. 이로써 이곳 거주자들은 광범위한 대상을 사냥했고, 예측 가능할 뿐 아니라 풍부해서 유용한 연어도 그 대상이었음을 알 수 있었다. 다만 다른 식량은 전혀 먹지 않고 물고기만 먹던 무리의 전형적 의미에서 볼 때, 이들은 어부의 범주에 해당되지 않는다. 사실상 다른 사냥과 채집 활동은 하지 않고 집중적으로 고기잡이에만 전념한 시기는 먼 훗날에 이르러서였다.

이쯤 되면 북아메리카 최북단의 최초 정착사를 설명해 줄 만한 그럴듯한 시나리오가 뚜렷해진다. 즉, 최초의 정착 집단은 1만 5000년 전 이곳에 발을 들인 후 한때 베링기아의 레퓨지아에 살다가 해수면의 상승으로 베링 육교 중앙의 저지대가 차츰 물에 잠기자 동쪽과 서쪽 양편으로 이동했던 듯하다. 이들이 사용한 돌도구 중 슴베찌르개는 캄차카 반도와 알래스카 양쪽 모두에서 같이 발견됐지만, 좀 더 후기에 나온 효율적 도구인 세형돌날과 다른 것으로 추정된다.

북아메리카 최초의 정착자에 대해 밝혀진 얼마 안 되는 사실로 비추어 짐작해 보건대, 이들은 능수능란한 실력으로 연어 떼를 포획했다. 이들의 뒤를 이은 세형돌날 사용자 역시 빙하시대 이후 베링기아의 환경이 안정되었을 때와 마찬가지 실력을 펼쳤다. 초기 시대의 사냥꾼은 급속도로 따뜻해지는 환경에 적응했으나 그동안 활개 치던 덩치 큰 포유동물은 멸종되어 갔다. 결국 이들은 오로지 큰 사냥짐승만이 아니라 광범위한 대상을 계속 사냥하고 채집한 덕분에 목숨을 부지할 수 있었던 것이다. 그리고 그에 따라 커다란 포유동물들이 점점 희귀해면서부터 물새와 물고기가 식생활에서 중요한 위상을 차지하게 되었다.

바로 이것이 북아메리카에서 고기잡이가 시작된 본질적 계기였다. 수천 년 전의 아프리카를 비롯한 다른 지역과 마찬가지로 이곳에서도 고기잡이는 기회가 있을 때마다 벌인 활동이었다. 그러다 북쪽의 기온이 점점 따뜻해지면서 산란기에 연어 떼가 몰리는 강에서의 고기잡이가 그 이전보다 훨씬 더 중요해졌고, 이는 신드리아스기Younger Dryas, 즉 약 1만1000년 전 북쪽에 툰드라 환경을 몰고 온 천년간 혹한기 이후에 더욱 그랬다.

베링 육교의 남쪽 연안에 물고기와 연체류가 풍성했을 법한 LGM에는 고기잡이 요령, 특히 연어 같은 소하성 어종을 포획하는 요령이 보편화되었을 것이다. 하지만 이런 식량은 무리들을 베링해 연안 지대로 이동시켜 알래스카 쪽에 새로운 보금자리를 잡도록 내몰았다기보다 기회주의적 사냥감이었을 가능성이 높다. 후에 기온이 따뜻해지면서 사람들은 물에 잠긴 연안 지대와 강어귀를 따라 일상적인 삶을 꾸렸고, 비로소 베링 해협에서 알류샨 열도를 거쳐 알래스카 남동부 연안과 태평양 북서부 연안에 이르기까지 물고기와 연체류가 주요 식량이 되었다.

북극 수역에 맞게 개조된 배가 언제 사용되었고 어떻게 발전되었는지는 앞으로도 영원히 풀리지 않는 미스터리로 남을 것 같다. 초창기 배의 잔해가 오래전에 없어졌기 때문이다. 다만 추측해 보자면, 누군가가 가죽으로 단순한 용기를 만들었다가 그 용기가 방수가 되고 물에 뜬다는 사실을 깨닫고 나서 배를 만들게 되었을지 모른다. 기온이 따뜻해진 직후에는 아무르강과 같은 강 유역, 캄차카 반도, 쿠릴 열도에서 그런 단순한 배가 흔해졌을 수도 있다. 이 지역 연안의 거친 환경에서는 단순한 형태라도 배가 없으면 집중적인 고기잡이를 벌이기란 불가능했을 터이기 때문이다. 그런 배를 타고 물고기나 바다 포유동물을 찾아 나선 이들은 날씨가 잔잔한 날에 과감히 원양 쪽으로 더 나가 보기도 했을 것이다.

이런 배타기 기술은 북쪽의 알래스카까지 퍼졌을 테지만, 배를 만드는 요령이 배보다 더 빠르게 전파되었을 것이라 추측해 볼 수 있다. 노 젓기와 고기잡이 기술은 광범위한 대상을 사냥하는 사냥꾼에게 곧바로 채택되지 않았을 것이다. 이들의 주된 활동 무대는 땅 아니면 강기슭과 호숫가였으니 충분히 그랬을 것이다. 이런 곳들은 강한 바람과 가파른 파도로 늘 위험이 도사리고 있고, 한번 빠지면 몇 분 내에 숨통이 끊어질 정도로 차가운 물이 넘실거리는 바다에 비하면 정말 우호적인 환경이었다. 베링 해협 양편의 사냥꾼이 물 위에서 더 많은 시간을 보낸 것은 아마 베링 육교가 끝내 물속으로 사라질 무렵이었을 것이다. 하지만 어쨌든 배타기 기술은 결국 활용되었고, 심지어 남쪽의 알류트Aleuts족 문화처럼 일부에서는 어린아이까지 가죽 배 위에서 살다시피 했다. 그만큼 이곳 식량의 대부분은 바다와 강어귀에서 나왔다. 산란기의 물고기와 풍성한 연체류를 대 주었던 얕은 수역이 이들의 주된 식량 공급처였다.

남쪽으로

북아메리카의 거대 빙상은 남쪽으로 오대호까지 팽창되어 시애틀 지역까지 뒤덮여 있었다. 약 3만 년 전에는 두 거대 빙상, 즉 서쪽의 코딜레란Cordilleran 빙상과 동쪽의 로렌타이드Laurentide 빙상이 합쳐지면서 1000년간 인간이 남쪽 지역으로 이동하지 못하도록 길을 막아 버렸다. 육로를 통한 남쪽으로의 이동은 BP 1만3000년경에 빙상이 충분히 녹아 두 거대 빙상이 뒤로 물러나 이른바 '얼음 없는 통로ice-free corridor'가 생겨나면서 가능해졌다. 하지만 그보다 대략 5000년 전에 코딜레란 빙상이 태평양 북서부 연안에서 내륙 쪽으로 물러나면서 인간이 해안선을 따라 사람이 살지 않는 북아메리카 대륙의 중심지로 들어설 만한 길을 터 주었다.

모든 증거를 종합해 보면, 북아메리카 빙상이 물러난 시기에 정착자들은 작은 무리를 이뤄 남쪽인 북아메리카의 중심지로 빠르게 이동했다. 약 1만1000년 전의 정착자들이 남긴 고고학적 자취는 있더라도 대부분 물가나 커다란 포유동물이 잡히는 곳처럼 쓸 만한 장소에 잠깐 머물던 미미한 흔적이다.

빙상 남쪽의 다양한 지대는 최북단보다 훨씬 따뜻하고 우호적 환경이어서 온갖 종류의 식량이 꽤 풍성했다. 북아메리카, 중앙아메리카, 남아메리카에서의 정착 속도는 대단히 빨랐다. 적어도 1만3000년 전쯤에 여기저기 흩어져 사냥하며 살아가는 무리들이 남쪽의 파타고니아까지 파고들었을 정도였다. 이들 중 일부 무리가 식량으로 물고기를 먹었으리라는 점에는 논의의 여지가 없지만, 이 개척자들이 따라간 경로에 대해서는 논쟁의 여지가 있다. 우선 울퉁불퉁한 내륙 지대를 가로질러 거대한 두 빙상 사이에 비좁게 생겨난, 식량 거리를 찾기 힘든 얼음 없는 통로를 지나서 북아메리카의 중심지로 파고 들어갔을 가능성이 있다. 육지에서는 짐을 많이 가지고 다니기 힘들다는 점을 감안하면, 자원이 빈약한 지대에서 사냥꾼이 으레 그러듯 아주 빠르게 이동해야 했을 것이다. 그게 아니라면, 알래스카 남동쪽과 브리티시컬럼비아 연안을 따라 천천히 이동하다가 태평양 북서부 연안의 보다 온화한 지대에 이르러서 내륙으로 들어서는 경로를 따랐을 수도 있다.

이 지대는 1만7000년 전에 코딜레란 빙상의 서쪽 경계가 태평양 쪽에서 내륙으로 물러나 널찍한 대륙붕 지대가 밖으로 드러나면서 관목 툰드라를 지탱시켜 주었을 테지만, 이후에 해수면이 상승하면서 물로 뒤덮였다. 이로써 대륙붕 수역의 물가에 자리 잡은 정착지가 모조리 물속에 잠기기도 했다. 틀림없이 당시에는 물 밖으로 나와 있는 저지대에 정착한 무리들이 있었을 것이다. 이런 저지대는 더 높은 구획의 땅들이 섬처럼 떠 있어 대부분의 연안 지대가 안전했을 테니 그랬을 법도 하다. 또 이런 물길과 강어귀에는 해양 생물이 풍성했을 것이다. 그래서 아마도 바로 이곳, 북태평양의 동쪽에서 배가 비로소 제 역량을 발휘하게 되었을 것이다. 특히 삼림이 우거진 현재의 태평양 북서부 연안 지대로 이동하던 시기에 더 그랬을 것이다. 당시의 배는 통나무 선체가 큼지막한 카누로, 양끝이 높이 올라가 있고 양 측면에 나무통을 쪼개 만든 판자를 튼튼한 식물 섬유로 이어서 높게 만든 형태라 고기잡이에 이상적이었을 것이다. 특히 이 수역에서는 큰넙치 등 몸집이 큰 저생어底生魚가 풍성하여 목재 카누로 잡기에 딱 좋았을 것이다.

이곳 연안의 사람들이 얼마나 빠르고 정확히 언제쯤 브리티시컬럼비아 북쪽의 하이다과이Haida Gwaai(퀸샬럿 제도Queen Charlotte Islands) 같은 지역에 발을 디뎠을지는 확실하지 않다. 그렇다고 이곳에 사람이 살지 않았다는 얘기는 아니다. 다만 이들 정착지가 현재는 물속에 잠겨 있기 때문에 확실치 않은 것뿐이다.[10] 정착자가 머물었던 흔적은 더 높은 지대에만 남아 있고, 연안에서는 약 1만3300년 전보다 더 이른 시기의 유적이 한 곳도 발견되지 않았다. 하이다과이에서 발견된 두 동굴은 연대가 약 1만2800년 전이지만, 물고기의 잔해는 전혀 남아 있지 않았다.

모즈비섬Moresby Island과 쿤짓섬Kunghit Island 사이의 조간대에 자리한 킬기과이Kilgii Gwaai 유적에는 약 1만700년 전에 사람들이 살았다. 이곳에 거주한 사람들은 큰넙치와 쥐노래미 같은 암초에 서식하는 물고기뿐만 아니라 바다 포유동물도 잡았다. 기원전 7200년경에는 알래스카 남동쪽의 세형돌날 사용자들이 프린스오브웨일스섬Prince of Wales Island 북쪽의 온유어니즈 동굴On-Your-Knees Cave에 거주했다. 동굴 안에서 발견된 인간 유해는 안정 동위원소 분석 결과, 해산물을 많이 섭취한 것으로 나타났다. 이 일시적 점유지에 남아 있는 흔적은 따로따로 흩어진 무리들이 태평양 연안을 따라 베링기아에서 남쪽으로 이주했음을 알려주는 암시로 추정된다. 이런 가정을 크게 뒷받침해 주는 증거가 남쪽으로 멀리 떨어진 유적인 캘리포니아 남쪽의 채널 제도Channel Islands에서 나오기도 했다(168쪽 지도6 참조).

샌타바버라 해협Santa Barbara Channel의 샌타로사섬Santa Rosa Island에서 발견된 알링턴스프링스Arlington Springs 유적은 대략 1만3000년 전의 것이며, 새 · 물고기 · 바다 포유동물의 뼈가 출토되었다.[11] 그 당시에 샌타로사섬은 본토에서 배로 쉽게 접근할 수 있었다. 대체로 잔잔한 태평양에 배를 띄워 비교적 짧은 원양을 연이어 지나면 되었다. 이 샌타로사섬의 알링턴스프링스 유적은 남쪽으로의 빠른 이동을 증명해 주는 확실한 증거다. 자연적인 용승 덕분에 이례적으로 풍성한 연안 어장을 형성해 준 샌타바버라 해협에 자리 잡은 위치로 미루어 볼 때, 정착자가 물고기에 크게 의존해서 어장이 풍성한 그런 장소를 찾아왔거나, 그것이 아니라면 적어도 그런 장소를 발견한 뒤에 잠시 머물렀을 가능성이 있다.

똑같은 패턴의 빠른 정착이 특히 자원이 풍부한 열대성 해안 지대를 중심으로 남아메리카 대륙까지 이어졌다. 실제로 페루 북부 연안의 와카프리에타Huaca Prieta 유적(400쪽 지도14 참조)에서 대략 1만4000년 전에 인간이 거주한 자취가 발견되었다.[12] 인간이 거주한 당시에 이 유적은 내륙으로 최소 20킬로미터 뻗어 있었다. 이곳 거주자들은 물고기를 잡으며 상어 같은 무시무시한 먹이까지 사냥하는가 하면 게와 연체류도 채집했다. 또 다른 유적인 페루 남쪽 연안의 퀘브라다 하궤이Quebrada Jaguay는 1000년 후에 점유되었는데, 이곳에서도 역시 물고기와 대합조개의 잔해가 출토되었다(지도14 참조). 단순한 배만 있었던 이들은 켈프피시 군락지를 활용하는가 하면 연안 가까이에 서식하는 안초비를 잡기도 했다. 내륙 지대가 극도로 건조해서 식량을 탐험할 의욕을 꺾어 놓았을 것이라고 가정해 보면, 이런 풍성한 식량 자원은 더 눌러 살고픈 마음을 자극했을 만하다.

그럴듯한 추측을 해 보면, 아메리카 대륙의 정착은 수렵채집인이 베링기아에서 더 높은 지대로 이동하면서 시작되었다. 그 뒤에는 아마도 연안과 내륙 양쪽의 경로를 통해 남쪽으로 빠르게 이동했고, 그에 따라 배의 의존도가 상당히 높아지면서 고기잡이 기술이 정착자의 전통적 기예로 단단히 뿌리내렸을 것이다. 고기잡이는 처음엔 생존 전략으로 기회가 있을 때마다 벌였다가 나중엔 고도로 발전했다. 사냥 범위가 다양해지면서 식량 탐색은 더욱 맹렬해졌고, 더 작은 사냥짐승, 식물류, 물고기와 연체류 같은 대상으로 초점이 새롭게 맞추어졌다. 그리고 그 결과, 풍부한 어장과 인간의 창의성이 한데 어우러지면서 아메리카 대륙에 훨씬 더 복잡한 사회가 형성되었다.

8. 태평양 북서부 연안의 어부들

알래스카 연안에서 고기잡이와 바다 포유동물 사냥이 언제부터 제대로 주목받았는지는 알 길이 없다. 알래스카인이 노를 저어 섬과 섬을 지나 본토에서 알류샨 열도 멀리까지 들어간 시기도 마찬가지다. 약 9만 년 전에 아낭굴라Anangula에 현재의 알류샨 열도 주민의 먼 조상들 몇 명이 살고 있었다(지도6 참조). 아낭굴라는 움나크섬Umnak Island 서쪽 연안과 바다를 사이에 두고 마주 보는 약 2.4킬로미터의 아주 작은 섬으로, 알류샨 열도 중심부에서 멀찍이 떨어져 있다.[1] 이 소인원 무리는 땅바닥 일부분을 파내고 지붕을 얹은 형태의 숙소에서 살았다. 파도가 사납고 바람이 사정없이 불어 대는 환경에서는 반지하식 주거 생활이 바람직했으며, 인근에서 계속 구할 수 있는 식량 거리는 물고기, 연체류, 바다 포유동물 등이 전부였다. 19세기까지도 섬 인근에서는 무려 136킬로그램이나 나가는 큰넙치가 잡혔다.

차디찬 물에서 고기잡이를 하려면 작은 카약과 가죽 보트의 노를 능수능란하게 젓는 요령뿐 아니라 물에 흠뻑 젖어 저체온증에 빠질 염려가 없는 의복도 필요했다. 알류샨 열도의 여자들과 그 선조의 바느질 기술에 생존이 걸려 있던 셈이었고, 여자들은 가는 뼈바늘을 써서 바다사자나 물개의 창자로 발목과 손목 부분을 단단히 동여맨 방수 파카를 만들었다. 40마리의 가마우지나 섬새 가죽으로 만든 새 가죽 파카는 최대 2년까지 입을 정도로 질겼고, 선미 좌석 가장자리에 동여매 놓으면 노를 젓는 사람과 카약이 동시에 방수되었다.

알류샨 열도의 남자들은 바다사자 가죽으로 만든 **바이다르카**baidarka라는 카약에서 대부분의 시간을 보냈고, 예닐곱 살부터 카약 다루는 요령을 배웠다.[2]

알류샨 열도의 남자들은 거친 바다에서 노를 젓는 데 요령이 붙었고, 하푼을 배에 싣고 다니며 물고기와 바다 포유동물을 잡는 데도 금세 능수능란해졌다. 고대 알류트Aleuts족은 식량을 태평양과 물살 빠른 강에 전적으로 의존하면서 카약을 고기잡이와 사냥에 두루두루 활용했다. 알류트족은 내륙만이 아니라 더 깊은 수역까지 깊이 꿰고 다녔다.[3] 이들의 언어에는 바람과 큰 파도의 상태를 표현하는 말이 수십 개나 되는 등 바다와 관련된 미묘한 차이를 잘 포착하고 있다. 고기잡이와 바다 포유동물의 사냥 실력에서 세계적으로 손꼽힐 만한 알류트족은 수천 년 동안 변하는 기후 환경에도, 물고기와 바다 포유동물의 예측 불가능한 이동에도 거뜬히 적응했다. 이들을 지켜준 것은 끊임없이 이어진 문화적 정체성이었다. 알류트족은 강한 영적 의미를 부여해서 동물과 인간의 영

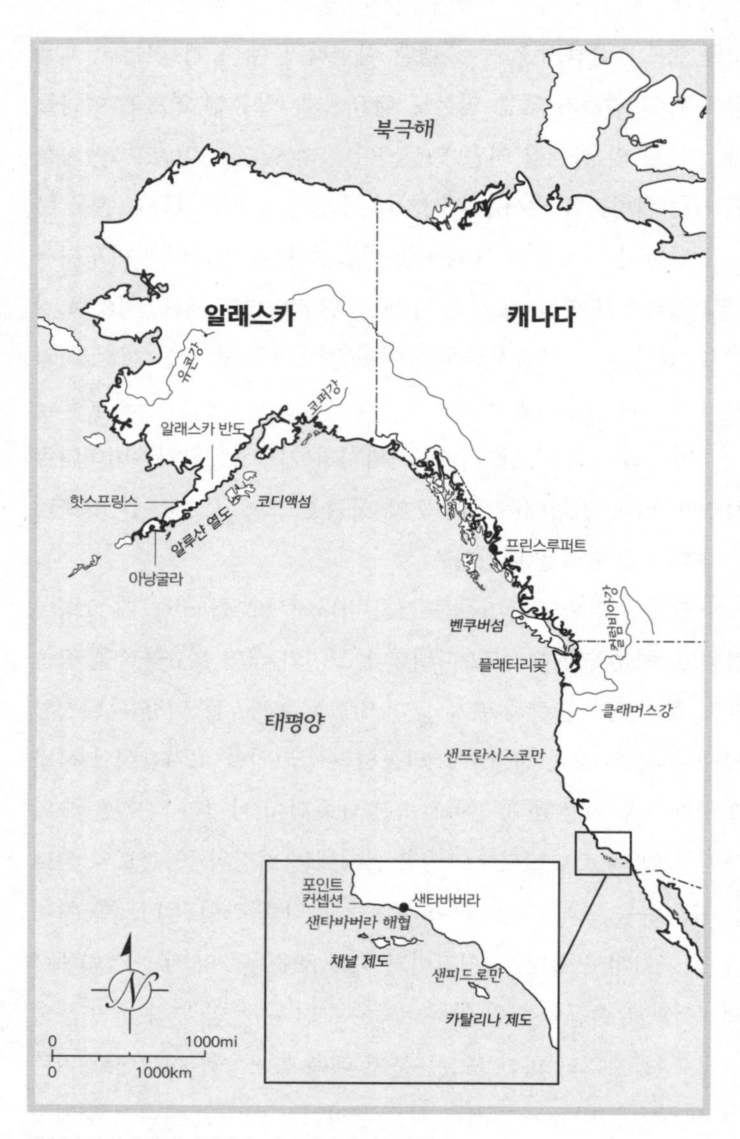

지도6 북아메리카 서쪽의 초기 고기잡이 정착지들

혼은 불사하므로, 영혼의 주인이 사망하면 새로운 짐승이나 인간으로 환생한다고 믿었다. 이런 환생은 생명체의 새로운 세대가 계속 그들의 집단에 새로운 자양분을 제공한다는 믿음이기도 했다.

알류트족은 친족 관계를 중요하게 여겼다. 가장 부유하거나, 가족이 가장 많거나, 중요한 식량원을 가장 잘 확보하는 인물이나 그룹이 가장 높은 지위를 누렸다. 알류트족 사회는 기본적으로 촌락 중심이었지만, 촌락을 넘어서는 정치적 동맹도 맺었다. 그러나 구체적인 자취는 남아 있지 않아 알 수 없다. 한편 모욕감에 보복하거나 노예를 구하기 위해 근처 섬에 사는 이웃 사회 또는 동쪽의 코디액섬Kodiak Island이나 알래스카 반도의 사람들을 상대로 산발적인 전쟁이 벌어지는 일도 다반사였다.

알류샨 열도는 섬 연안에 식량이 아주 풍성해서 수많은 정착지들이 수 세기에 걸쳐 단속적으로 꾸준하게 점유되었다. 한 예로, 알래스카 반도 포트몰러Port Moller의 핫스프링스Hot Springs 유적은 대략 기원전 2000년부터 서기 1000년까지 점유되면서 땅 아래로 파고 들어간 반지하식 주거지가 많이 지어졌다(지도6 참조). 약 2000년 전 후에 이 지대는 특히 코디액섬을 중심으로 사람들이 더 많이 몰려들었다. 이 시기에는 수백 년 동안 강력한 샤머니즘적 주술, 신화, 구전 등을 통해 해상 생활의 영적 토대가 이전보다 중요하게 여겨졌다. 하지만 코디액섬과 알류샨 열도에서 가장 큰 규모의 집단조차 그 남쪽의 바위투성이 해안 지대에서 복합하게 얽힌 문화를 특징으로 내세우며 이루어 낸 정교함이나 예술적 화려함을 발전시키지는 못했다.

알래스카부터 컬럼비아강까지 이어지는 태평양 북서부 해안 지대는 바위투성이 섬들, 숲으로 뒤덮인 해안 지대, 구불구불한 강어귀, 빠른 물살의 강물이 흘러드는 깊은 후미를 갖추고 있어 수천 년 동안 고기잡이와 바다 포유동물 사냥 사회에 윤택한 터전이었다. 이곳에 처음 정착해서 광범위한 대상을 수렵 채집한 사람들은 가까운 곳에 풍부한 어장이 펼쳐져 있고, 수많은 바다 포유동물이 서식하고 있다는 것을 잘 알았을 것이다. 이곳에 사는 수십 어종은 이미 시베리아에서부터 동쪽 지대를 아우르는 북태평양 주변 사람들에게 친숙했다. 그중엔 최대 0.25톤까지 나가는 큰 넙치도 더러 있었다. 산란기에는 다섯 종이나 되는 연어가 여기저기의 강을 가득 채웠고, 연안의 수역에는 바다빙어, 청어 등 작은 물고기가 떼 지어 다녔다. 연체류도 풍성했고 물새, 사냥짐승, 식물류 등 식량도 널려 있었다. 어장과 연체류 군락지의 예측 가능성은 일 년 내내 식량 걱정을 덜어 주는 든든한 기둥이었다.

삼나무, 솔송나무, 가문비나무 등이 물가까지 무성하게 자랐고, 바위투성이 연안으로는 다도해가 넘실거려 가끔 강한 조류가 흐를 때를 빼고 카누를 순탄히 띄울 수도 있었다.[4] 또 연안의 습한 환경은 정교한 고기잡이 기술과 물질 문화를 싹틔울 만한 천연 소재를 넉넉히 대 주었다. 삼나무, 전나무, 가문비나무처럼 억세지 않고 나뭇결이 세로인 나무들은 쪼개기가 쉬웠고, 돌을 갈아 만든 도끼와 쐐기, 조개껍데기로 만든 칼 등으로도 작업이 무난했다. 이런 나무들로 만든 판자는 북서부 연안의 목재 거주지를 세우는 벽과 지붕으로 쓰였다. 나무는 풍성한 바다에서 고기잡이할 때 가장 중요한 물건, 즉 통나무 카누의 재료감이 되어 주기도 했다.

풍성한 환경에도 불구하고 연안에 거주하는 인구는 수천 년이 지나도록 여전히 드물었다. 바다가 현재와 가까운 수준으로 안정된 기원전 4000년경까지 급변하는 해수면으로 인해 연안이 계속 바뀐 탓으로 추정된다. 바다가 안정된 지 1000년 후에는 연안의 주민이 늘어나 조개 군락지를 집중적으로 활용하고 있었다. 고기잡이 역시 집중화되었다. 그리스도가 세상에 도래한 즈음에 이 지역의 어부들은 여러 가지의 단순 기술을 이용해 크고 작은 다양한 물고기를 먹잇감으로 잡았다. 초기의 유럽인 탐방자들 대다수가 이 지역 사람들의 고기잡이 기술에 대한 글을 남겼는데, 미국의 해군 장교 앨버트 니블랙Albert Niblack, 1859~1929은 1885년에 이 지역을 둘러본 후 다음과 같은 소감을 썼다. "원주민의 고기잡이 기술은 우리가 딱히 전수해 줄 만한 게 없을 만큼 수준급이다."[5]

이보다 더 북쪽에서는 큰넙치가 가장 중요한 어종이었다. 당시 큰넙치는 평균 14킬로그램이 좀 넘었지만, 어부들은 때때로 낚싯바늘과 낚싯줄로 최대 91킬로그램이 나가는 대물 넙치를 낚아 올리기도 했다.[6] 큰넙치는 히포글러서스*Hippoglossos* 속의 우접어右鰈魚 과다. 넙치, 가자미류 어종 가운데 가장 크며, 몸통의 위쪽은 짙은 갈색이고, 배 부분은 회색이 도는 흰색이다. 어릴 때는 연어처럼 머리 양쪽에 눈이 달려 있지만 생후 6개월이 지나면 한쪽 눈이 머리 꼭대기를 타고 넘어가 다른 쪽 눈과 합쳐지면서 도다리와 비슷해진다. 잡식성이며 얕은 물에서 돌아다니길 좋아하지만 대체로 수면에서 몇 백 미터 아래의 해저에 머물 때가 많다.

큰넙치는 어른이 되면 취송류吹送流•를 타고 더 얕은 대륙붕

쪽으로 나왔고, 고대 어부들은 바로 이 지점에서 카누를 띄워 넙치를 잡을 수 있었다. 큰넙치를 잡는 데는 낚싯줄과 미끼 단 낚싯바늘이 필요했다. 이 지역엔 억센 낚싯줄의 재료로 쓸 만한 것이 많았다. 가령 주로 알류샨 열도의 연안과 만 지대에 서식하던 해초, 불켈프bull kelp도 낚싯줄의 좋은 재료였다. 불켈프의 단단한 줄기 부분은 24미터에 이르기도 했고, 민물에 담그면 철사같이 질긴 데다 늘어나기도 하고 감기기도 하는 낚싯줄이 되었다. 여자들은 이런 낚싯줄을 만들면서 비교적 짧은 줄기는 특유의 매듭으로 이어서 아주 깊은 곳까지 닿을 만한 길이로 늘렸다. 삼나무의 내피를 꼬아서 질긴 낚싯줄을 만들기도 했다. 이런 낚싯줄은 매우 무거운 물고기를 낚거나 그물을 만드는 용도로 특히 유용했다.

낚싯바늘을 만드는 데는 엄청난 기술이 필요했다. 특히 큰넙치용 낚싯바늘은 주목朱木, 가문비나무, 솔송나무 등의 목재에 김을 쐬어 말랑말랑하게 해서 만들었는데, 이런 기술 자체가 하나의 예술이었다. 낚싯바늘은 큰넙치가 낚싯바늘의 미끼 달린 부분만 물고 입을 더 크게 벌리지 못하게 고안되었다. 낚싯바늘을 만드는 사람은 거친 목재를 아주 신중히 다루며 대체로 가지와 몸통이 이어진 옹이 부분을 사용했다. 삼나무 뿌리 끈으로 날카로운 뼈 미늘을 **갈고리**에 붙인 낚싯바늘은 미끼를 달면 아주 효과적이고 치명적인 낚싯바늘로 거듭났다. 어부는 흔히 낚싯줄에 추를 매달아 바닥에 가라앉히고, 낚싯바늘 양옆으로 가벼운 목재를 달아 낚싯

• 수면 위를 부는 바람에 의하여 생겨나는 물의 흐름

바늘이 뜨도록 했다. 수면 위로 큰 공기 주머니를 띄워 파도를 따라 움직이는 낚싯줄의 위치를 확인하기도 했다.

큰넙치를 잡았던 사람들은 대부분 V자 모양의 큰 낚싯바늘을 썼고, 낚싯바늘 한쪽 면에 대개 문어나 낙지 같은 상징물을 새겨 넣었다. 미끼로 흔히 쓰는 그런 어류를 새겨 놓으면 고기잡이꾼에게 신령한 힘을 실어 주리라는 믿음에 따른 것이었다. 양날의 낚싯바늘은 한쪽이 망가져도 다른 쪽을 쓸 수 있어서 유용했다. 지금까지 남아 있는 낚싯바늘을 보면, 낚인 큰넙치가 낚싯줄로 끌어 당겨질 때까지 낚싯바늘을 억세게 물고 버티었던 흔적이 있다. 물속으로 던져진 후 낚싯바늘과 낚싯줄의 위치를 표시해 주는 공기 주머니 덕분에 한 사람이 그런 낚싯줄 대여섯 개 이상을 지켜볼 수도 있었다. 물고기가 일단 미끼를 물면 어부는 낚싯바늘에 확실하게 걸리도록 틈을 주었다가 수면으로 끌어당겼다. 그렇다고 해서 넙치잡이가 마냥 쉬웠던 것은 아니다. 대물 넙치를 끌어 올릴 때는 위험을 감수해야 했다. 그렇게 큰 녀석은 카누를 물속으로 쉽게 처박거나 뒤집히게 할 만큼 힘이 셋기 때문이다.

이 지역에서는 연어도 주요 식량이어서 봄과 가을에 1000마리씩 떼로 포획했다. 연어와 청어는 대체로 얕은 물속에 어살을 놓아두는 방법으로 잡았다. 어살을 설치할 때는 주로 조간대의 해저에 목재 말뚝을 쭉 박아놓는 식이었다. 그리고 그 사이사이에 분리할 수 있는 격자 모양 구조물을 대어 놓았고, 격자 구조물은 철마다 새로 교체했다. 얕은 강물에도 어살을 설치했는데, 경우에 따라 포획물을 미리 쳐 놓은 덫으로 유인하기 위해 각도를 틀어 놓기도 했다. 포획의 성패는 어부의 먹잇감에 대한 상식에 따라 크게 좌우되었다. 조수가 밀려 들어 올 때는 물고기가 자칫 덫 위로 헤엄쳐 나가기 쉬워서 조수가 빠질 때를 노려야 했고, 산란 장소로 거슬러 올라가면서 온갖 장애물을 극복하려는 연어의 본능도 잘 간파해야 했다.

대형 어살은 대체로 정착촌 전체 소유였고, 이는 어살을 설치하는 데 그만큼 막대한 노동력이 들어갔다는 반증이다. 경우에 따라 정치적, 사회적으로 복잡한 상황이 생기기도 했다. 이를테면, 하류에 어살을 설치해 놓은 사람들은 상류에 어살을 설치한 이들보다 연어를 먼저 포획하게 되므로 연어가 충분히 잡혔다 싶으면 어살을 열어 다음 정착촌까지 연어를 보내 주는 것이 관례였다. 어살을 늦게 열면, 실제로 의도한 것이든 상대방의 느낌이든 원성이 일어 시끄러워졌다.

어살에는 여러 가지 변형이 있었다. 물살이 빠른 강에 맞게 변형된 어살이 있었는가 하면 물 위로 펄쩍펄쩍 뛰어오르는 연어를 잡는 용도나 느긋하게 기다리다 덫에 걸리면 창으로 찌르는 어살도 있었다. 어떤 어살은 얕은 강물을 가로질러 틈이 없었지만 대신에 튼튼한 세발 지지대 위에 단을 설치해 놓고 고기잡이꾼이 그 단에 올라서서 어쩔 줄 몰라 빙글빙글 도는 연어를 창으로 찌르거나 반두그물•로 잡아 올리는 방식이었다.

연어의 경우엔 특정 계절에 떼로 잡는 방식만 취하지 않았다. 바람이 잘 들이치지 않는 만으로 카누를 타고 나가 낚싯바늘과 낚싯줄을 이용한 끌낚시로 수두룩이 잡기도 했다. 이때 어부들

• 자루 모양의 그물에 막대를 달아 올려 잡는 어구

은 작은 물고기를 잡아 낚싯바늘에 미끼용으로 달았다. 그런 다음에 가벼운 추를 단 낚싯줄을 노에 단단히 고정시켜 카누가 이동할 때 미끼가 계속 움직이게 했다. 그러다 마치 살아있는 것처럼 보이는 미끼를 연어가 덥석 물면 노를 재빨리 움직여 연어를 배 위로 휙 튕겨 올렸다.

낚싯바늘을 매다는 목줄을 만드는 데도 큰 공을 들였다. 목줄은 대체로 여자들의 긴 머리카락이나 옅은 색의 사슴 가죽이나 가는 삼나무 껍질을 꼬아서 잘 보이지 않게 만들었다. 낚싯바늘 자체도 가느다랗고 치명적이었다. 떼로 몰려드는 연어를 이용할 때는 연어가 걸려 들면 재빨리 끌어 올릴 수 있게 추가 달린 낚싯바늘을 사용했다.

북서부 지역에서는 연어를 창으로 잡는 것이 예술 수준이었으며, 대체로 하푼 형태의 창을 썼다. 이 창은 연어의 몸통에 박히면 머리 부분이 자루에서 떨어졌지만, 여전히 줄로 연결되어 있었다. 하푼은 대형 연어를 잡을 때 가장 유용했다. 또한 먹잇감이 헤엄치도록 내버려 두었다가 미늘로 확실히 찌를 수 있으려면 물이 투명할수록 유리했다. 창은 작은 연어를 잡는 데 가장 유용했다. 특히 연어가 덫이나 둑에 막혀 몰려 있을 때는 재빨리 잡아서 강둑으로 휙휙 던질 수 있어서 쓸모가 있었다. 작살은 창 중에 가장 치명적이었다. 스칸디나비아의 고대 고기잡이꾼도 사용한 작살은 서로 반대 각도의 미늘이 달려 연어가 못 빠져나가도록 확실히 붙잡기에 좋았고, 얕은 물에 숨어 있는 먹잇감을 수직으로 찌를 때 특히 유용했다. 북서부 지역의 어부들은 카누를 타고 나가거나 얕은 개울의 강둑에 서서 창으로 연어를 잡았다. 급류 위쪽의 단에서 갈고리 낚싯바늘로 연어를 잡기도 했는데, 이 방법은 갈고리를 당겨 잡은 연어를 연안이나 카누쪽으로 던지기에 유리했다.

이 지역에는 철갑상어도 서식했다. 북서부의 주요 강에서는 도나우강과 마찬가지로 철갑상어가 아주 크고 토실토실하게 자랐다.[7] 북서부 지역의 철갑상어는 겨울에 활동이 둔해져서 깊은 수역에서 지냈고, 그래서 사람들은 추운 몇 달 동안 긴 장대에 두 갈래 날이 달린 하푼을 써서 철갑상어를 잡았다. 때때로 대형 철갑상어가 카누를 깊은 물속으로 끌고 들어갔는데, 그러면 배와 줄로 매달아 놓은 묵직한 바위에 의지해 천천히 끌려 들어갔다. 그러다 마침내 철갑상어가 지쳐서 바닥으로 가라앉고 하푼 줄이 직선으로 펴지면, 철갑상어를 하푼으로 몇 번 더 찌른 다음에 수면으로 끌고 올라와서 몽둥이로 때려 죽였다. 그런 다음 노련하게 카누를 기울여 죽은 철갑상어를 배에 실은 후, 배에 딸려 들어온 물을 퍼냈다. 4월부터 여름 내내 이어지는 산란기 철이면 철갑상어는 얕은 물로 이동했다. 바로 이때가 둑을 쌓고 그물을 치고 하푼을 쓰면서 철갑상어를 잡기에 최적이었다. 이때 사람들은 철갑상어가 꽤 깊은 물속에서도 뿜어 내는 인광을 쫓으며 밤에 포획했다.

청어 같은 작은 물고기 떼가 잔뜩 몰려올 때는 가족이 모두 움직였다. 이런 작은 물고기 떼는 3월 초에 약 3주 동안 내륙 가까이로 대거 몰려들었다. 남편과 아내는 불을 지져 단단하게 만든 목재 갈퀴에 튼튼한 나무나 뼈나 고래수염 등으로 만든 뾰족한 날을 붙이고, 긴 삼나무 자루를 매단 도구를 싣고 과감히 카누를 타고 나갔다. 아내가 카누를 조정하는 동안 선수에서 남편은 잔뜩 몰려 있는 청어 떼 사이로 갈퀴를 능수능란하게 쓸었다. 이렇게 갈퀴를 쓸면 노와 비슷한 역할을 해 주는 동시에 한 번에 여러 마리씩 청어나 바다빙어가 찔려 올라왔다.

흔히 바다빙어나 캔들피시candlefish라고 불리는 율라칸(탈레이치티 스파시피쿠스*Thaleichthy spacificus*) 역시 이 지역에서 아주 중요한 물고기였다. 이 작은 소하성 물고기는 어릴 때에 바다에서 살다가 늦겨울과 초봄에 알을 낳으러 민물로 돌아온다. 플랑크톤을 먹으며, 알래스카 남동쪽부터 캘리포니아 남부까지 모습을 보인다. 원주민은 율라칸을 날로도 먹고 건조시키기도 했다. 겨울의 끝자락에 해안 가까이로 떼 지어 몰려오는 율라칸은 반가운 식량 거리였다.

율라칸은 대체로 녹여서 기름을 채취했다. 포획할 때는 길고 미세한 망의 그물을 목재 기둥에 매달아 조류가 강한 강바닥에 설치해 놓고 수천 마리씩 잡았다. 연안으로 잡혀 올라온 율라칸은 강둑 가까이에 세워 놓은 작은 움막에서 처리했다. 율라칸은 주로 여자들이 처리했다. 큼지막한 구덩이에 던져놓고 장작으로 덮은 다음 최대 3주 동안 '익도록' 내버려 두는 식이었고, 기간은 날씨에 따라 달라졌다. 그렇게 놔두었다가 적절한 때가 되었다고 판단되면 썩은 율라칸을 나무를 굽혀 만든 상자에 담거나 고기잡이꾼의 카누에 실어서 옮겼다. 그리고 뜨거운 돌을 넣어 가열한 물속에 넣고 휘휘 저으며 끓인 후에 몇 시간 동안 그대로 두고 식혔다가 수면으로 뜬 기름을 걷어 냈다. 율라칸 기름은 아주 귀하게 여겨져서 연안 지대와 내륙 먼 곳까지 거래되었다. 이 기름은 온갖 음식에 곁들여 나왔는가 하면 심지어 말린 산딸기와 같이 월동용으로 저장되기도 했다.

대부분의 고기잡이가 벌어진 근해는 시샘을 살 만큼 안전한 어장이었다. 이곳에는 먹을거리가 널려 있어 시장이나 다름없었다. 크기가 크고 양끝이 올라간 통나무 카누가 개발되면서 장거리 무역 경로가 열려, 이를 통해 말린 생선과 율라칸 기름에서부터 도구 제작용 돌과 이색적인 의례 용품에 이르기까지 온갖 상품이 거래되었다. 대형 카누의 소유는 곧 권력과 위세를 상징했다. 그런 카누가 있으면 이웃을 찾아가고 물건을 실어 나르고 원양에 나가 대물 큰넙치나 원양 물고기를 잡을 수도 있었다.

예측 불가능한 어장에 대처하다

북서부의 어장이 겉보기엔 아주 풍성하고 예측 가능해 보여서 어디에 살든 대체로 편하고 넉넉한 생활을 누렸을 것처럼 생각하기 쉽다. 하지만 실상은 그렇지 않았다. 구전되는 내용 중에는 연어나 청어 떼가 얼마 안 된 해에 기근과 식량 부족으로 고생한 이야기도 수두룩하다.[8] 연어나 청어 떼의 예측 불가능성은 북서부 주민들이 전통적 믿음을 중요하게 여기도록 만들었다. 사람들은 물고기를 비롯한 모든 생명체에 혼이 깃들어 있어서 풍성하게 떼 지어 찾아올 수도 있고, 그렇지 않을 수도 있다고 믿었다. 물고기 떼의 이동을 자발적 의지의 행동으로 여겼다. 물고기가 잡히는 것도 물고기에 깃든 혼의 호의 덕분이지 어부의 기술 때문이 아니라고 믿었다. 그에 따라 극진히 지키던 의례, 관습, 금기들이 고기잡이와 밀접히 연관되어 있었다. 찬양, 기도, 노래는 이런 의례를 수용한 행위였고, 사람들의 자발적 의지에 따라 입 밖으로 토해 내기도 하고 꿈이나 강렬한 영적 경험을 통해 습득하기도 했다.

'첫 연어 의식First Salmon Ceremony'은 가장 중요시된 의례로, 첫 연어 떼가 잡혔을 때 공경과 경의를 표현하기 위해 치러졌다.[9] 일부 집단은 첫 번째 잡힌 연어 떼에게 찬미의 이름을 붙여 기리기도 했다. 연어를 죽여서 내오기 전에 주술사들이 정성껏 의례를 치르기도 했다. 기도와 의례는 첫 율라칸이나 청어에게도 치러졌다. 흥겨운 축하와 고기잡이의 재개를 기리기 위한 자리였다. 어부들은 인간과 짐승의 생명이 자연스럽게 순환한다는 것을 의식하여 처음 잡은 물고기를 몽둥이로 한 방에 때려 죽인 후 기도로 경의를 표했다. 도살하고 조리하는 일도 아주 정성껏 정중하게 진행했다. 잡은 물고기를 먹은 후에는 물고기를 받쳤던 깔개와 뼈를 바다로 던지는 것이 일반적이었다. 자신이 먹은 연어가 다시 온전하게 돌아가서 자신들이 대접을 아주 잘 받았으니 예정대로 강을 거슬러 올라가라고 전해 주길 기원하는 의미였다.

하지만 윤택한 바다 환경도 급속히 증가하는 연안 주민을 모두 먹여 살리지는 못했다. 각 집단은 끊임없이 변하는 식량원에 적응해야 했다. 밴쿠버섬의 서해안 지역은 연간 연어 떼의 변동이 너무 심해서 일부 집단은 굶어 죽을 처지였는데, 그리 멀지 않은 곳에서는 연어가 아주 많아서 다 잡기조차 어려운 경우도 있었다. 처지가 나쁜 집단은 살아남기 위해 친분을 넓혀 식량 부족을 해소하려는 일환으로 동맹을 맺고 축제 의례에 참석했다.

연어 떼는 일정한 장소와 시기에 나타난다는 이점이 있으나 그 규모의 편차가 컸다. 그나마 큰 강은 작은 강보다 덜 변덕스러웠다. 변동 편차가 상대적으로 일정해서 대규모 떼로 몰려오는 주기가 이를테면 2~4년밖에 안 되었다. 구체적인 수치로 예를 들자면, 연어가 풍성한 컬럼비아강에서는 유사 시대에 연간 은연어 떼가 약 150만~250만 마리를 왔다 갔다 했다. 왕연어 떼는 29만~51만7000마리 정도였다.[10] 고대에는 연어 떼의 규모가 인간적 요인, 즉 연어를 잡아서 손질할 만한 충분한 인원이 있느냐보다 덜 중요했을 것이다. 그러다 연어 떼만으로는 연안을 따라 점점 복잡하게 형성되는 사회를 부양하지 못하면서 연체류, 바다 포유동물, 육상 식량뿐만 아니라 아주 다양한 어종을 먹잇감으로 활용하기 위해 광범위한 대상을 고기잡이할 필요가 생겼다.

이곳은 대다수의 식량 자원을 봄에서 가을까지 구할 수 있는 지대였다. 식량 자원별로 이용가능한 시기는 겹치는데, 위치가 다른 경우도 많았다. 유독 좋은 운을 만나야만 일 년 내내 한 장소에 눌러 살 수 있었다. 사람들이 예측 불가능한 어획량에 대처하는 방법은 내륙에서 여문 산딸기류를 따고 연안 인근에서 연어도 포획하면서 이동 중간에 머무는 것이었다. 이런 식량원을 철저히 이용할 만한 활동 집단을 꾸리려면 이동성만이 아니라 적절한 타이밍과 조직이 필요했다. 예를 들어 현재의 캐나다 브리티시컬럼비아주의 프린스루퍼트Prince Rupert 인근에 살았던 코스트치므시족Coast Tsimshian은 겨울 동안 프린스루퍼트 항구가 있는 자리에 카누를 안전하게 대 놓고 지냈다. 그러다 2월 말이나 3월 초가 되면 대다수 가족이 율라칸 떼를 잡으러 카누를 타고 북쪽으로 50킬로미터 떨어진 나스강Nass River 어귀로 갔다. 율라칸을 잡아 기름을 채취하고 나면 사람들은 대부분 겨울 터전으로 돌아가 근처에서 고기잡이를 하고 근해 섬에서 조개를 채취했다. 늦봄이 되면 치므시족은 프린스루퍼트의 집을 큰 기둥만 남겨 놓고 해체한 뒤에 판자들은 카누에 끈으로 잡아매 뗏목으로 만들었다. 그런 다음 다같이 근처의 스키나강Skeena River으로 이동해서 연어 떼를 잡고 여름철 고기잡이를 위한 정착촌을 세웠다. 가을에는 모든 짐을 챙겨서 겨울 터전으로 되돌아왔다. 여타 다른 집단 중에는 훨씬 더 자주 이동하는 경우도 있었고, 아니면 한 장소에 일 년 내내 머무는 경우도 있었다.

기원전 1800년 이후 연안에 변화가 닥쳤다. 인구가 늘면서 더 큰 저장 공간이 필요해졌고, 그러면서 원양 항해에 적합한 대형 카누가 처음으로 대거 출현했다.[11] 오랜 세월동안 평등했던 사회에 처음으로 사회적 계급의 징후가 나타났다. 징후는 간접적이었다. 예를 들어 가족이 나무판자 집에 살면서 도끼나 카누 제작 같은 특별한 직무를 맡는 경우다. 가족은 오래 전부터 경제적으로나 사회적으로 기본 단위였다. 가족을 통해 재산과 고기잡이 권한 같은 중대한 자산이 대대로 전해졌다.

가족은 개별적으로 제대로 기능하지 못했고, 훨씬 더 넓은 단위의 경제적 · 사회적 범위에 속해 있었다. 정착촌은 여러 가족으로 구성되었고, 각 가구가 각자의 영역을 가지면서 가족의 식량을 책임졌다. 이런 영역은 연중 시기별로 점유되고 활용되는 몇몇 장소로 구성되기도 했다. 각 가정과 정착촌은 더 넓은 연대를 맺기도 했다. 혼인, 거래, 족장의 활약을 토대로 맺어진 정치적 · 사회적 유대에 따른 연대였다. 연안 사회에서는 대체로 권위와 계급이 중요한 역할을 띠었고, 이런 연안 사회에 주민이 늘면

(De Agostini Picture Library / Bridgeman Images)

제임스 쿡 선장의 마지막 탐험에 탑승한 화가 존 웨버John Webber, 1750~1793가 그린
밴쿠버섬의 누트가 해협에 있었던 누트가 거주지 내부

서 평등주의는 먼 얘기가 되었다. 이렇게 복잡하게 얽힌 사회 조직망에서 한 가구의 경제적, 사회적 유대 규모는 족장의 위상을 반영했다.

이 모든 연대는 영구 정착지 없이는 불가능했고, 영구 정착지는 이런 사회를 먹여 살릴 만큼 식량 자원이 넉넉해야만 실현 가능했다. 정착된 생활을 하려면 또 다른 필수 조건이 뒤따라야 했다. 점점 늘어나는 사람들을 먹이기 위해 맹렬히 식량을 탐색할 수 있는 조직적인 노동력이었다. 북서부 연안 지역에서는 가구들이 소수 몇 사람의 노동으로 꾸려 나갈 수 없었다. 여러 가구들이 고기잡이부터 무도용 가면 만들기까지 다양한 임무를 협력해야 했다. 말하자면 교향악단이 시벨리우스의 곡을 연주할 때 연주자들이 저마다 다른 역할을 수행하는 것과 같은 식으로 활동해야 했다. 북서부 지역에서는 이처럼 가구들이 단결해서 여러 임무를 동시에 펼침으로써 보다 복잡한 사회로 들어서는 중대한 걸음을 뗐다.

북서부 지역에서는 규모가 큰 정착촌일수록 더 부유했다. 더 많은 식량을 획득하고, 더 넓은 거래를 유지하고, 더 멋진 물건을 생산할 수 있었기 때문이다. 대체로 규모가 크든 작든, 북서부 지역의 사회는 나무판자 집들이 해변이나 카누를 대어 놓는 곳을 마주 보며 줄줄이 늘어선 형태로 조성되었다. 그만큼 물가에 다가가기 좋고, 카누를 대고 띄우는 데 편리하고, 효율적인 방어가 가능한지 등이 터를 잡는 데 아주 중요한 조건이었다. 제일 큰 집은 계급이 가장 높은 가족의 집이었다. 코딱지만 한 정착촌조차 집의 배치는 거주자들 사이에서 사회적 관계를 반영했다.

권력을 얻으려면 정치적, 사회적 노련함이 필요했다. 무엇보다 하나나 여러 가구의 경제를 통제하면서 그 수익을 자신의 야심에 맞추어 전환시킬 수 있는 노련함이 있어야 했다. 아니면 연안의 수역과 내륙 깊숙이까지 미치는 대규모 거래망과 교환망에 가담하는 방법도 있었다. 그것도 아니면 자기 영역에 드는 자원의 접근권을 장악하면 되었다. 대체로 그런 접근권은 사회적 인맥이 넓고 지위가 높은 사람의 손에 쥐어졌다. 족장들은 대부분 권위와 지위를 지키고 수많은 추종자의 충성을 얻기 위해 귀한 물건을 물물 교환했다. 그런 물건은 연안 사회의 화폐나 다름없었다.

친족 중심의 작은 사회는 수백 년 동안 인구 밀도가 높아지면서 여러 친족 집단을 거느린 큰 정착촌이 되면서 주변의 인구 밀집 현상, 잦은 충돌, 좋은 어장을 비롯한 여러 식량 자원의 불평등한 분배 등 여러 문제가 발생함에 따라 가구 영역에 경계가 정해졌다. 인구가 점점 밀집되면서 소수 몇몇 사람이 식량 자원의 분배나 이웃과의 정치적 관계를 좌지우지했다. 이제 북서부 사회는 복잡하게 뒤얽힌 교환 관계, 치열한 경쟁, 식량 등의 재화 재분배를 위한 체계의 공식화를 전반적 특징으로 띠게 되었다. 이러한 재분배 장치의 하나가 잔치였으며, 그 유명한 포틀래치potlatch•가 그런 사례에 들었다.

북서부 사회는 모든 부가 친족 집단의 소유로 여겨졌다. 개개인은 말린 생선, 모피, 카누, 진귀한 물건을 획득할 수 있었지만, 그것들은 궁극적으로 집단 재산이었다. 족장이나 다른 지도자

• 북아메리카 북서해안 원주민 사회에서 자녀의 탄생, 계승식, 장례 등의 의례에 사람들을 초대하여 음식과 선물을 나누어 주는 풍습

가 개인의 것으로 선포하더라도 마찬가지였다. 부는 과시적 소비용이었다. 즉, 이웃 사이에서 집단의 권위를 높이는 수단이었다. 포틀래치는 족장이나 족장의 친족 집단이 여는 위엄 있는 행사였고, 다른 족장과 집단도 참석하여 중요한 인물의 결혼이라든지 직위나 높은 자리의 획득 등 의미 있는 일을 축하했다. 이런 행사는 참석자들이 나중에 답례하리라는 기대와 함께 복잡한 의례, 의식, 노래, 무도에 따라 진행되었다. 북서부 지역에서 벌어진 이런 성대한 잔치는 대체로 신화의 재현이나, 지위와 직위의 강화와 맞물려 있었다. 전반적으로 보면 사회에 식량과 부를 재분배하는 과정이었다.

이런 사회는 지도층에게 만만한 사회가 아니었을 것이다. 족장은 심한 파벌과 변하기 쉬운 동맹에 둘러싸인 상황에서 카리스마와 관용을 펼치며 추종자의 충성심을 지켜야 했다. 족장은 이집트의 파라오 같이 신적 지도자가 아니었다. 지위는 변하기 쉬운 여론이나, 살아있는 자들과 영험하고도 때로는 악의를 지닌 초자연적 존재 사이의 매개자인 주술사에 좌우되었다. 이렇게 변하기 쉽고 권위에 집착하던 사회 속성은 북서부 지역에 있는 고기잡이 사회의 생존 전략이었다. 그것도 복잡하게 얽힌 현실에 직면하여 하나의 도시나 문명으로서 오래 존속할 여지가 있는 수준으로 복잡하게 행해진 생존 전략이었다.

9. 에덴동산의 신화

올림픽 반도Olympic Peninsula의 남쪽, 북아메리카 태평양 연안은 해수면이 현재보다 90미터 낮았을 때조차 강어귀와 근해 평지가 드문드문 띄었을 뿐이고, 대부분의 지대가 깎아지른 절벽이었다. 1만5000년 전 이후 불어나는 바닷물이 강어귀와 강 계곡으로 사정없이 밀어닥치며 연체류와 얕은 물에 서식하는 물고기에게 이상적인 드넓은 습지가 형성되었다. 하지만 사람들은 여전히 듬성듬성 흩어져 살았다. 단, 예외라면 생산성이 아주 높은 강어귀와 연안 지대였다. 이처럼 풍요롭고 얕은 물가 가까이에서는 여러 집단이 밀집해서 살았다.[1] 이곳에선 단순한 뗏목이나 갈대 카누를 타고도 물고기가 쉽게 잡혔고, 별의별 연체류가 그득했다. 샌프란시스코만은 널찍한 연안 평지로 이어지는 강 계곡에 있는데, 이곳에서 발굴된 어마어마한 규모의 조개무지는 수천 년 동안 연체류가 방대하게 채취되었음을 증명해 준다(지도6 참조).

만 지대의 수많은 조개무지에는 늦가을과 겨울에만 사용하고 물 공급이 제한된 여름에 사용하지 않은 움막 흔적이 남아 있다. 연어를 포획하거나 대합조개를 채집하기 위한 터전도 그 흔적이 보인다. 하지만 그 이상의 것도 있다. 조상과 닿고자 한 묘지다. 이곳에서는 가정, 식량, 장례가 서로 밀접히 엮여 있었고, 지역 지도자들은 "고인에게 식사를 대접하기 위한" 잔치도 열었다. 거대한 조개무지는 평지에서 쉽게 눈에 띄었고, 신화와 복잡하게 얽힌 초자연적인 믿음을 갖고 있으며, 훨씬 더 넓은 세계와 통상적으로 유대를 가졌던 채집 및 고기잡이 사회에서 상징적인 표식이 되었다.[2]

추마시족과 추마시족의 선조들

캘리포니아 남부의 북쪽 변경인 포인트컨셉션Point Conception은 캘리포니아 연안 극서부의 곶 지대다(지도6 참조). 북서쪽에서 거센 해풍이 불면 광활한 태평양 바닷물이 툭 튀어나온 절벽으로 전력을 다해 밀어닥친다. 하지만 남쪽으로 바람과 파도가 잔잔한 편이어서 샌타바버라 해협은 또 다른 세계 같다(지도6 참조). 이 지점에서는 대륙이 급격히 동쪽으로 꺾여 들어간다. 그래서 샌타바버라 해협이 남쪽 근해 쪽으로는 채널 제도의 북쪽 섬 네 군데, 즉 아나카파·산타크루스·산타로사·산미겔에 둘러지고, 본토 쪽으로는 해협의 동서쪽 외곽을 형성하는 산타모니카 산맥에 에워싸여 보호받고 있다. 이 바위투성이 섬들은 지구상에서 가장 풍요로운 연안 어장이 펼쳐져 있는 변경에 있다. 본토에는 동물과 식물이 대체로 빈약하지만, 해안 가까이에는 생산성이 뛰어난 바다 포유동물 서식지, 윤택한 조개 군락지, 풍성한 캘프피시 어장이 갖추어져 있다. 바로 이곳이 16세기에 스페인 사람들이 추마시족을 마주쳤던 추마시족의 중심지였다. 추마시족이 정확히 언제부터 이곳에 정착했는지 불분명하지만 아주 오래전이었다는 것만은 확실하다.

샌타바버라 해협의 서쪽에서 북쪽의 차가운 캘리포니아 해류와 남쪽의 따뜻한 캘리포니아 반류反流가 만난다. 덕분에 이곳 생태계에는 생물 자원과 다양한 종이 풍성하다. 더군다나 포인트컨셉션 주변과 해협에 부는 계절풍으로 용승이 자주 일어나 양분이 그득한 심해수가 밀려 올라오면서 햇빛이 통과할 수 있는 수면 아래 120미터 깊이까지 생물학적으로 풍성한 구역이 생성되고 있다. 양분과 대형 플랑크톤이 몰려 있는 덕분에 물고기가 믿기 어려울 만큼 많은데, 연안을 따라 넓게 늘어선 켈프피시 군락지에 수많은 어종이 서식하고 있다.[3]

빙하시대에 해수면이 가장 낮았을 때만 해도 채널 제도는 현재 지질학자들이 산타로새Santarosae라고 부르는 하나의 땅덩어리였다. 본토의 저지대인 현재의 포인트와이니미Point Hueneme에서 이곳까지 가장 가까운 지점은 9.6킬로미터 거리였다. 이 정도의 짧은 거리는 물에 흠뻑 젖는 것도 아랑곳하지 않고 갈대 카누로 바다를 건널 용기를 가졌다면 잔잔한 여름날에 날씨를 잘 골라 남자든 여자든 충분히 건너갈 수 있었다. 일단 건너가면 물이 밴 카누를 햇볕에 말려야 본토로 되돌아갈 수 있었다. 그러다 해수면이 상승하여 섬들이 격리되면서 단순한 갈대 카누로는 안전하게 건널 수도 무거운 짐을 실어 나를 수도 없게 되었다. 채널 제도는 이렇게 땅이 점점 분리되었지만, 캘리포니아 남부에서 가장 먼저 정착지가 들어섰다.

남아 있는 자취로 추정해 보면, 채널 제도에 인간이 정착한 시기는 약 1만3000년 전이거나 더 이전일 수 있다. 최초 방문자들은 몇 주나 몇 달을 이곳에서 보내며 바다 포유동물을 사냥하고 연체류를 채집하고 켈프피시 군락지에서 풍성한 물고기를 잡았지만, 섬에 물이 부족한 탓에 일 년 내내 눌러 있지 못했다. 이곳에서 발견된 고고학적 증거는 얼마 되지 않는데, 그나마 동굴 안의 얇은 문화층•, 드문드문 쌓인 조개무지, 고지대 여기저기에 흩어져 있는 유물 정도다. 산미겔섬의 북동부 연안에 자리한 데이지 동굴Daisy Cave에는 최소 1만1500년 전부터 사람들이 산 것으로 추정되며, 전복, 홍합 등 조개류를 식량으로 삼았다. 이처럼 조개가 주된 식량이긴 했으나 동굴에서는 양 끝이 같은 모양인 원시적 낚싯바늘(잡은 물고기의 입안에 박혀 있었던 초기의 낚싯바늘 대체물), 그 낚싯바늘을 만들면서 나온 부스러기들과 더불어 섬유로 만든 끈과 바구니의 파편도 나왔다.

채널 제도 곳곳과 본토 연안 지대에 머물던 사람들은 주로 물고기와 연체류를 먹었다. 캘리포니아 홍합California mussel이나 검은전복과 함께 식물류, 육지의 사냥짐승, 바다 포유동물, 물고기 등도 먹었다. 다만 섬 지대의 경우엔 식물류와 사냥짐승이 드문 편이어서 바다에 더 많이 의존했다. 데이지 동굴에서는 최소한 18개 분류군分類群의 조개류뿐만 아니라 최소 19종의 물고기 뼛조

• 유적에서 특별한 문화적 특징을 나타내는 발굴상 층위

각 2만7000점이 나왔다.[4] 물고기의 대부분은 얼룩삼세기, 도미, 육봉어 같이 근해에 서식하는 어종으로, 이후 2000년 동안 꾸준히 잡혔다.

사람들이 샌타바버라를 찾아낸 과정은 아직도 분명하게 밝혀지지 않았지만, 궁극적으로 따지면 광범위한 대상을 수렵 채집하며 고기잡이가 그중 일부 활동이던 고대의 전통에서 비롯된 것이었다. 다른 수렵 채집 집단과 마찬가지로 이들도 광범위한 대상을 식량으로 연명하던 극단의 기회주의자들이었다. 샌타바버라 해협은 일조량이 풍부해서 군락지 깊숙이까지 양분이 공급되는 데다 서쪽에서 자연 발생하는 용승에 더해 강에서 흘러드는 미네랄과 유기물 덕분에 생산성이 아주 뛰어난 수역이었다. 갈대 카누로 쉽게 접근할 수 있었던 해협의 드넓은 켈프피시 군락지는 해양 식량의 보고였다.

큰넙치 등을 잡는 데 동원된 고기잡이 기술은 낚시바늘과 낚싯줄 또는 그물 정도에 불과했다. 어쩌면 창으로 찔러 잡거나, 덫을 놓거나, 두 척의 배 사이에 그물을 치는 기술도 동원되었을 수 있다.[5] 어획량은 비교적 예측 가능했다. 용승이 자연발생적으로 활발히 일어나던 서쪽 구역이 특히 더 그랬을 것이다. 그 이후 사람들이 참치, 상어, 황새치 같은 원양 물고기를 잡았던 시대에도 주요 식량은 늘 켈프피시와 근해에서 잡히는 어종이었다. 어부들은 바구니 가득 잘게 으깬 선인장 잎을 가져와서 정어리 수백 마리씩 잡았다. 그로부터 수백 년 후, 페드로 파헤스Pedro Fages라는 스페인 병사가 남긴 글에는 추마시족에게 먹을 것이 끊이지 않았다는 기록이 있다. 어쩌면 이 글은 샌타바버라 해협이 그 연안에 살아가던 아메리카 원주민의 천국이었다는 통설을 명백히 표명한 첫 사례가 아닐까 싶다. 통설은 꾸준히 이어져 왔으나 이제 기후 변화로 거짓이 되어 버렸다.

기후와 문화의 변화

얼핏 보면 샌타바버라 해협은 아침에 안개가 끼고 오후에 햇볕이 내리쬐고 산발적으로 비가 내리는 기후가 단조롭게 이어지는 듯 보인다. 하지만 이곳 수역에서 고기를 잡았던 사람들은 끊임없는 환경 변화에 적응해야 했다. 때로는 대대적인 문화 변화가 촉발되기까지 했다. 다행스럽게도 샌타바버라 해협의 샌타바버라 분지 Santa Barbara Basin 심해에서의 토양 표본 시추를 통해 이런 기후 변화와 관련된 여러 사실이 입증되었다.

샌타바버라 해협은 지난 1만5000년 동안 환경과 기온의 급격한 변화에 영향을 받았다. 불어나는 해수면으로 대륙붕이 물에 잠기면서 하나의 땅덩어리인 곳에 현재의 채널 제도 같은 섬이 네 곳이나 생겨났다. 급격한 변화 속에서 듬성듬성 거주하던 사람들은 광범위한 대상을 수렵 채집했고, 따라서 갈대 카누를 타고 가서 잡은 켈프피시나 연체류에 크게 의존했을 것이다. 실제로 산미겔과 다른 섬에서 얕게 쌓인 조개무지가 발견되고 있다. 샌타로사 섬의 알링턴스프링스 유적 묘지에서 발견된 여인의 유해로 추정해 보면, 이곳은 대략 1만3000년 전에 인간이 최초 정착했다. 이는 먼 북쪽의 첫 정착 이후 그리 오래 지나지 않은 시점이었다. 그 뒤로

7000년 정도는 변하는 지형에 끊임없이 적응해 갔다. 몇 세대가 지나는 동안 사냥 영역과 고기잡이 어장에 변화가 닥쳤다. 그중에는 범람한 물로 인한 바다사자 서식지의 고립이나 혹독한 겨울 폭풍우로 인한 켈프피시 군락지와 민물 연못의 파괴 등 비참한 결과를 초래한 변화도 있었다. 종잡을 수 없이 비가 내리고 식량원이 불평등하게 배분되던 이곳에서 어떤 식의 문화 변화가 뿌리를 내렸는지 구체적으로 밝혀 내기는 힘들다. 다만, 접근 가능한 연안 지대가 줄어들면서 식량이 풍성해 보이는 곳조차 희박해지는 변화 속에서 끊임없이 사회적 · 정치적으로 적응하려 했으리라 짐작할 수 있다.

기원전 약 1만1000~6000년에 이 일대의 대다수 무리에게 연안 지대는 연중 옮겨 다니던 여러 이동지 중 한 곳, 즉 광범위한 채집 영역의 일부분에 불과했다. 아무리 긴 시간을 태평양 연안에서 보냈을지라도 마찬가지였다. 연안 지대에는 먹거리가 부족해 배를 주리는 몇 달 동안에도 풍성한 연체류와 사냥하기 쉬운 바다 포유동물이 있었다. 그뿐 아니라 근해 어장도 있었다. 연체류의 살이 독성을 띠어 먹을 수 없는 여름 '적조' 기간만 빼면 연안 지대에는 연체류가 풍성했다. 그럼에도 불구하고 샌타바버라 해협은 넓은 수렵 채집 영역 가운데 일부로만 여겨졌다. 어쩌면 인간 방문자들은 그 짠맛에도 불구하고 태평양을 거대한 호수로 생각했을지 모르겠다. 틀림없이 창과 그물로 켈프피시를 잡았을 테고, 대부분은 육지에서 수렵 채집하면서 철에 따라 기회주의식으로 물고기를 잡았을 것이다.

기원전 7000년경에 이 지역의 해수면은 현재와 근접한 수준에 이르면서 근본적으로 안정을 찾았다. 그 결과, 따뜻한 시기가 더 길어지면서 기술 혁신과 근해 어장 및 조개 군락지를 집중적으로 활용하는 시대가 이어졌다. 일부 무리는 연안의 비교적 예측 가능한 식량을 누리면서 한 장소에 더 오래 머물기 시작했고, 이는 고기잡이와 연체류를 더 중요시하는 계기가 됐으리라 추정된다. 어느새 암석이 많은 모래사장 해안 지대 인근에 대규모의 정착지가 생겨났고, 주로 켈프피시 군락지를 비롯한 근해 어류 서식지가 가까이 있는 곶 지대에 몰렸다. 계속 지내느냐 마느냐는 물고기와 연체류의 이용 가능성에 따라 결정되었다. 즉, 인근 수역의 생산성이 높을수록 머무는 기간이 길어졌다. 고기잡이 기술에는 별 변화가 없었다. 모든 사람이 여전히 사냥감 자루, 바구니, 낚싯줄, 창, 그리고 해초로 만든 그물에 의존했다.

기원전 5000년에 채널 제도에는 체계가 잘 잡힌 사회가 존재했다. 본토와 정기적으로 경제적 · 사회적 접촉이 없었다면, 또 섬으로 건너와 더 오래 머물 만큼 거친 바다의 항해에 적합한 배가 없었다면 존재하기 어려운 사회였다. 바로 이 시기부터 갈대 카누를 주변에서 구할 수 있는 아스팔트(역청)로 방수 처리하면서 제한적이나마 심해까지 항해가 가능했을 것이다. 이 무렵에는 홍합, 전복, 바다 포유동물 등이 식량의 60퍼센트가량을 차지했고, 물고기는 약 17퍼센트였다. 사람들이 물 위에서 보내는 시간이 늘어나면서 물고기는 기원전 3300년 전까지 더 중요시되었다. 산타크루스섬의 서쪽 끝에서 기원전 5000~3300년 전의 조개무지가 발견되었고, 이 조개무지에서 조하대•보다 훨씬 깊은 곳에 서

• 조간대의 하부에서 항상 수면 아래에 있는 부분

식하는 대형 붉은전복(할리오티스 루페스센스*Haliotis rufescens*)이 상당량 나왔다. 이 조개무지는 붉은색 종이 아주 많아서 흔히 붉은전복 조개무지라고 불린다. 이곳의 모든 조개무지에서는 캘리포니아 홍합도 상당량 나왔다. 캘리포니아 홍합은 당시에 오랜 기간 주요 식량이었고, 그 양이 워낙 많아서 집중적으로 채집해도 고갈될 염려가 없을 정도였다. 그럼에도 불구하고 기원전 3000년경에 주로 살았던 산타크루스섬의 유적, SCRI-109에서는 세월이 지남에 따라 홍합 크기가 작아졌음을 보여 주는 증거들이 나왔으며, 이는 그 인근의 홍합 개체군의 유지에 압박이 가해진 증거일 수도 있다. 붉은전복은 기원전 5000년부터 잡혔으며, 보다 집중적으로 재취한 시기는 기원전 3500년경 돌고래가 증가하고 바다사자도 이전보다 인기 사냥감으로 떠올랐던 시기와 겹친다. 당시에는 기후가 온난하고 비교적 안정적이라 인구가 증가했을 테고, 그에 따라 쉽게 접근할 수 있는 물고기와 연체류의 개체수에 압박이 가해졌을 만하다. 이런 상황은 근해에서 좀 더 멀리 나가도록 자극하는 계기가 되면서, 사람들은 조금 더 먼 수역에서 더 많은 물고기를 잡고 육지와 가까운 쪽에서 더 깊은 물속으로 들어가 붉은전복을 땄을 것이다.

이런 변화는 어떤 결과를 낳았을까? 섬 인구가 늘어나는 중이었으니 접근하기 쉬운 연체류 군락지와 켈프피시 어장을 넘어서야 할 절박함이 생겼을 것이다.[6] 이와 관련해서는 채널 제도와 본토의 몇몇 대규모 정착지에 미미한 단서가 있다. 이 정착지에서 발견된 바에 따르면, 기원전 4000년 무렵에 채널 제도에 절구와 절굿공이가 등장했으며, 거주민이 식생활의 범위를 넓혀 영양분이 풍부하고 보관도 쉬운 도토리 같은 식물류를 먹었던 것으로 보인다. 본토에서는 오래 전부터 온갖 종류의 식물류가 주식으로 이용된 것과 대비된다. 샌타바버라 해협 사회가 더욱 복잡하게 발전했다는 증거도 발견되는데, 경제적 · 정치적 · 사회적으로 훨씬 더 복잡하고 정교해지기 한참 전부터 발전한 것으로 보인다. 말하자면 이전 추정 견해보다 그 시기가 훨씬 빠른 것이다.

사실 사회적 복잡성이란 새롭게 바뀐 환경적 · 인간적 현실에 점차 복잡다단하게 적응하면서 일어나는 현상이다. 켈프피시 어장은 비교적 예측 가능하지만 그 규모는 태평양 북서부 연안의 연어, 청어, 율라칸 떼의 규모와는 비교도 안 된다. 북서부 연안의 물고기 포획량이 아무리 어마어마했다고 하더라도 점점 복잡해지는 사회의 장기 생존력을 좌우하는 요소는 따로 있었다. 바로 가깝고 먼 거리를 막론한 다른 집단과의 끊임없는 상호 교류다. 그리고 그런 교류를 위해서는 배가 필수다. 북서부 연안의 정착지들은 풍부한 어장과 대체로 멀리 있는 편이었지만, 우연히 세로결의 나무들을 발견하여 이전 시대의 작은 통나무배에서 벗어나 거친 물살도 잘 막아 주고 장거리까지 무거운 짐도 실어 나를 수 있을 만큼 진전된 기술이 적용된 큰 카누를 만들게 되었다. 샌타바버라 해협 지역에서의 난관은 북서부 연안과 아주 다른 듯하면서도 여러 면에서 비슷했다. 북서부 연안은 비가 너무 많이 오고 대체로 겨울 날씨가 매서웠다. 샌타바버라 해협은 용승이 자연적으로 일어나 어장에 풍부한 자양분을 제공해 주었지만, 불규칙적인 데다 대체로 긴 가뭄 주기에 시달리는 반건조 환경에 놓여 있었다. 어장과의 거리가 더 짧았지만 개량된 카누를 만들기에 적합한, 키

크고 다루기 쉬운 나무들은 없었다. 하지만 북서부 연안과 다를 바 없이, 장기 생존은 꾸준한 상호 교류와 원양을 사이에 둔 사회와의 교역에 달려 있었다.

채널 제도와 본토의 유대는 훨씬 더 복잡해지는 후기 사회로 나아가는 촉매였다. 유대를 계기로 협력 관계가 강화되고 혼인 동맹이 맺어졌으며, 경제 안정성과 상호 의존성이 증진되었다. 그러한 예로, 교역의 속도가 빨라지면서 현재의 로스앤젤레스 지역에서 북쪽인 카탈리나 제도Catalina Island에 그릇과 장신구만큼 가치가 있던 동석凍石이 실려 갔다(지도6 참조). 오커(황토), 안료, 도구 제작용 돌 역시 널리 퍼져 나갔다. 하지만 무엇보다 중요한 교역은 섬에서 채취한 조개였다. 그것도 식용이 아닌 비즈 장식용 조개의 거래였다.[7] 당시에는 어떤 이유에서인지 모르겠으나(아니, 추정상 유행의 변덕이 발동돼서였겠지만) 본토 사회에서 근해산 조개 비즈를 동경했고, 채널 제도는 올리벨라 바이플리카타*Olivella biplicata*라는 보랏빛이 도는 올리브색 소라로 비즈를 만들면서 조개 비즈 생산의 중심지로 떠올랐다. 올리벨라 조개 비즈가 장신구로 사용된 것은 아주 이른 시기부터였다. 나중에는 인기가 아주 많아져 멀리 내륙의 리우그란데Rio Grande와 북쪽의 오리건Oregon까지 거래되었을 정도였다.

몇 백 년 동안은 기후가 따뜻하고 여느 시대보다 안정적이었을 테지만, 장기 생존을 위해서 불규칙하고 끊임없는 기후 변화에 적응하기도 해야 했다. 캘리포니아 남부의 연안에서는 어장의 생산성이 자연 발생하는 용승에 따라 좌우되었는데, 단기적 기후 변화로 수온이 더 오르내리면 용승의 기복도 심했다. 바닷물이 차가워지면 용승이 활발해져 생산성이 크게 높아졌다. 반면 따뜻해지면 용승이 줄어들어 어장이 빈약해졌다.

고고학자로서는 운 좋게도 샌타바버라 해협의 샌타바버라 분지 심해에서 이루어진 198미터의 토양 표본 시추를 통해 1000년에 약 1.5미터씩 쌓인 퇴적물에서 기후 변화의 증거를 발견하였다.[8] 퇴적물에서의 해양 유공충有孔蟲•의 변화 양상과 아주 정확한 방사성 탄소 자료를 토대로 종합해 본 결과, 이 지역에서는 지난 3000년에 걸쳐 25년 간격으로 해양 기후가 변화한 것으로 나타났다. 샌타바버라 해협 사회가 급격한 변화를 겪은 것은 바로 이 천년기였다.

제임스와 더글라스 케네트James and Douglas Kennett 부자는 해수면 온도가 따뜻했다 차가워졌다 다시 따뜻해졌다 요동을 치면서 약 1500년 동안 다양한 냉각기가 수차례 발생했다는 사실을 발견했다. 기원전 약 2000년 이후에는 환경이 아주 불안정해지면서 해수면의 온도가 최대 섭씨 5도 차이를 보이며 바뀌었다. 이런 환경은 인간의 삶을 훨씬 더 복잡하게 만들었다. 연안 어장의 생산성이 수온에 따라 크게 달라졌기 때문이다. 예를 들어, 본토와 채널 제도의 인구 밀도가 증가하며 인근 사회가 급변한 기원전 1050년부터 서기 450년까지는 기온이 상대적으로 따뜻하고 안정적이었다. 그리고 이때 인구 밀도가 증가하면서 필연적으로 여러 집단 간의 영역이 더 줄어들고 엄격해졌다.

450~1300년에는 바닷물 온도가 급격히 차가워져 빙하시대

• 원생동물문 과립근족충강 유공충목의 동물을 통틀어 이르는 말이다. 유공충의 종류는 바다의 온도에 따라 변한다. 이들이 시대에 따라 어떻게 변했는지는 심해 해저에 쌓인 퇴적물 속에서 찾아볼 수 있다.

이후 이곳 해협의 평균 바닷물 온도보다 섭씨 약 1.5도나 낮아졌다. 서기 950년부터 1300년까지 350년 동안, 즉 유럽에서 이른바 소빙하기로 이름 붙인 그 시기에는 해양의 용승이 이례적일 만큼 왕성해서 어장의 생산성이 뛰어났다. 그런가 하면 450년 이후 몇 백 년 동안에는 종잡을 수 없는 기후 변화가 발생하고, 대체로 혹독한 가뭄이 주기적으로 이어졌다. 이런 와중에 먹여 살려야 할 인구는 더 늘어나면서 그 명백한 증거는 없지만 추측컨대 일부 지역에서 물고기를 남획했을 것이다. 어장과 연안 사회에 미치는 영향은 상대적으로 낮은 편에 들었다. 주기적인 엘니뇨현상으로 매서운 폭풍우와 홍수가 일어나며 용승 작용이 차단되고 켈프피시 군락지가 파괴되었을 때조차 그랬다. 실제로 샌타바버라 해협 연안 지대의 해상 경제가 붕괴되었다고 추정할 만한 고고학적 증거는 나오지 않고 있다. 정작 심각한 문제에 처한 곳은 본토의 내륙이었다. 가뭄이 끝날 기미도 없이 장기간 이어지면서 도토리 채취에 지장이 생기는 등 온갖 식물류가 황폐화되었다. 이때 멀리 떨어진 사회까지 아우르는 친밀한 사회적 유대가 맺어지면서 오랜 기간 이어질 상호 의존망이 형성되었다. 식량 부족과 집단 간의 경쟁은 모든 사람에게 영향을 미쳤고, 물 부족도 마찬가지였다. 대규모 연안 정착지로 사람들이 몰려 어떤 곳은 무려 1000명에 이르면서 추마시족 사회는 족장들이 서로 경쟁하며 무리를 이끌었다.

폭력 사태가 빈발했고, 영양 부족도 심각해졌다. 채널 제도에서 발견된 인간 유해 수백 점을 분석한 연구에서는 영양 부족에 시달렸을 뿐 아니라 인구 밀집 지역에서 비위생적 환경으로 인해 감염병이 발생한 증거가 나왔다. 한편 채널 제도와 본토의 유해를 모두 분석한 연구에서는 돌이나 창 따위에 맞아 사망하거나 부상을 당한 사례가 수두룩이 나왔고, 힘겨웠던 서기 300~1150년에 그런 사례가 유독 많았다. 그 이후부터는 폭력 사태가 크게 진정되었다. 바다가 다시 따뜻해진 약 1000년 전에 추마시족 지도자들은 더욱 심해지는 폭력 사태와 기아 문제로 괴로워하다가 평화와 상호 의존이야말로 생존에 중요하다는 사실을 깨달은 듯 싸움을 멈췄다. 1550년 무렵에는 용승이 둔해지면서 바다의 생산성이 다시 떨어졌다. 초창기 추마시족 지도자는 이른바 세력 확장형이었다. 권력은 충성스러운 추종자들을 얼마나 끌어 모으느냐에 따라 좌우됐다. 이후 지도자의 지위는 사회적 평형 상태에 변화가 생기자 지배층 혈통으로 세습되었다. 스페인 사람이 찾은 1542년 무렵에 추마시족 사회는 정식 체계를 갖추고 있었다. 거래의 통제와 분쟁의 해결 방법은 물론이요, 불과 몇 킬로미터 거리를 두고도 풍족함과 결핍이 갈리는 세계에서 식량 분배 방법에도 일정한 절차가 생겨났다. 스페인 사람과 조우한 당시에 본토와 채널 제도에 거주하던 추마시족의 추정 인구는 2만5000명 정도이며, 소수의 지배층과 평민으로 분명하게 나뉘어 있었다. 채널 제도 전역에는 경제적 상호 의존성과 거래의 확실한 통제가 뿌리내렸고, 비교적 규모가 큰 정착지는 친족 간의 유대와 정략 결혼으로 연대가 이루어졌다. 다툼이 생기는가 하면 이따금씩 전쟁도 벌어졌지만, 넓은 지역에 뿔뿔이 흩어져 사는 사회끼리 협력하고 관례를 신중히 지키면서 예측 불가능한 기후가 이어지는 샌타바버라 해협의 환경에도 잘 적응할 만한 고기잡이 사회가 탄생하였다.

기후 굴곡만 대충 봐도 알 수 있듯, 당시에는 본토도 채널 제도도 에덴동산 같은 곳이 아니었다. 에덴동산과는 거리가 아주 멀었다. 언제나 켈프피시가 서식하긴 했으나 내륙에 거주하는 무리들은 지속되는 가뭄과 종잡기 힘든 도토리 생산량에 시달려야 했다. 가물지 않아도 도토리 채취량은 해마다 큰 차이가 났던 까닭에 연안 사람들과 반건조 지대에서 가깝거나 먼 이웃과의 사회적·경제적 유대는 현실적으로 중요했다. 근해 섬 지역도 마찬가지였다. 이곳에서 후기의 영구 거주자들은 물고기와 바다 포유동물에 전적으로 의존했으나 당시 인근에서 몇몇 식물류도 구할 수 있었다. 따라서 추마시족에게 가깝거나 먼 여러 사회와 상호 의존하는 유대야말로 가장 중요했다. 어찌 보면 그런 상호 의존과 유대가 태평양 북서부 연안 지역보다 훨씬 더 중대했을 만하다. 도토리와 말린 생선, 조개 비즈와 진기품 같은 단순한 상품의 교환은 일상생활에서나, 이웃 무리와 사회들 간의 정치적 관계에서나 점점 더 큰 비중을 차지했으며 일 년 중에서도 일부 식량이 달리거나 도토리 등 저장 식량품이 크게 줄어드는 시기에 특히 그랬다. 잡은 물고기를 건조 처리하여 저장하는 일은 추마시족 사회에서 아주 중요했고, 더 많은 물고기를 잡을 수 있는 수단인 배 또한 중요하긴 마찬가지였다.

토몰과 영토 확장

1542년에 샌타바버라 해협에 처음 발을 디딘 스페인 사람들은 규모도 크고 인구가 밀집한 마을이 여러 곳 들어서 있는 것을 보고 크게 놀랐다. 스페인 사람들이 들어왔을 당시에 본토와 채널 제도에 거주하는 추마시족은 약 2만5000명에 이르렀다. 추마시족이 이곳에 처음 정착한 시기는 분명치 않지만 최근의 DNA 연구를 통해 밝혀진 바로는 이들 조상의 기원은 수천 년 전인 것으로 확실시된다. 추마시족은 16세기부터 적응성이 뛰어나고 융통성 있는 문화를 일구어 내면서 가뭄이 잦고 가혹한 지대에서도 문화의 명맥을 이어 가며 대체로 번성을 누렸다.[9] 추마시족이 잘 적응한 것은 훨씬 이전부터 형성된 추세 덕분이었다. 다시 말해, 이들의 복잡한 사회는 빙하시대 직후의 몇몇 사건을 겪으며 발전해 온 생존 전략이 최절정에 이른 형태라 할만하다. 물고기의 진가가 발휘되기 한참 전인 기원전 1500년경, 빙하시대 이후 이 지역에 정착하여 서로 떨어진 채로 수렵 채집 생활을 이어 가던 여러 사회는 먼 거리까지 서로 연결된 복잡한 문화로 변화하면서 인구 밀도가 높아지고, 바다 및 식물류 식량을 집중적으로 활용했으며, 정착지의 규모도 커지고, 가깝거나 먼 다른 사회와의 교류도 크게 늘었다. 샌타바버라 해협을 사이에 둔 본토와 섬 지역의 통상적 교류는 추마시족의 모든 기술 혁신에서 최고의 진수, 즉 나무판자로 만든 카누인 **토몰**tomol에 달려 있었다.

토몰은 고대의 가장 획기적인 배로 꼽히는데, 인근 나무가 아닌 유목流木으로 만들었다.[10] 정확히 언제부터 사용했는지 확실하지 않지만 전문가들의 공통된 견해에 따르면, 서기 400년 무렵에 토몰이 사용되었으나 더 단순한 형태(기본적으로 갈대 카누이지만 측면에 나무를 조립하는 식으로 짜 맞춘 배)가 훨씬 앞선 시기에 드문드문 나가던 심해 고기잡이나 거래를 위해 사용되기도 했다. 수명이 다 된 카누는 썩게 내버려 두거나 귀한 유목 판자만 재사용했다. 최초 카누의 자취는 오래전에 사라져 버렸다.

토몰은 단순한 개념의 배다. 묵직한 재목 하나로 바닥을 대놓고, 양끝이 높이 올라가는 선체의 틀은 신중히 쪼갠 유목 판자들을 잘 구부려서 만들었다. 토몰 제작자들은 고래수염 쐐기를 이용해 유목을 판자로 쪼갠 후에 그 판자들을 손도끼와 상어 가죽으로 만든 사포로 신중히 매끄럽게 다듬었다. 그런 다음 욥yop이라는 역청 혼합물로 판자의 틈새를 메워 가면서 선체 중심부에 맞춰 판자를 갑판보에 대서 고정시켰다. 맨 위에 올린 판자는 끝부분을 막지 않고 터놓아 고기잡이용 줄을 받치거나 밧줄을 끌어당기는 데 썼고, 양 끝에는 파도가 들이치지 않게 물막이판도 대어 놓았다. 이런 배들은 속도가 빠르고 노를 젓기도 쉬워서 비교적 바다가 잔잔하거나 바람이 유난히 없는 날에 과감히 깊은 바다로 나가거나 먼 거리를 항해할 수 있었다. 단언컨대 추마시족의 토몰 선장들은 날씨를 신중하게 살펴서 대체로 바람이 잔잔한 이른 아침에 배를 띄웠을 것이다.

토몰을 제작하려면 시간도 많이 걸리고 비용도 꽤 드는지라 제작을 의뢰한 사람들은 재산이 많은 유력자들이었다. 나무판자 카누는 가깝거나 먼 곳을 아우르며 인상 깊은 교류를 가능하게 할 뿐 아니라 원양을 거쳐 실어 날랐던 사람과 물건에 대한 통제권도 있었다. 토몰은 본토 식사용 도토리 가루와 현재의 로스앤젤레스 근해에 위치한 카탈리나 제도의 동석 용기는 물론이요, 특히 산타크루스섬과 산타로사섬에서 수만 개씩 생산되던 조개 비즈 같은 인기 상품으로 이익을 남기며 교환할 수 있는 기회도 열어 주었다.

(National Geographic Creative/ Bridgeman Images)

토몰을 연안으로 나르는 추마시족 원주민들.
윌리엄 랭던 킨William Langdon Kihn, 1898~1957의 1948년 석판화

토몰 소유자들은 잠재적 거래와 관련된 정보를 요령껏 입수해서 넓게 흩어져 사는 여러 사회 간의 물품 수송을 독점할 수 있었다.

교역로의 장악 문제와 별개로, 나무판자 카누는 고기잡이 영역을 켈프피시 군락지 너머 더 깊은 수역까지 넓혀 주기도 했다. 이제는 참다랑어, 방어를 비롯해 신비롭고도 귀한 황새치 같은 원양 어종이 서식하는 곳까지 진출할 수 있게 되었다. 이따금씩 심해에서 발견되는 물고기 뼈로 미루어 보건대, 오래 전부터 종종 깊은 바다에 서식하는 정어리 등 다른 어종도 잡았던 것으로 짐작된다. 하지만 부유한 카누 소유자들이 등장하면서 심해 고기잡이는 운송과 고기잡이를 통해 정치적 · 사회적 힘을 끌어내던 소수 사람들에 의해 좌지우지되었다. 카누 소유자들은 동업자 조직을 결성했고, 마을의 족장같이 지배층만이 입을 수 있었던 짧은 곰 가죽 망토도 걸치고 다녔다.

길이가 긴 카누로 샌타바버라 해협을 건너고 본토와 섬의 연안을 항해하는 일은 흔해졌지만, 외떨어진 사회의 사람들에게는 카누의 등장이 보기 드문 광경이었을 것이다. 어느 잔잔한 날에 섬의 해안으로 짐을 잔뜩 실은 토몰이 다가오면 그들에게는 그야말로 신나는 구경거리가 되지 않았을까? 상상해 보라. 높은 선수에 박힌 조개 장식이 아침 햇살을 받아 반짝반짝 빛난다. 카누가 켈프피시 군락지에 다가오면 노 젓기가 느려지고 망토를 두른 선장이 선미에 서 있다. 노 젓는 이들이 노를 깊이 찔러 넣어 해초를 헤치며 카누를 몰아 해안 쪽으로 돌리는가 싶더니 구호를 외치며 잔잔하게 부서지는 파도를 타고 모래 사변으로 다가온다. 기다리고 있던 마을 사람들이 배 옆쪽을 잡아 주자 선원들이 얕은 물로 펄쩍 뛰어내리고, 여러 사람이 다같이 토몰을 연안으로 끌어당긴다. 선장은 카누가 땅 위에 올라서는 동안에도 침착하게 서 있다가 무게를 잡으며 말없이 해안으로 내려선다. 선원은 조개 비즈, 오는 길에 하푼으로 잡은 참치 두 마리, 민어 한 마리가 담긴 바구니들을 족장의 거처로 옮긴다.

토몰에서 잡힌 원양 물고기는 하나같이 귀한 어종이었지만, 그중에서도 황새치가 가장 귀한 대접을 받았다. 1926년에 샌타바버라 자연사박물관의 데이비드 뱅크스 로저스David Banks Rogers는 현재의 샌타바버라 공항 지대에 위치한 골레타Goleta 저습지의 태평양 서해안 쪽이 내려다보이는 곳에서 인상적인 묘지 하나를 발굴했다. 묘지에서는 남자 유해가 나왔는데, 탄소 연대 측정 결과 서기 600년경으로 보이며 발굴 당시 왼쪽 옆구리를 대고 웅크려 누운 자세였다. 남자는 어깨 부분에 정성 가득한 장식이 들어간 망토를 걸치고 있었는데, 쭉 둘려진 전복껍데기에 황새치의 쪼개진 두개골이 붙어 있는 장식이었다. 황새치의 두개골은 남자의 두개골을 감싸면서 남자의 이마에서부터 그 뾰족한 부리를 위로 뻗치고 있었다. 남자는 황새치 무도인舞蹈人, Swordfish Dancer이었다. 남자가 망토를 두르고 태양 아래에서 몸을 빙그르르 돌리며 춤을 출 때 무지개 빛깔이 화려하게 빛났을 것이다. 문득 1세기 전, 스미스소니언협회Smithsonian Institution의 인류학자 존 해링턴John Harrington에게 정보를 제공해 주던 유지니아 만데스Eugenia Mendez의 다음 글이 연상되기도 한다. "남자가 춤을 출 때면 깃털 치마와 막대기만 보일 뿐 몸은 보이지 않는다. 동물처럼 어찌나 빠르게 돌며 춤을 추는지 윙윙 소리가 날 정도다."[11]

'동물들의 지배자'라 일컬어지던 황새치, 크시피아스 글라디우스*Xiphias gladius*와 관련해서는 인상적인 의례가 행해지고 복잡한 믿음도 퍼져 있었다.[12] 무시무시한 먹잇감인 황새치는 카누를 공격했던 물고기로 소문나 있었다. 해저에 물로 둘러싸인 집이 있다는 속설도 돌았다. 추마시족은 황새치를 바다에서 인간같은 존재로 여겼다. 접신술을 부리는 영험한 주술사로 높이 받들어지던 황새치 무도인은 그 인상적인 가면을 쓰고 춤을 추면서 황새치의 혼과 접신한 후에, 고래를 연안 쪽으로 몰아내 여름철의 든든한 식량 거리를 대 주는 존재로 여겨지던 황새치에게 경의를 바쳤다. 황새치가 정말로 고래를 공격했는지 확인할 길은 없지만, 추마시 지역에서 식량 문제가 가장 심했던 봄에 회색고래가 샌타바버라 해협을 거쳐 북쪽으로 이동하다가 육지로 밀려와 다시 물로 돌아가지 못하는 일이 빈발했다. 추마시족의 우주관에서 이런 일은 인정 많은 바다의 신이 베풀어 주는 은총이라고 생각할 만했다.

황새치잡이는 사회가 복잡해지고 원양 물고기가 식량으로서나 숭배 대상으로서 중요해지던 서기 400년경부터 시작된 듯하다. 황새치잡이는 기온이 약간 높아진 시기에 마침 미늘 하푼의 **분리형 자루**와 나무판자 카누가 등장한 덕분에 가능했다. 황새치는 혼자 다니거나 작은 무리를 지어 다니는 습성이 있어서 넓게 흩어져 산다. 날씨가 잔잔한 날에는 수면 가까이에서 느릿느릿 헤엄을 쳐서 등지느러미가 쉽게 눈에 띈다. 그래서 사람들은 노를 아주 조심조심 저어 황새치 가까이에 토몰을 댄 다음에 하푼으로 황새치를 찔러 잡을 수 있었다. 흰색 직물 조각을 미끼로 달아 낚싯줄을 물속으로 던진 다음 찌르기 좋을 만큼 카누 가까이 오도록 먹잇감을 유인해서 잡는 경우도 많았다. 어부들은 일단 황새치를 찌르고 나면 잡힌 황새치가 지칠 때까지 낚싯줄과 찌로 황새치를 가지고 놀았다.

조지 밴쿠버George Vancouver, 1757~1798•의 탐험에 동행한 어느 외과 의사의 단짝인 조지 굿맨 휴잇George Goodman Hewitt이 1792~1793년에 샌타바버라 해협 지대에 와 있다가 뼈로 만든 하푼 분리형 자루 하나를 수집하게 되었다. 이 자루는 끝에 규질암珪質岩 촉과 날카로운 뼈 미늘이 끈으로 매어져 있고, 날 전체에 역청이 도포되어 있었다. 원뿔 모양을 이루는 아랫부분은 쉽게 분리할 수 있는 구조로 본本 자루에 끼워져 있었고, 한 가닥의 줄은 자루를 홱 뒤틀어 풀어서 잡은 고기를 가지고 놀 때 유용했다. 하푼의 머리 부분에 있는 미늘은 황새치를 빠져나가지 못하게끔 찌르기 좋은 정도로 크고 날카로웠다. 이런 하푼은 가볍고 던지기가 쉬워서 원양의 대물 물고기를 상대하기에 아주 효과적이었지만, 바다사자나 알락돌고래, 수염고래 등을 상대할 때는 쓸모없었다. 추마시족은 도깨비가지나 대마로 만든 세 가닥의 긴 줄을 허벅지 위에 올려놓고 꼬아 만든 낚싯줄을 쓰기도 했다. 이 낚싯줄은 길이가 75미터 이상이었고, 대물 물고기와 마주칠 경우를 대비해 토몰에 일상적으로 실려 있었다. 황새치는 크기가 작아도 쓰임새가 쏠쏠했다. 고기 외에도 무도인의 가면이나 땅파기용 막대, 투창으로 뼈를 사용했기 때문이다. 또 큼직한 척추 뼈는 잔으로 쓰기 좋았고, 갈비뼈는 송곳이나 바늘이나 핀으로 유용했다.

• 18세기 영국 항해가

카누 건조자와 선장은 숙련된 기술과 부를 소유하면서 큰 위세를 누렸다. 추마시족 사회와 그 이전 사회들은 토몰이 이곳에서 중심적인 역할을 맡으며 분리된 여러 사회들과의 유대를 이끌고 소수의 카누 소유자들과 일명 워트wot라고 불리던 족장들에게 부를 집중시켜 주기 전부터 복잡성을 띠어가고 있었다. 부는 주로 조개 비즈로부터 나왔다. 조개 비즈는 추마시족의 삶에서 가장 중요한 자리를 차지하면서 수백 년 동안 화폐로 쓰이기도 했다. 북서부 연안 사회와 다를 바 없이 부를 장악한 이들이 위세를 누렸고, 위세를 누리는 이들이 부를 장악했다. (사회가 아직 친족 중심이던 당시의) 친족 지도자들과 의식을 주관하거나 권력이 있던 유력인은 위세가 곧 권력으로 통하던 사회에서 자신의 정치적 능력과 카리스마를 활용해 충성스러운 추종자들을 끌어 모았다.

수백 년 사이에 추마시족 사회는 여러 계층으로 계급화되었다. 최상층은 연고 좋은 소수 지배층으로, 인맥을 쌓고 잘 관리하면서 권력을 얻었다. 주로 개인적 부, 고급 물건, 전쟁으로 권력을 축척했고, 이는 가뭄, 인구 증가, 식량 부족으로 인한 사회적 문제가 만연한 시기에 특히 중요했다. 전쟁이 때때로 발발한 당시 상황은 1000년 전의 추마시족 묘지를 통해 밝혀진 전사자 수를 통해 입증되기도 했다. 대체로 가까이 몰려 사는 수십 가구의 대규모 사회를 통솔한 곰 가죽 망토의 워트는 어장과 통상로를 통제하는 것뿐 아니라 특유의 카리스마와 전투 기량을 통해서도 힘을 얻었다. 카리스마와 전투 기량은 전 세계의 수많은 환경에 놓였던 여러 고기잡이 사회에서 지도자들에 꼭 필요한 자질이었고, 식량 부족과 영양 결핍이 만연한 추마시족에게 특히 더했다.

식량 거리를 대 주는 존재로 떠받들어지던 신령을 모시는 의례가 철마다 행해진 것도 식량 부족과 영양 결핍을 막아 주길 기원하는 의미가 담겨 있었다. 절기상 중요한 시점마다 식량 거리와 관련된 의례가 마련되었다. 가을철에 견과 열매를 채취한 후에는 땅에게 경의를 표했고, 동지에는 태양을 받들어 모셨다. 천문에 밝은 사람들이 동짓날을 정하기 위해 12개월의 음력을 잘 살폈다. 워트는 의식을 잘 준비하고 지휘하는 책임을 맡았고, 의식이 열리는 날에는 멀리에서 찾아와 자신의 지도자가 그 워트에게 전하는 선물을 전달했다.

이런 선물은 정치적·사회적 유대를 다져 주었지만 경쟁적 측면도 있었다. 특히 매장 의식에서의 경쟁심이 두드러져서, 수많은 조개 비즈와 동석凍石 용기 같은 귀중품을 깨기도 했다. 워트와 워트의 가족들은 안탑antap이라는 사회 계층에 속했는데, 안탑은 지배층 외에 우주의 균형을 살펴 점성술을 행하면서 지배층 일원을 광대한 세계와 이어 주는 일에 전념하는 이들을 아우르는 집단이었다. 워트를 보좌해 성대한 의식을 준비하는 파하paha도 있었다. 파하와 워트는 함께 물건을 받아 분배했고, 귀한 물건에 각별히 신경 썼다. 두 사람 모두 부와 식량을 획득하는 위치에 있었고, 이렇게 얻은 부와 식량은 위세와 정치적 영향력을 내보여 족장의 지위를 지키는 일환으로 사회 일원에게 재분배되었다. 이러한 모든 관행은 높은 불확실성에 직면해 있던 풍족한 지역에서 자원, 특히 식량의 재분배에 유용한 제도가 되어 주었다.

친족 간의 유대와 동맹은 정략 결혼을 맺고, 의식일을 위한 절기를 세심히 살피고, 사회 내에 상품과 부를 신중하게 재분배하면서 더욱 굳건해졌다. 이는 고기잡이와 넓은 인맥에 크게 의존한 사회에서 좋은 토대였다. 태평양 북서부 연안 지역에서와 마찬가지로 궁극적인 힘은 이런 인맥에서 나왔다. 그것이 수백 년간 이어진 장단기적 기후 변화 속에서 식량 부족에 대처하며 영구 정착 생활을 하고, 고르지는 않더라도 풍요로운 어장에 의존하여 살아가던 시대의 경제였다.

10. 칼루사족: 얕은 물과 해초

자연적으로 일어난 대규모의 지구온난화는 베링 육교를 물에 잠기게 하고, 북쪽의 거대한 빙상을 녹였을 뿐 아니라 북아메리카의 다른 지역에도 광범위하면서도 때때로 미묘한 영향을 미쳤다. 강어귀가 범람하여 산란 어장이 생겼고 유속이 느려졌으며, 습지가 많은 강 후미와 풀이 우거진 범람원이 풍요로운 물고기 서식지로 바뀌었다. 기원전 7000년경에 해수면이 안정되면서 강어귀 삼각주와 저지대 범람원 같은 식량이 풍성한 지대에 인구가 몰려들었다. 그때 그때의 위기에 신중히 대처하여 광범위한 대상을 식량원으로 활용하는 것에 생존이 달려 있던 당시 생존 경제에서 고기잡이와 연체류 채집의 위상은 높아졌다. 일부 사회는 여전히 끊임없는 이동 생활을 했으며, 이는 계절별로 급격히 대조되는 비교적 서늘한 환경 지대에서 유독 그랬다. 그런가 하면 플로리다 남부의 고기잡이 사회처럼 저지대 연안 지대나 그 인근에 살아가

면서 미미하더라도 해수면에 일어나는 변화에 의존하는 사회도 있었다.[1]

플로리다 반도의 남부 지역에는 민물이 엄청난 물줄기로 남쪽으로 느리게 흘러 미로 같이 얽힌 염생초와 습지를 이루는 북아메리카의 최대 습지대를 지나갔다. 19세기 말에 오키초비호Lake Okeechobee는 남단 지대에서 물이 빠져나가기 전까지 현재의 두 배에 가까울 정도로 광대했다(215쪽 지도7 참조).[2] 이 일대는 육지가 드물던 물의 세계였다. 사실상 플로리다 남부의 지대 대부분이 물속에 잠겨 있었다. 아메리카 원주민들은 육지가 보이는 만 연안과 대서양의 연안이나, 키시미Kissimmee강, 카루사해치Caloosahatchee강 같은 큰 강의 연안에 정착해 살았다. 이곳의 원주민 모두 수렵과 고기잡이 생활을 하면서 식물류 식량도 채집했다. 남아 있는 자취로 미루어 볼 때 호박, 호리병박, 칠리고추, 파파야 등을 키우며 살았던 사람들도 있었으나, 이런 시도는 해안 생활에 적응하는 과정에서 시들해졌다.

칼루사족은 아열대의 연안 지대를 따라 살며 온화한 겨울을 누렸다. 칼루사족의 본거지를 이루는 북쪽 지대에서 주된 터전은 강어귀의 중심지였다. 주변이 맹그로브 습지로 둘러싸인 널찍한 만 지대에 보초•가 에워싸듯 펼쳐졌다. 연안의 남쪽 지대는 때때로 '만개의 섬Ten Thousand Islands'으로 불리는 곳으로, 작은 맹그로브 섬들이 격자 모양으로 펼쳐져 있어서 카누가 아니면 지나갈 수 없을 만큼 좁은 해협이 한데 모여 있었다. 그 위로 북쪽은 파인섬 협

• 해안에서 약간 떨어진 바다에 있는 산호초

곡Pine Island Sound으로, 이리저리 자리 잡은 해초 밭을 양분 삼아 여러 종의 작은 물고기와 치어 그리고 무수한 쌍각류와 복족류가 서식했다.[3] 조개류는 살코기뿐 아니라 낚싯바늘과 온갖 물건의 재료로 삼기에 유용한 조개껍데기를 제공한다.

평균 약 0.5미터 깊이로 광활하게 뻗어 있는 파인섬 협곡은 생산성이 보기 드물 정도로 뛰어난 바다 서식지다. 만개의 섬 북단과 만나는 남쪽 지대에서는 사람들이 마르코섬Marco Island에 살면서 더 깊은 물과 더 빠른 해류에 맞서 다른 방식의 고기잡이를 찾아야 했다. 빅마르코패스강Big Marco Pass River은 물살이 빠르고, 본류의 최대 깊이가 9.8미터에 이르며, 상어와 타폰 같은 수많은 대형 어종의 터전이다.

스페인 정복자들이 칼루사족의 땅에 처음 들어왔을 16세기에 칼루사족은 빽빽이 모여 정주 생활을 하고 있었고, 그 지도자들은 플로리다 남부의 상당 지역에 정치적 영향력을 행사하고 있었다. 당시 스페인인이 남긴 기록에도 칼루사족은 해상 경제와 넓은 지대에 걸친 사회 계약 및 교역 계약을 통해 힘을 떨치며 번영을 누리던 정교한 사회로 묘사되었다. 칼루사족의 기원은 해상 사회 훨씬 이전부터다. 고고학적 자료에 따르면, 최소한 기원전 4000년에 이 지역 연안에서 사람들이 그물 고기잡이를 벌였다. 그들과 그들의 후손은 종잡을 수 없는 강어귀의 환경에서 살아갔다. 장기적으로나 단기적으로나 기후가 끊임없이 변화하는 탓에 인근 지형이 바뀌었고, 그에 따라 물고기와 연체류 자원까지 변화하면서 인구는 증가하지 못했을 것이다. 식량원은 일정하지도, 고르게 분포되지도, 일시적으로나마 안정된 적도 없었다. 이렇게 끊임없이 변하는 지대에서 고기잡이를 벌이며 사는 삶은 급작스러운 기후 변화와 치명적인 태풍이 언제 닥칠지 모르는 위협에 놓여 있었다. 이 연안 지대는 안정된 환경과 거리가 멀었다. 사회가 풍부한 어장에 힘입어 수백년에 걸쳐 서서히 번영하고 진보하면서 문화적 · 사회적으로 점점 복잡해질 만한 환경이 못 되었다. 오히려 복잡다단한 환경 속에서 상황에 따라 복잡성과 정교함에 큰 차이가 나는 사회들이 등장했다. 이곳 사회는 캘리포니아 남쪽 지역과 마찬가지로 이웃 집단만이 아니라 내륙에 사는 집단들과의 관계에도 크게 의존했다. 아열대성 수상 환경에 맞서 인구가 분산됐고, 이는 결과적으로 유연하고 효율적이었다. 또한 사람들이 각자의 주변 환경과 조상대대로의 지혜를 벗어나지 않는 한에서 어떻게 교류하느냐에 모든 것이 달려 있었다.

칼루사족은 얕은 강어귀 지대에서 독특한 현실에 맞섰다. 고고학자 윌리엄 마쿼트William Marquardt에 따르면, 1세대를 25년으로 칠 때 3세대가 지나기 전에 칼루사족은 해수면의 변화를 알아챘으리라 본다.[4] 이곳 해안 지대는 세 개의 큰 강에서 쏟아낸 민물이 흘러드는 지점이었고, 광대하게 펼쳐진 해초 밭, 맹그로브 습지대, 보초도堡礁島를 사이에 두고 멕시코만과 갈라져 있었다. 칼루사족의 영토 가운데 일부는 생물 생산성이 유달리 뛰어났으나 멕시코만처럼 광대한 북대서양 기후 체계에 속해 있었다. 그 결과, 로마 시대 및 중세의 온난기나 소빙하기와 같은 기후 변동이 크게 나타나 플로리다만 연안의 일부 지역에서 해수면에 변화가 생겼다. 이는 더 깊은 해협이나 강어귀 연안에 사는 집단에게는 영향

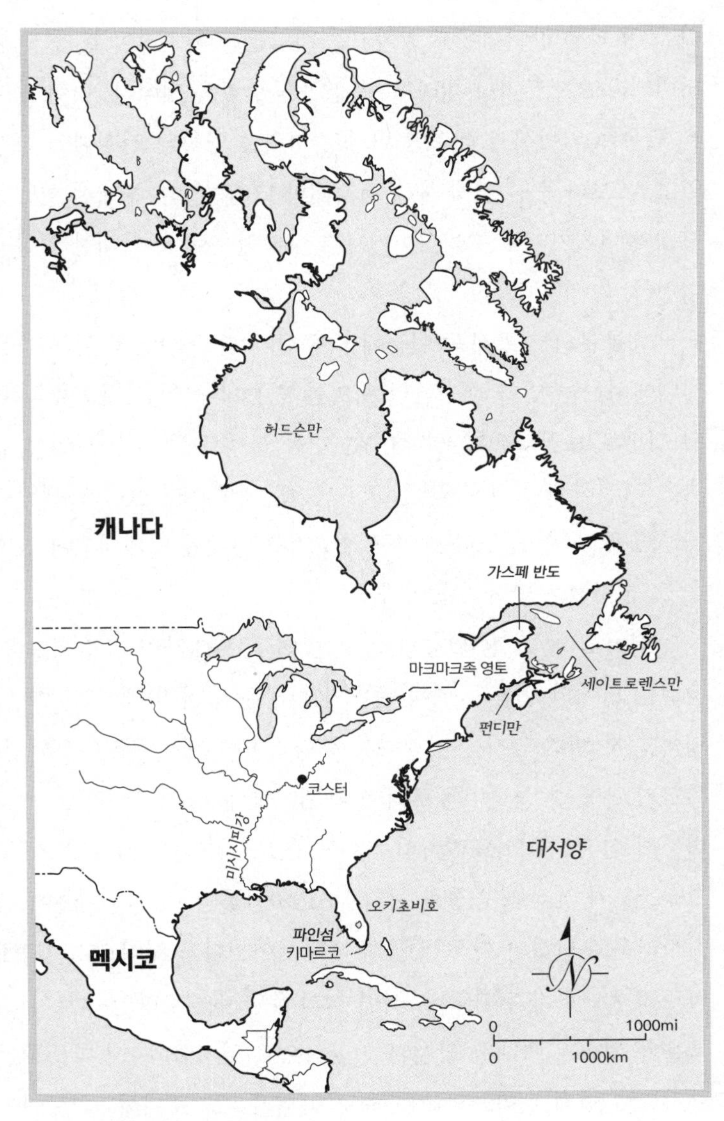

지도7 북아메리카 동쪽 지역의 유적들

이 거의 또는 전혀 미치지 않을 만한 미미한 변화였을 터다. 하지만 물이 얕은 강어귀에서 살아가는 사람들은 해수면이 불과 몇 센티미터라도 오르거나 내려도 큰 영향을 받았을 것이다. 이런 영향은 얕은 수역에서의 해수면 변화가 미치는 영향의 전형적인 사례였고, 그보다 수년 전에 북해 저지대와 나일강 삼각주에서 있었던 사례와 마찬가지로 수직적이기보다 수평적으로 더 막대한 영향을 미쳤다.

대부분의 칼루사족 연구에서 중심이 되는 파인섬 협곡 같은 지역에서는 주민이 해수면의 미미한 변동에 적절한 결정을 내렸던 것으로 보인다. 오늘날 해수면 변동 사례로 들자면, 파인섬 협곡은 여전히 수위가 얕았던 1850~1978년에 해수면이 25센티미터 상승했다. 이 정도라면 인근 물고기와 연체류의 개체수에 영향을 크게 미쳤을 만한 수준이다.

적어도 현재 진행 중인 새로운 연구 세대가 지금껏 밝혀진 사실들 사이의 빈틈을 메워 준다면 상황은 달라질 테지만, 이 지역의 기후 변화 역사는 아직까지 분명히 밝혀지지 못했다.[5] 다만, 사르가소해Sargasso Sea, 플로리다 해협, 체서피크만Chesapeake Bay을 비롯해 심지어 서아프리카의 해수면 온도 기록을 토대로 보자면, 그리스도가 세상에 등장한 서기 1~150년 동안 냉각기 이후에 갑작스러운 온난화와 다우多雨한 환경이 이어지다가 서기 550년경에 빠르게 온난화가 뒤따랐다. 이런 식의 온난기는 로마인이 로마 제국을 유럽까지 확대한 당시와 전반적으로 일치한다. 더 따뜻해진 환경으로 인해 덴마크와 지중해뿐 아니라 캘리포니아 남부 연안까지도 해수면이 상승하면서 당시 해수면은 지금보다 약간 더 높았을 것이다. 밝혀진 바로는 멕시코만 연안에서도 그와 비슷한 폭의 해침•이 일어났다. 파인섬 지역의 해변둑••은 서기 450년경까지 해수면이 1.2~2미터 정도 더 높았음을 입증한다. 500년 동안 해수면이 더 따뜻하고 높은 상태로 이어지던 시기에 중간중간 단기적으로 해수면이 비교적 서늘해지는 변동이 몇 차례 일어나면서 대체로 현재와 비슷한 해양 환경이 생성되었다. 이때 칼루사족은 대개 그물을 이용한 고기잡이 활동에 주력하면서 연체류도 채집했다.

서기 500~900년경에는 열대성인 북대서양의 넓은 지역에 걸쳐 냉각기가 이어지면서 때때로 기온이 더 낮아졌다. 적어도 세 차례의 갑작스러운 해수면 하락이 일어났고, 그 사이에 기온과 해수면 변동이 발생했다. 이때 화산 활동도 활발했는데, 특히 서기 535~536년 무렵에 심했다. 하지만 화산 활동이 장기적으로 지구의 기후에 미친 영향은 불확실하다. 서기 550~850년에 해수면이 큰 폭으로 낮아졌고 그 사이에 비교적 짧은 기간 동안 해수면이 상승한 현상은 덴마크에 관련 증거가 많이 남아 있다. 파인섬 협곡 지역에서는 서기 550년경에 해수면이 무려 2미터나 하락하면서 20세기의 평균 해수면보다 0.6미터가량 낮은 수준이 되었다. 따라서 당시는 기온이 낮아지고 해수면이 하락하는 시기였다. 두 점의 굴껍데기를 동위원소 분석한 결과에서도 당시 겨울이 지금

• 지반 변동에 의한 육지의 침강과 기후 변화 등에 의한 해수면 상승으로 인하여 해안선이 육지 쪽으로 이동하는 것을 말한다.

•• 파도 · 폭풍 · 해일 따위로 해변에 밀려 올라온 모래나 자갈 등이 제방 모양으로 퇴적된 지형

보다 훨씬 추웠던 것으로 나타났다. 한편 건조한 기후가 지속적으로 이어졌을 가능성이 높으며, 태풍이 발생한 기록은 발견되지 않고 있다.

해수면 하락으로 인해 얕은 수역의 염도가 떨어졌다. 굴 개체수는 줄어들고 왕관고둥과 쇠고둥이의 수는 늘어났다. 일부 지대에서는 낮아진 해수면으로 파인섬 협곡의 얕은 수역이 줄어들면서 물고기가 서쪽으로 이동했고, 이때 일부 정착촌도 어쩔 수 없이 다른 곳으로 옮겨 갔을 것이다. 이 시기에는 사람들이 바닷물의 연체류를 더 많이 활용했을 것이다. 구할 수 있는 민물 연체류가 줄어든 탓에 기호보다 생태학적 변화에 따라 그런 선택을 했을 것이다. 조개를 아주 많이 섭취하면서 조개무지가 수북수북 쌓여 갔다.

다시 대서양 사르가소해와 관련된 기후 기록을 보자. 기록에 따르면, 사르가소해에는 온난화가 서기 850년에 시작되어 1000년에 절정기에 이르며 1100년경까지 지속되었다. 이 시기는 대체로 중세의 온난기, 즉 노르웨이인이 그린란드에 정착한 시기와 일치한다. 당시엔 덴마크, 홍해, 사우스캐롤라이나 연안뿐만 아니라 멕시코만까지 아우르는 넓은 지역에 걸쳐 해수면이 상승했고, 지질학적 퇴적물에서 나온 증거로 볼 때 멕시코만에서는 폭풍우도 늘었다. 해수면은 맹그로브 습지대로 범람할 정도로 상승하며 20세기 평균보다 높아졌다. 칼루사족 집단은 이에 대한 대응으로 아주 다양한 어종을 잡으며 핀피시pinfish, 벤자리 같이 작은 물고기뿐만 아니라 쇠고둥, 소라 등 바다달팽이류 다량과 굴과 조개류 소량도 잡았다. 서기 800~1200년간 칼루사족 문화는 정점에 달했으며, 파인섬 협곡의 근접지에 거주하는 주민은 수백, 아니 어쩌면 수천 명에 이르렀다. 그리고 북아메리카 곳곳에 최대 규모의 조개무지를 남겨 놓았다.

칼루사족은 조개무지를 거대하게 쌓기만 한 것이 아니라 가파르게 만들어 둑길, 경사로, 운하를 세우기도 했다. 어떤 조개무지는 맹그로브 습지대 사이로 수백 미터에 걸쳐 구불구불 선 모양으로 쌓아 놓기도 했다. 카요 해안Cayo Costa의 한 조개무지는 길이가 114미터에 높이가 4.6미터에 이른다. 카누 항해를 수월케 해 줄 만한 운하를 세우려 각별한 노력을 펼친 집단도 일부 있었다. 그중 최대 규모의 운하는 폭 7미터에 깊이 1.5미터에 이르렀고, 파인섬을 4킬로미터 정도 가로지르면서 분리된 작은 댐이 연이어지는 식이었다. 이런 식의 운하는 물을 가둬 둔 댐들의 한 구간에서 다음 구간으로 카누를 옮길 수 있게 해 주었다. 가끔 운하 역할도 하는 카누 운반로였다.[6]

그후 소빙하기가 찾아왔다. 사르가소해의 관련 기록에 의거하면, 1100년경에 기온이 차가워지기 시작해서 최소 세 차례의 냉각기가 왔고, 그 사이에 온난기가 끼어 있었다. 다시 한 번 해수면이 낮아져 1450년경에는 오늘날 해수면보다 0.6미터나 낮아졌으나 온난기는 다소 짧았다. 그러다 1850년 이후에 급격한 온난화가 일어나 현재까지 이어지고 있다. 칼루사족의 대규모 정착지는 소빙하기의 절정기인 17세기까지도 팽창되었고, 그 무렵에 칼루사족은 스페인 사람들과 교역하면서 조개무지 사이에 유럽산 상품이 섞여 들었다.

예측 불가능한 세계에 대처하기

칼루사족은 이례적 기회뿐 아니라 예측 불가능한 환경이 가져다준 해안 생활에서 번성을 이루어 냈다. 몇몇 유적에는 상어의 잔해가 다른 바다 동물의 잔해보다 훨씬 많이 남아 있었다. 추정컨대, 칼루사족은 이 치명적인 물고기를 잡을 때 뼈와 나무의 복합형 낚싯바늘을 사용했던 듯하다. 이 지역 상어가 비교적 얕은 수역으로 모여드는 습성이 있다는 점을 감안하면 그물도 사용했을 것이다.[7] 칼루사족의 상어잡이 방법과 관련해서는 알려진 사실이 별로 없지만, 상어의 살은 영양분이 풍부하며 그 이빨도 절삭 도구로 쓰거나 구멍을 뚫기에 유용했다. 가죽은 사포처럼 쓸 수 있었다. 게다가 칼루사족은 얕은 만의 모랫바닥에서 번개고둥과 배고둥을 수만 마리씩 채집할 수 있었다. 어른 번개고둥 한 마리에서는 살코기가 0.9킬로그램이나 나온다. 파인섬 협곡의 수많은 조개무지에서 발견되는 수백 만 개의 고둥껍데기로 미루어 보건대, 칼루사족은 수백 년 동안 체계적이고 집중적인 채집 활동을 벌인 듯하다. 이 고둥껍데기는, 그리고 아마도 그 살코기 역시도 아주 잘 조직된 교역망을 통해 거래되었고, 칼루사족은 이런 교역망을 통해 다른 해안 공동체보다 훨씬 더 복잡한 사회를 형성할 수 있었다.

칼루사족은 물고기와 연체류에 상당히 의존했다. 미세망에 걸러 분석한 조개무지의 모든 표본에서도 두 가지가 대부분을 차지할 정도다.[8] 물고기와 연체류의 비율은 다양하게 나타나고 있으며, 바다에 가까운 유적일수록 물고기의 비율이 높은 편이다.

구체적으로 예를 들자면, 깊고 작은 어느 만의 표본에서는 물고기가 47퍼센트였던 반면 강어귀의 여러 유적에서는 7~1퍼센트에 불과했다. 당연한 얘기일 테지만 가장 큰 물고기가 발견된 곳은 작은 만 주변의 유적이었다. 얕은 물가와 작은 만 유적에서 발견된 뼈들은 절반 가까이가 재빠른 메기 아니면 연체류를 먹는 도미의 것이었다.

여기에 더해 칼루사족은 세 종의 상어, 칼날 모양의 코를 가진 스몰투스 톱가오리Smalltooth sawfish, 바다송어, 좌접어左鰈魚, 동갈치, 가시복 등도 잡았다. 16세기에 스페인의 탐험가이자 지리학자 후안 로페스 데 벨라스코Juan Lopez de Velasco는 "광대한 숭어 어장에서……" 포획 중인 원주민을 보았는데 "스페인에서처럼 그물로 숭어를 잡고 있었다"고 한다.[9] 산란기인 10월 말~1월에 강어귀에 몰려드는 엄청난 수의 숭어는 그물로 잡기에 좋았다.

세계 도처의 생존형 고기잡이꾼처럼 칼루사족도 쉽게 구할 수 있는 재료와 지역 특유의 환경을 이용한 고기잡이 기술을 발전시켰다. 연안 근처에서는 소형 후릿그물이 유용했다. 그물에 잡은 물고기를 채워서 육지로 끌고 갈 수 있었기 때문이다. 비교적 깊은 수역에서는 대형의 자망이 효과적이었다. 키마르코Key Marco와 파인랜드Pineland에서 야자수 섬유 밧줄로 만든 그물의 파편이 발견된 바 있다(지도7 참조). 그물을 사용하는 고기잡이 사회에서 그물코 크기를 통일하기 위해 대부분 채택했던 직사각형의 **그물코 측정기**도 여러 곳에서 발견되었다. 이곳의 그물코 측정기는 뼈나 돌이나 나무로 만들어졌다.

칼루사족 유적에서는 홈이 파인 조개껍데기도 나왔다. 소용

돌이 모양으로 돌돌 말린 단각연체류•인 콜루멜라*columella*를 그물과 낚싯줄용 봉돌처럼 사용한 것이다. 키마르코에서 나온 콜루멜라들이 파인섬에서 나온 것보다 훨씬 큰 점으로 미루어, 키마르코의 고기잡이 수역이 더 깊고 물고기도 더 컸을 것이다. 비교적 깊은 수역은 대체로 낚싯바늘과 낚싯줄이 필요했고, 종종 양 끝이 같은 원시적 뼈 낚싯바늘에 미끼를 다는 방식도 쓰였다. 이런 낚싯바늘은 얕은 물에서도 유용했다. 몇 개의 뼈 촉을 자루에 접착제로 붙이거나 줄로 매어서 복합형 낚싯바늘을 만들어 쓰기도 했다. 이런 낚싯바늘은 깊거나 얕은 물에서 그물로는 잘 잡히지 않는 물고기를 카누에서 끌낚시로 미끼를 물게 해서 낚는 데 아주 쓸모가 있었을 것이다. 하푼이나 미늘촉은 깊은 수역 인근의 유적에서만 발굴되고 있다.

얕은 수역과 깊은 수역에 두루두루 풍성한 물고기, 인근에 풍요롭게 널린 식용 가능 조개류, 안정된 기후 등은 모두 바다 식량을 기반으로 안정적이고 윤택한 생존을 이어 가기 위해 필요한 요소였다. 칼루사족 사회는 점점 사회적 · 정치적 복잡성을 키우면서 풍족하고 일정하면서도 다양한 식량 기반에 의존하는 단순한 궤도를 따라 꾸준히 발전했다고 추정할 만하다. 실제로 칼루사족은 수백 년 사이에 복잡하고 체계가 잘 잡힌 사회로 발전하면서 플로리다 반도 전역에 유대를 형성했다. 하지만 칼루사족 사회에서는 한 가지 미묘한 변수가 결정적 역할을 했다. 칼루사족의 삶은 미미한 수준의 해수면 변화로도 파멸할 위험성이 어느

• 발과 머리를 가진 육생 또는 수생 연체류

(Florida Museum of Natural History)

얕은 강어귀에서 그물로 고기를 잡는 칼루사족 원주민들.
메랄드 클라크Merald Clark의 작품

곳보다 높았다.[10]

이곳의 얕은 수역에서 안정된 해수면은 딴 세상 얘기였다. 해수면이 몇 센티미터만 올라가거나 낮아져도 해초 어장이 크게 줄거나 굴과 쇠고둥 군락지가 황폐해질 위험을 떠안고 있었다. 얕은 수역의 물고기나 연체류 군락지에 의존하는 이들에게는 미미한 해수면 변화로도 심각한 영향을 받기 쉬웠다. 중세의 온난기나 소빙하기에 촉발된 해수면의 변동은 메인Maine이나 캘리포니아 연안의 깊은 수역에 별 영향을 주지 않았을 테지만, 파인섬 해협 같은 얕은 수역의 강어귀 지역에는 막대한 파장을 일으켰다.

파인섬 해협은 그나마 깊은 곳도 1.2미터를 넘지 않으며 대부분의 수역이 1.2미터에도 못 미친다. 이 좁은 해협 지대는 오늘날 500년 전보다 더 깊지만 수백 년 동안 얕은 수역으로 이어져 왔다. 인간의 관점에서 보면 해수면의 변화는 거주지의 터를 잡는 것만이 아니라 땔나무와 식량원의 이용 가능성에도 영향을 미치는 일이었다. 특히 서기 580~850년처럼 해수면이 낮아지면서 날이 더 추워지는 시기일수록 심각한 영향을 미쳤다. 사회적 복잡성의 증가는 이런 팍팍해진 시기에 맞선 대응이었을 가능성이 크다.

칼루사족의 생활이 점점 복잡해졌음은 서기 800년 이후 조개껍데기 소재의 목공木工 도구가 늘어난 사실이 암시해 주듯 배에 대한 의존도가 증가했다는 것에서 알 수 있다. 아마도 권력층이 배의 건조를 주도했을 것이다. 교역 상대나 잠재적 경쟁자와의 접촉을 이어 가기 위해 더 큰 카누가 필요했을 테니 그럴 만했다. 이 시기에는 파인섬 운하 같은 대대적 공사가 착수되면서 귀한 석재의 장거리 교역이 늘어나기도 했다. 뚜렷한 신앙을 가진 유력한 족장의 문화적 영향이 멀리 북쪽까지 미치기도 했다. 하지만 칼루사족 사회의 사회적 구조에는 경직된 위계가 존재하지 않았다. 적어도 스페인 사람들이 들어오기 전까지는 그랬다.[11]

칼루사족은 수산 자원에 의존했고, 그런 식의 생활을 순탄하게 이어 가려면 한 자리에 터를 잡고 밀집해서 살아야 했다. 낮은 섬과 낮은 수역으로 이루어진 이곳 지형에서는 지대가 비교적 높아 물에 잠기지 않는 마른 땅이 많지 않아서 이동 생활이 힘들었고, 오히려 영구 정착이 제일 실용적인 해결책이었다. 마찬가지로 칼루사족의 사회적 관계망 역시 어장의 풍성함이 변동됨에 따라 여러 족장의 힘에 끊임없이 바뀌는 환경에 대응하면서 정착촌을 훌쩍 뛰어넘어 멀리까지 뻗어 나갔다. 식량의 장기 보존은 어림도 없었던 탓에 전략적 식량 관리가 필수였던 만큼 상호 교역과 물물교환은 모두에게 두루 유익했다. 칼루사족 사회가 시련기에 더욱 복잡해진 이유는 늘어나는 인구에 맞춰 식량이 공급되지 못했기 때문이 아니라 공급과 수요의 균형을 맞추기 위해 지역 정착촌들의 연계망이 필요했기 때문일 것이다. 식량 보관은 꿈도 꿀 수 없는 일이었던 점을 감안하면 남아도는 식량을 절박한 이웃에게 재분배하여 훗날 입장이 뒤바뀌었을 때 이웃들도 그대로 해 주길 기대하는 편이 훨씬 이익이었다.

이렇게 다양한 사회들을 단결시키는 데는 비가시적 세계도 어느 정도의 접착제 역할을 했을 것이다. 다른 고기잡이 사회들과 다를 바 없이 칼루사족도 복잡한 의례가 일상화되어 잔치, 무도 등의 의식뿐만 아니라 노래와 구호 등이 아주 중요한 역할을 했다. 이와 관련해서 구체적인 발굴물은 거의 없다. 단지 물에 잠긴 고고학 유적의 퇴적물에 보관되어 있다가 우연히 발견되는 무도용 목재 가면 조각이 전부다. 그 예로, 파인랜드에서 서기 865~985년에 사이프러스 목재로 만든 아메리카흰두루미 가면 머리 부분이 발견되었다. 부리 부분이 달각거리며 열리고 닫히는데, 무도인이 쓰던 가면이 틀림없어 보인다.[12] 물새는 최소 5000~6000년 전부터 플로리다의 아메리카 원주민 사회에서 신령한 동물로 여겨졌다(이는 다른 여러 지역도 마찬가지다). 예를 들어 북서부 연안의 틀링깃Tlingit족의 도상학 연구를 통해 밝혀진 바로는, 주술사가 물새의 등에 올라타 먼 거리를 이동한 것으로 그려지는 등 주술사와 관련 있기도 했다. 한편 일본의 아이누족 여자들은 오래전부터 우아한 학춤을 추었고, 지금도 전수되고 있다.

1895~1896년에 물에 잠긴 키마르코 유적에서 잇따라 발굴되는 여러 점의 목재 동물 두상과 결부지어 보면, 학(두루미) 신화에 담긴 의미가 훨씬 더 부각된다. 발굴물 중에는 너구리, 토끼, 수리부엉이, 독수리, 송골매 등의 머리를 본뜬 가면도 있다.[13] 이 중엔 무도용 가면의 일부 조각이었던 것도 있고, 토템 신앙의 상징이었던 것도 있을 것이다. 이런 모양의 가면은 무도인이 공연 중 극적 효과를 내는 데 유용했을 것이다. 칼루사족의 무도인은 이런 가면을 쓰고 군중 앞에서 접신하면서 극적 생생함을 연출했을 가능성이 높다. 칼루사족의 고대 신화 이야기와 전설은 이미 오래전에 잊히고 말았지만, 이따금 발견되는 가면과 의례용 예복을 통해 산 자와 초자연적 세계가 동물과 인간을 매개로 다리 놓일 수 있다고 여긴 당시의 믿음이 증명되고 있다. 파인랜드의 달각거리는 두루미 가면이 바로 그런 인상적인 증거다.

스페인 사람들이 플로리다에 처음 발을 디뎠을 때 플로리다 반도 남서쪽의 넓은 지역에 거주한 칼루사족은 1만 명 정도였다. 아니, 어쩌면 그보다 많았을 수도 있다. 탐험가 후안 폰세 데 레온Juan Ponce de Leon, 1474~1521은 1513년에 노예를 쟁취할 목적으로 플로리다 연안을 탐험했다.[14] 그는 현재의 커내버럴곶Cape Canaveral 바로 북쪽에 닿았다가 남쪽으로 항해해 현재의 마이애미 인근인 비스케인만Biscayne Bay으로 갔다. 가지고 온 여러 척의 배가 지저분해지고 여기저기에서 물이 새자 그는 선체를 손보기 위해 산카를로스만San Carlos Bay에 닻을 내렸다. 칼루사족은 그때껏 스페인 사람들을 대면한 적이 없었지만 쿠바에서 도망쳐 온 이들을 통해 스페인 사람들의 얘기를 전해 듣고는 있었다. 20척, 뒤이어 80척의 칼루사족 카누가 방패를 든 궁수들을 태우고 스페인 배들을 향해 공격 태세로 다가갔다. 스페인 사람들은 공격을 감행하며 원주민을 연안으로 몰아붙여 카누 몇 척을 박살냈다. 하지만 칼루사족 전사들의 맹렬한 투지에 밀려 하는 수 없이 철수해야만 했다. 4년 후, 3척의 스페인 함선이 같은 장소에 닻을 내렸지만 이번에도 칼루사족은 잘 무장한 상륙 대원을 격퇴시켰다. 이때 스페인 사람들은 6명이 부상당하고 1명이 붙잡힌 반면 원주민은 35명이 목숨을 잃었다고 한다.

그 후 1519년에는 스페인의 함선이 미시시피강 삼각주에 닿는 순간 천연두도 상륙하여 수많은 지역민이 죽어 나갔다. 사망률이 50~75퍼센트에 이를 정도였다. 3년 후 폰세 데 레온은 산카를로스만을 다시 찾았다. 이번에는 식민지를 세우려는 의도로 200명의 병사와 50마리 말뿐 아니라 유럽산 가축까지 싣고 왔다.

칼루사족 전사들은 다시 한 번 스페인인과 싸웠다. 이번에는 백병전이 벌어졌고, 갈대 화살이 스페인의 어설픈 격발식 활에 비해 치명적 위협을 가했다. 폰세 데 레온 자신도 허벅지에 부상을 당했다가 끝내 쿠바에서 숨을 거두었다.

1527년에는 현재의 탬파Tampa 인근에 인정사정없는 판필로 데 나르바에스Pánfilo de Narváez, 147?~1528가 이끄는 더욱 강력한 스페인 군대가 들어오기도 전에, 칼루사족의 북쪽 거주지에 천연두가 먼저 상륙해 있었다. 나르바에스는 그저 황금과 아시아 통행권에만 관심이 있었지만, 원주민에게 레케리미엔토Requerimiento, 즉 원주민을 가톨릭교와 스페인 왕에게 노예로 복속시켜 야만적 처벌에 복종시키는 법적 문서를 읽어 주도록 명했다. 당시에 스페인인은 이런 편향적 문서를 내세워 아메리카 대륙 곳곳에서 식민지화를 정당화시켰다. 칼루사족은 여기에 응할 마음이 없었고, 스페인인의 침략에 치명적인 화살로 맞섰다. 그러는 한편 대부분 난파선에서 건져 낸 유럽산 상품으로 폭넓은 교역을 벌이기도 했다. 칼루사족은 플로리다 남서쪽에서 정치적 · 경제적으로 막강한 존재감을 떨쳤다. 1566년에 페드로 메넨데스 데 아빌레스Pedro Menéndez de Avilés, 1519~1574가 묘사한 칼루사족 도시에는 4000명의 주민이 살고 있었다. 족장의 집은 높은 둔덕에 세워져 있었다고 한다. 11년 후에 로페스 데 벨라스코López de Velasco는 한 작은 섬을 묘사했는데, 그 섬은 현재 마운드키Mound Key로 불리는 곳으로 당시에 칼루사족의 수도였으며 대표 족장이 다스리고 있었다. 그리고 작은 카누로만 항해할 수 있는 좁고 얕은 수로 뒤편에 있었다고 한다.

칼루사족은 '하나의 진정한 신앙'에 더욱 더 거세게 저항했다. 1549년에 도미니크회 수도사는 칼루사족을 전도하려 했지만 요지부동의 적대감에 두 손을 들고 물러났다. 1566년과 1567년에 예수회 수사들도 시도했지만 실패했다. 칼루사족은 18세기까지도 전통 신앙을 고수했다. 칼루사족은 사납기로 소문난 명성과 습지대 땅 덕분에 스페인에 식민화되는 충격을 모면했다. 적어도 북쪽에서 온 노예 약탈자들이 천연두를 옮겨 인구가 밀집한 도시와 마을에서 수많은 사람이 죽어 나갔던 17세기와 18세기 초까지는 그랬다. 결국 살아남은 칼루사족은 남쪽과 동쪽의 더 외진 땅으로 들어갔다. 결과적으로 보면 칼루사족과 칼루사족의 독특한 고기잡이·채집 사회를 파멸시킨 것은 기후 변화가 아니라 이국에서 들어온 질병의 유린이었다. 그 병이 아니었다면 칼루사족은 지금까지도 유럽인과 함께 살았을지 모른다.

11. 대물 물고기가 등장하다

이번 무대는 기원전 1400년, 태평양 남서부의 파푸아뉴기니 동쪽에 자리한 비스마르크 제도Bismarck Archipelago다(232쪽 지도8 참조). 이중선체 카누가 거울 같은 바다에 가만히 떠 있다. 선원들은 돛을 내려놓은 상태다. 배는 뜨거운 햇살 아래에서 잔잔한 파도 위에 뜬 채로 거의 움직임이 없다. 배안의 사내들은 조잡한 거적으로 그늘을 만들어 썼지만, 옆 눈으로 바깥쪽을 주시하고 있다. 어두운 그늘 아래에서 선체 옆으로 회색 그림자가 슬금슬금 투명한 물속을 돌아다닌다. 사내 한 명이 햇빛을 온몸으로 받으며 일어나 창을 던질 자세를 잡고, 기회의 순간을 기다린다. 카누 옆으로 잠깐 소용돌이가 일어나는가 싶더니 지느러미 하나가 수면 위로 올라온다. 창잡이 사내가 창을 꽉 쥐며 번개 같은 속도로 찔러 넣지만, 물고기는 사내의 그림자를 알아채고 물속으로 잠수해 버린다. 사내는 끈기 있게 기다린다. 참치 여러 마리가 수면 가까이까지 갑자기 올라오면서 선원들의 눈에 조금 전보다 소용돌이가 더 많이 포착된다. 창 두 개가 던져지자 물고기 두 마리가 찔리고, 찔린 물고기들은 맹렬히 몸부림친다. 고기를 잡은 사내들이 녀석들을 배 안으로 던지자 선원들이 몽둥이로 내리쳐 죽인다. 고기잡이꾼들이 잡은 물고기를 손질하는 동안 노잡이 사내는 미풍을 감지하기 위해 수평선을 지켜본다. 한 시간쯤 후, 북동쪽에서 무역풍이 다시 불면서 잔잔한 바람이 허공을 채운다. 돛을 올린 카누가 스르륵 미끄러져 나갈 때 사내들은 참치의 살 토막을 날것 그대로 먹으며 내장을 발라낸 나머지는 햇빛과 바람에 말리기 위해 선체 위쪽에 걸쳐 놓는다.

고기잡이의 역사는 대체로 물에서의 이동을 수반하지만 모두 다 그런 것은 아니다. 수많은 지역에서 고기잡이는 기회가 생겼을 때의 활동이었다. 아자니아Azania(동아프리카 연안, 336쪽 지도 11 참조)에서, 메소포타미아에서, 인도양 연안에서, 그리고 스리랑카에서도 그런 식으로 고기잡이가 행해졌다. 그리고 고기잡이 덕분에 사람들의 이동과 다른 사람과의 교류가 크게 발전했다. 고기잡이와 항해는 동남아시아에서, 빙하시대의 순다와 사훌 땅에서, 멀리 비스마르크 제도의 섬들에서도 밀접히 엮여 있었다. 이곳의 초기 어부들도 태평양 섬들 사이를 지나 동쪽으로 훨씬 멀리 항해해, 니어 오세아니아Near Oceania와 그 너머까지 나아갔다.

라피타족

비스마르크 제도는 숲이 울창한 섬들이 여기저기 흩어져 먼 남쪽

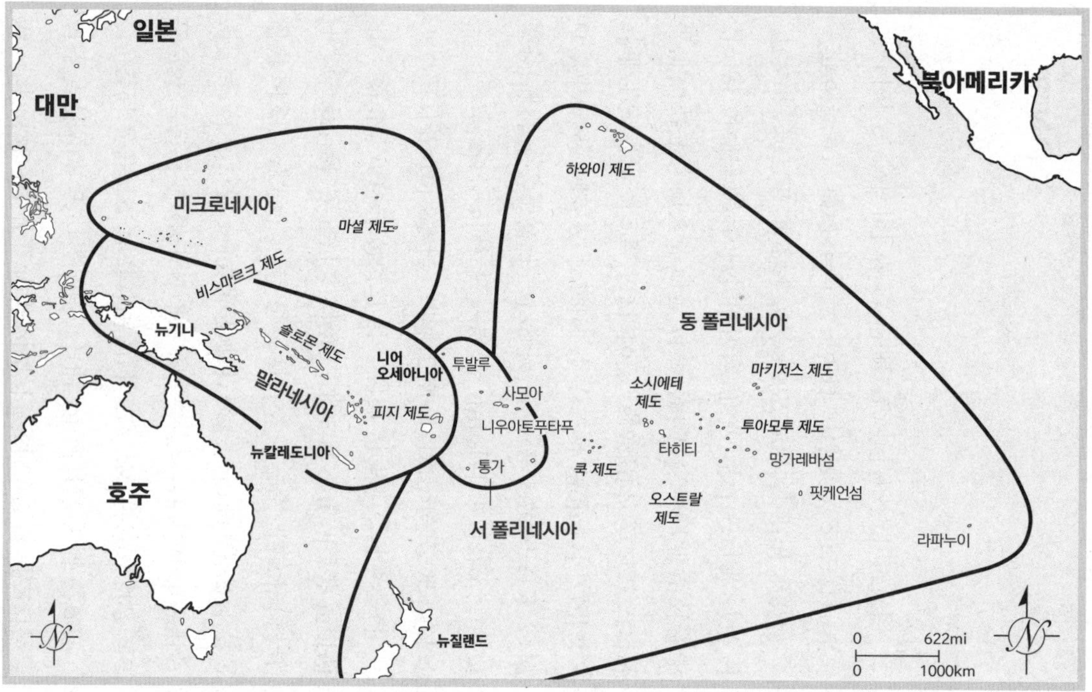

지도8 뉴기니, 비스마르크 제도, 태평양 제도 연안 지대

까지, 서쪽으로는 태평양까지 뻗어 있다. 또 바람과 해류가 예측 가능하고, 열대성 저기압 지대에서부터 북쪽과 남쪽으로도 보호막이 쳐져서 항해 통로가 우호적으로 조성되어 있다. 2만5000년 전쯤에 빙하시대 말기의 뱃사람들은 원시적인 배를 타고도 솔로몬 제도 같이 남쪽이나 동쪽 멀리까지도 건너가 정착했다. 노를 저어 갔든 돛단배로 갔든 간에 이들은 이곳 제도에 쭉 눌러 살며 소인원의 고기잡이 사회를 이뤄 작은 움막과 바위 은거지를 거처로 삼았다. 섬 생활은 세계의 다른 대다수 섬 사회와 마찬가지로, 끊임없는 이동, 흩어져 사는 고기잡이 집단 간의 상부상조가 중요했다.

태평양 남서 연안의 인구는 수천 년이 지나도록 미미한 수준을 벗어나지 못했다. 해안 지대의 현실도, 처음 정착한 사람들로부터 유입된 본토의 말라리아 질병도 인구 증가에 보탬을 주지 않았다. 그러다 기원전 1300년경에 서쪽에서 새로운 사람들이 구경도 못한 큰 카누를 타고 오면서 섬과 섬 사이를 오가는 항해가 늘어나기 시작했다. 고고학계에서는 이 새내기 정착자들을 뉴칼레도니아New Caledonia의 고고학 유적 명칭을 따서 라피타Lapita족이라고 부른다.[1] 노련한 뱃사람들이던 이들은 어느 날 갑자기, 그것도 이전까지 이 수역을 오가던 그 어떤 배와도 비교가 안 될 만큼 큰 범장帆檣을 갖춘 빠른 카누를 타고 왔을 것이다. 바다 위에서도 육지에 있는 것처럼 느긋하게, 하지만 쉴 새 없이 여기저기로 이동하며 교역 기회와 새로운 어장을 탐색하던 중에 이곳으로 들어왔을 것이다. 다행히 라피타족의 항해 범위와 태평양 서쪽에서의 심해 항해 경로도 톱니 문양과, 문양을 도장 찍듯 찍어 넣는 독창적인 도기를 통해 추적해 볼 수 있다. 일부 도기에는 정교한 문양이 들어가 있는데, 특히 양식화된 인간의 얼굴 문양은 이 섬 저 섬으로 이동하며 어마어마한 거리를 누비면서 싹튼 문화적 정체성이 엿보인다. 도기류와 더불어 비스마르크 제도에서부터 솔로몬 제도, 피지, 통가, 사모아에 이르기까지 방사성 탄소 연대 측정으로 확인된 200개가 훌쩍 넘는 라피타족 유적 덕분에 고고학자들은 라피타족의 장대한 항해를 가늠해 볼 수 있다.

기원전 2000년 전에 라피타족은 배를 타고 서쪽 멀리에서 출발해 니어 오세아니아Near Oceania를 건너며 그 몇 백 년의 역사상 가장 인상적인 해상 탐험으로 꼽힐 만한 여정을 펼쳤다. 그로부터 500년 후 이들은 니어 오세아니아 곳곳에 정착하였고, 토착 주민과 결혼하여 살았다. 기회주의적으로 식량을 구한 선조들과 달리 이주민들은 농사를 지으며 여러 섬에서 가져온 묘목, 닭, 개, 돼지 등을 카누에 싣고 다녔는데, 바로 이 동물들이 태평양 남서 연안에 처음 들어온 가축이 되었다. 새로운 농작물과 동물은 고기잡이 및 야생 식물과 더불어 한정된 범위의 사냥에 과도하게 의존해 온 섬 경제에 꼭 필요한 유연성을 전해 주었다. 라피타족 가족들은 식량을 저장해 두었고, 그래서 카누 선장들은 타로토란을 먹으며 바다에서 훨씬 오랜 기간을 보낼 수 있었다. 라피트족이 바다 항해에 나갈 때의 최대 걸림돌은 호리병박에 담을 수 있는 식수의 양이 한정되어 있다는 것이다. 그럼에도 불구하고 항해와 섬의 교류는 더욱 많아졌는데, 이런 항해와 교류는 아마도 소수의 손아귀에서 이루어졌을 것이다. 항해 역시 식민지화의 문제와 흡사하게, 사회적으로나 의례적으로 막강한 토대에 기반하는 사회적 현상이었을 것이다. 또 이런 막강한 토대는 따로따로 떨어진 수십 개의 공동체에게 필수 주식을 제공해 주었던 농경과 고기잡이 없이는 불가능했을 것이다.

오세아니아 제도와 폴리네시아 제도는 예전부터 식물류와 육지 동물이 빈약했다. 이런 빈약함은 동쪽으로 갈수록 더욱 심해진다. 이곳에서 최고의 식량 거리는 물속에 있다. 태평양의 열대 섬들 주위로 산호초 군락, 초호, 원양 수역이 수많은 식용 가능한 물고기를 대 주고 있다. 그것도 연체류와 갑각류뿐만 아니라 성게, 불가사리, 해삼 같은 극피동물이나 다양한 해초를 대 준다.

태평양 수역에서의 고기잡이는 수많은 난관이 있었다. 어쨌든 인간으로서는 태생적 조건상 물에서의 사냥인 고기잡이에 불리할 수밖에 없었다. 이들은 육지에서 접한 적 없는 숱한 난관에 직면했다. 부력, 파도, 물의 난류, 수면 아래의 물고기를 들여다볼 때의 굴절된 빛으로 인한 어려움 등등 하나하나 열거하기도 힘들 정도였다. 그에 따라 섬의 어부들은 물고기 덫, 낚싯바늘, 그물 등의 기술을 동남아시아 섬 근해의 비교적 잔잔한 수역에서 익히면서 차츰 가다듬어 나갔다. 서태평양에서 해안으로부터 제법 떨어진 수역까지 과감히 첫 고기잡이를 나선 이들은 라피타족이었다. 살아남기 위해서는, 또 이 지역의 바다와 섬 지형에 적응하기 위해서는 노련한 고기잡이 기술이 필요했을 것이다. 한편 항해 중 때때로 갓 잡은 물고기에 의존했다 해도 말리거나 염장 처리한 생선이 없었다면 굶어야 했을 것이다. 내가 직접 경험해 봐서 하는 얘기지만, 깊고 광활한 열대 수역의 물고기는 그림자를 포착한다. 라피타족의 현외부재 카누는 이따금씩 포획하려는 물고기에 물위의 창이나 낚싯바늘의 그림자를 드리워 고기잡이가 쉽지 않았을 테지만, 미리 배에 가득 실어 놓은 식량이 뱃사람의 주식이 됐을 것이며, 이런 식량은 대체로 얕은 수역에서 잡아 보존 처리한 것이었다.

라피타족의 고기잡이 방식은 여전히 풀리지 않는 수수께끼다. 잡은 물고기의 뼈, 아니면 이따금씩 발견되는 그보다 더 오랜 세월을 견뎌 내는 그물추나 낚싯바늘 같은 물건들 빼고는 그 증거가 전무하기 때문이다.[2] 동남아시아와 마찬가지로 라티파족의 고기잡이에 사용된 도구도 부서지기 쉬운 소재라 대체로 금방 교체되었다. 라피타족의 고기잡이 기술을 재구성해 볼 유일한 방법은 여전히 전통적 방법으로 고기잡이를 하는 현대 사회에 초점을 맞춰 진행된 인류학적 연구를 살펴보는 것뿐이다. 한 예로, 통가의 작은 섬이며 현재 1000여 명이 거주하는 니우아토푸타푸Niuatoputapu를 눈여겨볼 만하다. 이 섬은 기원전 1000년 무렵에 라피타족에게 식민화된 곳이다. 현재 거주자들은 통가의 다른 섬 거주자와 달리 서구 문화에 별 영향을 받지 않았고, 그래서 그럴 테지만 사냥감을 잡는 전략이 유럽인이 들어오기 전의 전략과 거의 똑같다.

니우아토푸타푸는 15제곱킬로미터에 불과한 작은 지역이긴 해도 아주 다양한 해양 생태계의 축복을 받은 곳이다. 섬의 바람받이가 되어 주는 위치에 자리 잡은 얕은 바닷물의 초호와 암초, 태평양으로 이어진 쇄도 수로surge channe channel•, 원양 등 천혜의 환

• 바위투성이 해안 지대의 좁은 해협으로, 파도가 밀려 들면 그 안에 물이 찼다가 파도가 밀려 나가면 물이 다시 빠진다.

경을 갖추고 있다. 덕분에 날씨가 아주 사나운 날에도 여자와 아이들이 연체류를 채취하고 바위틈에 고인 물에서 **잔챙이** 물고기를 잡는가 하면, 남자들은 초호에 그물을 칠 수 있다. 니우아토푸타푸의 어장은 아주 풍성해 인근 수역에 400~500여 어종이 서식하고 있다. 이 어종을 통틀어 이카ʻika라고 부르기도 하며, 특히 암초 언덕 바깥쪽에 다양한 어종이 서식하고 있다. 초호 해협 역시 어장의 생산성이 뛰어나다.

고고학자 패트릭 커치Patrick Kirch와 그의 동료 톰 다이Tom Dye가 확인해 본 바에 따르면, 니우아토푸타푸 주민들이 활용하는 고기잡이 방식은 최소 37가지나 된다. 이곳 어부들은 고기를 잡을 때 그물을 가장 많이 쓴다. 바람이 불어 가는 쪽에 있고 조수가 밀려들어 후릿그물을 사용하기에 좋은 거초면에서 그물낚시를 많이 한다. 후릿그물은 그 본질상 공동체 사회에 잘 맞는다. 조수가 높을 때 그물을 쳐야 가장 효과적이며, 대개 조수가 빠져나갈 때 아주 큰 물고기가 그물에 걸려든다. 후릿그물을 밤새 쳐 놓으면 물고기가 1000마리 넘게 잡히기도 한다.

암초 가장자리에서 낚싯바늘과 낚싯줄로 낚는 방법은 그리 신통하지 못하지만, 카누를 이용하면 연안에서 7킬로미터 이상 나가지 않고도 가다랑어 끌낚시를 할 수 있다. 니우아토푸타푸의 어부들은 전통에 따라 약 2미터의 대나무 낚싯대를 쓰며, 여기에 두세 개의 낚싯줄을 걸어 거북이 등딱지와 진주조개를 이어 붙여 만든 **가짜 미끼**를 단다. 어부들은 가다랑어의 사냥감인 작은 물고기를 먹고사는 새 떼들을 쫓아 가다랑어 떼를 찾는다. 그러다 가다랑어가 미끼를 물면 잽싸게 배 안으로 홱 잡아당긴 후 신속히 죽인다. 이때 가다랑어가 격렬하고 갑작스러운 경련을 일으키며 펄떡거려 어부의 뺨을 치기도 한다.

창 낚시는 섬에서 바람이 불어오는 쪽의 거초면이든 바람이 불어 가는 쪽의 거초면이든 어디에서나 유용하며, 특히 밤에 유리하다. 횃대에 불을 붙여 날치를 꼬이기도 한다. 바람이 불어오는 쪽의 쇄도 수로에서의 창 낚시는 사냥에 가까우며, 남자들은 이때 코코넛 과육을 질겅질겅 씹으며 때를 기다린다. 그러다 파도가 밀려든 후에 물고기가 눈에 띄면 산호 머리 쪽으로 펄쩍 뛰어올라 씹던 코코넛을 물속에 뱉는다. 그러면 기름기 많은 코코넛의 번들거리는 광채로 물이 투명하게 비쳐서 바닥이 잘 보인다. 파도가 또 다시 밀려 들기 전에 물고기를 잡으려면 재빨리 창을 던져야 한다. 이 방법은 인기 어종인 비늘돔을 잡을 때 유용하다. 독살도 널리 쓰인다. 어부들은 거초면에서 나가는 출구를 후릿그물로 막은 다음에 독성 식물의 뿌리를 빻은 가루를 자루에 담아 와서 산호 머리와 돌출부 아래쪽 물속에 붓는다. 그러면 얼마 지나지 않아 충격으로 멍해진 물고기가 수면으로 떠오르거나 바닥으로 가라앉고, 이때 창으로 찌르거나 손으로 집어 올리면 된다.

주민들은 수많은 어종이 서식한다는 사실을 훤히 알면서도 약 31종의 물고기만 주로 먹지만, 물고기 외에 바닷가재, 게, 식용 복족류 등도 먹는다. 이렇게 먹는 물고기의 대부분은 연안 수역에서 잡히는 것이고, 특히 거초면에서 잡히는 것이 많다. 인기 많은 아투'atu, 즉 가다랑어만이 원양에서 잡힌다. 연체류는 하찮게 취급되어 탁 트인 물가에서 여자와 아이들이 주로 채취하고, 남자들은 고급 먹잇감인 바닷가재와 게를 잡는 것이 일반적이다.

이와 같은 정보를 바탕으로 라피타족의 고기잡이를 재구성해 보면 관련 유물이 희박하다는 걸림돌이 끼어든다. 지금까지 발견된 라피타족의 낚싯바늘은 니우아토푸타푸의 거대한 조개무지에서 나온 조개용 낚싯바늘 세 점이 유일하다. 이 낚싯바늘은 솔로몬 제도 및 동티모르와 그 외 지역에서 발견된 것과 아주 흡사하다. 지금까지 발견된 낚시 관련 유물이 한 가지 더 있긴 하다. 니우아토푸타푸의 거대한 조개무지에서 나온 쪼개진 무늬개오지 조개껍데기로, 폴리네시아 전역에서 반두그물의 추로 많이 쓰인 것이다. 라피타족은 아주 다양한 어종을 후릿그물과 낚시질로 잡을 수 있던 초호 같은 연안 수역에서 주로 고기잡이한 것이 확실시된다. 원양 수역에서 끌낚시로 참치를 잡을 때는 주의 깊은 관찰력과 노련한 선박 조종술이 한데 어우러져 손발을 맞추는 것이 중요했을 것이다.

라피타족의 후손이 사모아에서 동쪽의 폴리네시아 중심부인 소시에테 제도Society Islands까지, 더 멀리 태평양의 외딴 곳까지 진출했던 장거리 항해에서 심해 고기잡이는 그다지 중요하지 않았다. 왜냐하면 원양에서 잡힌 물고기보다 잘 보존한 먹거리에 의존했기 때문이다. 말하자면 근해에서 멀리 벗어나 오세아니아 외딴 곳까지 나아가는 장거리 항해에 일조한 것은 얕은 수역의 어장이었다.

태평양 중부

탁월풍卓越風•을 거슬러 항해하며 원양의 수천 제곱킬로미터에 걸쳐 여기저기 흩어진 섬들을 닥치는 대로 식민지로 개척하는 모습을 상상해 보라. 사모아를 넘어 동쪽으로 항해하던 이들이 바로 그런 난관에 맞섰다.[3] 라피타족 해상 여행자들은 기원전 800년에 통가와 사모아에 당도하여 1000년 넘게 터를 잡고 지냈다. 그러다 서기 1000~1300년경에 갑자기 폴리네시아 해상 여행자들이 상당히 짧은 기간 내에 태평양 동부의 다른 모든 섬을 발견했고, 대부분의 섬을 식민지화했다. 이들이 이렇게 갑작스럽게 탐험한 이유가 무엇인지 확실히 밝혀지지 않았지만, 개량된 심해 항해용 카누에 더해 개선된 적재 능력, 본토의 영토 부족, 순전한 모험적 호기심이 한데 얽힌 결과였을 것으로 짐작된다. 폴리네시아의 사회 구조는 경작 가능한 빈터와 육지 접근성을 중요시했던 만큼 대부분의 항해가 개간하여 농사를 짓다가 대대로 가족에게 물려줄 땅을 찾기 위한 차원이었을 수 있다.

탐험자가 돌아올 의도가 있었는지에 대해서는 의문의 여지가 없다. 이들은 거의 언제나 탁월풍을 거슬러 동쪽으로 항해하고, 무역풍의 소강 상태를 이용하면서 그럴 필요가 생기면 미풍을 따라 돌아올 수 있도록 확실히 항로를 잡았다. 별이나 다른 자연 현상을 이용하는 방대한 전통 항해 지식도 활용되었다. 이런 급작스러운 식민지 개척의 원인이 무엇이든 간에 방사성 탄소 자료나

• 일정 시기에 특정 지역에 가장 자주 부는 바람

유물이 뒷받침해 주듯 급격한 속도로 이루어진 것은 확실하다. 소시에테 제도, 마키저스 제도, 뉴질랜드 같이 넓은 지역에 걸친 여러 곳에서 발견된 손도끼와 낚싯바늘은 서로 유사해서 모두 근래 과거의 비슷비슷한 시기에 만들어진 것처럼 보인다. 대다수 폴리네시아인은 본국에 그대로 남아 밭을 갈고 초호에서 고기를 잡았다. 항해는 선망받는 활동이었다. 폴리네시아 전역의 대양은 장애물이 아니라 한 섬을 다른 많은 섬과 이어 주는 수상 고속도로망과 같았다. 광활한 태평양을 가로지르는 이런 수로를 통해 경제적 · 사회적 유대를 비롯한 여러 유대가 생겨났고, 대부분은 수 세대 동안 지탱되었다.

태평양의 외딴 여러 섬에 사람들이 들어오면서 즉각적이면서도 대체로 근본적인 환경 변화가 이어졌고, 농경으로 인한 삼림 벌채도 빈발했다. 이후 토양이 자주 침식되면서 사냥이 집중적으로 벌어졌고, 그로 인해 육지와 바다의 수많은 새뿐만 아니라 토착종인 바다거북 같은 동물이 멸종되고 말았다. 그러는 동안 이곳의 섬들은 재배 환경이 갖추어졌다. 독창적이고 생산성이 뛰어난 농업이 고기잡이와 병행되면서 타히티 같은 섬은 높아지는 인구 밀도에도 식량 거리가 남아돌 만큼 풍성해졌다. 필연적 결과로서, 가장 비옥한 땅을 소유한 사람들에게 정치와 의례를 주도하는 힘이 쥐어졌다. 서기 1600년 무렵에 폴리네시아 사회 몇몇 곳에 족장, 항해사, 사제 계층이 다스리는 정교한 지배 체계가 생성되었다. 하지만 파벌과 치열한 경쟁 관계로 악의적 경쟁, 불안정한 동맹, 전쟁이 이어졌다. 그 결과 하와이를 빼고는 정교하거나 강력한 왕국이 들어선 곳이 드물었지만, 소시에테 제도에서는 특히 타

히티섬을 위시한 여러 곳에 그런 왕국이 들어섰다.[4]

초기 유럽인 방문자들은 장거리 항해의 중심지에 자리 잡은 섬에서 이루어지는 타히티의 전통적 고기잡이와 관련된 목격담을 남겨 놓았다. 프랑스의 탐험가 루이 앙투안 드 부갱빌Louis Antoine de Bougainville, 1729~1811(유명한 식물 '부겐빌리아'는 이 사람의 이름에서 따온 것이다)은 1767년 타히티에 닻을 내렸을 때, 자연과 조화를 이루며 살아가는 것처럼 보이는 눈부신 섬 사회에 깊은 인상을 받았다. 부갱빌에 비해 쉽게 흥분하지 않는 제임스 쿡 선장은 그로부터 6년 후에 타이티에서 금성이 태양을 가로지르는 모습을 목격했다. 쿡 선장은 타히티를 몇 차례 다시 찾았고, 항해사와 같이 타히티와 타히티 사람들 이야기를 방대한 글로 남겼다. 그런 쿡 선장과 항해사들이 느낀 인상대로라면 타히티 사람들은 시큰둥하고, 농부들은 무심한 편이었지만, 어부들은 열정적이고 노련했다고 한다. 이 말은 맞을 수도 있고 틀릴 수도 있다.

인류학자들을 비롯해 수 세대의 작가들은 타히티의 고기잡이에 관련하여 꽤 상세한 기록을 남겼다. 그런 기록에 의거하면, 티히티에서 고기잡이는 생존 활동 가운데 기술적으로 가장 발달한 활동이었으며, 필수 단백질의 섭취 원천이었다. 고기잡이는 폴리네시아인에게 스포츠와 가장 근접한 활동이기도 했다. 다음은 선교사 윌리엄 엘리스William Ellis가 1829년에 쓴 글이다. "암초 사이의 잔잔하고 투명한 바다는 이들이 수상 스포츠를 펼치기에 유리했다. 족장과 족장의 부하들은 창으로 무장하고 고기잡이에 나설 때면, 유럽 귀족이 여우를 사냥할 때처럼 들떠서 나갈 때가 많았다."[5] 더 대담하고 젊은 족장들은 상어를 표적으로 삼기도 했고, 나이 지긋한 귀족은 카누 안에 앉아 구경하곤 했다.

타히티의 어부들은 아주 광범위한 해산물을 접했다.[6] 환초環礁 해변 주위에 그물을 쳐 놓으면 식용 바다거북이 쉽게 잡혔다. 민물 새우, 대하, 게 등 갑각류도 잡을 수 있었다. 성게, 홍합, 굴, (지중해 지역에서도 널리 먹은) 대왕조개도 이곳에서는 흔한 먹거리였다. 암초와 초호 사이에 가 보면 복족류가 그득그득했지만, 조개껍데기는 멋내기용이나 장식품으로 활용되었다. 타히티 사람들은 문어를 아주 좋아했지만 바다에서 나는 가장 중요한 식량은 물고기였다. 암초와 초호 지대에서 상어와 가오리부터 뱀장어까지 온갖 다양한 어종을 잡았는가 하면 참치와 줄삼치, 심지어 황새치 같은 원양 물고기도 잡았다.

타히티섬의 주민들은 물고기라면 가리지 않고 먹었으며 크고 작은 먹잇감을 아주 다양한 방법으로 잡았다. 얕은 물에서 물고기를 간질여 잡거나 작은 그물과 막대기 또는 창을 써서 잡는가 하면, 덫을 써서 바닷가재와 민물 참새우를 잡기도 했다. 굴은 날카로운 껍데기에 발이 베일까 봐 기피했다고 한다. 잔잔한 물에 독이 있는 잎이나 뿌리를 넣는 식으로도 물고기를 잡기도 했다. 어떻게 잡을지는 대체로 먹잇감에 대한 훤한 상식을 바탕으로 조정했다. 거북이는 이 지역의 굉장한 별미였다. 등껍질은 낚싯바늘과 장식에 썼고, 고기는 신전에 제물로 바쳐졌다. 개울, 호수, 초호 등에 풍성한 뱀장어도 별미였는데, 이 지역의 민간전승과 전설에서 자주 등장했다. 잡은 뱀장어 가운데 일부는 넓고 얕은 못에 가둬 놓았다. 그러면 좁은 틈에 숨어 아주 크게 자랐는데, 휘파람을 불면 그제야 나와 잡혔다.

타히티인은 그물을 만드는 솜씨가 뛰어났다. 손으로 떠서 잡는 식의 그물도 만들고, 미세한 망의 **투망그물**도 만들었다. 미세 투망그물은 아주 촘촘해서 작은 물고기 떼가 몰린 곳에 던져도 거의 전부를 잡아들이곤 했다. 타히티인의 가장 인상적인 그물은 대형 후릿그물로, 단단한 나무껍질을 재료로 써서 협동하여 만들었다. 어떤 후릿그물은 무려 가로 73미터에 세로 3.65미터에 이르기도 했다. 바닥 부분의 가장자리에는 돌로 추를 달고 윗부분에는 가라앉지 않게 부구浮具를 히비스커스 나무로 만들어 달았다. 후릿그물은 주로 초호 고기잡이에서 사용했다. 남자들이 카누를 타고 잡아당기거나 수영해서 바닥에 고정시키면 동시에 물속에서 물고기를 몰아넣기도 했다. 카누에 탄 사람들이 일을 마치면 물속에 있는 사람들은 그물을 살피며 빠져나가려는 물고기를 잡았다. 상어가 방해하면 그물 옆에서 수영하던 남자들이 상어를 막대기로 찔러 해변으로 몰았다. 상설이나 임시로 설치해 두는 어살도 강바닥과 초호로 헤엄쳐 들어가는 물고기를 잡을 때 유용했다. 노련한 어부들은 단순한 형태나 여러 갈래의 창을 들고 물속에 들어가 먹잇감을 찔러 잡기도 하고, 카누 안에서나 바위 위에서 무기를 던져 잡기도 했다. 어둠이 내린 후에 고기잡이를 할 때는 대다수 어부들이 말린 코코넛 잎을 뭉쳐 만든 홰에 불을 붙였다. 한 손에는 횃불을 들고, 다른 손에는 창을 든 채로 물고기가 나타나면 창을 던지려 자세를 취하고 있었다.

타히티의 어부들은 대부분 낚싯대, 낚싯바늘, 낚싯줄로 낚시질을 하는 데 능숙했지만, 연안에서 날개다랑어, 줄삼치, 돌고래, 상어 등을 비롯해 심지어 황새치까지 낚아 내는 실력이 남달랐다.

(©Look and Learn/ Bridgeman Images)

소리를 지르고 노래를 부르고 물을 튀기는 식으로 겁을 주어 초호에 사는 물고기를 대형 후릿그물 안으로 몰아넣는 피지인들. 1973년 작품, 작자 미상

이들은 수백 년의 실험과 힘겨운 경험이 쌓이면서 그야말로 연안 고기잡이의 대가로 거듭났고, 아마도 그 실력이 어떤 폴리네시아인보다 탁월했을 것이다. 다행히도 저널리스트이자 낚시광인 찰스 노르도프Charles Nordhoff, 1887~1947가 1920년대 타히티의 고기잡이 방식을 글로 남겨 놓기도 했다.[7] 유럽의 영향을 받은지 수백 년이 지난 후에도, 타히티의 고기잡이 방식은 이미 완벽한 수준이었기에 어느 정도 온전한 형태로 명맥이 이어지고 있었다. 날개다랑어, 줄삼치, 돌고래가 주요 포획 대상인 이유는 떼 지어 이동하는 습성 때문이었다. 이곳 어부들은 워낙에 대담한 사내들이어서 무게가 45킬로그램 이상인 돌고래를 아무렇지도 않게 상대했다. 18세기 바운티호의 반란자였던• 제임스 모리슨James Morrison, 1760~1807에 따르면, 타히티인은 돌고래를 잡을 때 언제나 바람을 거슬러 배를 몰면서 질긴 칼풀••로 만든 기다란 낚싯줄에 억센 뿌리나 경질硬質 목재로 만든 뾰족한 낚싯바늘을 끼워 물속에 드리웠다. 낚싯바늘에는 날치가 미끼로 끼워졌다. 미늘 달린 낚싯바늘을 쓰던 유럽인과 달리 타히티 어부들은 낚싯줄을 홱 잡아당기는 식으로 물고기의 입안에 낚싯바늘이 박히지 않게 했다. 그보다는 낚싯줄을 계속 팽팽하게 당기면서 물고기가 스스로 낚싯바늘에 걸리게 했다. 그렇게 줄을 당기면 낚싯바늘이 돌면서 물고기의 턱 안으로 더 깊이 들어갔다.

• 1789년에 타히티섬과 호주 중간 부근 해역을 항진한 영국 군함 바운티호에서 선원을 함부로 대하고 폭언을 일삼던 함장에 대한 항거로 일어난 선상 반란을 가리킨다.

•• 칼 모양의 잎이 있는 풀

노르도프가 고기잡이 방식과 관련해서 남긴 글에 따르면, 타히티 어부들은 우선 카누를 조종한 경험이 많은 연장자가 맞바람 쪽의 얕은 물가에서 새들이 빙글빙글 도는 곳으로 배를 몰아갔단다. 그런 후에 바다로 미끼를 던지면 물고기가 꼬여 들였다. 카누의 뱃머리를 바람이 불어오는 쪽으로 돌려 속도가 떨어지면 따라온 젊은 어부들이 미끼를 끼운 낚싯줄을 물속으로 던졌다. 그러다 물고기가 낚싯바늘을 물면 잡힌 물고기가 제풀에 지칠 때까지 낚싯줄을 계속 팽팽하게 당겼다가 그 물고기를 수면 아래 몇 미터에서 계속 잡고 있었다. 물고기를 카누 안으로 끌어다 놓으면 다른 물고기들이 헤엄쳐 가버릴지 모른다는 생각으로 그렇게 해 놓고는 다시 끌낚시를 시작했다. 일단 두 번째 물고기가 낚싯바늘을 물면 첫 번째 물고기는 카누 쪽으로 휙 당긴 후 잽싸게 끌어 올려 밧줄로 꼼짝 못하게 묶었다. 물고기를 모두 배 안으로 잡아들일 때까지 이런 속사포 같은 과정이 연이어 반복되었다.

타히티에는 날개다랑어가 여러 종 출현했지만 타히티인에게는 모두 아아비[ʻaʻabi]로 통했다. 날개다랑어 떼가 몰려드는 물가는 해류가 잔챙이 잡어를 휩쓸어 와 포식을 즐길 만한 섬의 암초 근처였다. 이른바 구덩이로 불린 이런 물가는 비교적 잔잔했고, 타히티 근해에만 10여 곳이나 있었다. 어부들은 진주조개 낚싯바늘로 작은 날개다랑어를 잡기도 하고, 물속에 밑밥을 뿌리고 낚싯바늘에 미끼를 달아 놓고 추를 매단 낚싯줄을 깊이 던져 넣기도 했다.

타히티인은 대물 날개다랑어를 잡기 위해 그들 말대로 **티라**[tira]라는 도구를 이용했다. 어부들은 두 척의 카누 사이에 바구니를 엮는 식으로 평평하게 짠 장비를 매달고 다니며, 그 위에 잡은 물고기를 건져 올렸다. 또 끝부분이 두 갈래로 갈라지고 구부러진 긴 낚싯대인 티라에 낚싯줄 두 줄을 걸치고, 여기에 미끼를 단 진주조개 낚싯바늘을 걸어 수면 가까이 드리웠다. 낚싯줄은 두 갈래로 갈라진 티라에 단단히 걸려 선미까지 쭉 이어졌고, 어부는 선미에서 낚싯바늘을 지켜봤다. 이 낚싯대에는 깃털 뭉치가 매어져서 카누의 흔들림에 따라 잠겼다 비틀렸다 하면서 날개다랑어의 먹잇감인 잔챙이 물고기를 잡아먹는 새들의 흉내를 냈다. 그러면 날개다랑어가 잔챙이 물고기를 쫓을 때처럼 가짜 새들을 쫓다가 미끼 달린 낚싯바늘을 물었다. 날개다랑어가 낚이면 어부들은 티라를 기중기처럼 활용해 낚싯줄을 당겼다. 날개다랑어를 바구니처럼 짠 평평한 장비 위로 끌어 올리면 어부들이 장대를 잽싸게 바깥쪽으로 획 뺀 후에 열심히 노를 저어 날개다랑어 떼를 쫓아갔다. 티라 낚시는 아주 유용했고, 특히 대형 물고기를 낚기에 좋아서 날개다랑어의 낚시는 단독보다 합동 작업이 훨씬 중시되었다.

노르도프는 티라 낚시꾼을 노련한 테니스 선수에 비유하며 한 번에 두 마리의 물고기를 낚아 올린 어부들의 얘기도 썼다. 어부들은 저마다 낚싯바늘을 몇 개씩 가져가 기상 상태에 따라 교체했다. 진주조개 낚싯바늘은 몸체 부분이 미끼 역할도 해서 아주 귀하게 다루어졌고, 애칭을 붙이기도 했다. 진짜 고수들은 물고기를 물 밖으로 끌어내면 낚싯바늘이 풀리도록 조종된 짧고 뭉툭한 낚싯바늘을 썼다. 이때 물 밖으로 끌어낸 물고기를 카누 쪽으로 획 던지는 것과 동시에 낚싯바늘은 다시 물속에 드리우는 묘기가 부려지기도 했는데, 이런 고수 중의 고수는 흔치 않았다.

다랑어류인 줄삼치는 타히티 근해에서 큰 떼를 지어 헤엄치며 작은 먹잇감을 빠르게 쫓아다니는 종이라 카누의 노잡이에게는 만만치 않은 상대였다. 식욕이 워낙 왕성해 먹잇감을 찾아 먹어 대기 위해 빠르게 쉴 새 없이 돌아다녀서 쫓기가 여간 어려운 게 아니었다. 어부들로서도 그런 줄삼치 떼를 낚아 올리려면 적응이 필요했고, 감을 잡기까지 수 시간이 걸렸다. 줄삼치 떼가 한 번씩 카누 주변의 물 위로 떠오르는 순간, 몇 분 만에 낚아서 끌어올려야 했다. 타히티인은 물고기를 낚기 좋은 각도로 모서리가 튀어나온 일직선의 축을 지닌 독특한 낚싯바늘을 썼다. 줄삼치가 꼬이도록 낚싯바늘에 색깔도 꼼꼼하게 칠했다. 어부들은 최대 5.5미터의 낚싯대를 써서 물고기가 낚이면 잽싸게 카누로 홱 끌어 올렸다.

카누 선장들은 물고기를 쫓아다니는 새의 종류를 보고 그 새들이 어떤 물고기를 쫓는지 알아챘다. 예를 들어, 부비새boobies는 날개다랑어를 쫓는 중이고, 제비갈매기는 줄삼치를 쫓는 것이라고 감을 잡았다. 타히티 어부들 사이에는 구전해 오는 물고기 지식이 어마어마했고, 카누 소유주들이 꿰고 있는 날씨와 바람 관련 상식도 마찬가지였다. 또 타히티의 카누 노잡이들은 고기잡이의 상황을 능수능란하게 예측했다. 줄삼치를 잡기에 가장 유리한 날씨인 마오아에maoa'e, 즉 가벼운 북풍과 북동풍이 하루 종일 따사롭게 불어오는 그런 날씨를 기가 막히게 간파했다.

물고기는 계절에 따라 바뀌었고, 고기잡이는 대체로 잔잔한 기상 상황이 이어지는 여름이 제철이었다. 이 기간을 타히티 말로는 테 타이te tai, 즉 '(열린) 바다'라고 불렀다. 북동쪽으로부터 더 강한 무역풍이 부는 겨울에는 큰 파도가 일어나 고기잡이가 위험했다. 미국의 언어학자 프랭크 스팀슨Frank Stimson은 수백 년 동안 구전된 고기잡이와 관련 있는 타히티의 노래들, 특히 달의 변형 단계와 연관된 노래를 모아서 정리해 둔 바 있다. "타마테아tamatea. 달이 밝게 빛나기 시작하면 깊은 바다에서 큰 물고기가 모랫바닥의 얕은 물가로 올라오지요…… 다시 그물을 꺼내 고기를 잡을 때가 왔어요." 달이 없는 밤인 마우리 마테Māuri-matě에 대한 노래도 있다. "낮의 빛이 달을 짓밟아 달이 뜨지 못하면 물고기도 잠자리에 들지요. 이런 밤에는 물고기가 코빼기도 보이지 않는다네."[8]

북쪽으로 : 하와이

소시에테 제도의 식민지 개척 후 100년 후쯤에 폴리네시아인은 마키저스 제도로 추정되는 곳에서 북쪽을 향해 미지의 수역으로 모험을 나섰다. 이들은 서기 1000년 이후 어느 시기쯤에 외딴 리모트 오세아니아Remote Oceania에 급히 정착지를 마련하는 일환으로 하와이를 식민지로 삼았다. 그 뒤로 수십 년 동안 구두로 전해져 온 모이케하Mo'ikeha와 파아아오Pa'ao 같은 항해자의 전통을 기리면서 드문드문 항해가 이어졌다. 이들이 (타히티로 추정되는) 카히키Kahiki라는 신화 속 고향으로 항해해 갔다가 무사히 돌아왔다는 전설도 전해 온다. 그러다 1300년 이후 이런 위대한 항해가 중단되면서 하와이는 폴리네시아의 다른 곳과 완전히 고립되었다. 고립되지 않고 이어진 단 하나의 예외라면, 카히키로 떠났다가 돌아왔다는 의인화된 신, 로노Lono의 귀환 전설이었다. 쿡 선장이 1778년에 타히티에서 배를 타고 왔다는 사실을 알고 나서 하와이인이 그를 로노로 여겼던 이유도 이 전설 때문이었다. 이 무렵에는 강력한 힘을 가진 족장의 통치하에 하와이 제도에 거주한 인구가 최소 23만 명에 이르렀다. 고립됐지만 하와이인은 바다를 누빈 선조에 대한 뿌리 깊은 의식과 대양에 대한 강한 유대감을 느꼈으며, 바로 그 대양의 물고기가 이들의 주된 단백질원이었다.[9]

하와이는 인간이 정착하면서 근본적 변화가 일어났다. 하와이인은 관개 시설과 계단식 언덕 사면을 활용해 타로토란을 정성껏 재배하는 등 농업 생산성을 아주 높은 수준으로 끌어 올렸다. 또 물고기와 조개를 주된 단백질원으로 삼았다. 이들은 노련한 어부여서 바다와 바다의 생물에 대해 아주 훤했다. 고기잡이에는 창, 덫, 그물뿐만 아니라 낚시 등을 활용하며 아주 다양한 전략에 의존했다. 초기 정착자가 도입한 이런 고기잡이법은 태평양 전역에서 익숙하게 펼쳐지던 것이었다. 한편 다른 폴리네시아인과 달리하와이인은 대체로 조개껍데기보다 뼈로 만든 낚싯바늘에 의존했다. 낚싯줄을 매는 방식이나 낚싯바늘의 크기와 꺾인 정도에서도 차이가 났는데, 모두 서로 다른 환경과 포획감에 맞추어 살짝 변형했음을 뒷받침해 준다. 하지만 전반적으로 보면 기본적인 낚싯바늘 모양은 폴리네시아 다른 지역의 것과 상당히 비슷했으며, 이런 사실은 하와이 제도에 식민지 이주민이 급속도로 확산되었다는 반증일 수도 있다. 하와이인은 참치나 상어 같은 대형 물고기를 잡을 때는 대형의 이중 고리 낚싯바늘을 썼다. 일부 낚싯바늘 제조자는 그 크기와 강도를 중요시하며 인간의 뼈로 대형 낚싯바늘을 만들기도 했다. 무찌른 적의 뼈로 낚싯바늘을 만드는 것은 적의 가족이나 마을에 모욕감을 주는 수단이기도 했다. 어떤 족장은 낚싯바늘 제조자에게 모욕당할 일이 없도록 전사자들의 매장지를 위장하기까지 했다.

하와이 제도의 사람들은 인근 환경을 광범위하게 활용했다. 하와이의 연안 지대는 조개류가 풍성한 데다 게와 성게, 해초와 작은 물고기 등이 유독 많았다. 그런가 하면 바람이 불어 가는 쪽의 연안 지대는 바다가 더 잔잔하여 생산성이 특히 뛰어났다. 근해 지대는 암초가 잘 형성되어 있어서 그 일대의 해양 생태계를 통틀어 가장 생산성이 높았고, 바로 이 지대에서 사람들이 가장 집중적으로 고기잡이를 벌였다. 깊이 약 30~350미터의 이른바 저생底生 생물 지대는 자주 활용되는 어장 중 가장 깊은 수역이었다. 이곳은 물고기 개체수가 상대적으로 크게 떨어졌지만, 도미같이 암초에 사는 물고기를 잡기에 유리했다. 이때의 고기잡이에서는 낚싯줄에 기발한 낚싯바늘을 끼워서 썼다. 추가 달린 모조미끼 낚싯바늘이었다. 그런가 하면 원양 지대에서는 끌낚시로 아주 귀하게 대접받는 가다랑어 참치를 잡았다. 이 참치를 이곳 사람들은 아쿠aku라고 불렀고, 족장과 같은 높은 지위에 있지 않으면 먹기 힘든 고급 먹거리였다.

하와이 제도에는 태평양에서 드물게도 양식이 널리 퍼져 있었다. 그것도 어살과 덫을 이용한 양식이 아니라 사방이 대부분 가로막힌 양어지를 기반으로 한 양식이었다. 동남아시아에서는 사람들이 잡아 온 물고기의 상당량을 나중에 먹기 위해 양식하기도 하고, 우리에 몰아넣기도 했다. 양식은 민물의 어획량이 부족할 경우에 해결 수단이었다. 하와이에서는 양어지가 주로 지위와 권력의 상징이었다. 양어지에서 나오는 물고기는 족장 가족들의 식량이었고, 주로 과시적 소비 경향을 띠었다. 19세기 중반에 하와이의 현자 사무엘 카마카우Samuel Kamakau, 1815~1876는 다음과 같은 글을 썼다. "양어지는 주변 땅을 아름답게 돋보여 주었고, 양어지가 많은 땅은 '기름진fat 토양'으로 통했다."[10] 이런 양어지는 하와이의 고기잡이를 생존을 넘어서는 활동으로 변모시켰다. 이제 물고기는 사회적 의미를 띠는 상품이 되었다. 하와이 제도 사람들은 물고기를 집중적으로 키우는 영역으로 들어섰다. 비옥한 계곡의 대규모 타로토란 관개 시설과 건조지 농경(강우량이 적은 지방에서 관개를 하지 않고 자연 강우로만 작물을 재배하는 농업) 체계와 더불어 제도 전역에 수백 개의 양어지가 생겨나면서 하와이 사람들은 식량을 넉넉하게 생산하게 되었고, 지배 체계도 복잡해졌다. 양어지는 주로 얕은 거초면의 연안을 따라 들어섰다. 이런 곳은 땅 주인이 연안에 반원형의 넓은 벽을 세우기가 쉬웠기 때문이다. 그런 장소 중에는 오하우Oahu섬의 진주만과 몰로카이Molokai섬의 서부 연안 지대도 있었다. 땅 주인들은 연안의 용암 분지에 샘물이 흘러 들어 자연적으로 형성된 못에 추가로 벽이나 문을 보강해서 생산적인 물웅덩이로 바꾸기도 했다.

당시 양어지 중에 가장 주목할 만한 양어지는 현무암과 산호 덩어리를 최대 만조대 수위보다 1미터가량 높이 쌓아 벽을 세운 활 모양의 연안 지대 양어지로, 일명 **로코 쿠아파**loko kuapa로 불

(Gaertner/ Alamy Stock Photo)

몰로카이섬에 있는 하와이의 고대 양어지

렸다. 로코 쿠아파는 벽을 세울 때 바닷물은 드나들 수 있지만 물고기는 빠져나갈 수 없는 수문으로, 벽 사이에 틈을 만들었다. 그 크기도 4000제곱미터에서 212만 제곱미터에 이르기까지 다양했다. 이런 양어지는 일부가 여전히 몰로카이에서 사용되고 있으나 대다수는 침니沈泥에 파묻혀 버렸다. 이런 양어지에서 키워지는 물고기는 소금기 있는 물에서 잘 자라는 차노스milkfish와 숭어가 주를 이루었다. 내륙의 민물 양어지는 작은 물고기와 새우를 기르는 용도로 이용되었다. 1세기 전에 실시한 연구의 추산치에 따르면, 하와이 양어지의 연간 물고기 생산량은 평균 166킬로그램 정도다. 이는 오는날 기준으로 생산량이 많은 편은 아니지만, 당시 하와이 양어지는 사회적 위신이나 과시적 소비와 밀접히 얽혀 있었음을 감안할 필요가 있다.

홍해에서부터 태평양의 외딴 섬에 이르기까지 카누와 상선은 깊은 수역이 아닌 연안 근처의 물고기에 의존했다. 즉, 말리고 염장하고 훈제 처리한 생선이 연안에서 멀리 떨어진 곳과 먼 바다를 항해한 이들에게 생명을 지탱할 양식이 되어 주었다. 말하자면 초기 문명이 점점 복잡해지는 연결망을 통해 점점 멀리까지 교역하는 과정에서 연안에서 잡힌 보잘 것 없는 물고기들이 역사의 추진력이 된 셈이었다.

제2부 얕은 물의 어부들

어부와 어부가 잡은 물고기가 없었다면 파라오는 기자Giza의 피라미드를 세우지 못했을 테고, 캄보디아의 그 웅장한 앙코르와트 사원도 현재와 같은 위용을 뽐내지 못했을 것이다. 페루 북부 연안에 있는 모체Moche의 왕들은 연안의 안초비잡이 어부에게 크게 의존했는데, 만약 그 어부들이 없었다면 황금으로 뒤덮인 장엄한 국가는 존재하지 못했을 것이다. 초기 문명은 대부분 강어귀, 호수, 강 인근, 아니면 대양에 접근하기 쉬운 위치에서 꽃피었다. 도시 외곽, 즉 중대한 의례가 벌어지는 중심지에서 멀리 떨어진 어촌의 그득그득 채워진 바구니와 카누가 없었다면 수많은 고대 문명이 탄생하지 못했을 것이다.

기원전 3100년경에 지중해 동쪽에서 세계 최초의 도시가 출현했다. 그로부터 얼마 후 아시아와 아메리카 대륙에도 또 다른 산업혁명 이전 도시가 독자적으로 발전했지만, 이들 도시는 몇 가지 공통성도 띠었다. 한 예로서, 모든 도시마다 복잡한 사회적 피라미드가 형성되었고, 그 꼭대기에는 최강의 힘을 가진 신과 같은 지배자가 있었다. 그 아래에는 귀족, 온갖 분야의 관료, 사제뿐만 아니라 전문 장인匠人과 상인에 이르기까지 철저하게 계층이 정해져 있었다. 피라미드의 맨 아래에는 농부, 목동, 짐꾼, 하찮은 기술자, 그리고 어부를 아우르는 평민이 있었다. 국가의 전체 상부구조上部構造는 수메르든, 이집트든, 로마든, 은나라든, 마야든 간에 강력한 이념을 내세워 무명의 노동자 수천 명의 수고를 분발시키면서 이들이 대저택에서 시중을 들고 신전과 무덤과 공공건물을 짓고 지배자만이 아니라 관료들을 먹여 살릴 양식을 생산하도록 몰았다. 그 노동자 가운데서도 가장 필요하지만 가장 무명인 존재가 바로 어부였다. 농부와 더불어 어부는 공공 공사에 동원되는 수많은 인원에게 먹을 것을 대야 했던 국가의 모든 식량 조달자를 통틀어 필수적인 집단이었다.

생존형 고기잡이는 가족과 친족 집단, 공동체, 경우에 따라서는 가깝거나 먼 이웃까지도 먹여 살렸다. 고기잡이는 대체로 고독한 일이었다. 한 남자나 여자가 낚싯바늘과 낚싯줄을 가져가서, 또는 미늘 달린 무기를 들고 적당한 바위를 골라 그 위에 서서 하는 일이었다. 함께 협력해서 고기를 잡는 경우는 드물었다. 후릿그물이 설치되거나 마을 사람들이 메기의 산란기나 연어 떼를 활용하는 경우가 아니면 웬만해선 없었다. 그런데 당시에는 고기잡이가 단 시간에 수천 마리의 물고기를 잡아서 내장을 제거하고 건조시켜야 했다. 고기잡이 기술이 초창기와 비교해서 크게 바뀌지 않고 그대로 이어져 왔다 해도, 이런 식의 고기잡이는 생존형 고기잡이와는 차원이 아주 달랐다. 인구가 점점 늘자 어부들은 함께 협력하면서 잡은 물고기를 작은 마을로 옮겼다가 다시 도시로 옮기며 매일 같이 동이 트기 전까지 시장과 신전에 생선을 가져다주었다. 이제 물고기는 개인과 친족을 위해 잡는 식량이 아닌 상품이 되었다. 처음으로 일부 공동체가 사실상 전업 어부가 되어 도시나 마을의 시장에서 생선을 물물 교환하거나 팔아서 다른 필수품을 마련했다. 어부들이 잡은 물고기는 문서에 기록되어 세금이 부과되었다. 그러다 나중에는 귀족과 평민에게 똑같이 보급되는 표준 배급 식량이 되기도 했다. 지배자와 국가에는 수백 명, 아니 수천 명의 숙련 및 미숙련 노동자들이 필요했다. 노동자의 노동은 일종의 조세였지만, 왕은 그런 조세에 상응하여 이들을 먹여 살려야 했다.

물고기를 배급 식량으로 사용한 최초 증거는 이집트에서 발견되고 있다. 당시 이집트의 나일강에서는 메기가 특히 산란기에 쉽게 잡혔고, 이렇게 잡은 메기는 내장을 빼낸 후에 거대한 건조대 위에서 열대의 태양 빛을 받으며 말려졌다. 기자의 피라미드 지대에는 생선을 가공한 거대 건물이 남아 있다. 당국자는 어부들에게 조별로 일정한 기간 내의 특정 할당량을 지정해 주었다. 특히 범람한 물이 빠지는 시기에 할당량을 더욱 철저히 지정했다. 어부들이 사용한 움막은 사라진 지 오래이지만, 귀족의 무덤에서 발견된 그림을 통해 마을 주민들이 합세해 대형 후릿그물을 치고 끌어당겨 많은 물고기를 잡은 당시 모습이 짐작된다. 나일강의 어부들은 수백 년에 걸쳐 고대 이집트의 공공건물, 신전, 무덤 등을 건설한 이들을 먹여 살리는 데 일조했다.

배급 식량으로서의 물고기는 여러 가지로 유용했다. 특히 얕은 물의 어종은 예측 가능한 계절에 수두룩이 잡을 수 있었다. 캄보디아의 톤레사프Tonle Sap 어장(지도2 참조)만 하더라도 앙코르와트와 그 주위의 운하와 저수지를 지었던 크메르Khmer족 수천 명을 이 어장에서 잡힌 메기로 먹여 살렸다. 초기 유럽 방문자들이 우기가 끝나 수위가 낮아지고 있을 때 톤레사프호를 건너다가 남긴 글을 보면, 메기가 어찌나 우글우글하던지 메기 등을 밟고 물을 건널 수도 있을 것 같았다고 한다.

사람들은 잡은 물고기를 보존 처리하는 방법을 터득하고 난 후로 많은 식량을 당나귀의 등에 얹거나 안장의 자루에 넣어 쉽게 나르기도 하고, 작은 배에 꽉꽉 채울 수 있을 뿐만 아니라 상할 염려 없이 몇 주나 몇 달 동안 저장할 수 있게 되었다. 물고기 배급 식량은 지중해와 아시아의 멀리 떨어진 지역 간의 장거리 교역이 폭발적으로 증가하고 이동성이 크게 높아지는 데도 기여했다. 그 뒤로도 한참 뒤의 중세 여행자처럼 육로 기반의 상인이나 대양 항해자 모두 말린 생선을 동물의 등이나 배의 짐칸에 싣고 다녔다. 말린 생선은 이집트를 인도양이나 페르시아만의 수역과 처음으로 이어 준 식량이었다. 한편 말린 생선은 홍해에서 이를테면 인도 같은 곳으로 곧장 실려 가는 식으로만 전해진 것이 아니다. 수백 년 동안 작은 무리를 이루며 살던 '물고기 먹는 사람들(15장 참조)'은 지나가는 배들에게 물물 교환을 통해 물고기를 식량으로 대 주었다. 세계의 그 반대편, 페루의 건조한 북부 연안 지대에서는 자연발생하는 용승 덕분에 해저에 양분이 풍부히 공급되던 안초비 어장에서 잔챙이 물고기를 어마어마하게 잡았는데, 이 물고기를 말려 어분魚粉으로 만들면 농부의 귀한 보조식이 되었다. 자루에 담겨 라마 짐마차에 실려 높은 안데스 산맥으로 옮겨진 어분은 잉카 제국의 중요한 경제적 버팀목이었다.

피라미드 건설과 인더스강의 치수 사업 같은 대대적 공공 사업은 결국 의식하지 못하는 사이에 무분별한 어류 남획을 불러왔다. 서남아시아와 중국의 수렵채집인이 채집 생활에서 야생 곡물을 계획적으로 재배하는 생활로 갈아타게 되었듯, 고기잡이 공동체도 필연적으로 양식을 필요로 하게 되었다. 초반의 양식은 일부러 깊게 파 놓은 웅덩이에서 메기를 가둬 놓는 식이었다. 틀림없이 중국 남쪽의 양쯔강 하류, 톤레사프의 연안, 이집트의 나일강 삼각주, 파이윰 분지Faiyum Depression에서도 그런 식이었을 것이다(269쪽 지도9 참조). 하지만 얼마 지나지 않아 양식은 훨씬 더 정교해졌다. 작고 큰 여러 못을 유심히 살펴보던 사람들은 이런 저런 요령을 터득해 갔다. 중요한 영양분이나 울타리를 친 곳에 치어를 넣어 기르는 방식이나, 물고기가 크는 정도에 따라 못을 옮기는 방식 등을 차차 깨닫게 되었다. 어류 양식이 정확히 언제, 어디에서 시작됐는지 불확실하지만 처음 양식 요령을 터득한 이들은 이집트인과 중국인으로 여겨지며, 그 시기는 일찍이 기원전 2500년으로 추정된다. 초반에는 가두어 기르기 쉬운 잉어류를 가장 많이 양식했다. 전문가의 견해로도 뒷받침되고 있다시피, 당시에 어부들은 숭어 등 다른 인기 어종도 수천 마리씩 길렀다.

양식은 도시와 시골에서 증가하는 인구, 어획량의 불확실성, 상선과 군함의 대인원을 먹일 대규모 식량 수요의 증가에 따른 대응책이었다. 수백 년이 지나는 사이에 양식은 거대 사업으로 성장했다. 양식 상품이 안정적이고 예측 가능한 공급원인 까닭이다. 말린 생선과 함께 발효 상품도 나왔다. 로마 시대에 들어와 빈부를 막론하고 양념으로 사용한 가룸이라는 생선 소스는 국제 교역 무대를 북유럽부터 로마 제국의 동쪽 변경까지 넓게 확장시켰다. 가룸 산업은 다양한 종류의 소스와 고급품을 만들기 위해 작고 다양한 어종에 의존했다.

고기잡이와 어류 양식은 과묵한 활동이다. 남녀를 막론하고 그 종사자들은 어렵게 터득한 지식을 철저히 비밀에 부쳐 후대에 전수해 주었다. 그리스 작가들은 홍해와 에뤼드라해Erythraean Sea의 물고기 먹는 사람들을 대충만 보고, 야만인처럼 묘사했다. 이들은 멀리 떨어져 살면서, 잡은 물고기를 가지고 궁전 식당, 시장, 신전 등에 나타났다가 대체로 임시 거처에 머무는 작은 오지 마을로 조용히 돌아갔다. 이들이 이렇게 도시 사람들과 떨어져 살았던 이유는 이들의 몸에 밴 생선 냄새 때문일 수도 있고, 물고기를 잡는 단순한 바구니, 그물, 창 등 도구 때문일 수도 있다. 아니면 그런 삶을 당연한 일로 받아들였을 수도 있다. 하지만 이들의 수고는 수천 년 동안 위대한 문명을 꽃피우고, 먹여 살리고, 서로 이어 주는 데 큰 몫을 했다.

12. 파라오를 위한 배급 식량

여기는 1만6000년 전의 상上이집트 나일 계곡Nile Valley이다. 작은 갈대밭 은거지, 줄지어 늘어선 화톳불 자리, 건조한 와디의 모래 둔덕에는 갈대로 단순하게 만들어 놓은 건조대도 보인다. 은거지에 모여 있는 수렵 무리는 수 세대에 걸쳐 이곳을 거듭 찾아왔다. 이들이 며칠째 지켜보는 사이에 여름철 범람으로 넘친 침니투성이의 갈색빛 물이 건조한 계곡으로 슬며시 흘러 들면서 못이 생겨나고, 계곡 둔덕은 점점 더 물속 깊이 잠기고 있다. 아침마다 연장자들은 새벽안개가 계곡을 감싸고, 떠오른 해가 낮은 절벽과 사막 노두露頭를 고운 분홍빛으로 뒤덮는 모습을 지켜본다. 연장자의 눈은 얕은 물속의 움직임을 예의주시하기도 한다. 낮게 나는 벌레들을 잡아먹는 메기가 어디 없는지 살펴보는 중이다. 며칠이 지나자 홍수로 밀려온 얕은 물이 사막 지대로 흘러 들면서 물속은 산란기 물고기들로 그득해진다. 이제 슬슬 포획할 때가 된 것이다.

1만6000년 전 지중해는 현재보다 수위가 한참 낮았다. 훗날 나일강으로 불릴 강의 어귀는 현재의 연안에서 최소한 50킬로미터 멀리 떨어져 있었다. 이 강은 완만하게 기복이 지고 여러 작은 수로들로 분리된, 사막에 가까운 지대를 지나갔다. 비교적 가파른 경사도 덕분에 강물은 물살이 지금보다 훨씬 빨라 침니보다 자갈을 더 많이 실어 날랐다. 멀리 상류 쪽에서는 여러 줄기의 와디가 이 강으로 이어져 있었고, 근처 낮은 절벽에서 바람에 날려 온 모래가 쌓여 생긴 둔덕들이 곳곳에 펼쳐져 있었다. 이 황량한 지대에 거주하는 수렵채집인은 2000~3000여 명에 불과했다. 이들은 물가를 벗어나지 않으면서 먹을 수 있는 식물류, 야생 짐승, 물고기 등을 찾아 끊임없이 이동했다.

와디 쿠바니야Wadi Kubbaniya는 그다지 눈에 띄지 않는 계곡으로, 이집트 남부에 있는 아스완Aswan에서 남쪽으로 30킬로미터가량 떨어진 지점에서 나일강 서안과 만난다(지도9 참조).[1] 수천 년 동안 드물게 폭우가 내려 세차게 흐르는 물살이 범람하는 시기를 제외하면 일 년 내내 건조한 기후가 이어졌다. 인간의 정착지로 삼기에는 그다지 바람직한 지형이 아니라 상상하기 힘들겠지만, 1만6000년 전에는 소규모의 채집 생활 무리들이 해마다 나일강이 범람하면서 생기는 얕은 여울에 그득히 들어차는 메기로 연명하기 위해 드문드문 이곳을 찾았다. 여름마다 불어난 홍수가 이 계곡으로 밀려와 낮은 둔덕을 물에 잠기게 했다가 서서히 빠져나갔다. 이런 계절이면 와디 쿠바니야로 소인원의 무리가 발길을 옮겨 가뭄에 내성을 가진 관목과 드문드문 눈에 띄는 위성류渭城柳 나무 사이에 움막을 세웠다. 그러다 계곡에 물이 마르면 식량 거리를 찾아 다른 곳으로 이동했다.

1960년대에 고고학자 프레드 벤도르프Fred Wendorf와 로무알트 실트Romuald Schild는 흩어진 유물과 뼛조각 구획에서 임시 움막 흔적을 찾았다. 두 고고학자는 수백 년 동안 계절에 따라 찾아와 머물다 간 흔적을 복잡한 모자이크를 짜 맞추듯 조합해 나갔다. 흩어져 있는 작은 돌 유물과 식량 잔존물로 미루어 볼 때, 이 와디 쿠바니야의 방문자들은 강 하류를 따라 최소한 150킬로미터 뻗어 있는 길고 좁은 영역을 활용한 것으로 짐작되었다.

나일강을 찾는 메기의 산란기는 장마철 초반에 시작되어 물이 빠지는 9월에 끝난다. 1만6000년 전에 불어난 홍수로 나일강에서 범람한 물이 멀리 와디까지 뻗어 나갔다. 사람들은 초반엔 물에 잠긴 계곡이 내려다보이는 급경사면에 움막을 세우거나 와디 상류로 이동해 물가에서 물고기를 포획했다. 그러다 물이 빠져나갈 즈음에는 더 많은 메기를 잡으며 저습지와 군데군데 생겨난 물웅덩이에서 (메기처럼 물 바닥에 사는 저생어) 틸라피아나 뱀장어를 좀 잡기도 했다. 와디 쿠바니야 유적에서 발견되는 메기 뼈는 대부분 대량으로 포획된 후 나중에 먹으려고 건조된 어른 메기의 것이다. 와디 쿠바니야에서 포획된 이 메기들은 기회주의적 이동 생활을 했던 전형적인 사례에 든다.

나일강의 메기인 클라리아스*Clarias* 종은 긴 등지느러미가 달리고 뼈대 굵은 머리 쪽에 뚜렷한 돌기가 있어서 고고학 유적에서 어종을 분간해 내기가 비교적 쉬운 편이다.[2] 현재의 나일강 어부들이 증명해 주고 있다시피, 클라리아스는 다른 종이 대부분 못 버티고 죽는 환경에서도 내성이 강하다. 산소가 적은 얕은 물에서 몰려 지내면서도 육지를 통해 이 물 저 물로 옮겨 다닐 수 있게 해 주는 정교한 산소 호흡 계통 덕분에 잘 버티면서 꽤 빠른 속도로 습지와 물이 고여 있는 지대에 군락을 이룰 수 있다. 또한 일시적으로 생겨난 물웅덩이에 있다가 물이 마르면 진흙 깊숙이 파고 들어가 웅덩이가 다시 물에 잠길 때까지 나오지 않는다고도 한다.

열대 아프리카에서 수십 만 년 동안 그러했듯, 나일강 메기도 작은 개울에 떼를 지어 몰려다니며 알을 낳아서 인간에게는 잡기 쉬운 사냥감이 되어 준다. 한번 상상해 보라. 벌거벗은 어부들이 둔덕 사이의 얕은 웅덩이에서 뼈 촉의 창을 잽싸게 찔러 넣어 몸부림치는 메기를 모래 위로 휙 던진다. 무리의 다른 이들이 그 메기를 붙잡아 몽둥이로 내리친 후 재빨리 배를 갈라서 등뼈 쪽의 내장을 꺼낸다. 메기는 순식간에 갈대 건조대에 얹혀서 뜨거운 태양 아래 말려진다. 메기가 얕은 물에 바글바글 몰려들면 발로 채는 메기들을 느끼면서 손을 뻗어 잡기도 했다. 어떤 때는 무리가 다같이 물이 말라가는 웅덩이를 따라 한 줄로 바짝 붙어 서서 더 얕은 물로 메기를 몬 다음에 줍듯이 손쉽게 잡았을 것이다.

이런 메기 포획은 금방 먹거리를 제공해 주었지만, 그 진가는 건조대에서 말려지는 순간 발휘되었다. 그렇게 말려 놓으면 먹거리가 귀해지는 몇 달 동안 식량 거리가 되었기 때문이다. 어떤 공동체는 잡은 물고기를 훈제 처리하기도 했다. 1만2000년 전에 상 이집트의 마카드마Makhadma 유적에서는 생선뼈와 숯 무더기가 수북이 쌓인 쓰레기 더미와 훈제 처리용 구덩이로 추정되는 흔적이 발견되었다.[3]

해수면이 상승하고 유속이 느려지면서 물이 범람하면 침니

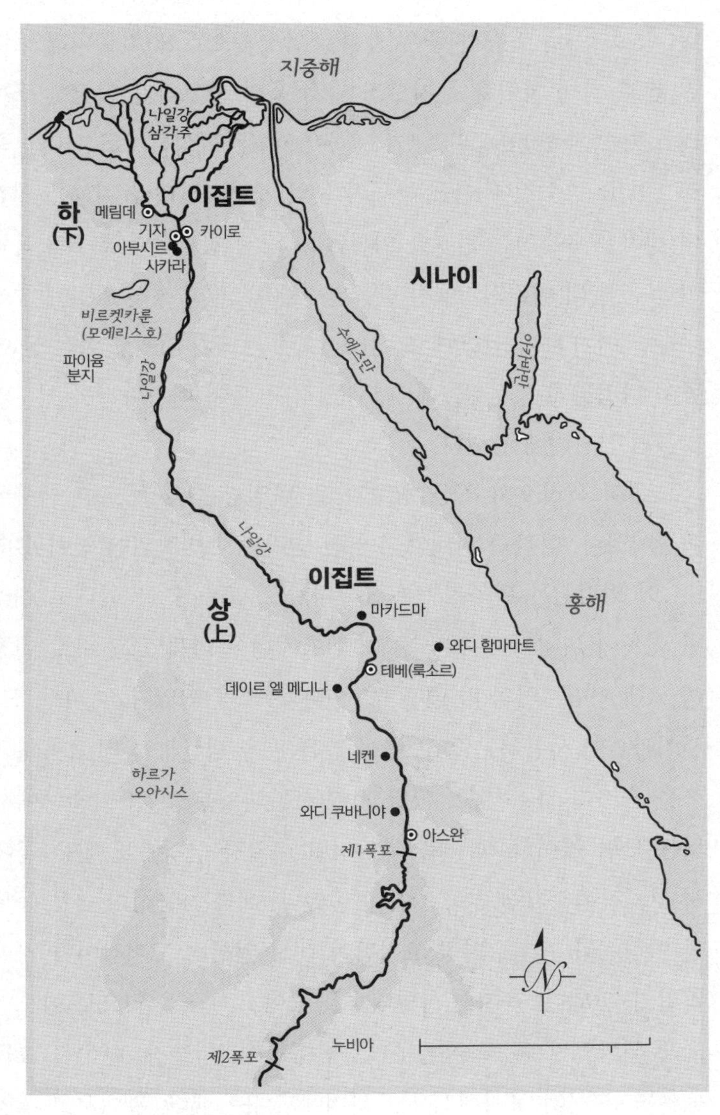

지도9 상 이집트와 하 이집트의 주요 고고학 유적

가 잔뜩 떠밀려 와 나일강의 어귀에 광대한 삼각주가 생성되었다(지도9 참조). 범람한 물은 카이로 남서쪽으로 80킬로미터 떨어진 건조 지대 파이윰 분지로도 넘쳐 흘러 물고기가 풍성한 모에리스호Lake Moeris(현재 비르켓카룬Birket Karun)를 형성하기도 했다.[4] 최소 1만1000년 전에 이곳 주위의 둔덕, 습지, 갈대밭 지형은 인간의 정착을 유도하는 환경을 이루었다. 당시 광활했던 호수의 북쪽 연안 움막 터 여기저기에서 발굴된 9000년 전의 생선뼈 잔해 중에 무수한 메기 뼈가 있었다. 모에리스호에는 메기 외에도 얕은 물 어종이 다양하게 서식했는데, 대부분 홍수 물이 빠져나가는 시기와 맞물려 산란기에 잡혔다.

장차 파라오의 곡물 창고가 될 나일강 삼각주 또한 풍부한 어장이었다. 삼각주 지대는 수평선 멀리까지 범람원이 뻗어 있었다. 이 범람원은 관목지灌木地, 습지, 좁고 얕은 수로, 갈대로 빼곡한 연못이 뒤엉켜 홍수가 날 때마다 지형이 바뀌었고, 바로 이곳이 고대 이집트인의 타 메후Ta Mehu(파피루스의 땅)였다. 파피루스는 서기관들이 사용하는 얇고 종이 같은 판을 생산하는 데 유용하게 쓰는 습지대 사초莎草로, 학명 시페루스 파피루스*Cyperus papyrus*에서 이름을 딴 것이다. 파이윰 분지처럼 나일강 삼각주도 얕은 물에서 고기잡이하기엔 천국 같은 곳이었다. 예측 가능성이 높은 풍부한 어장이라 기회주의적 고기잡이 대신 일상적 고기잡이가 자리잡힐 수 있었다. 육지의 사냥짐승을 죽이고 새들을 덫으로 잡으며 오래전부터 써 온 도구와 무기, 즉 몽둥이, 미늘창, 단순한 그물 등은 얕은 물과 물가에서 사용하기에도 유용했다. 광대하고 끊임없이 변하는 이곳 어장은 물이 너무 깊어져 연안에서 창으로 고기를 잡기에는 어려운 경우도 자주 생겼다. 정확한 시기는 불명확하지만 그러던 어느 순간, 이집트의 어부들은 나무가 없는 세계에서 구할 수 있는 유일한 재료인 파피루스 갈대로 만든 배를 타고 드디어 물로 진출했다.

파피루스 배의 기술은 단순함 그 자체이며, 최소한 기원전 7000년경에 쿠웨이트에서 이용된 것으로 알려져 있다. 나일강의 어부들도 비슷한 무렵에 파피루스 배를 이용했을 것으로 거의 확실시된다. 여러 고고학 유적에서 발견되는 어종에서 숭어와 나일농어Nile perch 같은 심해 어종이 발견되는 등 어종이 급격히 다양해진 시대가 바로 이 때이기 때문이다. 어부들은 파피루스 줄기 다발을 끈으로 단단히 묶어 양 끝이 같은 모양으로 높이 올라가는 카누를 만들었다. 똑같은 기술을 활용해 튼튼한 뗏목도 만들어 그물을 던지고 짐을 실어 나르기도 했다. 이곳의 뜨겁고 건조한 기후는 어부들에게는 유리했다. 물이 쉽게 배는 파피루스 카누를 내리쬐는 햇빛에 말리면 수명을 늘릴 수 있었기 때문이다. 캘리포니아 남부와 페루 연안의 고대 어부들도 이렇게 카누를 햇빛에 말려 썼다. 파피루스는 이집트의 고기잡이에 혁명을 일으키며, 이제는 고기잡이가 기회주의식 채집에서 탈피해 좀 더 집중적인 형태의 생존 활동으로 도약했고, 그 이후에는 스포츠가 되기도 했다. 그로부터 한참이 흐른 뒤인 제18왕조 시대에 상 이집트와 하 이집트에서 빵의 개수를 세어 기록하는 서기관이라는 중책을 맡던 관료 우서핫Userhat은 가족이 지켜보는 가운데 고양이들을 데리고 파피루스 배를 타고 창으로 물고기를 잡는 자기 모습을 그리게 시켰다. 다른 귀족도 이처럼 휴가지에서의 자기 모습을 그리도록 했다.

나일강 삼각주와 멀리 상류 쪽의 잔잔한 후미는 파피루스 장인에게 이상적인 곳이었으며, 생존형 고기잡이에도 쏠쏠한 곳이었을 것이다. 이곳에서는 특히 두 어종이 중요해졌다. 나일 농어와 숭어였다. 나일 농어(라테스 닐로티쿠스*Lates niloticus*)는 푸른빛이 감도는 은색 물고기로 아주 크게 자라기도 해서 때때로 90킬로그램이 넘기도 한다.[5] 대물 나일 농어는 여러 명을 먹일 만큼 살집이 많았다. 그 후에 많은 농어가 말려 보관된 점으로 미루어 보아, 이 어종은 중요한 먹거리로 활용되었던 듯하다.

숭어(무길리데아*Mugilidae*)는 온화하고 열대성 바다에서 가장 흔한 연안 물고기에 속한다.[6] 이집트의 지중해 연안에 나타나는 세 종의 숭어는 모두 나일강으로 진입해 먼 상류까지 헤엄쳐 간다. 그중 무길 세팔루스*Mugil cepbalus*, 즉 회색 숭어는 나일강 삼각주에서 1850킬로미터 떨어진 제1폭포First Cataract처럼 남쪽 멀리에서 발견된다(지도9 참조). 현재는 틸라피아와 함께 이 지역에서 가장 중요한 상업용 물고기다. 회색 숭어는 바다에서 알을 낳기 위해 떠나기 전까지 삼각주에서 때로 쉽게 잡히며, 특히 깊은 물이나 수생 식물이 풍성한 곳에서 잘 잡힌다.

무덤 속 그림 등 미술품을 비롯해 아주 다양한 유물에는 고대 이집트의 고기잡이 관행이 잘 묘사되어 있다. 이집트의 고기잡이 기술은 단순했고, 천년이 지나는 동안 별로 바뀌지 않았다. 고왕국古王國의 기자 피라미드가 세워진 기원전 3000년대 중반에는 뼈나 뿔이나 상아 촉이 달린 미늘창과 하푼이 많이 쓰였다. 대부분 시기에 어부들은 먹잇감을 찔러 잡았고, 이때 **바이덴트**bident, 즉 두 갈래의 창이 종종 쓰이기도 했다. 기원전 2335년경에 재상이자 재판관이었던 카겜니Kagemni의 무덤에서 발견된 양각화에는 세 어부가 얕은 물에서 미늘창으로 물고기를 찌르는 모습이 담겨 있다.

낚싯바늘은 이집트에서 그 역사가 아주 오래되었다. 뼈, 상아, 조개껍데기로 만든 최초의 낚싯바늘은 파라오 시대보다 훨씬 전으로 거슬러 올라간다. 초창기 낚싯바늘에는 미늘이 없었다. 기원전 3100년 통일기 무렵엔 구리 낚싯바늘이 쓰였으나, 알려진 한에서 제12왕조(기원전 약 1878년) 무렵에도 미늘 낚싯바늘이 쓰이지 않았다. 기원전 2400년에 세워진 제5왕조의 재상 티Ti의 무덤에서 발견된 묘사 장면을 보면, 오른손에 몽둥이를 쥔 채 큼지막한 메기를 끌어당기는 어부의 모습이 있다. 사카라Saqqara의 또 다른 무덤에서는 파피루스 카누를 탄 어부가 덫으로 큼지막한 메기를 잡는 모습이 담겨 있다. 또 다른 어부는 낚싯줄을 쥐고 입질이 오는지 느끼려고 집게손가락을 뻗고 있기도 하고, 물 아래에는 다섯 개의 낚싯바늘이 드리워져 있다. 한 사람은 등뼈의 뼈대가 굵기로 유명한 시노돈티스*Synodontis* 속 메기를 잡은 상태다. 기원전 1950년경 무덤에는 정원의 인공 연못에서 의자에 앉아 낚시하는 귀족의 모습이 그려졌다. 이런 그림은 단순히 스포츠를 즐기는 모습을 묘사한 것이 아니다. 귀족들이 잡고 있는 물고기는 예외 없이 부활의 상징인 틸라피아다. 당시에 미끼를 썼는지 여부는 확실하게 밝혀지지 않았지만 사용했을 가능성이 높다. 하지만 대부분 어부들은 미끼를 달지 않은 낚싯바늘을 써서 낚싯줄을 상하로 움직이며 물고기가 반짝거리는 금속을 보고 다가오도록 유인했다.

또한 합동 작업을 벌여 어획량을 늘리기도 했다. 나일강 삼각주와 파이윰 분지의 공통 특징인 갈대와 얕은 물은 덫을 놓기에 이상적인 환경이었다. 어부들은 갈대나 막대기 같은 단순한 장애물을 활용해 물고기가 얕은 물 쪽으로 오도록 유도한 다음에 물고기를 창으로 찌르거나 손으로 잡을 수 있었다. 안타깝게도 고대에 이런 장애물을 활용한 흔적은 남아 있지 않지만, 20세기 초에 고고학자이자 박물학자인 윌리엄 레너드 스티븐슨 로트William Leonard Stevenson Loat가 관찰한 현대 이집트인의 고기잡이 이야기는 주목해 볼 만하다. 대양으로 이어지는 강줄기에서 그물로 숭어를 잡던 모습이었다.[7] 마을 사람들이 알을 낳기 위해 하류로 이동하는 숭어 떼가 눈에 띄자 어부들에게 알려주었고, 그 순간 어부들은 좁은 물길에 그물을 쳐서 숭어 떼를 에워쌌다고 한다.

로트는 카룬호Lake Qarun 근처에서 살아가는 사람들이 마른 갈대로 만든 카누 모양의 덫을 사용하는 모습도 보았다. 일명 **가라비**garaby라고 불리는 이 덫은 한쪽 입구는 넓고, 다른 입구는 좁은 구조였다. 좁은 쪽은 갈대로 묶여 있어 덫에 걸린 물고기가 넓게 벌어진 쪽으로 나가서 대기 중인 바구니 안으로 들어가도록 되어 있었다. 어부들은 강둑에 말뚝을 박아서 적당한 자리에 큰 어살을 설치하는가 하면, 한쪽 입구 부분을 부구로 받친 큼지막한 덫을 강 한가운데에 놓기도 했다. 이 덫은 좁은 쪽이 물 위에 떠 있어서, 그 안에 물고기가 들어오면 기울어지면서 바구니로 담겼다. 바구니를 비우려면 어부들이 카누 몇 대를 띄워 협력해야 했다.

생존형 고기잡이에는 이보다 단순한 도구, 특히 그물이 동원되었다. 제6왕조의 고관 메레루카Mereruka의 화려한 사카라 무덤에

(Bridgeman Images)

얕은 물에서 파피루스 카누를 타고 물고기를 잡는 이집트 고왕국의 어부들.
사카라 카겜니Saqqara Kagemni의 석실 분묘에서 발견된
기원전 2300년경 제6왕조 시대의 양각화

서도 그물에 잡힌 고기를 들어 올리는 어부의 묘사가 발견되었다. 손 그물은 잔챙이부터 중간 크기까지의 물고기를 잡기에 이상적이었다. 남자든 여자든 얕은 물에서 그물을 던지면, 그물이 추의 무게로 끌려 내려가며 물속으로 서서히 가라앉는 모습을 지켜보기도 했을 것이다. 그러다 얼마 후에 오늘날 사람들이 그러듯, 기대감에 들떠 그물을 건져 올렸을 것이다.

기원전 2686년경에 시작된 고왕국 시대에 이집트의 어부들은 적어도 23종의 물고기를 잡았고, 이 어종들 모두는 현재 이집트 시장에서도 팔리고 있다. 사카라 무덤의 그림이 암시해 주는 바에 따르면, 당시에는 숭어가 가장 귀한 어종이었다. 고기뿐 아니라 알 때문이기도 했다. 숭어는 메기와 나일 농어 다음으로 그림에 자주 묘사되는 어종이다. 잡힌 물고기는 생물로 많이 팔렸지만, 대부분 등뼈를 따라 베어 내장을 제거하고 평평하게 펴놓거나 걸어서 건조시켰다. 이때는 대체로 머리와 등뼈는 그대로 놔둔 채 건조시켰다. 제6왕조에서 왕의 서기관 직책을 맡은 고관 테티Teti의 무덤에 그려진 장면을 보면, 어부들이 잡은 물고기를 서기들이 기록하는 모습으로 묘사되어 있다. 당시에는 이렇게 잡은 물고기의 일부분이 여러 관리에게 분배되었다. 어부들은 그 나머지 물고기를 다른 상품과 일정한 가치에 따라 교환했다. 숭어 한 마리와 맥주 한 항아리, 말린 물고기 한 바구니와 부적 하나를 교환하는 식이었다.

이집트가 통일되기 한참 전부터 물고기는 생존 차원을 넘어섰다. 기원전 4000년대 말에 상 이집트의 네켄Nekhen(히에라콘폴리스Hierakonpolis)은 그 지도자들이 통일을 이루는 데 중대한 역할을 한 왕국의 번화한 중심지였다(지도9 참조). 안뜰을 갖춘 으리으리한 신전이 바로 이곳에서 수백 년 동안 융성하기도 했다.[8] 사제들은 동물을 비롯해 의식을 치르는 동안 생겨난 쓰레기를 안마당을 에워싼 목재 담장 밖의 쓰레기 구덩이에 버렸다. 현재 여러 구덩이에서 상당량의 질그릇 파편, 야생 동물 및 가축의 뼈와 함께 대형 나일 농어의 잔해가 발견되고 있는데, 그중 일부는 그 길이가 최소 1.5미터로 추정된다. 이런 대물 물고기는 강의 아주 깊은 곳에서만 자라서 잡는 것뿐만 아니라 끌어 올리는 데도 아주 힘들었다. 특히 카누에서 끌어 올리려면 유독 힘들었을 터다. 이 구덩이에서는 나일 농어의 등뼈는 나오지만 머리와 지느러미 부분은 발견되지 않아서, 다른 곳에서 도살된 것으로 보인다. 신전에는 몸집 큰 농어의 살 부위만 배달되었는데, 아마도 이는 신에게 바쳐졌을 것이다.

그렇다면 농어는 언제 잡혔을까? 이 정도로 큰 농어는 수심이 낮아졌을 때, 그러니까 연례 홍수가 발생하기 전인 6월 말에 낚싯바늘을 써서 잡는 것이 가장 쉬웠다. 이 시기는 나일 굴Nile oyster을 풍성하게 채집하기에도 좋았다. 네켄의 신전에서 숭배한 신앙은 오래전에 잊혀져 지금은 전해지지 않는다. 동물 등의 어지러운 세계의 여러 상징을 다루며 우주의 신과 지배자에게 제물을 바쳐 질서를 유지하려는 믿음과 관련되었으리라 추정할 뿐이다.[9] 하지만 이런 신앙에서 확실한 부분도 있으니, 대물 나일 농어가 식량으로 이용되는 차원을 넘어 상징적이고 의식적인 의미를 지니고 있었다는 점이다.

물고기는 상품이 되고

4, 5000년 동안 나일강의 고기잡이는 몇몇 마을 사람끼리 가족을 먹여 살리고 나중에 먹으려고 잡은 물고기를 대부분 건조시키는 활동에 머물렀다. 물고기가 식량 상품으로 팔린 시기는 정확히 언제인지 불명확하지만, 인구 증가가 이런 변화를 촉발시킨 계기였을 것으로 보인다.

기원전 4500년 무렵에는 현재의 카이로에서 북서쪽으로 50킬로미터 떨어진 메림데 베니 살라마Merimde Beni-Salama의 한 작은 도시가 주요 교역 중심지였다(지도9 참조). 이곳의 추정 인구는 5000명에 이르렀고, 상류와 하류 지역 모두와 폭넓게 교류했다.[10] 그 수가 점점 늘어나자 장인과 상인은 먹을 식량을 다른 사람들, 즉 농부뿐 아니라 어부에게도 의존했다. 훨씬 이전의 이집트 농촌이 그랬듯, 이곳에서도 친족 관계와 상호 의무 관계가 일상생활의 중심축이었다. 그렇게 책임감에 바탕을 둔 교환은 필연적으로 다양한 상품에 대한 가치 체계를 만들었다. 금전적 가치 체계가 아닌 무게 등 여러 측정 기준에 따른 가치 체계였다. 이집트의 식생활은 아주 초창기부터 빵과 맥주가 기본이었는데, 메림데 베니 살라마 같은 공동체에서는 생물 상태와 건조시킨 상태를 막론한 물고기도 이런 기본 식생활에 포함됐다.

생존형 어부가 산업적 규모에 가까운 수준으로 고기잡이한 계기는 무엇이었을까? 나일강 지역에서 고기잡이가 전업 활동이 된 이유는 노역자의 정착지에 매달 생선을 배달해야 할 필요성 때문이었다. 이와 관련한 기록은 별로 남아 있지 않지만, 일상적 활동이었던 것만큼은 분명하다. 산업화 이전의 국가에는 사회적 피라미드가 있었다. 가장 꼭대기에 자리한 지도자는 귀족과 관료로 잘 짜인 계층을 다스렸다. 그 가장 밑바닥에서는 수천 명의 장인과 병사, 농부와 어부 등이 말단 관리와 서기관의 엄격한 감독을 받으며 살아갔다. 바로 이런 밑바닥 계층이 기원전 3250년경에 이르면서부터 신전, 궁, 대저택뿐 아니라 실제 피라미드도 지었다.

이런 노역자들을 먹일 배급 식량은 지배층과 피지배층의 상호주의를 상징하는 것이었다. 이런 상호주의는 나일강의 물고기가 생존 식량 못지않게 상품으로서도 중요하게 여겨지는 계기 중 하나였다. 공공 공사는 처음엔 규모가 그리 크지 않았지만, 기원전 3100년경 이집트가 통일된 후부터 규모가 커지면서 나중에는 대인원의 노역자와 대량의 식량이 필요해졌다. 이런 필요성은 태도에도 변화를 가져왔다. 이제 어부는 가족을 먹일 몇 마리가 아닌 수백 마리를 고기잡이의 기준으로 삼아야 했다. 메기의 어획량은 범람기에는 안정적이었다(실제로도 전체 배급 식량에서 메기가 주된 어종이었다). 하지만 범람기를 활용하는 차원을 넘어 새로운 고기잡이 기술이 등장하기도 했으며, 특히 후릿그물의 역할이 두드러졌다. 이런 그물을 사용하면 한꺼번에 어마어마한 양을 잡아들일 수 있었고, 그에 따라 근처에서 수많은 사람이 물고기를 건조시키기 위해 내장을 제거하고 다듬어야 했다.

후릿그물은 물고기를 중요한 상품으로 변모시키는 데 한몫했다. 고대 이집트의 후릿그물은 워낙 크고 무거워서 그물을 다루려면 일단의 어부가 힘을 합쳐야 할 정도였다.[11] 무덤 속 그림에도 위쪽과 아래쪽에 나란히 그물의 지지 줄이 달리고 끝으로 갈수록 폭이 점점 가늘어지며 잡아당기는 용도의 조종 줄이 달린, 기다란 그물이 묘사되어 있다. 어부들은 엮어서 만든 넓은 띠를 허리에 두르고 있다가 무거워지면 작업이 수월하게 띠를 조종 줄에 둘러매고 잡아당기기도 했다. 또 그물이 물속에서 수직으로 잘 펼쳐지도록 그물의 아래쪽 지지 줄에 석재나 도기 소재의 추를 달고, 그물의 위쪽 지지 줄에 그물 윗부분이 수면 가까이 떠 있도록 나무 소재의 삼각형 기구를 매달았다. 후릿그물로 고기잡이하는 어부들은 무리를 이뤄서 강이나 수로의 둑에서 작업하거나 큰 뗏목이나 배를 타고 더 깊은 수역으로 나가기도 했다.

이런 기술은 파라오 시대 이후로도 오랜 기간 이어졌다. 20세기 초에도 어부들은 천천히 노를 저어 가면서, 커다란 호의 모양을 이루도록 후릿그물을 쳤다. 이때 노잡이가 노를 물에 내리치며 물고기를 겁주어 그물 쪽으로 몰기도 했다. 양 끝을 모으면서 큼지막한 원 모양으로 그물을 치기도 했다. 나중에 그물을 끌어 올리려 양 끝의 줄을 당길 때는 두 척의 배에서 한쪽씩 잡아당기기도 했다. 또한 그물의 한쪽 끝은 배 위에서, 다른 쪽 끝은 연안에서 잡아당기기도 했다. 테베Thebes에서 발견된 중왕국 시대의 고관 메케트레Meketre(기원전 1980년경) 무덤에는 두 척의 파피루스 카누가 후릿그물을 매달고 연안으로 향하는 모습이 묘사되어 있다. 이런 식의 대량 고기잡이 모습은 이집트 고왕국 미술에도 숱하게 담겨 있다.

(Egyption National Museum/ Bridgeman Images)

나일강에서 후릿그물로 고기잡이하는 어부들. 제11왕조 시대의 메케트레Meketre 무덤에서 발견되었다.

기자 노역자의 식량 배급

숙련공과 미숙련공을 통틀어 기자에 동원된 노역자는 어느 순간 2만 명에 이르렀을 것으로 추정된다.[12] 당시 마을 사람들이 무더기로 동원되어, 최대 15톤에 이르는 석재를 썰매와 굴림대를 이용해 옮겼다. 이런 중노동은 범람기 몇 달 사이에 집중되었다. 바지선으로 육중한 바위를 건설 현장까지 실어 나르기에 유리한 시기였기 때문이다.

장인, 사제, 서기관, 노역자 등과 이들의 가족은 건설 현장 인근에 있는 도시에 거주했다. 건설 과정에서 죽은 사람들은 인근의 허술한 공동묘지에 묻혔다. 노역자는 채석장, 보급로, 암석 절단장 바로 너머, 기자 고원의 남남동쪽 저지대 사막 등에 정착했다. 피라미드 도시 인근에는 일명 라셰ra-she로 불리는 강 유역이 있었을 것으로 추정된다. 기자의 피라미드 건설 이후 200여 년 뒤에 세워진 제5왕조 파라오 제드카레 이세시Djedkare-Isesi, 기원전 2414~2375의 옛 문서가 사카라 공동묘지 북쪽 아부시르Abusir의 피라미드 벌판에서 발견되었다(지도9 참조). 이 문서에서 나온 파피루스에도 라셰 분지가 묘사되어 있다. 라셰는 배급 식량을 수집할 뿐 아니라 배달, 생산, 저장 등의 업무까지 처리한 곳이었다. 고왕국 파라오인 니우세레Niuserre, 기원전 2453~2422의 태양 신전에 새겨진 내용에 따르면, 이곳에 빵 · 맥주 · 떡 등의 배급 식량 10만800개, 페센pesen 빵 7720개, 소 1002마리, 거위 1000마리 등이 연간 유입되었다. 이는 기자의 거대한 공사에 비해 훨씬 덜 복잡한 신전을 건설하는 노역자에게 공급된 양에 불과했다.[13]

이집트 피라미드는 모두 피라미드 단지를 이루지만, 그중에서도 기자 피라미드 단지가 가장 유명하다. 이곳 정착촌에는 노역자뿐 아니라 고인이 된 파라오의 카ka, 즉 생명력에 바쳐질 제물을 책임지는 관료와 사제도 거주했다. 각 정착촌은 국가와 그 주변의 호화로운 대저택 소유자들이 대 주던 빵 등의 여러 배급 식량에 의존했다. 후기의 고관인 메케트레 무덤에서는 이런 대저택 내에 마련된 작업장의 규모를 엿볼 만한 사례가 발견되었는데, 저택 내에는 제빵소와 곡물 창고를 비롯해 연간 5000~9000명도 먹여 살릴 정도의 곡물을 생산 및 저장할 만한 시설이 정교하게 갖추어져 있었다.

1991년에는 이집트 학자 마크 레너Mark Lehner가 제빵소 두 곳을 발굴하면서 반죽을 섞는 큰 통, 빵을 구울 때 사용된 큼지막한 종 모양의 단지 보관소 등이 발견되었다. 피라미드 건설 인력은 빵과 맥주를 주식으로 삼았지만 물고기도 먹었다. 배급 식량을 준비한 노역자의 수는 확실히 파악되지 않았으나, 추측하건대 2000명 정도였을 듯하다. 왜냐하면 제빵소 인근의 커다란 진흙 벽돌 건물이 아직 발굴 중이서 그 규모가 다 밝혀지진 않았으나, 반죽 그릇과 작업대 그리고 바닥을 뒤덮은 재의 퇴적물에서 수만 개의 잘잘한 생선 조각도 발견되었기 때문이다.

갓 잡은 물고기는 즉시 건조시켜서 보관해야 했다. 레너는 수천 명에게 단백질을 공급해 준 작업장에서 물고기를 갈대 틀에 얹어 통풍이 잘 되는 통이나 작업대에 올려놓고 건조시켰을 것으로 추정하고 있다. 정확한 추정은 불가능하지만, 이 작업장의 규모가 정점에 이르렀을 시기에는 하루에 수백 명이 동원되고 생선 수천 마리가 처리되었으리라 확실시된다. 이 정도의 작업량을 대주려면 어부들은 상당한 양의 메기를 포획해야 했을 것이다. 기자의 피라미드 건설이 연중 정점을 이루던 시기가 매년 범람기와 일치했으므로, 고기잡이는 초여름의 메기 산란기와 홍수가 점차 빠져나가는 6~8주간, 다시 말해 나일강 계곡 전체가 얕은 호수가 되었다가 물이 점점 빠지면서 수천 개의 물웅덩이가 생겨나던 시기가 절정기였을 것이다.

어부들의 고기잡이는 물고기를 배급 식량으로 마련하는 과정에서 시작에 불과했다. 그 뒤에는 잡은 물고기를 손질하고, 건조대에 펼쳐 뒤집어 주고, 말린 생선을 나중에 먹을 용도로 저장하기 위해 수백 명의 일손이 필요했다. 틀림없이 이런 필요성에 따라 수 세대 동안 범람기마다 같은 장소에 큰 규모의 임시 어촌이 생겨났을 것이다.

파라오의 피라미드와 신전을 세우고 귀족의 밭에서 일했던 평민들은 쉴 틈 없이 반복적인 노역에 시달리며 살아갔다. 농부들은 범람기, 씨뿌리기 철, 수확기 등 계절을 중심으로 끊임없이 돌고 도는 생활을 했다. 고기잡이도 이런 생활 주기에 들어 있었다. 범람기가 오면 관료들을 위해 후릿그물을 쳐서 그물 가득 물고기를 잡았다. 장인, 서기관, 사제, 말단 관리 등은 육체노동보다 기술로 밥벌이를 했다. 힘과 기술이 두루두루 필요했던 어부들은 이런 계층에 들지 못했다.

어부들은 이집트 문명의 변두리에 밀려나 있었다. 고기잡이 환경이 여전히 고대의 환경과 아주 비슷했던 19세기의 고기잡이 관찰담으로 미루어 추정해 보면, 어선의 수가 어마해서 19세기 말에 이집트에서 운영되던 어선은 6000척이 넘었다. 공식적 배급 식량의 규모로 어림짐작해 보면, 파라오 시대에도 틀림없이 이와 비슷한 수의 어선이 운영되었을 것이다. 물고기는 신의 허락을 얻은 식량이었다. 중왕국 시대의 파라오 메리카레Merikare, BC 2075~2040가 기원전 2010년에 아들에게 말하길, 신들이 인간을 먹이려고 물고기를 만들었다고 하니 말이다. 중왕국 시대의 파라오는 신전에 막대한 양의 물고기를 분배하도록 명했다.

신왕국의 위대한 지배자 세티 1세Seti I, BC 1290~1279가 병사에게 먹일 식량으로 물고기를 배급했을 무렵에도 물고기는 이미 수백 년 전부터 배급 식량으로 활용되고 있었다. 세티 1세의 후계자 람세스 2세Ramesses II, BC 1279~1213는 노역자에게 물고기를 떨어지지 않게 대 주는 '어부들'을 자랑거리로 삼기도 했다. 테베 서안에 자리 잡은 데이르 엘 메디나Deir el Medina의 왕실 공동묘지 장인은 계약상으로 보증된 물고기를 주식으로 먹었는데(지도9 참조), 이 물고기는 20명의 어부들이 잡은 물고기를 계층에 따라 정해진 양대로 약 40명에게 배분해 준 것이었다. 한 기록에 따르면, 어떤 어부는 6개월 동안 틸라피아 등 물고기 130헤카트(882킬로그램)를 대주었다.[14] 람세스 3세Ramses III, 기원전 1186~1155는 31년 동안 테베의 아문Amun• 축일에 내장이 제거되고 소금에 절여진 신선한 생선 47만 4640마리를 보내 주었고, 그보다 급이 낮은 여러 신전에도 12만 9000마리를 하사했다.

물고기는 사막 원정길에서 기력을 살려 주기도 했다. 동쪽

• 신왕국 시대에 최고의 신으로 숭배됨

사막의 건조한 와디 함마마트Wadi Hammamat에서 발견된 석비石碑에는 제20왕조(기원전 1151~1145) 람세스 4세의 명령으로 조각상을 만들 석재를 찾아 이 지역의 채석장으로 네 차례의 원정을 왔다는 기록이 남아 있다(지도9 참조).[15] 병사 2000명을 포함해 8368명으로 구성된 원정단에는 후궁을 포함한 수행자 일행이 먹을 "풍족한 양의 물고기"를 잡아야 하는 "왕실 어부 관리들" 200명도 끼어 있었다. 람세스 4세 시대에는 엄청나게 많은 물고기가 배에 실려 나일강의 상류와 하류로 운송되었다. 신왕국 초기의 파라오, 호르엠헤브Horemheb, BC 1321~1293 왕의 무덤에서 발견된 그림에는 물고기가 건조대에서 줄지어 건조되는 배의 모습이 담겨 있다. 배에 실려 수송되는 어종은 보통 숭어였다. 숭어는 가장 선호되는 어종이자 값도 비싸서 그만큼 수송할 가치도 높았다.

범람기에 다같이 포획 활동을 했다고 해도 고대 이집트의 고기잡이는 대체로 고독했다. 물고기를 홀로 얕은 습지에서 창으로 잡거나 파피루스 배나 뗏목을 타고 낚싯바늘과 낚싯줄로 잡는 식이었다. 아마도 해질 무렵에 물고기가 모기나 다른 벌레들을 잡아먹으려고 수면 위로 올라올 때쯤이었을 것이다. 물론 얕은 물에 계속해서 그물을 던지기도 했을 것이다. 이런 패턴은 예전과 다를 바 없지만 국가가 형성되면서 감당할 측면에서 크게 변했다. 이제는 변덕스러운 홍수에 의존하면서 가뭄으로 강물이 강둑 위로 넘쳐흐르지 않는 해가 올까 봐 조바심 내며 살아가는 문명에서, 파라오와 국가를 위해 빈틈없는 서기관이 부과하는 할당량과 세금을 감당하고 노역을 이행해야 했다.

피라미드 시대가 지나고 선사시대로 들어선 뒤로 한참이 지난 후에도 물고기는 이집트에서 여전히 중요한 역할을 했다. 배가 나일강을 오가며 말린 메기를 비롯한 여러 어종을 레반트Levant 연안의 항구로 실어 날랐다(292쪽 지도10 참조). 배에 실리는 물고기는 일부 선원의 배급 식량이었을 테지만, 내륙으로 실려 가기도 했다.[16] 공급량이 부족할 때는 관리들이 양식으로 관심을 돌렸고, 그 결과 고기잡이처럼 양식도 위대한 파라오보다 오래 살아남게 되었다. 그리스와 로마 시대의 방문자들은 나일강 어장의 풍성함을 엿볼 수 있는 기록을 남겼다. 한 예로, 그리스 작가이자 지리학자 디오도루스 시쿨루스Diodorus Siculus, 기원전 90~30는 기원전 1세기에 쓴 글에서 "나일강은 온갖 다양한 물고기를 품고 있는 데다 그 수도 믿을 수 없을 정도다. 갓 잡은 고기를 배불리 먹고도 남아 소금으로 절일 만큼 푸짐히 대어 주고 있다"라고 썼다.[17] 그리스 역사가 헤로도토스Herodotos, BC 484?~430?는 습지의 거주자들 모두가 고기잡이 그물을 가지고 있었다는 관찰담을 내놓았다.

이집트는 물고기가 상품이 된 최초 사회일지 몰라도 이런 변화는 결코 이집트에서만 나타난 현상이 아니었다. 산업화 이전의 국가는 모두 공공 사업에 동원되는 이들과 군대에 복무하는 이들에게 배급 식량을 지급했다. 물고기는 그런 배급 식량으로서 아주 큰 역할을 차지하면서 상품에 가까워졌다. 그에 따라 기회주의에서 상품화로 도약하는 중요한 발걸음을 지중해 세계의 다른 지역에서도 뗐다.

13. 지중해의 고기잡이

지중해, 이른바 지구 중심의 바다는 오랜 세월 동안 좁은 대륙붕을 낀 깊은 해분海盆이었고, 깊이 200미터 미만인 지점은 전체의 5분의 1에 불과하다. 지중해의 물은 대부분 대서양에서 흘러든 것이다. 여름의 뜨거운 열기는 물을 너무 빨리 증발시켜서 내리는 비로도, 나일강과 론강과 포강Po River이라는 세 곳의 큰 강이 다시 채워 주는 물로도 증발 속도를 따라잡지 못한다. 흑해에서 물이 찔끔찔끔 흘러오지만, 대부분은 대서양으로부터 더 차갑고 덜 짠 물이 채워 준다. 그에 따라 지브롤터 주변과 다르다넬스Dardanelles 해협• 뿐 아니라 그 연안의 바닷가 생활은 초호나 강이 대양에 양분을 주지 않는 한 열악한 편이다. 바닷물이 증발하면서 남은 소금은 해저 깊이 가라앉는데, 그러면 수많은 해양 어종에게

• 터키 서부, 마르마라해와 지중해를 연결하는 해협

너무 강할 정도로 염도가 높아진다. 지중해의 물고기 대부분은 드넓은 원양의 상층부에 서식하며, 잡기 힘들기로 명성이 자자하다. 물고기가 먹이를 찾아 연안으로 오거나 이 수역의 대표 어종인 참다랑어처럼 산란철에 지나가는 때가 아니면 잡기 힘들다. 이런 이동기를 제외하면 지중해는 북대서양에 비해 그다지 풍성한 어장인 적이 없었다.

네안데르탈인과 현생 인류는 지중해 연안을 따라 기회주의적 고기잡이를 벌였다. 스페인 남부 밀라가만Bay of Milaga의 네르하 동굴Nerja Cave 거주자들은 2만3000~1만2000년 전에 대부분 근해 어종으로 30종의 물고기를 잡았다(지도10 참조). 이들의 먹잇감 중에는 민물에 알을 낳는 철갑상어뿐 아니라 먹이를 찾아 지브롤터 해협을 헤치고 오는 대서양 대구, 해덕 대구, 북대서양 대구 등도 있었다.[1] 그러다 지구온난화가 일어났다. 인구가 증가하면서 그 전까지만 해도 살지 않은 환경의 지대에 정착하는 사람들이 급격히 늘어났다. 고기잡이는 여전히 기회주의적 활동이어서 근해 어종이나 이동 중인 어종을 쉽게 잡을 수 있는 시기에 벌어졌다. 거의 모든 곳에서 이런 어종을 잡는 사람들은 끊임없이 이동 생활을 하면서 점점 더 다양한 식량원을 활용했고, 그 식량원 중에 물고기의 비중은 그리 크지 않았다.

상황이 급격히 바뀐 것은 지중해 동부의 넓은 지역에 걸쳐 생활 양식이 농경과 목축으로 바뀐 1만 년 전 이후 어느 시기였다. 점점 따뜻해지고 건조해지는 가운데 인구가 점차 늘어나는 세계에서 풍부한 해양 자원은 차츰 주목을 끌었다. 시칠리아 북서부의 그로타 델루조Grotta dell'Uzzo에 BP 1만1000년경에 거주한 이들의 유해를 동위원소 분석을 시행한 결과에서도 점점 다양한 식물류와 바다 식량을 섭취한 것으로 나타났다(지도10 참조). 이곳의 초기 거주자들은 겨울의 몇 달 동안 연체류를 채집했다. 기원전 제7천년기와 제8천년기 무렵의 거주자들은 고기잡이를 집중적으로 벌이며 농어와 고등어 같은 어종을 잡았다. 또 그 이후에는 거주자들이 근해 가까이에 서식하는 물고기를 포획하다가 산란기가 끝나면 다른 곳으로 이동했다. 그러다 기원전 6000년경부터 일년 내내 물고기를 잡았다.[2]

바로 이 시점에 지중해 동부의 수목이 우거진 레반트 연안에는 이전보다 인구가 더 밀집해졌고, 특히 무리를 이룬 사람들이 몰려들었다. 현재는 이스라엘 북부의 먼 바다 속에 잠겨 있으나 한때 직사각형의 집들이 모여 있던 아들라트얌Atlit-Yam 마을에서 10기의 무덤이 발굴되었는데(지도10 참조), 이 무덤에서 나온 유해 중 네 명의 남자에게서 차갑고 깊은 물에 잠수하면 생기는 귀 손상이 발견되었다. 또 아들라트얌에서 발견된 생선뼈는 거의 전부가 깊은 수역에서 서식하는 회색 쥐치복gray triggerfish의 것이었다. 이곳은 연안에서 상당히 멀리까지 해저가 완만하게 경사진 만큼 바닷속으로 잠수한 이들은 배를 타고 나갔을 것이다.

아드리아해를 비롯한 연안 지대에는 비로소 처음으로 바닷가에 오랫동안 터전을 잡았음을 보여 주는 확실한 자취가 남아 있다. 이 일대에서는 작은 물고기가 사냥감이었다. 서쪽 멀리, 지중해의 입구 바깥쪽에서 대서양의 조수가 타구스Tagu강 등 여러 강의 어귀들로 밀려왔다 빠졌다 했고, 바로 이 어귀에 해양 및 육지 식량의 다양한 종이 풍성하게 널려 있었다. 무리들이 잇달아 강어귀의 안쪽에 정착하여 여러 마을을 이루면서 식량을 저장하고 죽은 이들을 묻고 각자 자리 잡은 지형에 따라 새조개, 굴, 꽃양산조개 등 다양한 해산물을 다량으로 먹었다. 천년의 역사를 가진 이 마을의 잔해인 흰색 조개더미가 여전히 연안을 따라 수북하게 남아 있다. 조개무지의 규모로 보아, 이곳 정착촌은 수백 년간 지속된 것으로 짐작된다.

물고기 포획

그리스의 에게해 인근에 있는 프랜치티 동굴Franchthi Cave은 최소 3만8000년 전부터 사람이 살았고, 이후 수년간 드문드문 정착지로 이용되었다(지도10 참조). 이곳 거주자들은 수천 년 동안 얕은 물의 물고기를 잡다가 기원전 제8천년기 중반에 식습관이 급격히 바뀌었다. 프랜치티 동굴에서 나온 시기와 그 이후의 뼈 가운데 20~40퍼센트는 최대 200킬로그램까지 추정되는 대형 참치의 것이다. 이곳에서는 더 튼튼한 그물 같은 고기잡이 전용 도구들과, (현재까지 남아 있지 않지만) 잡은 물고기의 내장을 제거하고 살을 베어 냈을 법한 아주 날카로운 흑요석 도구도 사용된 듯하다. 이 천년기에는 지중해 전역에서의 고기잡이에 큰 변화가 일어났다. 이전의 기회주의적 고기잡이가 사라지지 않았지만 비교적 예측 가능한 이동성 물고기, 그중에서도 특히 고등어와 참치를 포획하는 고기잡이에 집중하게 되었다.

대서양 참다랑어(터너스 티너스*Thunnus thynnus*)는 대서양과 지중

지도10 지중해 지역의 주요 유적

해 대다수 수역의 자생종이며, 수천 년 동안 인기가 아주 좋았다.[3] 현재는 산업화된 어업으로, 참다랑어의 개체수가 크게 줄면서 어업 활동이 심각한 압박에 놓여 있다. 대서양 참다랑어는 등쪽이 암청색을 띠고, 배쪽이 회색이며, 힘이 아주 세고 대형으로 자라기도 한다. 기록상 가장 거대한 대서양 참다랑어는 노바스코샤에서 잡힌 길이 3.7미터에 몸무게 679킬로그램짜리였다. 아주 먼 거리를 이동하기도 하며, 자주 수많은 무리를 지어 대서양을 가로지른다. 또 봄에는 수백만 마리의 참치 떼가 산란과 알의 부화에 필요한 양분이 충분한, 따뜻하고 짭짤한 수역을 찾아 지중해로 들어온다. 이 참치 떼의 대다수는 발레아레스 제도Balearic Islands•와 시칠리아 주변에서 알을 낳지만 소수의 참치가 에게해와 리비아의 먼 바다에서도 알을 낳는다. 참치 떼는 가을이 되면 알을 낳은 후 수척하고 허기진 채로 다시 지중해를 떠난다.

참치는 고등어, 정어리 등 작은 물고기뿐 아니라 무척추동물도 잡아먹는 식욕 왕성한 포식자다. 시각으로 사냥하기 때문에 비교적 맑은 물에서 먹잇감을 찾는다. 다시 말해, 대형 무리의 참치 떼가 연안 근처로 자주 헤엄쳐 오는데, 특히 바람이 내륙으로 불어오는 시기에 더 자주 출몰한다. 고대 어부의 관점에서 보면, 참치는 고기잡이가 까다로운 바다에서 비교적 예측 가능한 어종이라는 점에서나 연안 가까이 헤엄쳐 와서 작은 배로도 포획할 수 있다는 점에서 아주 유리한 포획 대상이었다.

대부분의 사회는 참치뿐 아니라 줄삼치와 고등어도 전략

• 지중해 서부의 스페인령 군도

적 위치에서 포획했다. 영국의 고고학자 사이프리언 브러드뱅크Cyprian Broodbank가 증명했듯, 에게해에서는 초창기 해상 활동을 통해 날카로운 도구를 만드는 데 유용한 화석 유리인 흑요석 등 진기한 물건에서부터 말리거나 염장된 생선 같은 평범한 상품까지 온갖 종류의 교역을 위한 해로가 열려 있었고, 이중 특히 생선은 상하지 않으면서 가벼운 식량이라 이상적인 교역 상품이었다.[4] 이 지역에서는 참치잡이가 상시적인 고기잡이였던 적이 없었다. 참치가 특정 철에만 풍성하게 찾아오고, 전략적 위치에서만 잡을 수 있었기 때문이다. 파로스Paros와 안티파로스Antiparos 사이의 섬에 자리 잡았던 작은 정착지, 살리아고스Saliagos에서는 기원전 4300~3700년에 어부들이 거의 참치만 잡다시피 했는데, 이 어부들도 틀림없이 산란기에 미늘 화살과 흑요석으로 만든 돌촉의 창을 사용해 대량으로 잡아 들였을 것이다(지도10 참조). 이들은 참치의 산란기 외에는 농사를 지었다.

어부들은 참치를 연안에서 그물로 잡기도 하고 얕은 물에서 창으로도 잡을 수 있었기 때문에 굳이 배를 타고 참치를 쫓을 필요가 없었다. 연간 어획량이 대형 참치로 수백 마리나 되어서 나중에 먹기 위해 말리거나 염장해 둘 수도 있었다. 이곳 어부들은 누구나 참치 포획과 관련해서 수 세대에 걸쳐 쌓인 노련한 노하우를 활용했다. 이런 노하우는 대부분 육지에서 유심히 관찰해 얻은 것들로, 이동하는 참치를 따라가는 바닷새를 탐지하거나 참치를 연안으로 불러들이는 기상 상태나 해류를 간파하거나 심지어 이따금씩 그물 안으로 참치를 몰아주기도 하는 돌고래를 알아보는 식이었다. 이런 노하우는 로마 시대에 대 플리니우스Pliny the Elder가 남긴 기록에도 나오며, 브라질과 남태평양에서도 활용되었다.

지중해의 고대 어부들은 포획감에 대해 훤했을 뿐 아니라 온갖 종류의 물고기를 잡기에 아주 효율적이되 단순한 장비를 만들기도 했다. 그 소재를 아주 잘 골라서 기본적으로 똑같은 도구와 방식이 서기 20세기까지도 거의 바뀌지 않고 이어졌다.[5] 이와 관련한 사례로, 터키 남부의 보드룸Bodrum 연안 앞바다에서 발굴된 서기 11세기의 동로마 제국의 난파선을 들 수 있다(지도10 참조). 여기에서 여러 개의 고기잡이용 납추가 발견되었는데, 그중에 유기 섬유 소재가 붙어 있었던 것은 조사 결과 염소의 털이었다. 고고학자들은 보드룸의 나이 지긋한 어부와 인터뷰하던 중 염소 털이 낚싯줄로 유용하다는 사실을 알게 되었다. 염소 털은 질긴 데다 섬유 조직이 길고 물에 젖지 않기 때문이다. 여자들의 머리칼이 훨씬 더 유용한 소재로 쓰이기도 했다고 한다. 보드룸 박물관에 전시된 오스만 제국의 어느 그물에는 염소 털로 만든 추 장착용 줄이 부착되어 있는데, 이는 염소 털이 수백 년 동안 그것도 어쩌면 고대부터 쭉 인기를 끈 소재였으리라는 추정을 확증해 준다. 초호에서 사용된 고리버들 바구니 그물부터 뱀장어 덫까지 온갖 장비에서 이런 식의 슬기로운 소재를 선택하는 지혜가 발휘되었다. 야생초 에스파르토esparto나 삼으로 만든 고기잡이용 그물은 저렴한 합성 소재 장비가 등장하면서 쇠퇴했다.

지중해의 고대 고기잡이 장비는 낚싯바늘과 낚싯줄로부터 시작되었으나 대규모의 고기잡이에 물고기용 덫이나 그물도 동원되었다. 해안에는 흔히 투망그물, 자망, 후릿그물이 설치되었고, 강 낚시에서는 원뿔형 그물이 사용되었다. 가족의 끼니를 위해 고기잡이하는 이들은 대체로 작은 물고기와 치어를 잡기 위해 투망 그물을 썼다. 투망그물은 나일강과 이탈리아의 초호 연안의 습지대에서 특히 많이 사용되었다. 비교적 큰 그물은 위쪽에 부구를 매달고, 아래쪽에 추를 달아서 수직으로 설치하기도 했다. 그물은 경우에 따라 고정시켜 놓기도 하고 배를 타고 나가 던졌다가 연안으로 끌고 나오기도 했다. 자망gill net은 일종의 그물 벽으로, 이름에서 엿볼 수 있듯이 물고기가 지나가다가 그물코에 아가미gill가 걸리길 기대하며 수직으로 쳐 놓았다. 그물망의 크기는 포획감에 따라 다양했다.

그물 제작자는 삼과 아마 등 식물 섬유를 사용하는가 하면 수피를 다양한 형태로 꼬아 만들기도 했다. 삼은 물고기가 풍성한 습지대에 널려 있었다. 긴 낚싯줄에 가짓줄을 달아 그 끝에 낚싯바늘 여러 개를 매다는 식의 고기잡이가 로마 시대에, 아니 어쩌면 그 이전부터 널리 사용되기도 했다. 한편 헤르쿨라네움 Herculaneum•에서 발견된 바구니 안에서는 화산재에 덮인 긴 낚싯줄이 나왔는가 하면, 폼페이 인근 시골 별장에서는 그런 줄에 걸었던 것으로 추정되는 40점의 작은 청동 소재 낚싯바늘도 나왔다. 지중해의 고대 고기잡이에는 보다 특이한 방법도 쓰였다. 한 예로, 아가미에 줄을 맨 수컷 물고기를 연안에서 헤엄치게 만들어 암컷들을 꼬이는 방법이 있다. 그리스와 터키의 어부들은 이런 방식을 19세기까지 활용했다.

• 이탈리아 나폴리만 근처에 있던 고도. 베수비오 화산 폭발로 폼페이와 함께 매몰되었다.

교묘한 소리를 내서 물고기 떼를 미리 쳐 놓은 그물로 유도하는 방법도 있었다. 일부 어부들은 노로 물을 찰싹찰싹 치며 물고기가 껑충 뛰어오르는 소리를 흉내 내는 식으로 참치가 꼬이게 했다. 활활 타오르는 횃불을 수면에 비추어 물고기를 배 가까이 유인하는 방법은 오늘날에도 아드리아해와 지중해 어부들 사이에서 또는 사디니아Sardinia의 정어리잡이에서 활용되고 있다(지도 10 참조).

지중해의 대규모 고기잡이에서는 거의 예외 없이 물고기가 이동하는 철을 잘 활용했다. 하지만 작은 어장도 중요하게 다루어졌다. 19세기와 20세기 초의 간척 사업으로 인해 지금은 파괴되었지만, 고대만 해도 지중해 연안에는 초호 지대가 많았다. 이런 환경은 이루 말할 수 없이 값진 자산이었다. 소금 생산만이 아니라 물고기와 뱀장어가 가득 몰려드는 어장으로서의 잠재성에서도 아주 소중했다. 봄에는 초호로 숭어 등이 찾아와 금세 쑥쑥 자라 가을이 되면 떠날 채비를 했을 것이다.

어부들은 그물, 고리버들이나 등나무 덫을 지형에 따라 임시적으로 또는 상시적으로 초호의 구간에 세워 놓는 식으로 물고기들이 바다로 돌아가려 할 때 쉽게 잡았다. 잘 관리된 초호는 귀중한 어장이었다. 어획 생산성이 원양보다 20배나 더 높았다. 특히 폭풍우 치는 밤에 물고기가 떼 지어 바다로 나가려 할 때는 더욱 생산성이 좋았다. 베니스 주변 같은 거대한 초호에는 등나무 울타리로 칸막이가 세워졌고, 로마인도 다른 수역의 초호에서 이런 방법을 활용해 어장의 생산성을 높였다.

대서양 연안 지대와 같은 조수 환경에서는 밀물과 썰물을 잘 활용하면 연중 어느 시기이든 장벽으로 물고기를 유인할 수 있었다. 또 어살을 잘만 설치해 놓으면 생산성을 크게 높일 수 있었다. 연안 초호의 어귀에 설치해 두면 하룻밤에 안초비와 정어리 등을 1000킬로그램까지 잡을 수도 있었다. 프랑스 남부의 론강 서쪽에 자리 잡은 소Thau의 초호는 넓이가 7500헥타르(75제곱킬로미터)에 이르며, 한때는 연간 평균 어획량이 14만 킬로그램이었고 조개 채집량은 그보다 훨씬 높았다. 하지만 현재 굴 양식이 주를 이루며, 야생 어류의 어획량은 줄어들었다.

바다를 주방으로 옮기다

고대 그리스인은 물고기를 아주 좋아해서 거의 탐닉 수준이었다. 호메로스가 그려낸 신화 속 전사처럼 소고기 구이 잔치는 그들의 취향이 아니었다. 고대 크레타섬 사람들과 미케네 사람들은 물고기를 먹었을 것으로 보이며, 물고기는 보통 서민의 식생활에서 주식이었을 것이다. 하지만 호메로스가 맞았다면, 물고기는 영웅에게 맞지 않는 음식이었다. 오디세우스와 그 부하들은 '스킬라와 카리브디스 사이Between Skylla and Charybdis'•를 살아서 무사히 지나온 후에 태양의 신 헬리오스Helios가 키우는 신성한 소들이 사는 초록빛 섬에 도착했다. 먹을 것이 떨어지자 이들은 어쩔 수 없이 "갈

• 오디세우스는 항로에서 스킬라와 카리브디스 중에 하나를 골라야 했는데, 모두 바다의 2대 괴물이었다. 이 표현은 이처럼 이러도 저리지도 못하는 진퇴양난의 상황을 뜻하는 관용구로도 쓰인다.

고리로 물고기, 새 등 손에 잡히는 것은 뭐든 닥치는 대로 사냥했다."[6] 그러다 부하들이 반란을 일으켜 헬리오스의 소들을 배 터지게 먹었다. 제우스는 그 즉시 벌을 내려 배를 난파시키고, 오디세우스만 빼고 모두 몰살시켰다.

고전학자 제임스 데이비드슨James Davidson, 1856~1913의 표현처럼, 처음으로 "바다를 주방으로 옮긴" 사람들이 누구인지는 수수께끼이지만, 그리스인의 해산물 사랑은 확실히 고대부터였던 것 같다.[7] 고고학자들이 밝혀낸 바에 따르면, 생선의 고급 요리법은 장화 모양의 지형을 이루는 이탈리아 남부의 발등 부분에 자리 잡았던 부유한 도시이자 뱀장어 어장으로 유명한 시바리스Sybaris에서 유래했을 것으로 짐작된다(지도10 참조). 그리스인의 물고기 사랑은 시칠리아의 요리 문화에서 주로 영향을 받은 듯하다. 알려진 한, 세계 최초의 요리책 중 하나도 시칠리아의 미타에쿠스Mithaecus가 쓴 것이다. 이 책은 일부분만 남아 있지만, 물고기가 미타에쿠스의 요리에서 주재료였던 것은 확실해 보인다. 다음은 이 요리책에 담긴 조리법의 한 예다. "리본피시[양놀래기]의 머리를 잘라 낸다. 씻어서 토막을 낸다. 치즈를 뿌리고 기름을 발라 준다."[8]

지금까지 알려진 그리스의 생선 섭취 관행은 대부분 그리스의 여러 희극에서 유추한 것으로, 익살스러운 요리사가 늘어놓는 구입품 목록과 조리법이 주요 출처다. 이 시기에는 물고기의 등급이 매겨졌는데, 등급은 로마 시대까지 이어졌다. 어떤 형태로든 보존 처리된 물고기는 천시되었다. 단, 제철에 잡아 보존한 참치로 만든 참치 스테이크 같은 특별한 요리는 예외였다. 안초비, 청어 등 작은 물고기는 풍족하지 못한 시민들이 먹는 생선이라, 엘리트는 상징적으로 그런 생선을 멸시했다. 이 등급 꼭대기에서도 최상의 진미로 뱀장어, 그루퍼grouper, 숭어, 참치와 가재류 등이 꼽혔다. 또 참치에서도 어깨살과 목살 같은 특정 부위는 아주 귀한 대접을 받았다.

하지만 그리스의 해산물 가운데 왕은 뱀장어였다. 기원전 4세기에 시라쿠사Syracuse 출신의 작가 아체스트라투스Archestratus가 증명해 주고 있다시피, 스트리몬강에서 잡힌 뱀장어는 "몸집이 크고 통통하기로" 알아주었다.[9] 아체스트라투스의 글을 그대로 옮기자면, 뱀장어는 "쾌감의 들판을" 누비게 해 주며 "등뼈가 없는 유일한 물고기"였다.[10] 최상급 뱀장어는 메시나Messina 해협의 맞은편 수역에서 잡힌 것이었다. 그리스인은 뱀장어를 잡을 때 벌레나 큰 물고기를 미끼로 건 낚싯바늘이나 삼지창을 썼다.

어부들을 극구 칭송한 격찬도 수없이 많다. 그 중 하나가 기원전 3세기에 타렌툼의 레오니다스Leonidas of Tarentum가 쓴 짧은 시로, 디오판투스Diophantus라는 남자의 얘기다. 닻과 긴 창, 말총으로 만든 낚싯줄, 잡은 물고기를 담을 바구니 등으로 물고기를 잘 잡았고, 그래도 너무 자만하지 않고 지혜롭게 한 쌍의 노를 가지고 다녔다는 내용이다. 어부들은 대체로 도시에서 멀리 떨어진 변두리에 살면서 동이 트기 전에 시장에 내다 팔 상품을 가지고 나왔을지 몰라도, 이들의 탐나는 생선은 때때로 사람들을 흥분시키고 군침 돌게 했다. 그렇다고 해서 모든 사람이 폭리를 취하는 생선 장수를 좋아한 것은 아니다. 헬레니즘 시대 초기의 작가 사모스의 린케우스Lynceus of Samos의 표현을 빌리자면, 생선 장수들은 "눈 하나 깜짝 않는 자들이자 가격에 한 치의 양보도 없는 사람들"이라서 최고의 흥정 전략은 팔러 내놓은 생선을 놓고 큰 소리로 막말을 하면서 다른 구매자를 몰아내는 것이란다.[11]

마탄자!

이탈리아에서는 봄과 가을에 이동하는 참치 떼의 대량 학살을 일명 **마탄자**mattanza라고 부르며, 이런 참치잡이는 중세에 아랍 어부들이 처음 시작하여 시칠리아와 스페인에 전래된 것이라는 설이 전해진다.[12] 참치가 이동하는 철이 수백 년 동안 지중해 고기잡이 철에서 연중 최고의 백미에 들었으리라는 점에는 의문의 여지가 없다. 그 훨씬 이전에도 그리스-로마 시대의 작가 오피안Oppian이 기원전 2세기의 고기잡이를 주제로 쓴 시에서 묘사한 것처럼, 그물망이 문지기를 세워둔 "도시처럼" 설치되어 "팔랑크스phalanx•같은 대열로 줄지어 빠르게 헤엄치는 참치"를 잡았다.[13]

근해 고기잡이는 흔하게 벌어진 활동이었지만, 꽤 큰 규모로 실행되지 않았다. 페니키아Phoenician••의 어부들은 지브롤터 해협 밖으로 배를 타고 며칠씩 나가 대서양 조간대에서 참치를 잡으러 다닌 것으로 알려져 있다. 이들은 꽤 큼지막한 참치를 잡아 염장 처리한 뒤에 동쪽 멀리 카르타고까지 수출했다. 하지만 참치잡이는

• 고대 그리스의 군 전술에서 직사각형 형태의 밀집 대형이나 부대를 가리키는 말

•• 오늘날 레바논 · 시리아 · 이스라엘 북부 등 지중해 동쪽 해안 지대의 고대 지명이자 도시 국가

대체로 가까운 연안에서의 활동이었다. 20세기 말 산업화된 어업이 펼쳐지기 전까지, 대형 무리의 참치 떼는 고대와 똑같은 친숙한 연안 경로로 이동하는 습성이 있었다. 참치 어장과 염장 처리 시설은 연안 지대의 중심에 자리 잡았으며, 어부들이 연안에 적절한 각도를 맞춰 고정 그물을 설치해 놓았던 북아프리카가 특히 더 그랬다. 지금까지도 작은 배의 선원들은 밤에 근해를 항해할 때 조심해야 한다. 참치 그물과 장벽이 연안에서 먼 바다 쪽으로 꽤 멀리까지 넓게 쳐져 있기 때문이다.

1세기 전에 마탄자는 핏빛으로 물든 극적인 고기잡이였다. 마탄자는 복잡하게 고정 설치한 그물망에 참치를 가두고 그 사이사이의 여러 칸으로 유도하면서 시작되었다. 참치는 지나가다 장벽을 만나면 장벽을 따라 헤엄쳐서 계속 나아간다. 그렇게 따라가다 보면 결국엔 세밀하게 설치된 일종의 대기 칸으로 가게 되고, 그 안에 참치가 충분히 들어찰 때까지 갇히게 된다. 그러다 적당한 순간에 어부들이 죽음의 방, 즉 **톤나라**tonnara로 통하는 입구를 막았던 그물을 연다. 그리고 최대한 신속하게 참치들을 그물로 에워싸 끌어당긴다. 그물이 점점 좁혀 오면 참치들은 공포에 질려 사력을 다해 그물 측면으로 달려들어 서로에게 상처를 입히기까지 한다. 어부들은 그물을 수면으로 끌어당기고, 그때까지 그물 안에 걸려 있는 참치들은 갈고랑이에 찔려 배 안으로 끌려간다. 이제 그물 안의 참치 대다수는 죽음의 방에서 입은 타격으로 반쯤 죽어 있는 상태다. 이런 식의 대규모 도살은 그나마 참치의 개체수가 풍부하던 시절에나 겨우 지속가능했다.

로마인이 이런 죽음의 방 체계를 사용했는지 여부는 확실치 않다. 다만 그물을 구멍 뚫은 돌의 추로 해저에 단단히 고정시키는 방식을 활용한 것만은 확실하며, 그런 그물이 여전히 그 자리에서 발견되고 있다.[14] 그물이 발견된 장소는 모두 시칠리아 북부 연안 같이 근대에 참치잡이가 벌어진 지역이다. 이런 사실로 미루어 볼 때, 고정 그물을 길게 설치하는 방식이 활용된 것은 확실하지만 그렇다고 해서 죽음의 방 체계를 사용했다고 단정 지을 수 없다. 어부들은 스페인과 토스카나의 전통대로 배에 매어 놓은 긴 그물로 에워싸서 참치를 잡았을 것이다. 이 방식에서는 노로 젓는 여러 척의 배가 고등어든, 참치든, 정어리든 간에 이동하는 물고기의 길을 가로질러 떠 있어야 했다. 연안에서는 망을 보는 사람들이 자리를 잡고 지켜보며, 물고기 떼를 에워쌀 그물을 드리워 놓은 두 척의 배에 신호를 보냈다. 그리고 또 한 척의 배가 다른 그물을 쳐서 다른 배와 합동으로 덫을 만들었다. 이때 작은 배에 탄 사람들이 노로 물을 치거나 돌을 떨어뜨려 물고기 떼가 두 그물 사이의 틈으로 빠져 나가지 못하게 유도했다. 두 번째 단계에서는 덫에 걸려든 물고기를 훨씬 더 무거운 그물로 에워싸면서 육지에서 물고기 떼가 잘 걸려 들었는지 지켜보는 사람들의 지도에 따라 뭍으로 끌어 올렸다.

어떤 방법이든 결정적 역할은 망보는 사람들에게 있었다. 더 높은 지대에 자리를 잡거나 대충 세워 놓은 나무 발판에 올라가 있다가 물고기 떼가 다가오는 모습을 포착하는 이들의 역할은 정말 중요했다. 일부 도시에서는 망대와 상설 탑뿐만 아니라 고기잡이 명당 이용권까지 어부들에게 임대했다. 에게해에서는 이런 관행이 기원전 1세기부터 퍼져 있었다. 참치 떼의 규모나 이동 방

(Jeorg Boethling/ Alamy Stock Photo)

참치 대량 학살. 시칠리아 파빅나나Favignana에서 벌어진 근대의 마탄자향을 파악하려면 연륜과 기술이 두루두루 필요했다. 망보는 사람들은 빠르게 이동하는 참치 떼의 일정한 패턴을 살펴보면서 물고기 떼의 규모부터 그 깊이까지 파악하려 했다. 참치 떼를 따라오며 포식자 무리 앞에서 사력을 다해 헤엄치는 안초비 등 작은 물고기들을 잡아먹는 슴새의 수를 세보기도 했다. 고대 작가들에 따르면, 이렇게 망보는 이들의 계산은 참치 떼가 5000마리일 때도 아주 정확했다고 한다. 이러한 고기잡이에서는 연안에서 망보는 팀, 배를 조종하는 팀, 그물을 다루는 팀의 손발이 척척 들어맞는 것이 관건이었다.

참치 포획은 대체로 명확한 위계에 따라 역할을 나눠서 협력적으로 행해졌다. 역할 중에는 그물 지휘자, 망보기 담당, 그리고 부구를 풀어 주는 사람이라는 알쏭달쏭한 일꾼도 있었다. 작업에는 다섯 척이나 그 이상의 배, 배의 선장, 그리고 심지어 회계원까지 동원되기도 해서 총 인원이 30명은 됐을 것이다. 중세의 여러 기록에 의거하면, 참치잡이의 임시 어장 몇 곳에서는 참치가 어마어마하게 잡혔다. 18세기에는 작은 참치 어장조차 풍어인 해에 무려 30만 킬로그램을 잡을 수 있었다. 1824년에는 튀니지의 비제르테Bizerte 인근에 위치한 어장 한 곳에서만 1만 마리가 넘는 참치가 잡혔다. 당시 어른 참치가 120~150킬로그램 정도였던 것을 감안하면 한 어장에서 줄잡아도 100만 킬로그램을 넘게 잡은 셈이다. 그렇다고 해서 해마다 어획량이 이렇게 풍성했다는 얘기는 아니다. 산업화된 어업 방식으로 인해 1960년대부터 참치 개체수가 급격히 줄어들기 훨씬 전부터 참치의 이동이 아주 불규칙해졌고, 18세기 중반에는 그 정도가 유독 심해서 스페인의 참치잡이 어부들이 사디니아 주변의 보다 풍성한 수역으로 조업 장소를 옮기기까지 했다.

잡은 물고기의 염장 처리

이동하는 물고기 떼를 잡는 일보다 훨씬 까다로운 일은 시장에 내다 팔기 위해 잡은 물고기를 보존 처리하는 작업이었다. 확실히 말린 생선을 즐겨 먹었던 것으로 보이는 로마의 작가 마르쿠스 아우렐리우스Marcus Aurelius, 121~180는 친구인 프론토Fronto에게 보낸 편지에서 포도원 일꾼이 작은 생선을 말린 것으로 식사하는 이야기를 쓰면서 질감과 풍미를 되살리기 위해 생선을 물에 푹 불려 먹었다고 설명했다.

안정적인 소금 공급원만 있다면 염장은 물고기를 보존시키는 최상의 방법이었다. 염장의 기본적인 방법은 대다수 고기잡이 사회가 잘 알고 있었지만, 참치는 물론이요 잔챙이 물고기까지 염장을 대대적으로 활용한 이들은 그리스인과 로마인이었다. 로마의 염장 시설은 가룸의 생산으로 가장 유명하다. 안초비와 정어리 같은 잔챙이 물고기를 주재료로 쓰는 생선 소스 가룸은 로마 제국 전역에서 널리 사용되었다. 하지만 이 생선 소스는 참치만이 아니라 참치 떼가 달아날 때 잡을 수 있는 고등어와 작은 어종까지 처리하는 훨씬 규모가 큰 염장 작업의 부산물이었을 뿐이다. 당시에 생물 생선은 항구에서 가까워도 사치품이라서, 귀족이나 평민이나 똑같이 염장된 생선을 먹었다.[15]

로마의 물고기 염장 시설은 고등어와 참치 떼가 가장 가까이 출몰하는 연안에 몰려 있었다. 물고기의 염장이 일상화된 최초 시기는 확실하지 않다. 기원전 제2천년기부터였거나 훨씬 이전이었을 수도 있다. 로마 시대 전에는 시칠리아가 물고기 염장의 중심지였다. 전해 오는 바로는, 아르키메데스가 시라쿠사의 히에론 2세의 명에 따라 대형 배를 만들었고, 그 배가 이집트의 프톨레마이오스에게 선물로 보내질 때 곡물, 모직, 염장 생선 등으로 채워진 암포라amphorae• 1000개가 실려 있었다는 얘기도 있다.[16] 고대 카르타고의 소규모 염장 작업장 몇 곳은 스페인의 카디스Cadiz 같은 서쪽 멀리에서도 발견되며, 그 연대는 기원전 6세기와 5세기로 거슬러 올라간다. 이곳에서는 일꾼들이 물고기를 염장 통에 넣어 절인 후에 지중해 전역으로 보내기 위해 암포라에 채워 넣었다. 염장 통에 넣어 절이는 방법은 이곳에서 처음 개발되었다가 지중해로 전파되었을 수 있지만, 염장술은 지역별로 독자적으로 발전했을 가능성이 더 높다. 그 중에서도 이탈리아는 특히 더 그랬을 가능성이 높으며, 물고기가 풍성한 연안 초호에 천연 염전이 발달된 티베르강의 어귀를 중심으로 염장술이 발달했을 만하다.

물고기 염장 시설은 지역마다 규모가 천차만별이었다. 폼페이와 사브라타Sabratha에서는 도시의 작은 염장 작업장이 발견되었는데, 물고기의 연간 염장량이 60리터짜리 암포라 기준으로 연간 1만6000개를 채울 만큼이었을 것으로 추산된다(지도10 참조). 스페인 서부의 지브롤터 해협 서쪽 끝에 위치한 작은 항구 도시 벨

• 고대 그리스나 로마 시대에 쓰던 양손잡이가 달린 단지 또는 항아리

로 클라우디아Belo Claudia에서는 물고기와 염장에만 주력했다. 물고기 떼가 연안 가까이 출몰하는 지역에서는 훨씬 큰 염장 작업장이 생겨났고, 특히 지브롤터 해협의 서쪽 입구에서 남쪽으로 몇 킬로미터밖에 떨어지지 않은 모로코의 코타Cotta가 대표적이었다. 해변이 내려다보이는 곳에 터를 잡고, 기원전 1세기부터 서기 3세기까지 사용된 이곳은 거대한 직사각형 건물 안에 여러 크기의 U자 모양 염장통이 있었을 뿐만 아니라 중앙에 작업 공간, 손질 처리 구역, 저장 공간도 갖추어져 있었다. 남서쪽 귀퉁이에 있는 전망대는 물고기 떼를 포착하고 그물을 다루는 사람들을 지휘하기 위한 용도였을 테고, 그렇게 잡은 물고기는 바로 염장 처리하기 위해 뭍으로 끌어 올려졌다.

염장은 로마인이 북아프리카와 지중해 서부의 영토를 합병하면서 기원전 1세기 무렵과 서기 1세기에 더욱 확산되었던 것으로 보인다. 모로코의 릭수스Lixus는 물고기가 아주 중요한 역할을 차지해서 물고기 모습이 담긴 동전을 주조하기도 했다. 포르투갈에서는 트로이아Troia의 사도Sado강 어귀에 작은 도시와 암포라 공방이 들어섰고, 강둑을 따라 약 4킬로미터에 이르는 지대에 최소 52곳의 염장 작업장이 갖추어져 있었다. 트로이아는 물고기가 풍성한 강어귀에 자리 잡은 면에서 특별했다. 덕분에 물고기가 이동하는 철뿐 아니라 일 년 내내 물고기를 잡을 수 있었고, 그리스도의 등장 직전과 직후의 시기에 번영을 누리다가 쇠퇴했으나 5세기까지 계속 고기잡이를 벌였다. 또한 트로이아는 영국의 로마 군대나 지중해 지역에 대해 직통 교역로를 확보하는 유리한 입지를 누렸을 것이다. 지중해, 아드리아해, 심지어 멀리 터키에 이르는 넓은 지역에서도 서쪽의 작업장보다 규모는 작았지만 염장 작업장이 성행했다.

고기잡이와 물고기 보존 처리는 로마의 지중해 경제에서 중요한 요소였다. 서기 1세기와 2세기에는 로마의 염장통 전체 용량이 2600세제곱미터에 이르렀을 것으로 추산된다. 이 정도면 작은 물고기 수천 마리 규모의 어마어마한 수치다. 염장 생선과 생선 소스를 취급하는 상인은 교역을 통해 떼돈을 벌면서 이중 많은 이들이 별장과 대저택을 소유했을 테지만, 실질적 생산 활동은 대다수가 노예 신분인 하층민이 도맡아 했다. 염장 작업장은 연안의 초호에 가까이 있을 때 특히 수익성이 좋았을 것이다. 어부들은 고등어잡이나 참치잡이가 성행하는 철 외에도 초호에서 고기잡이를 할 수 있었으니 충분히 그럴 만하다.

로마 시대에 물고기는 오래 전부터 상품이 되어 군대와 갤리선 선원들, 도시 거주자와 농민 등이 일상적으로 먹는 음식이 되었다. 부유층은 해산물을 엄청나게 많이, 그리고 푸짐하게 먹었다. 해산물을 좋아했기 때문만이 아니라 신선하고 진귀한 물고기를 식탁에 올리는 것 자체가 사회적 위치를 나타냈기 때문이다. 하지만 고대의 세계에서도, 그리고 이동철에 고등어와 참치가 아무리 풍성했다고 해도, 남획으로 인해 지중해의 물고기 개체수는 줄어들었다. 결국 이전 시대의 이집트인처럼 로마인 역시 양식으로 관심을 돌리게 되었다.

14. 비늘 달린 무리

로마 사회에 널리 퍼져 있던 불평등은 다른 곳보다 특히 양어지養魚池에서 크게 부각되었다. 마르쿠스 테렌티우스 바로Marcus Terentius Varro, 기원전 116~127는 로마의 학자이자 다작多作한 작가였다. 박학했을 뿐 아니라 성공한 농부이기도 한 바로가 토지 관리와 관련해 쌓은 상당한 지혜를 『농경서 3부작*Rerum Rusticarum Libri Tres*』에 담았는데, 그의 책 중에 유실 없이 그대로 현존하는 유일한 저서다. 자신이 양어지 두 곳을 소유한 적이 있었던 바로는, 이 저서의 제3권에서 부자들의 염수 양어지와 시민들의 민물 양어지의 차이를 다음과 같이 명확하게 설명해 놓았다. "한 종류의 양어지는 가족을 먹이는 물고기에게 강의 요정이 물을 대 주고 일꾼이 관리하면서 돈벌이도 쏠쏠하지만, 염수 양어지는 귀족 소유로서 물과 물고기 모두 넵튠Neptune에게서 얻는데 돈벌이보다 눈요깃거리라 주인의 지갑을 채우기보다 비운다. 그런 양어지는 만들고 채워 넣고 먹이를 주는 데 엄청난 비용이 들기 때문이다."[1] 현명하고 분별력이 있었던 바로는 농사나 목장 운영에서는 성공했지만 물고기와 관련해서는 손을 대지 않는 편이 낫다고 여겼다. 나폴리만의 연안에 별장을 소유한 부자들 사이에서 양어지를 놓고 광적인 경쟁을 벌이는 모습을 보면서 그 사이에 자신이 끼지 않은 것을 다행스러워했다.

산업화 이전의 국가들 대부분은 소수 이익을 위한 다수의 노동에 의존하는 구조였다. 수많은 이들이 일정한 배급 식량으로 보수를 지급 받았고, 대량으로 잡힌 물고기도 그 배급 식량의 한 부분이었다. 식량을 배급하는 권위자는 누구라도 많은 식량을 확보하여 제때 끼니를 대 주어야 했다. 다시 말해 공급원이 안정적이고 일정해야 했지만, 물고기의 어획량은 해마다 크게 달랐다. 그래서 실용적인 농경인인 이집트인은 양식, 즉 물고기 농사로 관심을 돌렸다. 이는 메소포타미아의 수메르인, 중국인, 그리스인과 로마인도 마찬가지였다.

어류 양식은 야생 어장에서 대 주는 어획량보다 더 많은 어획량을 획득하는 것이 관건이었다. 초반에는 틀림없이 인간의 개입이 최소화됐을 것이다. 홍수 철이면 습지대 얕은 물에 사는 어종이 그득한 나일강 삼각주 등지의 상류에서 그런 양식이 이루어졌을 만하다. 또 고대의 지중해 연안은 염수 초호와 습지대가 광활해서 어부들이 주로 갈대, 고리버들, 목재 장대 등으로 만든 장벽을 설치해 놓고 물고기를 특정 구역에 가두어 기르기에 좋았을 것이다. 물고기를 양식하는 사람들은 유속을 개선시키고 침니로 막힐 우려를 최소화시키기 위해 별도의 수로를 파기도 했을 것이다. 양식은 물고기를 통제해 가두어 놓는다 해도 먹이를 주지 않으면 생산량이 낮았지만, 바다에서의 고기잡이보다 더 편리하고 위험성이 낮았다.

나일강에서 양식이 시작된 시기는 불확실하지만, 현재까지 밝혀진 증거가 가리키는 시대보다 한참 앞섰을 가능성이 있다. 기원전 2500년경 중왕국 시대의 관료였던 악티헵Aktihep의 묘지에서 발견된 양각 부조에는 못에서 틸라피아를 꺼내는 남자의 모습이 담겨 있다. 초반에 물고기를 양식한 사람들은 세밀하게 조성한 못에서 덜 자란 물고기와 조개류를 기르다가 궁과 귀족에게 안정적으로 대 주기 위해 인공적인 환경에 옮겨 키웠다. 기원전 2000년경에 하 이집트의 농부들은 토지 개간 방법을 활용했는데, 이 방법은 아주 생산성이 높아서 지금까지도 여전히 사용되고 있다. 토기 개간 방법은 간단히 보면 다음과 같다. 우선 봄철에 염분 있는 토양에 큼지막한 못을 파 놓고, 2주 동안 민물을 가득 채운다. 고인 물은 염도가 더 낮아서 염분을 머금은 지하수를 아래로 밀어낸다. 이번엔 못의 물을 비우고 같은 과정을 반복하면서 두 번째 고인 물도 비워 낸다. 그 다음엔 못의 30센티미터 깊이까지 물을 채우고, 그 안에 바다에서 잡은 숭어 치어를 넣는다. 숭어는 12~4월에 어획되며, 그 생산량이 헥타르(1만 제곱미터)당 300~500킬로그램 정도에 이른다. 봄철 어획 후에는 유칼립투스 가지를 꽂아 넣어 토양 상태를 확인한다. 유칼립투스 가지에 싹이 트면 그 땅은 작물을 심어도 된다. 이런 방식으로 염분성 토양을 경작에 알맞은 상태로 만들려면 3~5년 정도 걸리는데, 다른 개간 방식으로는 최소 10년이 걸리니 이 방법이 훨씬 빠른 편이라 할 수 있다.[2]

완전한 인공 못이 처음 만들어진 정확한 시기와 장소는 여전히 미스터리다. 고고학적으로 밝혀진 바가 전무하기 때문이다. 기원전 1세기에 디오도루스 시쿨루스는 시칠리아의 아그리젠토Agrigentum에서 양식용으로 지어진 거대한 못에 대해 글을 남긴 바 있다(지도10 참조). 이 못은 시라쿠사의 폭군 히에론의 압제하에 사슬에 묶여 일했던 전쟁 포로들의 수고로 지어졌다. "아크라간티니 사람들이 지은 둘레 7스타데Stade, 깊이 20큐빗Cubit의 콜룸베스라kolumbethra는 강과 샘물에서 퍼 온 물을 부은 다음에 미각을 즐겁게 해 줄 먹거리로 활용될 물고기를 아주 넉넉히 길러 냈다."[3]

남아 있는 문헌에 의거하면, 그리스에서는 뱀장어 양식이 대대적으로 벌어졌으며 대부분은 강이나 자연발생적 분지 같은 전략적 위치에 울타리를 둘러놓는 식이었다. 그중에서도 보이오티아Boeotia의 코파이스호Lake Copais산 뱀장어는 맛이 아주 좋기로 유명해서 사람들이 큼지막한 뱀장어를 지금은 그 이름도 모르는 신들에게 제물로 바쳤을 정도였다(지도10 참조). 이곳에서도 다른 곳과 마찬가지로 양식하려면 토목 공사가 필요했고, 상당한 지식도 요구되었다. 울타리를 두르고 못의 바닥을 다지는 데도 막대한 노동과 시간과 비용이 들어갔다.

로마인이 이집트를 통치하던 무렵에 파이윰 분지 같은 여러 곳의 사람들은 오랜 전통에 따라 반인공적인 저수지로 홍수 물을 가두어 통제하면서 그 안에 물고기를 놓아 길렀다. 이런 저수지는 곧 대대적인 자본 투자를 뜻했으며, 저수지에서의 물고기 양식 권한은 마을의 소유하에 엄격히 통제되었다. 양식은 저수지와 못을 관리하기 위해 철저한 감독, 법적 보호, 마을 사람들의 공동 노동

등이 필요해짐에 따라 규제 업종이 되었다.

로마인은 지중해에서 최초로 바다 양식을 예술의 수준으로 격상시킨 주인공이었다. 로마인은 수중 콘크리트와 민물 통기通氣 같은 정교한 기술을 활용했다. 바다 양식은 로마의 인기 어시장에서 가까우며 부유층이 거주한 티레니아해 연안에서 가장 집중적으로 이루어졌다. 물고기만 취급하는 로마의 어시장 포룸 피스카리움Forum Piscarium은 기원전 210년 전에 세워졌지만 화재로 소실되었다. 이곳에서는 온갖 종류의 물고기, 그중에서도 특히 진기한 어종을 찾는 수요가 대단해서 그리스도 도래 전인 2세기 동안 물고기의 가격이 대폭 상승했다. 신선한 생선을 도시의 시장으로 대주는 일은 냉장 시설이 없던 시대에 어려웠다. 물탱크에 담아 수레로 나르고 발판에 구멍을 뚫은 특별 바지선으로 옮기는 방식으로도 신선한 생물 생선의 공급은 소량에 한정되었고, 이마저도 먹기 전에 상해 버리는 경우가 많았다.

대다수 사람들은 일상 식사로 양식어를 먹었다. 양식만이 늘어나는 인구를 감당할 만한 생산량을 대 줄 수 있었다. 로마의 소비자들은 갑각류, 물고기, 연체류 등에 이르는 아주 다양한 수산물을 생물과 염장 상품으로 두루두루 먹었다. 아리스토텔레스의 『동물지*Historia Animalium*』와 대 플리니우스의 『박물지*Natural History*』뿐 아니라 로마 시대의 벽화와 모자이크에는 로마인이 어떤 물고기를 먹고 양식했는지 잘 담겨 있다. 플리니우스에 따르면, 알렉산더 대왕은 아리스토텔레스에게 인공 못을 마련해 주면서 그 안에 가두어 기를 만한 물고기를 연구하게 해 주었단다.[4] 로마 작가들이 남긴 문헌을 보면, 등장하는 어종이 260종이 넘으며 그리스 문헌에서는 400종이 언급되어 있다. 이 중에서 약 10종은 사람들에게 꾸준히 인기를 끌었다.

대다수의 양어지는 당시의 주요 양식 어종 7종 가운데 한두 종을 가두어 길렀다. 로마 시대에 양식하는 사람들은 대체로 민물과 바닷물이 섞이는 연안의 수역으로 몰려드는 어종을 활용했다. 이런 어종이 다양한 폭의 염도에서도 잘 견뎠기 때문이다. 연안의 어부들은 이런 어종이 잘 자라는 특별한 조건이 뭔지 훤했지만, 생산량은 불안정했다. 생산량을 늘리기 위해 어장 관리법과 어획법의 개선이라는 논리적 조치가 취해졌을 것이고, 그에 따라 필연적으로 원시적 형태의 양식으로 이어졌을 것이다.

뱀장어는 민물이든 소금기가 약간 있는 물이든 바닷물이든 어디에서나 잘 살아서 가장 흔한 양식 어종이었고, 로마에서는 기원전 2세기부터 인기를 끌었다. 한 예로 가이우스 히리우스Gaius Hirrius는 기원전 46년과 45년에 율리우스 카이사르의 승전 연회 자리에 무려 6000마리의 뱀장어를 대 주었다.[5] 부유한 계층 중 일부 극성스러운 뱀장어 소유자들은 자신이 기르는 뱀장어를 보석으로 치장시키기도 했다. 뱀장어가 인기가 좋았던 이유 중 하나는 특유의 이동 습성을 가지고 있어서 덫으로 잡기가 쉬웠기 때문이다. 뱀장어는 번식력도 대단하다. 실제로 현재 이탈리아의 여러 뱀장어 농장에서는 뱀장어의 뛰어난 자기증식력이 인상적으로 부각되고 있다. 로마 북쪽 연안에 있는 오르베텔로Orbetello에서는 1000제곱미터의 못에서 1년 만에 10킬로그램의 실뱀장어(새끼 뱀장어)가 4톤의 뱀장어로 늘어나기도 했다(지도10 참조).

대 플리니우스가 묘사한 바에 따르면, 베니스의 내륙에 위치한 베나쿠스호Lake Benacus에는 뱀장어 어장이 있었다. 봄과 여름 철에 뱀장어와 치어가 연안의 초호에서 먹이를 먹으며 살다가 가을에 넓은 바다로 떠나는 곳이었다. 이 지역 어부들은 참치의 이동 습성과 마찬가지로 이 물고기의 연례 이동 주기도 훤히 꿰고 있던 터라 민시우스강Mincius River에 칸막이를 세워 두는 식의 덫을 놓아 뱀장어를 잡았다. 베니스의 초호에서는 목재 기둥과 갈대 장벽으로 물이 적당히 흐르면서도 가을에 다 자란 물고기가 빠져나가지 못하게 만들어 어획했다. 이런 방식은 갈대 장벽 대신 상설 둑이 세워지는 식으로 바뀌어 19세기 말까지도 이어졌다. 그 이후에는 특정 어장에서 봄마다 치어를 막대하게 잡아 양식자에게 팔기도 했다. 한 추산치에 따르면, 베니스 초호 지대의 양어지 안에는 이렇게 잡힌 치어가 연간 2000~2500만 마리씩 투입되었다. 새끼 뱀장어는 통에 담겨 새끼 숭어들과 함께 다른 곳으로도 실려 갔다.

이탈리아에서는 이집트와 마찬가지로 회색 숭어도 인기가 있었다. 뭉툭한 코와 몸집이 작은 특징을 지닌 이 어종은 이따금씩, 그것도 특히 가을과 겨울에 약간의 소금기가 있는 초호로 이동했다가 알을 낳으러 다시 바다로 떠났다. 회색 숭어는 이탈리아에서도 나일강에서처럼 갇힌 상황에 쉽게 적응했다. 또한 플리니우스에 따르면, 회색 숭어는 청각이 아주 예민해서 이름을 부르면 가까이 오곤 했단다. 또 다른 인기 어종으로는 농어도 있었다. 그 중에서도 연안의 초호에서 티베르강으로 헤엄쳐 올라오던 농어의 인기가 특히 높았다. 전해지는 얘기로는, 로마의 미식가들은 농어를 먹어 보면 그 농어가 양식인지, 오염된 민물에서 잡힌 것인지,

바다에서 잡힌 것인지 구분할 줄 알았단다. 2세기의 그리스 의사, 페르가몬의 갈렌Galen은 하수와 직물 작업장의 폐기물로 오염된 상류에서 잡힌 물고기는 먹지 말라고 조언하기도 했다. 대 플리니우스는 비늘돔을 유달리 애착 있게 다루며 최고급 별미라고 칭했는데, 비늘돔은 섬세한 미각을 가진 이들에게 숭어보다 더 인기가 좋았지만 못에서 기르기가 어려웠다.

로마 제국의 농경과 관련해서 가장 권위 있는 작가로 꼽히는 서기 1세기의 작가 루시우스 유니우스 모데라투스 콜루멜라Lucius Junius Moderatus Columella의 글에 의거하면, 귀족도미는 가장 처음으로 양식된 어종에 들었다.[6] 귀족도미는 민물 양어지와 바닷물 양어지 모두에서 잘 적응하기 때문에 기르기에 좋았고, 맛이 좋아 아주 귀한 대접을 받았다. 지중해와 대서양 수역 양쪽에서 모두 잘 자랐던 붉은 숭어도 맛이 좋아 귀하게 여겨졌다. 무게가 1킬로그램까지 이를 만큼 유달리 크게 자란 붉은 숭어는 성대한 연회 자리에 과시용으로 나왔다. 콜루멜라가 기록한 바에 따르면, 붉은 숭어는 보기가 힘들고 심해에서 잡히는 어종이라 몸값이 아주 비싸서 결혼한 남자들은 사 먹을 엄두도 내지 못했단다. 훨씬 더 작고 흔한 편인 회색 숭어와 달리 이 귀하신 숭어는 양어지에서는 잘 기를 수 없어서 수천 세스테르세스sesterces•를 호가했다. 그 외에 넙치와 가자미 같은 넙치류나 틸라피아도 인기를 끌었지만, 음식에 민감했던 로마인이 진정으로 숭배한 대상은 어느 특정 물고기가 아니라 가룸이었다.

• 고대 로마의 화폐 단위

프랑스 남부와 이탈리아 북서부의 먼 바다에서 발견되는 난파선에서는 생선 소스 암포라가 발견되곤 하는데, 암포라의 추정 연대가 기원전 5세기로 거슬러간다. 이는 가룸이 적어도 로마 자체만큼 역사가 오래되었음을 암시한다. 가룸은 생선의 피와 내장을 자기 분해 방식으로, 즉 자체 효소에 의한 세포 파괴 방식으로 발효시킨 것이다.[7] 생선을 소금물에 담아 3개월 동안 햇빛 아래에 말리는 식이었다. 소스의 품질은 들어간 생선 부위에 따라 달랐다. 최상품은 참치 내장을 주재료로 쓴 것이었고, 하급은 질 낮은 잡어를 썼다. 소금 혼합물이 뜨거운 햇빛을 받으며 발효되는 동안 세균도 염분에 의해 더 이상 늘어나지 못했다. 나중에 혼합물의 맨 위층에 형성되는 액체를 미세한 체로 걸러 냈고, 경우에 따라 허브 농축액으로 풍미를 더하면 가룸이 완성됐다. 생선 소스 산업은 급격이 팽창하면서 로마 제국에 수백 가지의 조리법이 퍼져 나갔다.

가룸은 사람마다 좋아하는 맛이 달랐다. 로마에서 가장 인기 있었던 가룸 가운데는 히스파니아 바에티카Hispania Baetica라는 스페인 속주屬州인 남부의 카르타헤나Cartagena와 가데스Gades에서 생산되는 일명 동맹자의 가룸도 있었다(지도10 참조). 포르투갈산 가룸도 아주 인기가 좋았다. 프랑스의 최남단에 위치한 골Gaul 남부의 포사에 마리아나에Fossae Marianae는 골, 게르마니아, 영국 등에 가룸을 배급하는 중심축이었다. 가룸은 로마 세계에서 오늘날 머스터드나 케첩과 다름없어서, 생선 소스 거래상은 잘하면 떼돈을 벌 수 있었다.

참치 염장 시설과 달리 가룸 작업장은 대체로 물가에서 먼 거리에 들어섰고, 그 덕분에 많은 시설이 아직까지 남아 있다. 가룸 작업장은 규모가 아주 컸다. 스페인 속주인 루시타니아Lusitania의 트로이아에 있던 작업장은 3킬로미터에 걸쳐 여러 석조 통과 제염소製鹽所 시설이 띄엄띄엄 자리 잡고 있었다(지도10 참조). 거대 규모의 가룸 작업장은 대서양과 북아프리카의 연안뿐 아니라 크림 반도에서도 운영되었다. 가룸은 당시 기준으로 거대 산업이어서, 온갖 크기의 물고기를 도살하고 염장하면서 나오는 폐기 부위뿐 아니라 잡어 수백 만 킬로그램을 필요로 했다.

생선 소스는 대부분이 목재 상자와 가죽 용기에 담겨 로마 제국 전역에 운반되었기 때문에 당시 가룸의 양이 얼마나 되었을지 가늠하기는 힘들다. 하지만 스위스의 바젤Basel 인근에 있던 로마의 식민지 아우구스타 라우리카Augusta Raurica에는 골에서 생산된 생선 소스가 풍부하게 공급된 것이 확실해 보인다(지도10 참조). 인근 쓰레기 더미의 한 표본에서 발견된 전체 암포라 시료에서 3분의 1가량이 골과 스페인에서 채워진 생선 소스였다.

생선 소스 거래상인 아울루스 움브리쿠스 스카우루스Aulus Umbricus Scaurus는 서기 1세기에 폼페이에서 대표적인 가룸 생산자였다. 악취 때문에 도시 외곽에 자리 잡았을 것으로 추정되는 그의 작업장에서는 네 종류의 생선 소스를 생산했다. 그는 집에서 바다를 내려다보며 자신의 상품이 배를 통해 해외로 나가는 모습을 볼 수도 있었다. 그의 상품 중 최상급 가룸은 추측컨대 태국이나 베트남의 생선 소스 같이 미묘한 풍미를 띠는 순한 맛이었던 듯하고, 아주 고가였고, 주재료는 고등어였다. 로마인은 품질에 상관없이 온갖 음식에 가룸으로 맛을 냈고, 때때로 와인에 섞어마시기도 했다. 가룸이 개에게 물린 상처를 치료하거나 거슬리는 체모를 제거하는 데 유용하다는 속설도 퍼져 있었다.

상업적인 물고기 양식업자 상당수는 비교적 작은 규모였다. 콜루멜라는 물고기로 이익을 보는 일은 작물로 돈을 버는 것과 아주 다르다고 말하면서, 연안의 생산성이 떨어지는 토양을 일구는 농부에게 차라리 바다에서 수입원을 찾으라고 권했다. 연안의 특징을 찬찬히 살핀 다음 그 환경에 길들여진 어종을 가두어 기를 만한 못을 지어 보라는 얘기였다. 못을 만들 때는 안에 해초로 뒤덮인 암초도 갖추라며 이어서 쓰길, "인간의 머리로 궁리해 낼 수 있는 한 최대한 재간을 발휘해서 바다의 모습을 그대로 꾸미되 물고기들이 포로처럼 갇혀 있으면서도 갇힌 신세를 가능한 한 느끼지 못하게 해야 한다"고 조언했다.[8] 주의의 말도 덧붙였다. 살이 부실한 물고기는 아무리 싱싱해도 가격이 떨어지니 살이 통통히 오르지 않은 물고기를 시장에 내다 팔면 안 된다고. 뿐만 아니라 "일부는 〔못의 특성에 따라〕 바닥에 우묵한 공간을 파 놓아서…… '비늘 달린 무리들'이 피할 수 있게 해 주고 경우에 따라서는 칠성장어들이 숨을 수 있게 나선형으로 꼬여 있되 너무 넓지 않은 모양으로 파도록" 권하기도 했다.

바다 양어지는 규모가 작고 시설이 단순했으며, 대부분이 암초와 단절되어 있었다. 물의 유입과 유출을 막기 위해 탁월풍과 해류를 세심하게 살핀 수로가 최소 한 곳은 있었고, 경우에 따라선 두 곳도 있었다. 이런 양어지 가운데 일부는 제염소와 가까운 곳에 자리 잡아서, 고등어와 참치가 이동하는 철에 남아돌 만큼 잔뜩 잡은 물고기를 도살하여 염장시킬 때까지 가두어 두기도 했을 것이다. 실제로 19세기에 그리스에서는 펠로폰네소스 반도 아르골리드Argolid 연안의 참치잡이 어부들이 연안의 양어지에 최대 2주 동안 참치를 산 채로 가둬 놓곤 했으며, 로마인도 이와 똑같이 했을 가능성이 있다.

어느 순간부터 물고기 양식자들은 울타리 안에 물이 괴지 않게 하려면 수로의 위치가 중요하다는 점을 깨닫게 되었고, 그 이후로 초호 양식의 규모가 막대해졌다. 신중히 설계된 수로는 장소별로 조류가 크게 다른 바닷물이 들고나도록 해 주었다. 하지만 민물의 유입도 필요했다. 조류만으로는 산소를 유익한 수준으로 유지하거나 암모니아가 많은 물고기 배설물을 내보내기에 부족했다. 로마인은 이를 알고부터 양어지에 민물을 유입했고, 이로써 물고기 생산량은 100퍼센트 이상 늘었다. 이제 바다 양식은 마르쿠스 테렌티우스 바로의 부유한 이웃이 단순하게 즐긴 오락거리를 훌쩍 넘어섰다. 안치오Anzio 인근의 토레 아스투라Torre Astura에는 로마 시대에 만들어진 약 1만5000제곱미터 넓이의 거대한 양어지가 아직까지 남아 있다(지도10 참조). 이 양어지는 동종의 시설 가운데 알려진 한 최대 규모다. 이보다 작은 양어지도 다수 발견되었는데, 모두 교외 대저택에서 필요했을 법한 양보다 훨씬 많은 물고기를 생산해 낼 수 있는 규모다.

티레니아해의 코사Cosa(지도10 참조)에 자리한 항구와 어장은 바람이 들이치지 않는 수역 안쪽과 바깥쪽으로 물고기가 풍성한, 석회암질의 곶과 연안의 초호를 이용하면서 대규모 고기잡이 작업장이 되었다.[9] 지리학자 스트라보Strabo에 따르면, 이 곶의 고지대는 참치를 발견하기에 좋은 명당이었다. 연안을 따라 20킬로미터가량 펼쳐진 초호는 800미터 폭의 모래톱으로 바다와 분리되어 있으면서, 더 좁은 서쪽 끝에 형성된 어장으로 봄이면 민물이 유입되었다. 또 자연적으로 형성된 여러 유입구로 바닷물이 초호로 들어와 민물과 바닷물이 이상적으로 뒤섞였다.

코사는 수백 년 동안 대표적인 상업 어장이었고, 추정상 기원전 1세기부터 막대기나 목재로 단순하게 울타리를 세워 이용했다가 그 뒤에는 수역의 자연스러운 흐름을 방해하지 않도록 세심하게 벽 같은 상설 구조물을 설치했을 것이다. 이동하는 물고기는 초호로 헤엄쳐 들어왔다가 물의 유입구 안에 갇혔을 것이다. 기원전 1세기 말에는 주요 유입구에 수문이 설치되고 서쪽 끝에 거대한 콘크리트 양어지 여러 곳이 만들어졌다. 그로부터 얼마쯤 후에는 물을 퍼 올리는 장치가 달린 스프링하우스springhouse가 설치되어 암석 위로 흘러오면서 공기가 유입된 민물을 양어지뿐 아니라 도시 공장에도 대 주었다.

코사 항구는 염장 처리의 중심지이기도 했지만, 양어지와 염장 작업의 연관 관계는 명확하지 않다. 확실히 이곳 초호는 물고기에게 자연스러운 환경으로 조성됐으리라 짐작되며, 덫과 수문이 물고기가 이동하는 철에 제 역할을 하면서 초호의 입구와 출구를 제어했다. 남아 있는 모든 자취가 암시하는 바를 종합해 보면, 한 명의 설계자가 항구와 어업 복합 시설 전체를 진두지휘한 듯하며 그 설계자는 수리학과 물고기 양식에 관련된 실용 지식이 해박했던 것이 분명하다. 코사 항구는 그 자체로 중요한 무역항이었으며, 주요 교역품은 가룸 같은 평범한 상품이었을 것이다.

로마인은 못에서 바닷물고기보다 민물고기를 기르는 것이

더 쉽다는 사실을 잘 알았다. 민물 어종은 바닷물 어종보다 산소를 덜 필요로 했고, 질병에 대한 내성도 더 높다. 서기 1세기 말 이후로 인공 양어지는 로마의 교외 별장과 도시 저택에서 흔하게 볼 수 있었다. 인공 양어지는 신선한 생선을 대 주었을 뿐만 아니라 장식의 효과도 있었다. 로마의 정원은 소아시아, 북아프리카, 골 같은 먼 지역까지도 장식용 못이 특징적 요소로 자리 잡았다. 특히 로마 외곽인 첸토첼레Centocelle의 피스키나 별장Villa of the Piscina은 못 안쪽 가장자리에 암포라가 박혀 있고, 가운데에는 분수가 설치된 50미터 크기의 양어지가 인상적이다. 안에 끼워 넣은 암포라는 로마 제국 전역의 민물 양어지에서 흔하게 발견된다. 이런 암포라는 물고기가 공격적인 텃세부림을 피해 숨을 만한 일종의 피난처 역할을 해 주었을 가능성이 높다. 또 암포라가 있는 못은 텃세가 심한 어종인 틸라피아를 기르기 위해 사용되었을 수도 있다. 틸라피아는 텃세만 아니라면 가두어 놓고 기르기에 쉬운 어종이라 당시에 널리 길러졌을 것으로 추정된다.

가장 집중적인 형태의 물고기 양식은 맞춤 설계된 석조 연못에서 펼쳐졌다. 석조 연못 양식은 초호 양식과 차원이 달라서 세제곱미터당 생산량을 최대치로 끌어 올리기 위해 설계되었다. 다시 말해, 적절한 산소량을 맞추기 위해서나 못의 상태를 깨끗하게 유지하기 위해서 물을 교체하는 데 엄청난 노력이 필요했다. 이런 노력이 제대로 잘 이루어지기만 하면 생산량은 어마어마했다. 이런 식의 현대 시설에서도 물고기의 연령과 어종에 따라 700세제곱미터의 양어지에 무려 2만~5만 마리의 물고기를 수용할 수 있다. 서기 1세기에는 콘크리트 기술이 발달함에 따라 토지 소유자들이 작은 못을 더 쉽게 만들었고, 이런 못으로 가족을 먹일 생선을 확보했을 뿐만 아니라 어쩌면 남은 생선을 팔아 적으나마 돈도 좀 벌었을 것이다.

피시나에와 피시나리

피시나에piscinae는 나폴리만과 티레니아해 연안을 따라 길게 뻗은 지대에 부유층이 소유하던 연안 양어지를 일컫는 말이었다. 유지비가 많이 들었던 피시나에는 무절제한 폭식과 과잉의 상징이었다. 키케로는 양어지를 소유한 사람들을 경멸하며 피시나리piscinarii, 즉 '물고기 사육자'나 '물고기 못의 트리톤Triton'이라고 칭했다.[10] 무절제에는 끝이 없었다. 당시에 가장 복합적 규모로 들어선 양어지는 으리으리한 연안의 별장 앞에부터 나폴리만까지 뻗어 있었다. 이런 못을 지으려면 대체로 막대한 양의 암석을 절단해야 할 뿐 아니라 시멘트 작업까지 필요해서 도급자는 노련한 인부들을 고용해야 했고, 기능과 미관을 두루 갖추기 위해서 설계 기술도 있어야 했다. 탁월해류와 탁월풍에 맞추어 못의 자리를 잡는 일만 해도 전문 지식과 연륜이 요구되었다.[11]

이렇게 못이 정교하게 지어지고 나면, 소유자는 물고기를 채워 넣고 먹이를 주고 수문을 관리하고 못을 깨끗하게 유지하는 일꾼을 고용해야 했다. 피시나에에 물고기를 채워 넣으려면 치어들을 썰물 때 못의 배출구로 유인해서 잡기도 하고, 만과 초호에 나가 잡아 오기도 해야 했다. 못에 물고기를 채워 넣는 고된 일은 대체로 별장 노예의 몫이었을 것이다. 수완 있는 소유자는 인근의 돈 많은 손님이 찾아오는 도시 시장에 생물 생선을 팔아 비용을 절감할 수 있었다. 바다 양식이 가장 집중적으로 행해진 곳은 나폴리만, 로마의 북부 연안과 남부 연안, 알렉산드리아 등 부유한 도시 인근이었는데, 이는 우연의 일치가 아니다.

피시나에를 지을 때는 대체로 운치를 조성하는 데에도 정성을 기울였다. 맑은 못 안쪽을 멋들어진 모양으로 여러 칸으로 나누어 놓았는가 하면 더러는 조각상까지 꾸며 넣었다. 구멍 뚫린 수문으로 분리용 벽을 세워서 물고기를 따로따로 나누어 놓기도 했다. 주인과 손님들은 못의 수조 사이로 어슬렁어슬렁 걸으며 알록달록한 물고기를 구경하기도 하고, 가끔씩 낚싯바늘과 낚싯줄로 잡기도 했다. 부자 중에서도 부자만이 이런 피시나에를 소유하고 유지할 수 있었다. 그중에는 자신의 체통을 세우기 위해 극단으로 치닫는 유명 인사도 많았다. 바로의 벗이었던 웅변가 호르텐시우스Hortensius는 자신의 시골 저택으로 바로를 자주 초대했다. 호르텐시우스는 손님을 대접하기 위해 인근 포추올리Pozzuoli에서 신선한 생선을 자주 샀지만, 뱀장어를 애지중지 기르면서 자신의 못에 사는 그 식욕 왕성한 녀석들을 먹이기 위해 여러 명의 어부를 고용해 잡어를 잡아 오게 했다. 피시나에는 부유한 시대에 전성기를 맞았다. 키케로의 벗이었던 루키우스 루쿨루스Lucius Lucullus는 자신의 양어지에 바닷물을 대기 위해 언덕에 터널을 뚫는가 하면, 밀물 때 차가운 물을 끌어오기 위해 막대한 비용을 들여 방파제를 세우기까지 했다.

지배층의 사적 연회에는 음식만큼이나 볼거리도 많았다. 그만큼 집주인이 호사스러운 만찬, 화려한 장식, 오락거리 등으로 손님들에게 깊은 인상을 주려고 애를 썼다. 진기한 생선도 연회의 중요한 요소여서, 보기 힘들고 잡기는 더 힘든 그런 물고기를 정성스레 조리하여 보란 듯이 요리로 내놓았다. 어떤 때는 큰 접시에 장식처럼 올린 큼지막한 생선이 보석으로 치장되어 플루트와 관악기가 연주되는 가운데 식탁에 올라오기도 했다. 어부들이 도미티아누스 황제(서기 238~255)에게 엄청난 크기의 가자미를 바쳤을 때는 궁에서 그 물고기를 올려놓을 접시를 특별히 만들어야 했다. 진기한 철갑상어나 가자미는 풍자 시인 마르티알리스Martialis, ?38~?103에게 영감을 주기도 했다. "큰 접시가 가자미를 받쳐 주지만 가자미는 언제나 접시보다 더 크다."[12] 마르티알리스가 쓴 글에는 돈 많은 부자 칼리오도루스Calliodorus의 얘기가 나오는데, 이 사람은 노예 한 명을 4000세스테르세스(약 2200달러)에 팔아서 그 돈으로 양식 노랑촉수 1.8킬로그램을 샀다고 한다. 유베날리스Juvenal, 60~140 같은 작가는 소 한 마리나 대저택 한 채, 경주마 한 마리보다 비싼 돈을 주고 과시용 물고기를 사는 행태를 꼬집기도 했다.

연회에 참석한 손님들은 좌석에 따라 권력과 사회적 지위가 가려졌다. 심지어 사회적 지위별로 음식이 다르게 나오기도 했다. 대 플리니우스의 조카 소 플리니우스는 한 친구에게 "가장 좋은 음식은 자신과 몇 사람에게만 내오게 하고, 나머지에게는 허접한 싸구려 음식을 대접했다"고 핀잔을 놓은 적이 있다.[13] 플리니우스의 이 말은 모든 사람에게 같은 음식을 대접해야 한다는 요지였다. 마르티알리스는 파필루스Papylus라는 출세주의자의 얘기도 썼

(De Agostini Picture Library/ W. Buss/ Bridgeman Images)

서기 2세기 로마 티볼리에 지어진 하드리아누스Hadrian 황제의 교외 대저택에 있는 양어지다. 이 사람은 사회적 주목을 끌기 위해 값비싼 생선을 선물로 보내면서 정작 집에서는 생선 꽁지와 양배추를 먹으며 살았다고 한다. 양어지는 유난스러운 사치와 부의 표상이었다. 도처에 퍼져 있던 양어지는 대체로 소유주에게 이득이었지만, 그렇다고 항상 그랬던 것도 아니다. 키케로는 여러 편지에서 국사를 희생시키며 양어지에 집착한다는 투로 피시나리를 은근히 조롱했다.

부자의 장난감 대다수가 그렇듯, 피시나에도 결국 시들해졌다. 대다수의 피시나에는 기원전 1세기 중반부터 서기 1세기 중반에 지어진 것이었다. 로마공화정의 목표와 제국의 권력이 확고해지면서 사치스러운 연회를 비롯한 부의 지나친 과시를 억제시키려는 시도가 있었고, 이런 시도에 다른 누구보다 적극적으로 나선 인물은 아우구스투스 황제였다. 그 결과 사치스러운 양어지 터의 상당수는 제국의 토지가 되었다. 네로 황제는 숙모인 도미티아 소유인 나폴리만의 양어지에 눈독을 들였다고 한다. 숙모가 새롭게 손봐서 지극정성으로 관리하던 그 양어지를 차지하려고 숙모를 독살하고 그 재산을 차지했다니, 얼마나 탐냈는지 알만하다.

정치가 플라비우스 아우렐리우스 카시오도루스Flavius Aurelius Cassiodorus, 대략 서기 485경~585는 이오니아해의 연안에 자리 잡은 자신의 토지에 비바리움Vivarium 수도원을 세웠다(지도10 참조).[14] 그 수도원에서 학생들이 기독교 성구에 대한 자신의 글을 읽으며 가르침을 받고, 여행자들과 가난한 이들이 관개 시설이 갖추어진 정원과 인근 강의 물고기를 구경할 수 있기를 바라는 마음이었다. 밥상에 올릴 바닷물고기를 산 채로 키우기 위한 특별한 못도 지어졌다. 그 무렵엔 몇 백 년 전에 성행한 물고기 양식 기술은 관련 시설의 건축 기술과 함께 거의 잊히고 있었다.

대부분 내륙에 자리한 기독교 수도원들은 어느새 물고기의 최대 고객으로 떠올랐다. 수도원에서 성일에 먹는 음식에 제한을 둔 것이 그 원인 중 하나였다. 이 시기에는 바닷물고기에서 민물 어종으로 관심이 옮겨졌다. 바다의 끊임없는 위협, 즉 강도와 해적으로부터 안전한 개울, 호수, 수도원의 못 등에 사는 민물 어종이 중시되었다. 기독교의 익두스IXTHEUS 교리, 말 그대로 '큰 물고기' 교리에서는 물고기 섭취가 그리스도와 독실한 신자를 이어 주는 가장 친밀한 연결 고리를 상징했다. 기독교의 상징 익두스는 세상에서 가장 큰 물고기였다. 황제에게 진상되는 그 어떤 물고기보다도 크고, 귀족이든 평민이든 가릴 것 없이 누구나 접할 수 있는 존재였다. 지배자, 귀족, 신흥 갑부 등이 누렸던 사치스러운 연회와 인상적인 물고기는 역사의 뒤안길로 사라졌다. 이제는 새롭게 영향력을 넓혀 가는 종교가 축제와 절식을 통해, 또 성일과 사순절의 준수를 통해 세계 어장에 지대한 영향을 미치게 되었다.

15. 물고기 먹는 사람들

나일강 유역과 지중해 전역처럼 물고기가 선원과 군인 모두의 배급 식량이 되었던 고대에 통상적으로 알려진 세계의 경계 너머로 항해하는 상선에게 물고기는 단순한 상품만이 아니라 선박의 필수 식량이었다. 선장은 배가 아무리 빠르거나 내항성이 좋아도 안전한 항구와 정박지에서 멀어지는 순간부터 내내 놓지 못하는 걱정거리가 하나 있었다. '배에 식량과 물이 부족하면 어쩌지?' 홍해와 인도양의 적막한 연안을 항해할 때면 걱정이 특히 더했다. 식량이 바닥날 때면 멀리 고기잡이 움막만 보여도 반가웠다. 말린 생선이 떨어지고 민물을 담아 온 항아리가 비면 홍해나 아라비아해 연안을 무난히 통과하기란 거의 불가능했다. 크게 주목받지 못하지만, 아주 실질적 의미에서 볼 때 물고기는 이 연안 지대의 역사 형성에 결정적 영향을 미쳤다. 다시 말해, 홍해와 인도양의 넓은 구역에 걸쳐 교역로를 열었던 항해는 물고기 덕분에 가능했다.

홍해는 사나운 바다다. 맞바람, 숨겨진 연안 암초, 지독한 더위로 저주받은 곳이다. 제정신이 박힌 뱃사람이라면 아무리 그 지역 정보에 밝아도 밤에는 이 위험한 수역을 항해하지 않았을 것이다. 배들은 어둠이 내리고 나면 정박했다. 선원은 편리한 정박지의 위치를 터득했고, 그런 정박지는 연안의 어부들도, 또 해적들도 잘 알았다. 선장들은 그럴 만한 필요에 따라, 이런 적막한 연안 지대에 사는 어부들과 서로에게 득이 되는 관계를 다지게 되었다.

홍해, 아라비아해, 페르시아만 연안의 건조 지대에는 그리스의 지리학자들이 이크티오파기ichthyophagi족, 즉 '물고기 먹는 사람들'이라고 이름 붙였던 이들이 흩어져 살아가고 있었다(336쪽 지도 11 참조). 디오도루스 시쿨루스에 따르면 물고기 먹는 사람들은 그늘이 진 북향의 동굴이나 고래 뼈 움막, 아니면 나뭇가지를 격자 모양으로 엮어 놓은 곳에서 살았다. 하지만 대부분의 시간은 물에서 보냈다. 거주지의 터는 좁은 해협 근처나 좁은 골짜기였다. 이런 곳에 터를 잡으면 댐 모양의 물고기 덫을 세우는 데 필요한 큰 자갈을 편리하게 이용할 수 있었다. 만조 때면 바닷물이 넘쳐 흐르면서 온갖 종류의 물고기가 댐 뒤의 유역으로 흘러 들었다. 그러다 썰물이 빠지면 물고기가 그 자리에 갇혔고, 그러면 모든 무리가 고래고래 함성을 지르며 빠져나가는 물 쪽으로 내려왔다. 여자들과 아이들은 물가에서 작은 물고기를 붙잡아 연안으로 던졌다. 한편 젊은 남자들은 큰 물고기, 심지어 물개까지도 쫓으면서 날카로운 염소 뿔로 죽이거나 뾰족뾰족한 돌로 잡았다. 잡은 물고기를 기슭으로 안전하게 옮기면 물고기 먹는 사람들은 햇볕에 달구어진 뜨거운 바위에 물고기를 펼쳐 놓고 말렸는데, 그렇게 해 놓으면 물고기가 금세 푹 익었다. 그러면 물고기를 툭툭 털어서 등뼈를 빼낸 뒤에 살을 으깨서 '그리스도의 가시 열매(지지푸스 스피나 크리스티Ziziphus spina-christi, 즉 '그리스도의 가시'라는 식용 가능하고 벌들이 좋아하는 열매와 잎이 열리는 흔한 상록수. 전해 오는 전설에 따르면, 그리스도의 가시면류관이 바로 이 나무의 잎사귀로 만들어졌다고 한다)'를 섞었다. 그 뒤에 작은 벽돌 모양으로 만들어 햇빛에 말리면, 시쿨루스의 말마따나 "확실하고 편리한 저장 식량이 되어 바다의 신 포세이돈이 대지의 여신 데메테르의 임무를 떠맡은 셈"이 되었다.[1] 폭풍우가 몰아치거나 만조가 유난히 높을 때면 물고기 먹는 사람들은 큼지막한 홍합으로 관심을 돌렸다. 시쿨루스의 글을 그대로 옮기자면, 물고기 먹는 사람들은 "큰 돌멩이를 던져 껍데기를 깨고 살을 꺼내 날것으로 먹었는데, 그 맛이 굴과 다소 비슷"했다고 한다. 이들은 다른 먹거리를 구할 수 없을 때 전에 잡은 물고기에서 흔들어 빼낸 등뼈에 붙은 살점을 찾아서 먹었다.

시쿨루스와 동시대 사람들에게 이크티오파기족은 야만인이었다. 이들의 식생활이 도시화된 그리스인이나 로마인이나 부유한 농부에게는 경악스러웠을지 몰라도 이 지리학자가 예리하게 언급했듯, 이크티오파기족은 먹거리가 떨어진 적이 없었다. 이들은 물고기를 덫으로 잡는 요령과 물고기의 살코기를 보존 처리하는 법을 잘 알았고, 수백 년 동안 홍해와 인도양을 지나가는 선원들에게 생물이나 보존 처리된 물고기를 대 주었다. 아시아가 벼농사로 곡물이 훨씬 더 풍족해짐에 따라 해상 식량에서 물고기의 중요성이 떨어지기 한참 전에 이 이름 모를 물고기 먹는 사람들 덕분에 홍해와 인도양에서의 초기 항해가 가능했을지 모른다. 그렇더라도 다소 최근인 1930년대까지 그랬던 것처럼, 모든 배에는 그물에 배를 끌어당기는 밧줄이 설치되어 있어서 배를 대고 신선한 물고기를 잡기도 했을 것이다.[2] 아무리 잘 보존된 물고기라고 한들 갓 잡은 물고기가 그보다 훨씬 맛이 좋았을 테니 말이다.

역청으로 보강된 선박이 처음으로 페르시아만의 적막한 연안을 항해한 기원전 6000년경 이후로 물고기의 위상은 점차 높아졌다. 건조하거나 염장하거나 훈제한 물고기는 가볍고 대량으로 배에 싣기 쉬운 데다, 익혀서 또는 날것으로 먹을 수 있었다. 또 물고기 먹는 사람들이 거주하는 곳이라면 거의 어디에서든 구할 수 있었다. 특히 편리한 정박지 가까이에 움막 터가 있는 경우엔 구하기가 더 쉬웠다. 물고기와의 물물 교환은 식수를 얻는 것보다 어렵지 않았고, 선장으로선 전략적 위치에 있는 족장이나 추장과 경우에 따라선 수 세대에 걸친 장기적 관계를 다져야 하는 일이었다.

홍해 연안

지중해 세계에서 남쪽으로의 항해는 홍해의 북단에서부터 시작되었다. 홍해Red Sea의 명칭은 그리스어 에뤼드라 달라사Erythra Thalassa를 그대로 번역해서 붙인 것이다. 왜 '붉다'는 뜻의 단어가 붙여졌을까? 그 답은 확인할 길이 없다. 다만, 계절에 따라 피어나 수면 근처에서 자라는 남조류와 관련 있을 가능성이 있다. 아니면 북쪽의 흑해Black Sea와 대비해서 남쪽을 가리키는 아시아식 명칭일 수도 있다.

홍해는 좁고 긴 바다로, 2250킬로미터 길이로 뻗어 나가다 인도양으로 이어진다. 그 한복판은 깊이가 2200미터 정도이며, 그레이트 리프트 밸리Great Rift Valley•의 범위에 든다. 양쪽 해안에 광활한 대륙붕과 산호초가 형성되어 있어 1000종이 넘는 무척추동물이 서식하고 있다. 이 수역에는 42종의 심해 어종을 포함해 최소한 1200종의 물고기도 살고 있다. 인도양 북부의 상당 지역이 그렇듯 남서쪽과 북동쪽에서 두 종류의 계절풍이 불어와 홍해 수역은 아주 따뜻하다. 또 증발률이 높고, 물을 흘려보내 주는 강줄기가 별로 없는 데다 더 광활한 대양과의 접촉이 남쪽으로만 제한되어 있어서 지구상에서 가장 짠 수역에 든다. 이런 속성 탓에 홍해는 예나 지금이나 노나 돛으로 나아가는 선박으로 항해하기가 만만치 않다.

문자 문화 이전의 뱃사람들은 이집트의 단편적 기록들이 알려주는 항해 역사의 한참 전부터 홍해 연안을 따라 고기를 잡고 교역을 했다. 해안선이나 그 해안선 지대의 위험 요소와 거주민에 대한 견문은 직접 겪으면서 힘겹게 구한 뒤에, 구전과 고달픈 견습 생활을 통해 선장들 사이에 대대로 전수되었다. 홍해의 동쪽 연안에서 남쪽으로 뱃길을 잡아 이집트인에게는 푸엔테Puente로 알

• 아시아 남서부 요르단에서 아프리카 동남부 모잠비크까지 뻗은 세계 최대의 지구대(地溝帶)

려진 그곳, 푼트의 땅Land of Punt으로 향했던 항해는 기원전 제3천년기 중반의 파라오 쿠푸Khufu의 시대부터 기록되어 있다. 푼트는 탄탄한 교역 상대가 되어 이집트에 황금, 향기로운 송진, 유향뿐만 아니라 상아 등 아프리카 산물을 대 주었다. 푼트의 정확한 위치는 확실치 않지만, 현재의 에리트레아Eritrea, 에티오피아, 소말리아 주변 어디쯤의 넓은 지역이었을 것으로 추측된다. 이집트의 항해는 대부분 기록으로 남겨져 있지 않은 듯한데, 여기에서 주목할 만한 예외 사례가 있다. 기원전 15세기에 하트셰프수트Hatshepsut 여왕이 다섯 척의 배를 이끌고 나선 푼트로의 항해다. 여왕은 나일강 서안에 자리 잡은 자신의 장제전葬祭殿•• 벽에 이 항해에 대해 요란하게 과시해 놓았는데, 이를 미루어 보아 이런 왕족의 항해는 드물었던 것 같다.[3]

서기 1세기경 어느 시기에 인도양의 항해 경험이 꽤 많은 듯한 이름 불명의 이집트 상인이 초기 항해를 기록한 고전 한 편을 남겼다. 바로 『에뤼드라해 주항기*The Periplus of the Erythraean Sea*』(Periplus는 '여러 곳곳의 항해'를 뜻하는 그리스어로, 라틴어화된 것이다)다.[4] 이는 이미 수 세기 전부터 이용된 교역로의 해안 지대와 항구들이 글로 옮겨진 최초의 책이다. 내용은 저자가 홍해를 건너 남쪽에서 아프리카 동해안으로 갔던 항해와, 아라비아 연안을 따라 페르시아만과 인도와 그 너머까지 갔던 또 다른 여정으로 구성되어 있다. 한마디로 『에뤼드라해 주항기』는 식수, 식량, 해적 등이 매일의 걱정거리였던 누군가가 사막 지대의 들쭉날쭉한 해안 지대를 직접

•• 고대 이집트에서 국왕의 영혼을 제사하던 숭배전

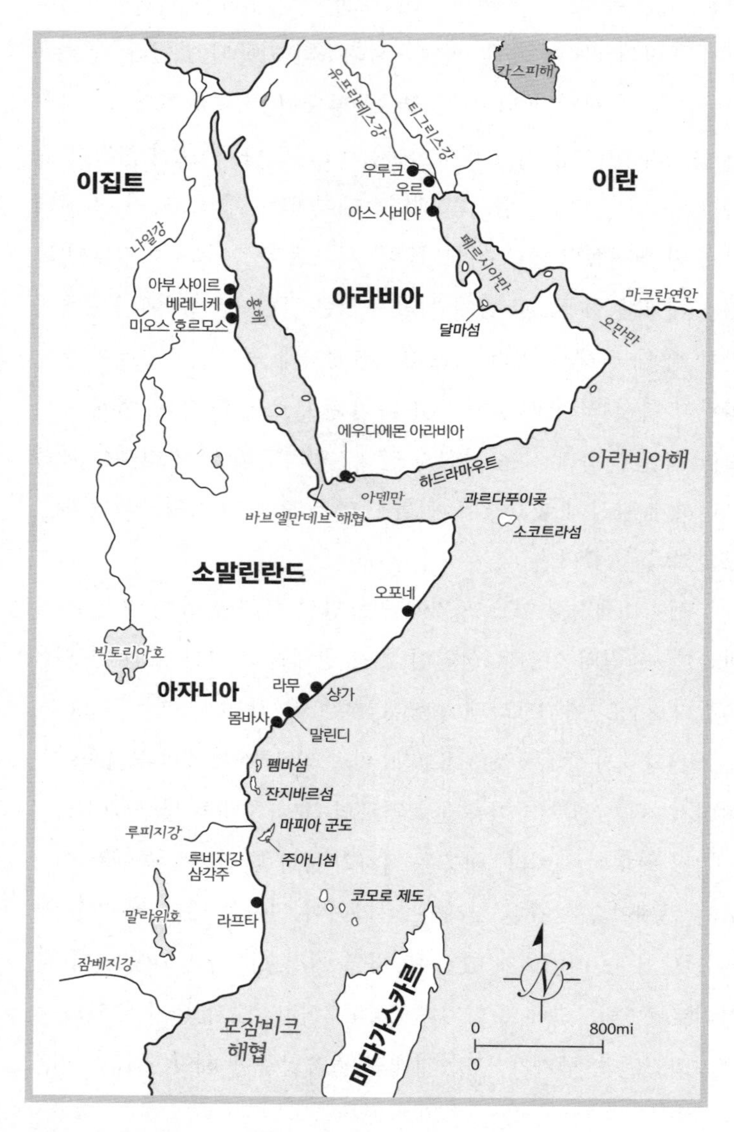

지도11 홍해, 아자니아, 에리드라해 동쪽의 고기잡이 정착지와 기항지

경험하고 사무적으로 쓴 문서다.

남쪽으로 방향을 잡은 선장이라면 누구라도 그랬을 테지만, 저자는 홍해에서 여정을 시작한다. "에뤼드라해의 지정 항구들과 그 주변으로 장이 서는 소도시들 가운데…… 첫 목적지는 이집트의 머셀 하버Mussel Harbor(미오스 호르모스Myos Hormos)의 항구다(지도11 참조). 그곳에서 1800스타디아Stadia(대략 285킬로미터)를 가면 베레니케Berenice가 나온다…… 베레니케 아래쪽으로 가다 보면 나오는 오른쪽 연안 지대는 베르베르Berber(또는 바르바로이Barbaroi, 즉 야만족)의 땅이다. 그 연안 지대에 물고기 먹는 사람들이 좁은 계곡의 여기저기 흩어져 있는 동굴에서 살아가고 있다."[5] 여기저기 흩어져 있는 동굴이라는 대목을 미루어 보자면, 저자는 물고기 먹는 사람들을 여러 번 직접 찾아가 봤던 듯하다.

『에뤼드라해 주항기』를 널리 참고한 그리스-로마 시대에는 물고기가 홍해 경제의 주요 요소여서 생물이나 건조 · 염장 · 훈제 처리된 물고기뿐 아니라 발효 상품이자 어디에서나 흔하게 쓰이던 로마의 생선 소스인 가룸까지도 거래되었다. 어업의 상당 부분은 미오스 호르모스의 항구를 주축으로 돌아갔는데, 이 항구는 프톨레마이오스 왕조 시대인 기원전 3세기에 생겨났다.[6] 그러다 기원전 30년에는 로마인의 나일 계곡Nile Valley 점령 이후 안정적인 집산지가 되면서 미오스 호르모스에서 나일강까지 도로도 건설되었으며, 그 뒤로 서기 3세기까지 홍해를 경유하는 교역의 중심축이 되었다.

그리스도 시대에 글을 썼던 지리학자 스트라보에 따르면, "미오스 호르모스에서 인도까지 오가는 배가 무려 120척에 이르렀지만, 그 이전의 프톨레마이오스 치하에서는 인도의 상품을 교역하기 위해 과감히 항해에 나서는 이들이 아주 드물었다."[7] 인도의 연안으로 직접 항해하는 배가 폭발적으로 증가한 계기는 그리스의 항해사 히팔루스Hippalus가 계절풍의 교차 주기를 이용하여 인도양을 가로지르는 경로를 주장하면서부터였다. 모든 면을 종합해 볼 때, 히팔루스는 그런 주기를 발견했다기보다 단지 수백 년 동안 쌓인 항해 지혜에 딱 들어맞는 현상을 공표한 것이었다.[8]

미오스 호르모스는 로마인, 이집트인, 심지어 인도인의 여러 사회가 거대하게 어우러진 국제적 도시였다. 발견된 질그릇 조각에 새겨진 글귀를 미루어 보면, 사막의 유목민과 물고기 먹는 사람들 모두 그곳에서 활발한 교역을 했다. 미오스 호르모스의 항구는 입항하기가 비교적 복잡하지 않은 편이라 붐볐다. 배를 대 놓고 수리하는 사람들, 배에 구멍을 뚫는 극성스러운 좀조개를 막으려고 선체에 납을 입히는 사람들, 장비를 보수하는 사람들로 북적였다. 또한 어부들이 장비를 수선하던 곳이기도 했는데, 한때 초호였으나 현재는 물에 잠긴 지대에 장비 일부가 아직까지 남아 있다.[9] 이곳의 고기잡이와 어부에 대해 알려줄 만한 증거는 유적의 습한 지대에 잘 보존되었다. 게다가 이런 증거는 이 유적에 남아 있는 복합적인 고고학적 기록의 일부분에 불과하다. 보통 유적이 잘 보존되지 않은 탓에 사실상 분간하기 어려운 경우가 많은 것과 대조적이다.

미오스 호르모스의 어부들은 인피靭皮 섬유로 그물을 만들었다. 그중 미세한 망의 그물은 배나 물가에서 정어리 같은 잔챙이 물고기를 잡는 용도로 쓰였을 가능성이 높다. 남자들과 여자들이 말린 아마 섬유 더미에 모여 앉아 섬유 가닥을 일정한 사각형 모양의 그물코로 능숙하게 엮어 나갔을 모습이 그려진다. 이곳에서는 뭐 하나 허투루 버리는 법이 없었다. 선체를 입힌 후에 버려진 납 쓰레기를 깎아서 그물추로 만들었는가 하면, 버려진 암포라 목제 마개로 부구를 만들어 쓰기도 했다.

미오스 호르모스의 그물은 대부분 그물코 간격이 넓어서 큰 물고기를 잡는 용도나 후릿그물로 쓰였다. 어부들은 **그물 덫**passive net trap도 광범위하게 사용했고, 풀이나 야자나무나 인피 섬유로 만든 자루 그물 네 점은 아직까지 남아 있다. 자루 그물은 물고기를 퍼 올려 잡거나 잡은 물고기를 산 채로 가둬 두기 위해 배 뒤에 매달아 끌고 다녔다. 야자나무 섬유로 미끼처럼 꾀어 들이는 바구니형 덫을 만들었는데, 조수가 밀려드는 수역에서는 여기에 부구를 매달기도 했다. 이런 덫은 실제로 서쪽 연안에 더 떨어져 있는 아부 샤아르Abu Sha'ar에서 발견되기도 했다(지도11 참조). 한편 2세기의 그리스 역사가이자 지리학자 아가타르키데스Agatharchides는 물고기 먹는 사람들이 못과 조수 유입구에 장벽처럼 쌓아 놓은 석재 덫으로 내륙 어종을 잡았다고 전한다. 그는 물고기가 대체로 "쉽게 제압되었다"고 썼지만, 그 덫에 물개, 돔발 상어, 대형 뱀장어가 걸리면 위험했을 수도 있다.

대다수의 고대 고기잡이 유적이 그렇듯, 미오스 호르모스의 유적에서도 낚싯바늘이 많은 이야기를 들려준다. 이곳에서는 종종 구리 소재의 미늘 낚싯바늘이 한 뭉치씩 발견되는데, 긴 낚싯줄에 매어 사용한 것으로 보인다. 큰 물고기는 한 줄의 낚싯줄에 미끼를 거는 더 큰 낚싯바늘을 매달아 잡았다. 어부들은 원시적인 낚싯바늘도 다양한 방식으로 사용했다. 물고기가 미끼를 물어 낚싯줄이 팽팽해지면 낚싯바늘이 물고기의 입이나 몸에 박히게 되는 구조였다. 이런 원시적 낚싯바늘은 페르시아만에서도 사용되었지만 지중해에서는 사용되지 않았던 것 같다.

물고기 먹는 사람들의 선박은 여전히 신비에 싸여 있다. 다만, 질그릇 조각에 적힌 글귀를 보면 뗏목이나 바닥이 평평한 배, 즉 셰디아이schediai에 대한 언급이 있고, 남아 있는 여러 모자이크에서 노로 젓는 방식이 나온다. 이처럼 배에 대한 언급은 여기저기에서 발견되는데, 그만큼 이 배가 미오스 호르모스 인근에서만이 아니라 홍해 전역까지 아우르는 수역에서의 고기잡이에 아주 적합한 형태였기 때문이다.[10]

미오스 호르모스의 조개무지는 보존 상태가 아주 양호해서 뼈뿐 아니라 살점도 일부 남아 있다. 심지어 배를 벌여 놓은 비늘돔 반 토막도 발견되었다. 미오스 호르모스는 주변에 다양한 해양 환경이 펼쳐져 있어서 어부들이 먼 바다로 나가 창꼬치류와 상어 같은 원양 물고기를 잡고 인근의 암초를 활용해 비늘돔과 모랫바닥에서 서식하는 어종도 잡을 수 있었다. 아주 다양한 종의 농어류, 도미류, 전갱잇과뿐 아니라 양놀래기과 물고기를 잡아먹기도 했다.

미오스 호르모스를 비롯한 홍해 항구들은 더운 환경 지대여서 제대로 보존 처리하지 않으면 물고기가 금방 부패했다. 이 지역에서는 생물 생선을 찾는 수요가 높긴 했지만 잡은 물고기의 상당량은 건조나 염장이나 훈제 방식으로 처리되었다. 시장의 주요 상품은 가룸이었다. 효율적인 보존 처리 방식 덕분에 이곳 항구에서는 물고기를 사막 너머의 나일강까지 수출할 수 있었고, 다른 곳의 항구도 동부 사막 지대와 멀리 레반트까지 물고기를 실어 보냈다. 홍해의 주요 항구에서의 어업 규모는 꽤 커서 어부들이 고기잡이를 전업으로 삼을 만한 정도였으리라고 짐작된다. 남아 있는 기록에 의거해도 고기잡이 권한의 허가와 물고기 교역자들에 대한 징세가 이루어졌던 듯하다. 주요 항구에서 활동한 어부들은 보존 처리된 생선을 상선에 배급 식량으로 팔기도 했을 것이다. 훈제 처리한 생선은 무더기로 꾹꾹 눌러 실어도 상하지 않았다. 수백 년 후에 북대서양에서도 노르웨이인이 이렇게 처리한 식량을 배에 실었고, 말린 대구는 이내 서쪽으로 그린란드와 그 너머 지역까지의 항해에서 주요 식품이 되었다.

비우호적이고 위험한 해안을 따라 홍해를 오가는 연안 항해에서는 수천 년 동안 배에서 먹을 물과 생선을 다시 채울 만한 전략적 정박지를 확보할 수 있느냐가 중요했다. 계절풍의 교차 주기를 이용한 장거리 교역과 작은 배로 암초 및 깊은 수역의 어장을 활용하는 연안 정착지에서의 고기잡이는 서로 긴밀하게 얽혀 있었다. 고기잡이는 사실상 대다수의 유적에서 흔적이 발견되고 있지만, 특별히 이곳만의 특징이 하나 있다. 기원전 1세기 이후 히팔루스가 인도로 가는 잠재적 직통 경로를 공표한 뒤에 급속도로 확산된 계절풍 항해와 홍해의 연안 어업 사이에 긴밀한 관계가 엿보인다는 점이다. 이는 충분히 설득력 있는 추론이다.

남쪽의 아자니아로

선장은 홍해의 남쪽 끝에 있는 바브엘만데브Bab el Mandeh 해협을 통과하자마자 『에뤼드라해 주항기』를 참고해 동쪽의 아라비아 연안으로 항해할지, 남쪽의 아자니아로 항해할지 정했다. 계속 남쪽으로 항해해 현재의 아덴만 서쪽 연안을 따라가면 현재의 소말리아 지역의 북동쪽 끄트머리에 자리 잡은 이른바 향료의 곶Cape of Spices, 과르다푸이곶Cape Guardafui 인근에 닿게 되었다(지도11 참조). 그리고 여기에서부터 황량한 연안을 따라 남쪽으로 가면 아라비아 연안과 더 먼 지역에서 생산된 식품류와 면 등의 상품뿐 아니라 계피와 노예도 구할 수 있는 널찍한 장터 마을이 있었다.

『에뤼드라해 주항기』에 따르면 오포네Opone라는 집산지의 남쪽으로 가면 "아자니아Azania의 크고 작은 절벽들"이 늘어서 있고, 해안 가까이에 깊은 수역이 형성된 지대가 나왔다.[11] 그 뒤에는 며칠간의 항해 동안 안전한 항구가 나오지 않다가 아자니아 항로Courses of Azania에 이르면, 현재의 케냐에 위치한 라무Lamu라는 그림같이 아름다운 도시에서부터 여러 섬, 강, 안전한 정박지들이 쭉 늘어선 긴 해안 지대가 나왔다.[12] 이 지대는 아주 다양한 어종이 서식하는 얕고 따뜻한 물로 둘러싸여 있었다. 이곳에 발을 디딘 선원의 눈앞에는 가장 먼저 생기 없고 습한 해변과 강어귀가 보이고, 그 뒤로는 울창한 삼림과 그 너머 저지대 연안 평지가 펼쳐지면서 어떤 지점은 내륙으로 300킬로미터까지 뻗어 있었다. 『에뤼드라해 주항기』에서는 이 연안을 이렇게 묘사했다. "야생 짐승이라곤 악어뿐이지만 이 악어는 사람을 공격하지 않는다. 이곳에서는 바늘로 꿰매 이은 보트나 통나무에 구멍을 오목하게 파낸 카누를 타고 물고기나 거북이를 잡는다. 이 섬에서는 거북이를 특이하게 잡기도 하는데, 파도가 밀려오는 지점에 고리버들 바구니를 고정시키는 방식이다.”

대담한 선장은 이틀에 걸쳐 남쪽으로 더 멀리 항해해 ‘바늘로 꿰맨’이라는 뜻의 지명인 라프타Rhapta에 나아갔을지 모른다(지도11 참조). 라프타는 바늘로 꿰매 만드는 이 지역 특유의 보트에서 유래된 명칭으로 여겨진다. 외진 곳이지만 아직까지 그 위치가 불분명한 이곳에는 코끼리 상아와 거북이 등껍질이 풍성했다. 상아는 특히 귀한 상품이었다. 아프리카의 코끼리 엄니는 인도의 코끼리 엄니보다 더 부드러워서 잘 깨지지 않기 때문이다. 라프타 너머는 미탐험의 수역이었다. 그것도 인육을 먹는 사람들이 산다고 소문이 떠돌던 곳이다.

바람과 항해의 위험 외에도 아자니아로의 여행에서 전형적인 문제점이 또 있었다. 식량과 마실 물의 확보였다. 식량과 물은 꼭 베레니케 같은 큰 항구가 아니라 물가에 움막을 짓고 고기를 잡으며 살아가는 작은 무리의 부족에게서도 얻어 냈다. 말리거나 염장한 생선은 아자니아를 항해하는 이들에게 주요 식량이었을 것이다. 식량이 충분히 갖춰진 배로 항해에 나선 이들도 인근의 물고기 먹는 사람들의 족장이 베풀어 주는 자비심에 의존하는 처지였다. 이 족장은 해안의 어장을 활용하면서, 근처에 들르는 배들과 보존 처리된 물고기를 물물 교환했다. 홍해 연안과 마찬가지로 아자니아 연안에 대해서도 배에 식수와 식량을 다시 채울 최적의 장소가 어디인지에 대한 정보가 대대로 전해졌을 터이며, 이런 일에서는 선장이 아프리카의 큰 마을에 거주하는 족장뿐 아니라 대부분 작은 고기잡이 움막촌에 불과했을 법한 곳에서 살아가는 어부들과도 오랜 기간 쌓은 개인적 관계가 밑바탕이 되었을 것이다.

『에리드라해 주항기』가 쓰이기 한참 전에도 홍해와 아라비아에서는 여러 척의 배가 상아를 비롯해 외지의 세계에서는 선망의 대상이던 아프리카산 상품을 구하기 위해 황량한 연안을 따라 과감히 항해에 나섰다. 이때 선장들이 판자를 꿰매어 만든 카누를 타고 덫을 전략적으로 설치하며 연안 수역을 자주 오가던 이름 모를 어부들과 맺은 개인적 관계가 없었다면, 수많은 항해가 실패로 끝났을지 모른다. 동아프리카 교역은 이슬람이 아자니아로 퍼지기 오래전부터 이렇게 변변찮은 수준이나마 역사의 변두리에서 활발히 일어났다. 당시에는 교역을 쥐락펴락하는 호위선단이나 유력한 상인들은 없었지만, 수입된 질그릇 조각, 비즈, 진기한 유리 제품 등의 유물이 여기저기 흩어져 있는 것으로 보아, 외진 해안 지대였던 곳에 드문드문 방문자들이 찾아왔던 것으로 추정된다.

동아프리카 연안에는 기원전 제1천년기 훨씬 이전부터 사람들이 살았지만, 초기 거주자들이 남겨 놓은 자취는 희박하다.[13] 『에리드라해 주항기』의 시대에는 이곳 연안에 수렵채집인 무리들이 여기저기 흩어져 살고 있었다. 이후 풍성한 어장으로 미루어 합리적인 추정을 해 보자면, 이 무리들의 상당수가 물고기 먹는 사람들이었을 것이다. 서기 7세기에 물고기와 연체류는 연안 지대의 식생활에서 중요한 요소였다. 탄자니아 중부의 연안에서 가까운 마피아 군도Mafia Archipelago의 주아니섬Juani Island에서는 중요한 유적이 발굴되었는데, 초등학교의 운동장에서 두 시대의 거주지가 발견되었다(지도11 참조). 한 주거지는 서기 4~6세기고, 다른 주거지는 서기 880~1200년 시대다. 전자의 거주자들은 해산물, 그중에서도 특히 조개류를 주로 섭취했다. 이들은 열대성 바다 달팽이인 네리타Nerita와 무늬개오지 등 먹을 수도 있고 장식용으로도 유용한 연체류를 채집했다. 후자에는 조개의 섭취가 크게 떨어졌는데, 이런 추세는 잔지바르Zanzibar에서 발굴된 서기 600년 연대의 두 유적에서도 보인다. 주아니섬의 초기 식생활에서는 황제 물고기, 그루퍼 등 산호 지대와 만 지대 서식종뿐 아니라 비늘돔 등 근해 어종에 이르기까지 물고기의 비중이 높았고, 잔지바르 유적에서도 이와 같은 어종의 잔해가 발견되었다. 마피아와 잔지바르의 유적에서 발견된 흔적으로 이곳 거주자들이 전업 어부였다고 단정하기엔 무리다. 그보다는 정착자가 농경과 목축보다 쉽게 구할 수 있는 물고기와 연체류에 중점을 두면서 연안 환경에 신속히 적응한 것으로 추정된다.

하지만 아프리카 연안 사람들 가운데 적어도 일부는 정착하여 농사를 짓기도 했다. 이곳에서는 여러 수렵 사회와 농경 사회가 복합적으로 얽혀 연안 지대와 내륙 지역 멀리까지 융성했고, 이들 사회는 서로 소통하면서 멀리 내륙에서부터 해변까지 상아와 노예를 원활히 이동시켰다. 외지 유물과 풍습이 발견되긴 하지만 아자니아는 순수한 아프리카 문화였다. 초기 사회가 외지와 드문드문 접촉했을 것으로 유추할 만한 증거는 수입된 자기 제품 같은 유물만이 아니다. 등에 혹이 있는 인도산 소, 제부 같은 아시아산 동물과 식물의 유입도 외지와의 접촉을 뒷받침해 준다. 아쉽게도 초기 사회의 고고학적 자취는 많이 남아 있지 않다. 대다수가 불어나는 해수면의 영향으로 물속에 잠기면서 연안 어장의 증거 역시 함께 휩쓸려 사라졌다.

라무 앞바다 군도 중에 파테섬Pate Island의 샹가Shanga라는 정착지에는 서기 750년부터 사람이 살았다(지도11 참조). 강어귀, 산호 암초, 바위가 많은 어류 서식지, 맹그로브 습지 등 다양한 환경의 어장이 펼쳐진 연안을 따라 고기잡이를 벌인 흔적이 어렴풋이 남아 있다.[14] 이곳에서는 어부들이 강어귀에 서식하는 물고기를 아주 많이 잡았던 자취가 남아 있어 정착지의 위치가 어디쯤이었는지 반영해 주고 있지만, 비늘돔 같은 암초 서식 어종들도 흔했다. 어부들은 조류藻類와, 거머리말이 풍성한 만과 초호를 좋아하는 대리석무늬 비늘돔과, 암초를 좋아하고 노란색과 파란색의 줄무늬를 가진 황제 물고기도 잡았다.[15] 샹가의 어부들은 내륙 서식지와 암초에서, 때로는 암초 바깥쪽까지 나가서 고기잡이 활동을 벌였지만 환경이 급변한 12세기 전까지 과감하게 먼 바다로 나간 적이 없었다.

아자니아 연안과 연안 어장에 대해서는 몇 명의 여행자도 실마리를 던져 주는데, 그런 면에서는 특히 무슬림 지리학자의 기여가 크다. 아랍의 역사가이자 지리학자 알마수디Al-Masudi, 896~956는 916년에 아자니아를 방문했다가 "그곳에는…… 온갖 모양의 물고기로…… 풍성하다"라는 감상평을 남겼다. 또 다른 지리학자 알이드리시Al-Idrisi, 1100~1166는 1세기 후에 말린디Malindi라는 소도시(지도11 참조) 거주자들이 "바다에서 다양한 종의 물고기를 잡아 보존 처리하여 판다"라고 썼다.[16] 14세기 여행자 이븐 바투타Ibn Battuta, 1304~1368는 몸바사Mombasa의 거주자들이 내륙의 농부들에게 곡물을 들여왔지만, 바나나와 물고기를 주식으로 먹었다고 기록했다. 바투타의 시대에는 이슬람이 동아프리카 연안 지대에 확고히 자리 잡혀 있었는가 하면, 상아와 황금으로 풍부한 내륙 지역과 광역의 인도양 세계 사이에 활발한 교역이 이루어지면서 이를 바탕으로 독특한 아프리카 사회가 번영하고 있었다. 계절풍이 바뀌는 계절을 활용해 아프리카에서 인도까지 원양 항해를 나섰다가 일 년 내에 되돌아오는 일이 일상화되기도 했다.

이전 시대에만 해도 아자니아 연안 지대는 지중해와 아랍 세계 변두리의 외진 땅이었다. 그런데 이 무렵에는 황금, 철광석, 상아, 노예 등을 구하는 수요가 뜨겁게 달아오르고 심지어 아라비아에서의 주택 건설 재료로서 맹그로브 습지대산 기둥이 크게 인기를 끌면서 이곳 연안 지대에 큰 변화가 일어났다. 아자니아는 어엿한 국제적 시장이 되었다. 모스크(회교 사원)와 지배층의 주택들이 홍해에서 최초로 채택되는 건설 방식을 활용해 산호로 지어졌던 소규모 '석조 도시들'의 망도 생겨났다.[17] 각 도시별로 연안 지대, 섬 지대, 내륙 지대를 따라 비교적 정착지가 적은 배후지가 있었는데, 하나같이 문화적 유서가 깊은 곳들이었다. 이곳들은 조용한 사회였다. 심지어 고요함마저 감돌았다. 단, 교역선이 계절풍을 타고 들어올 때나 남서풍을 타고 떠날 때는 고요함이 온데간데없이 사라지고 화물을 싣느라 북새통으로 변했다. 부두와 배들은 코끼리 엄니 더미와 끈으로 단단히 묶은 맹그로브 습지대산 기둥 다발로 빼곡했고, 배의 갑판에는 짐을 싸 들고 배에 오른 승객들로 북적였다. 그동안 항해를 위해 가지고 다녔던 식량의 냄새가 배어 코를 찌르는 짐칸에 말린 생선 다발도 실렸다. 이제 북소리가 둥둥 울리고 선원이 노래를 부르면서 돛을 올리면 화물을 실은 상선이 천천히 바다로 떠났다. 떠나고 나면 도시에 고요함이 내려앉았다. 다음번 계절풍 즈음에 윗마을에서 교역 상품으로 상아나 노예들이 속속 도착하기 전까지 쭉 그렇게 정적에 잠겼다.

기원전 1000년경 이후로 연안 사회는 점점 계층화되면서 유력한 가문이 도시를 쥐락펴락했다. 12세기에는 고기잡이 풍습에도 변화가 일어났다. 비로소 처음으로 샹가를 비롯한 여러 정착지에서 원양 고기잡이가 시작되었다. 쓰레기 더미의 발굴물에서는 이 시대부터 가축 뼈의 수가 점점 더 많아지기도 한다. 연안 무역 상선들은 더 이상 물고기 먹는 사람들에게 물고기를 얻으려 하지 않았다. 양상이 사뭇 달라져 이제 아프리카 사회에서는 소와 양의 위상이 상당해졌다. 소와 양은 부와 권력의 상징으로서만이 아니라 사회적 수단으로서나 지위가 높은 손님에게 대접할 선물로서도 중요시되었다.

고고학자인 에렌디라 퀸타나 모랄레스Eréndira Quintana Morales와 마크 호튼Mark Horton의 주장에 따르면, 경제적 사다리에서 상층을 차지한 이들은, 가축은 물론 배와 근해 고기잡이에 투자할 자본도 더 많이 확보하고 있었다.[18] 한편 연안의 인구가 늘어나면서 근해 어장이 점점 위축되어 갔을 것이다. 이런 상황에서 취할 만한 대응책 한 가지는 배를 활용한 원양 고기잡이였을 테고, 특히 사회 계층이 출현한 사회일수록 이런 대응책이 적극 취해졌을 것이다. 유력한 이들로서는 그런 배를 소유하고 있으면 후한 대접을 하고 잔치를 열어 자신의 사회적 · 정치적 지위를 강화시키는 데 유리했을 것이다.

이러한 변화가 일어난 때는 마침 아자니아 연안 사회가 번성하는 국제 시장에 자극받아 한창 해상 무역의 관점을 키워가던 시기였다. 당시 아자니아는 오래 전부터 더 넓은 상업 세계에 끼어들어서 그 영향력이 홍해 안쪽 지역, 아라비아 연안 지대, 페르시아만, 그리고 멀리 서인도 연안 지대와 그 너머까지도 뻗어 있었다. 아자니아는 물고기가 은연 중에 아주 귀중한 상품인 환경 속에서 끊임없이 변하고 있던 또 하나의 세계였다.

16. 에뤼드라해

기원전 2000년에 홍해의 어귀에서 출발한 배가 아프리카의 해안 지대를 따라 남쪽의 아자니아로 향하지 않고 동쪽으로 방향을 틀면, 수평선 너머 아주 먼 땅으로 이어지는 망망대해가 나왔다. 그리스인이 에뤼드라해로 불렀던 이 망망대해는 현재의 인도양이다. 그리스 지리학자들에게 에뤼드라해는 익숙한 세계를 넘어서는 경계지였다. 또 그곳 해안 인근의 땅은 미개한 외지인이 사는 곳이었다. 그리스인 지리학자들은 이들을 바르바로이Barbaroi, 즉 야만인이라고 칭하면서 가난에 허덕이며 원시적인 생활을 하면서 교역 따위에는 관심도 없는 사람쯤으로 여겼다. 하지만 그런 외지인 중에는 이들에게 익숙한 사람도 있었다. 바로 '물고기 먹는 사람들'이었다.

바브엘만데브 해협을 지나서 동쪽으로 계속 가다가 아라비아해를 지나면 첫 번째 항구 도시가 나왔다. 『에뤼드라해 주항기』

에서는 이곳을 에우다에몬 아라비아Eudaemon Arabia라고 칭하는데, 현재의 아덴으로 추정된다(지도11 참조). 인도에서 온 화물을 옮겨 싣기에 편리한 항구 도시 에우다에몬 아라비아는 "여러 마을에서 유목민과 물고기 먹는 사람들이 살고 있는, 길게 뻗은 연안 지대의" 서쪽 끝자락에 자리 잡고 있었다.[1] 암초와 얕은 물이 특징인 홍해의 연안 지대와 달리 이곳을 지나는 배들의 최대 난관은 항해보다 충분한 식량과 식수였다. 항로는 어업 항로를 따르면 되지만 서양에서 쌀을 이용하기 전인 그 시절에는 물고기를 먹는 마을과의 물고기 물물 교환 여부에 따라 항해의 성패가 갈렸다. 비교적 최근인 1930년대에 호주의 역사가이자 선원 생활도 했던 앨런 빌리어스Alan Villiers는 인도양 다우Indian Ocean dhow라는 배를 타고 1년 동안 이곳 연안 지대를 항해하면서 여러 어장에 대한 기록을 남겼다.[2] 이전 시대가 1930년대보다 어장량이 덜 풍성했을 만한 이유는 없으며, 그때도 어부들은 발로 방향 제어 장치를 조종하는 작은 가로돛 배로 항해하면서 바람이 불어 가는 쪽으로 배를 기울이며 그물로 작은 물고기를 잡았을 것으로 추정된다.

낮은 바다와 메소포타미아

식량과 식수를 얻을 수 있는 친숙한 정박지를 이용하며 동쪽으로 더디게 항해하다 보면, 배는 마침내 『에뤼드라해 주항기』의 저자가 "아주 거대하고 광활한 바다"[3]라고 칭한 페르시아만의 어귀에 닿았을 것이다. 인도와 홍해 사이에 놓인 교역로에서 또 하나의 중요한 길목인 페르시아만에는 유프라테스강 인근에 아폴로가스Apologas 항구 도시가 있었다. 유프라테스강의 습지 삼각주 북쪽이자, 현재의 이라크 남쪽에는 5000년도 더 이전부터 수메르 문명의 격동과 시련의 무대인 메소포타미아('강 사이의 땅')가 자리 잡고 있었다.

메소포타미아에서 수메르인은 엔키Enki 신이 폭풍 전차를 타고 와서 극단적 기온, 심한 습지, 사막, 불어나는 바다를 품어 혼돈 속에서 질서를 이끌어 내고 영계靈界와 인간계를 만들었다고 믿었다. 메소포타미아는 두 개의 큰 강, 유프라테스강과 티그리스강이 주기적으로 범람하면서 여름철 기온이 섭씨 49도까지 올라가는 건조한 평원에 생명체가 살아갈 수 있는 환경을 조성해 주었다. 또 메소포타미아에서 민물과 바닷물이 만나며 소용돌이가 일어나는 지대를 지나면 페르시아만의 위쪽 지대에는 샤트알아랍Shatt-al-Arab강의 삼각주 사이로 습지와 늪이 격자 모양으로 얽혀 있는 일명 "낮은 바다"가 나왔는데, 바로 이곳이 인도양에서 고기잡이의 역사가 시작된 곳 중 하나다. 약 7000년 전에 해수면이 안정되면서 페르시아만 위쪽에 자리 잡은 이 광대한 습지대는 지구상에서 가장 풍성하고도 생물학적으로 가장 다양한 곳 중 하나가 되었다.[4]

기원전 6000년경에 농부들이 강과 습지의 측면을 따라 자리 잡으면서 염소와 양을 기르고 범람하는 강물로 축축해진 밭에 밀과 보리를 재배하기 한참 전부터, 이곳에서는 어부들의 활동이 활발했다. 이곳 습지대에는 어장이 풍성했지만 무더위와 혹한을 오가는 기후가 펼쳐졌다. 세차게 흘러넘친 홍수로 단 몇 시간 만에 작물과 가축을 휩쓸어 가 버리기도 했다. 현실이 이렇다 보니 여전히 물고기가 주식이었고, 습지대 근처나 습지대 안에 거주하는 사람들은 인근 타르tar로 방수 처리되고 배의 앞부분이 높은, 작은 갈대 카누에 올라타 빽빽한 갈대 사이의 좁은 길을 막대기로 헤치고 다니는 일이 평생 일상이었다.

알려진 최초 메소포타미아 농민 사회는 규모가 작았고, 산등성이, 자연적으로 형성된 제방, 큰 강 옆으로 만들어진 옆도랑 등을 따라서 작은 마을을 이루며 살았다. 촌락의 거주자들은 (저지대에서 발견된 최초 농촌의 이름을 따서 붙여진) 우바이드'Ubaid 전통의 특징인 독특한 채색 토기를 만들었다. 남쪽 습지대 가장자리를 따라서 늘어선 마을들은 메소포타미아의 농경 생활과 영구 정착의 요람이 되면서 비옥한 토양과 간편한 용수로 확보 덕분에 농경이 가능한 유프라테스강과 티그리스강 사이의 상류 지대를 따라 농경 정착 마을들이 점점 늘어났다. 이곳에서는 습지대가 줄곧 영적 세계와 결부지어졌다. 한 예로, 신화 속에서 바빌로니아의 수호신 마르두크Marduk는 물의 수면에 갈대를 깔아 인간의 최초 정착지를 마련해 주고 난 뒤에, 그 갈대 옆으로 신들의 거처를 흙을 부어 만들어 준 신으로 전해진다.

어부와 농부의 갈대 오두막은 마침내 진흙벽돌 주거지로 발전하면서 세계 최초의 도시들을 형성했다. 그중 한 곳인 유프라테스강 서쪽의 우루크Uruk는 성경 속 노아의 홍수 이야기의 원조격인 전설적 영웅 길가메시의 고향이기도 하다(지도11 참조). 기원전 3100년 무렵에는 메소포타미아 남쪽에 여러 도시가 번성하며 서로 경쟁적인 도시 국가들이 한데 얽히고설키면서 수메르 문명이 발전했다.[5] 이곳 지배자들이 다스리던 지대는 지구상에서 가장 푹푹 찌는 여름 기온 등 온갖 극단적인 자연 환경이 펼쳐지는 혹독한 범람원이었다. 어느 날 갑작스러운 홍수가 들이닥쳐 단 몇 시간 만에 용수로가 사라져 버리는가 하면, 변덕스러운 유프라테스강과 티그리스강은 예고도 없이 물길을 바꾸어 댔다. 봄철 강물은 어떤 때는 부족하고 어떤 때는 너무 지나쳐서 종잡을 수 없었다. 관개 농업은 아주 생산적이었을지 몰라도 경작에 알맞은 토지가 약 1만 제곱킬로미터인 지대에서 물이 충분한 농경지는 불과 4143제곱킬로미터 정도에 불과했다. 언제라도 강물이 도시의 인공 수로와 푸르른 곡창 지대를 며칠 만에 황폐화시킬 수 있었기 때문에 인구가 밀집한 도시와 그 배후지의 주민들을 먹여 살리는 일은 극복하기 어려운 난제였다. 이런 상황이다 보니 수메르인의 식생활에서는 물고기가 극히 중요한 위상을 차지했다. 하지만 수메르인의 단순한 고기잡이 기술로는 필요한 만큼의 물고기를 충분히 댈 수 없었다.[6]

유프라테스강과 티그리스강 하류의 습지대는 진흙물에서 왕성히 활동하는 거대한 습지대 잉어가 풍성했다. 어부들은 이 잉어를 잡을 때 수백 년 동안 기본적으로 거의 바뀌지 않은 방식을 썼다. 낚싯바늘과 낚싯줄로 잡거나 가벼운 카누를 타고 나가 창으로 찔러 잡았고, 특히 3월~5월의 산란기에 집중적으로 잡았다. 작은 섬을 이룬 갈대에 불을 붙여서 근처 물고기를 미리 쳐 놓은 그물로 유도하기도 했다. 잔잔한 못에 독성 식물의 독을 섞어서 주로 아가미에 타격을 주면서 물고기를 떼로 죽이거나 기절시키는 방법이 활용되었는가 하면, 발굴된 여러 돋을새김에 묘사된 것처럼 강에서의 고기잡이에서는 그물 장벽과 어살도 썼다. 주낙과 자망, 후릿그물 등 고대 어부들이 쓰던 온갖 단순한 도구도 사용했다.

수메르와 바빌로니아의 서기관이 기록으로 남긴 물고기 이름은 약 324개에 이르며, 어종으로 따지면 최소한 90종이다. 식량 부족의 불안감이 상존하면서 대규모 고기잡이는 복잡한 규정과 어업권 임대를 통해 규제되는 경쟁 활동이 되었다. 수많은 어부들이 동업자 조합에 가입했고, 대체로 새 사냥꾼과 긴밀하게 협력했다. 또 점점 팽창하는 도시에서 물고기를 찾는 수요가 끊임없이 밀려 들면서 잡은 물고기의 가공과 운반 과정이 치밀하게 조직화되었다. 대다수 도시는 배에서 그물로 잡아 온 물고기들을 필요할 때까지 살려 두고자 민물 연못도 만들었다. 잡은 물고기는 주로 햇빛에 말리는 식으로 보존 처리되었다. 비교적 큰 것만 골라서 줄줄이 매달아 말렸고, 나머지는 염장이나 훈제 처리하였다. 일종의 치즈처럼 가공된 어란을 파는 시장도 있었다.

수로나 큰 강 인근에 자리 잡았던 수메르의 어시장은 사람들로 북적거리면서 시끌시끌했을 것이다. 스메르의 최대 도시로 꼽히던 우르Ur에(지도11 참조) 동틀 녘에 나가 보면 벌써부터 시장에 조리 중인 생선 냄새와 썩어가는 물고기 냄새가 코를 찌르고, 조리용 불에서 피어오른 연기가 물가를 따라 펼쳐서 갈대를 깔아 놓은 가판대의 갖가지 생선 위로 떠돌고 있을 터다. 우글거리는 사람들 사이에서 장사꾼은 고래고래 악을 쓰고 몸짓을 해 가며 서로들 자기 물건이 좋다고 호객 행위를 한다. 아이들은 가판대 사이로 뛰어다니면서 훈제된 메기를 담은 바구니를 운반 중인 짐꾼도 요리조리 잘도 피한다. 고양이와 개가 생선 한 토막이라도 훔

(Pitt Rivers Museum/ Bridgeman Images)

이라크 서쪽에서 창으로 고기를 잡는 습지대의 아랍인.
윌프레드 세시저Wilfred Thesiger, 1910~2003가 촬영하였다.

쳐 먹으려고 호시탐탐 기회를 노리지만, 고함 소리와 몽둥이질에 번번이 쫓겨난다. 구매자들은 꼬여 드는 파리를 쫓아가며 나비꼴로 벌려지거나 토막 내진 생선을 찔러도 보고 냄새도 맡아 보느라 여념이 없다. 메기들이 맥없이 헤엄치고 있는 민물 연못 가까이에 설치된 가판대도 드문드문 보인다. 이런 메기는 권력층이 아니면 어림도 못 낸다. 비싼 값을 치르고 상하기 전에 으리으리한 저택에 별도로 마련된 시원한 곳으로 얼른 음식을 만들어 내가야 하니 그럴 수밖에 없다. 최상급 물고기는 이미 궁이나 신전으로 배달되어 음식 재료가 될 때까지 전용 연못에서 헤엄치고 있다. 하늘이 점점 밝아지자 보트와 뗏목이 새 상품을 싣고 서로 밀치며 앞 다투어 꼬리를 물고 들어온다.

이런 판매는 종교 의식에 쓰이는 수요를 먼저 제하고 나오는 상품이었다. 신들에게 제물로 바쳐지는 물고기의 양이 워낙 많아서 대형 신전은 어부들을 고용해 제단에 바칠 제물을 대거나 모든 어부의 잡은 물고기에 대해 세금을 부과했다. 사제들을 비롯한 신전의 인사들은 물고기를 배불리 먹으면서 그중에서도 특히 잉어를 많이 먹었고, 나머지는 대중에게 팔렸다.

수메르에서 가장 큰 도시로 꼽히던 우르는 연계망이 탄탄했다. 연계망은 메소포타미아의 저지대 사회에서 극히 중요했다. 도구를 만드는 데 유용한 석재가 부족했던 탓에, 더 훗날에는 철광석도 부족했던 탓에 교역의 필요성이 절실했기 때문이다. 여기에 더해 물고기, 곡물, 가축, 심지어 땔나무까지도 그 수요가 끊이질 않았다면, 널리 퍼진 사회들 간의 교역 연결이 필연적이고도 필요불가결해서 사회적 연계가 싹트게 마련이었다. 이런 연계망의 중거가 바로 우바이드 특유의 채색 토기다. 이 토기는 고향 가마에서 아주 먼 거리까지 실려 나가 저지대 전역과 멀리 북쪽과 동쪽의 산악 지대와 페르시아만까지 퍼졌다.[7] 메소포타미아의 중심지에서는 궁과 일반 가정 가릴 것 없이 이런 토기들이 일상 용품이었다면, 그 외의 멀리 북쪽과 페르시아만 연안 지대에서는 폭넓게 교역된 이런 용기들이 사뭇 다른 의미를 띠었다. 특히 연안을 따라 항해하는 선장들을 통해 접하던 외진 지역에서는 멀리에서 온 진기한 물건으로 여겨져 각별한 의미를 띠었다.

페르시아만의 북쪽 끝에 있던 기원전 제5천년기와 제6천년기의 아스 사비야As-Sabiyah라는 마을은 이 지역의 복잡한 교류망에서 한 축을 차지했다(지도11 참조). 반도 저지대의 염분기가 있는 개펄 지대 한가운데에 터를 잡았던 이 마을은 현재 바다와 2킬로미터가량 떨어져 있지만, 사람이 거주한 당시에는 바다에서 접근하기가 용이했다. 발견된 조개껍데기와 새의 뼈로 미루어 볼 때, 인근에는 민물 호수나 습지대가 있었던 듯하다. 또 조류와 식물류 먹거리가 풍성해서 해수면이 현재보다 높았던 시대에는 살기에도 좋았다.[8] 유적에서 발견된 뼈 무게의 총 67퍼센트 이하는 바닷물고기였고, 그 시기가 지나면서 포유동물이 선호되어 물고기의 뼈 비중은 점점 낮아졌다. 이는 가축 의존도가 점점 높아진 생활상을 반영하는 증거로 볼 만하다. 인근에 얕은 물이 넓게 펼쳐져 있었던 덕분에 아스 사비야의 주민들은 작은 상어와 톱가오리뿐 아니라 아주 큰 매가오리도 종종 잡을 수 있었다. 어부들은 주로 얕은 물에서 고기잡이를 했지만 참치 등 원양 어종 뼈가 발견되는 점으로 보면, 암초 지대와 더 깊은 수역까지도 과감히 고기잡이를 나갔다. 당연한 일이겠지만, 이곳 유적에서는 그물추와 원시적 낚싯바늘도 발견되었다.

아스 사비야를 비롯한 연안 지대 유적이 더 넓은 교류망과 어떤 식으로 연계되었는지 우바이드 토기를 통해 추적이 가능하다. 당시의 교류망은 일정 지역에만 한정된 경우도 있었을 테지만, 목축과 식물류 채집, 사냥, 고기잡이 등을 아울러 경제적 기반이 점점 광범위해짐에 따라 더 넓은 지역까지 교류망이 확대되었을 가능성도 충분하다. 기원전 4000년 무렵에는 물고기 먹는 사람들이 페르시아만 주변에 터를 잡으면서 아주 독특한 생존 방식을 수용했다. 그렇다고 해서 고기잡이의 중요성이 시들해졌다는 얘기는 아니다. 당시에 메소포타미아 세계에서는 진주 같은 귀한 물건들의 물물 교환이 점점 중요해지고 있었다.

페르시아만 남쪽 지역은 알려진 한 기원전 제6천년기 말에서 제5천년기 초에 사람들에게 최초로 점유되었다. 당시에 카타르 반도Qatar Peninsula 동쪽으로 약 80킬로미터 떨어진 아부다비Abu Dhabi 서쪽의 달마섬에 일련의 공동체가 터를 잡으며 들어섰다(지도11 참조).[9] 달마섬은 약 9킬로미터에 걸쳐 펼쳐져 있으며, 중심부에 해발 98미터가량의 언덕 지대가 솟아 있는 암염돔이나 다름없다. 남쪽 끄트머리의 마르지 않는 우물 덕분에 인간이 정착할 수 있었고, 대추야자를 재배하기에도 좋았다(대추야자 열매류의 섭취는 아라비아 남동 지역이 최초 사례다). 대추야자 열매는 선원들에게 아주 귀중한 식량 거리였다. 열매를 말려서도 먹고 씨를 갈아서 밀가루에 섞을 수도 있었다. 물고기와 마찬가지로 배의 짐칸에 싣고 장거리 항해에 가져갈 수도 있었다. 달마섬의 유적만이 아니라 아부다비의 서쪽으로 100킬로미터 떨어진 다른 유적에서도 우바이드 토기가 발굴되었다. 아부다비 서부 지역의 여러 섬들 여기저기에서 기원전 제2천년기의 청동기 토기가 발견되었는데, 이 토기들은 오만만Gulf of Oman으로 향하던 교역자들이 물과 식량을 얻기 위해 중간에 들렀다 가면서 남겨진 잔해일 가능성이 있다.

만 지대의 수역은 대체로 얕은 편이라 바구니형 덫과 조간대 고기잡이 방법이 가장 효과적이었다. 낚싯바늘과 낚싯줄을 쓰는 방법은 오만만 앞바다의 더 깊은 어장에서 최적이었는데, 이 지대에서는 조개껍데기 낚싯바늘이 기원전 제5천년기 말부터 일찌감치 활용되었다. 가장 초창기의 낚싯바늘은 진주조개나 큼지막한 쌍각류 조개로 만들어진 것으로, 하나같이 미늘이 없고 일부는 자루가 길어서 날카로운 이빨을 가진 물고기를 잡기에 효과적이었다.[10] 기원전 4000년경에는 미늘 없는 구리 낚싯바늘이 쓰이다가 청동이 사용 가능해지면서 더 튼튼한 청동으로 바뀌었다.

"깊은 물 밑에서 뱀들이 올라온다"

『에뤼드라해 주항기』에는 작은 배를 타고 아라비아 연안을 따라가다 오만만의 서쪽 측면에서부터 곧장 동쪽으로 향하는 항로가 나온다. 이곳에서 동쪽으로 향하는 배에는 유향과 진주가 실려 있었고, 서쪽으로 향하는 배로는 옷감, 준準보석, 대추야자 열매, 노예들이 수송되었다. 이런 짐은 판자를 꿰매어 붙인 배에 실려 운반되었다. 이 지역의 배 건조술은 기원전 3000년부터 탄탄히 자리 잡힌 것으로 추정되며, 여러 판자를 맹그로브나 다른 섬유 소재로 꿰매어 붙이면서 선체의 모양을 잡는 것이 특징이다. 늑재肋材를 추가로 대서 잘 구부러지는 배를 튼튼히 보강시킬 수도 있다. 꿰매는 식의 선체는 인도양 수역에서 지금까지 여전히 활용되고 있다. 홍해와 오만만에서는 연안을 따라 항해하는 상선이 중간에 정박해서 식수와 말린 생선을 얻을 수 있었지만, 그러려면 황량한 마크란Makran 연안을 지나가야 했다(지도11 참조). 그곳은 사이사이에 강 계곡이 자리 잡은 적막한 구릉 지대의 연안이었다. 대추야자와 쌀을 이용할 수 있기 전까지는 물고기와 고기를 빼면 염장이나 훈제 처리용으로 적당한 먹거리가 드물었다. 따라서 사람이 드문드문 살아가는 이 연안 지대를 따라 항해하던 선원에게는 물고기가 주식이었을 것이다.

마크란 해변에는 어딜 가나 눈에 띄는 모래 언덕 사이에서 물고기 뼈와 홍합껍데기가 질그릇 조각과 함께 발굴되고 있는데, 이는 인간의 손길로 운반된 것임을 증명해 준다. 현재는 사라지고 없지만, 이 건조한 연안 지대를 따라 움막이 세워졌을 테다. 그리고 연안 앞을 지나가면서 식량을 구하는 배에 대 주기 위해 고기잡이를 활발히 벌였을 것이다. 내륙으로 약 120킬로미터 들어간 거리에는 적어도 연중 절반은 물 흐름이 끊기지 않는 강가가 있는데, 이곳에 터를 잡은 유적 두 곳이 발견되었다. 이곳에서 발견된 증거로도 기원전 제5천년기 말에서 제4천년기에 사람들이 습한 다슈트 계곡Dasht Valley에 거주하며 연안 지대에서 물고기를 교역한 것으로 보인다(363쪽 지도12 참조). 연안에서 내륙으로 이어지는 울퉁불퉁한 길은 걸어서 사흘 정도 걸릴 만한 거리다. 게다가 당시에는 푹푹 찌는 날씨에 짐수레를 끄는 동물도 없었을 것이다.

내륙에서는 물고기만이 아니라 구멍 뚫린 연체류 껍데기도 죽은 이들과 함께 상당량 묻혔다가 발굴되었다. 불에 타 버렸으나 그 후에도 여전히 사람이 살았던 먼 고대의 가옥에서는 5미터 길이의 톱가오리 톱니 이빨이 발견되었다. 이는 사냥 기념물로 가지고 있었던 듯하며, 연대가 기원전 제4천년기로 추정된다.[11] 마크란 연안에서도 안전한 정박지 가까이에 자리한 고기잡이 사회는 인더스 계곡에 대도시가 생기기 전까지 적어도 1000년 동안 활약했다. 이곳 사람들이 멀리 떨어진 내륙의 정착지까지 물고기를 대주었던 점을 감안하면, 이들이 지나가는 배들과도 교역했으리라 추정하는 것은 충분히 합리적이다.

『에뤼드라해 주항기』에 보면, 동쪽으로 넓게 곡선을 그리는 저지의 습지대 연안에 "에뤼드라해로 흘러드는 강을 통틀어 가장 거대한 강인 신두Sinthu〔인더스〕 강이 흐른다"라고 되어 있다. 당시의 항해자들은 인더스강에 가까이 갈 때는 조심해야 한다며 "깊은 물 밑에서 뱀들〔아마도 뱀장어를 가리키는 듯함〕이 올라온다"[12]고 주의를 주었다. 항해는 인더스강의 일곱 어귀 중에 가운데 쪽 어귀만 가능했다. 이 어귀를 따라가다 보면, 장이 열리는 소도시 바르바리쿰Barbaricum이 나왔고, 선원들은 이곳에 정박해서 다양한 화물을 싣거나 내렸다. 수많은 배들, 특히 아라비아해나 페르시아만에서 직통으로 온 배들이 남쪽의 항구 도시를 찾았던 시기에 내륙의 도시, 페르시아만 지역, 메소포타미아, 홍해 사이에서 활발히 꽃피웠던 교역은 대체로 인더스 계곡이 그 중심축이었다.

기원전 2700년경에 인더스 계곡의 위대한 문명이 꽃피우기

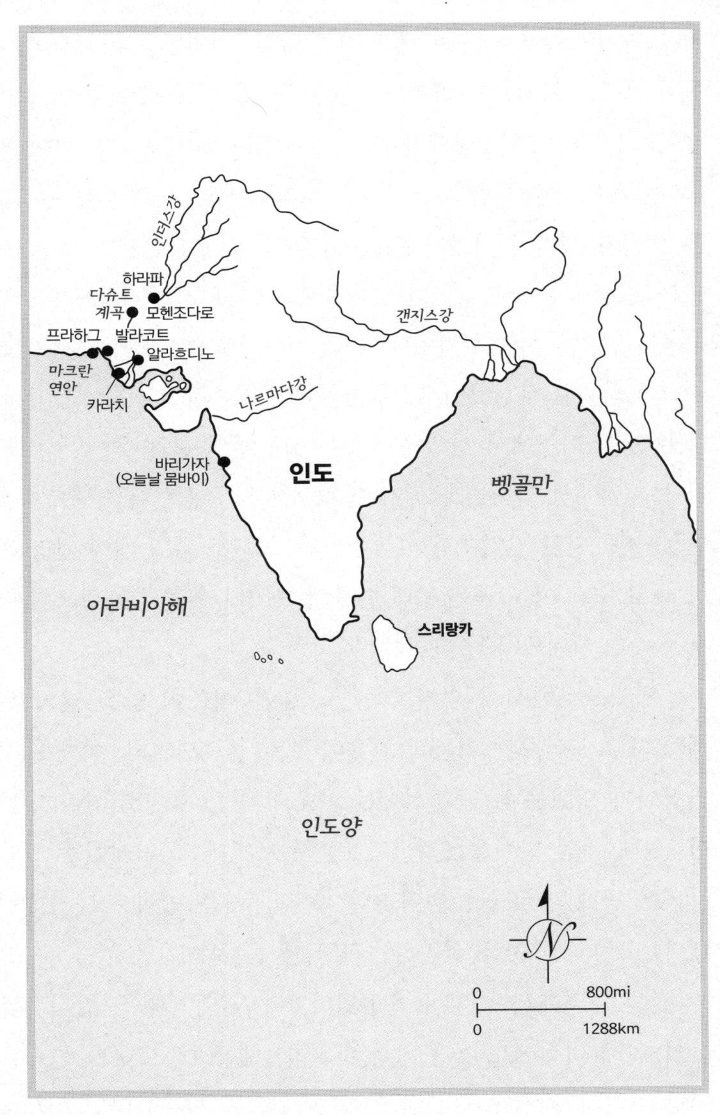

지도12 에뤼드라해 동해안의 기항지 및 인더스강과 벵골만 유역의 주요 도시들

도 전부터 이곳 해변과 습지대에서는 고기잡이 정착지들이 현재의 카라치Karachi 도시 근처에 몰려 있었다. 거리상 인더스강의 북쪽과 남쪽 어귀에서 그리 멀지 않은 곳이었다. 으레 그렇듯, 고기잡이의 흔적은 보존 상태가 좋지 못한 탓에 희박하게만 남아 있다. 아무튼 이곳 사람들은 상류에 하라파Harappa와 모헨조다로 같은 도시가 생기기 전까지 수천 년 동안 손미아니만Sonmiani Bay의 얕은 물에서 고기를 잡았다(지도12 참조). 기원전 제4천년기 말부터 기원전 2700년경까지 이곳 만에 있는 발라코트Balakot에서는 고기잡이 사회가 부상하여, 거의 바다에만 의존하면서 활개를 펼쳤다.[13] 당시 이곳에서 잡힌 물고기는 오늘날의 불레지Buleji의 어촌 같은 지역에서 잡히는 물고기에 필적했다. 군평선이는 발루치스탄Baluchistan 연안 전역에서 서식했는데, 현재도 이 일대의 가장 흔한 물고기다. 이 어종은 고대 마을의 유적에서 조금만 걸으면 나오는 바위 지대에서 잘 잡힌다.

발라코트에서의 고기잡이는 수많은 어종이 알을 낳기 위해 근해로 올라오는 여름과 가을에 주로 집중되었다. 이때는 고기잡이가 쉬웠는데, 군평선이는 겨울에 얕은 물에서 알을 낳는다. 현대 어업 방식을 근거로 가늠해 보건대, 군평선이는 연안 가까운 곳에 낚싯줄을 던지거나 자망을 치는 방식으로 잡혔을 테다. 고정식 그물을 설치하는 방식은 큰 물고기를 잡을 수 있는 깊은 수역에서 특히 유용하였다. 어부들은 게 등 갑각류를 잡기 위해 바닥에도 그물을 설치했다. 배를 타고 나가 벌이는 끌낚시 역시 현재와 다를 바 없이 당시에도 유용한 방법으로 통했을 것이다.

발라코트는 가족별로 잡은 고기를 각자 처리했던 생존형 고기잡이의 정착지였을 가능성이 높다. 한편 마크란 연안의 발라코트 서쪽에 위치한 프라하그Prahag의 작은 유적에서는 생선의 가공 처리가 대규모로 이루어진 증거가 발견되었다(지도12 참조). 이 일대에서는 홍어, 군평선이, 메기, 민어 등이 잡혔는데, 배를 타고 나가 낚싯바늘과 낚싯줄로 잡았을 것으로 추정된다. 잡은 물고기는 살집을 갈라서 열고 머리와 꼬리 부분은 제거한 뒤에 살코기를 염장과 건조 방식으로 보존 처리했다. 추정상 이곳 거주자들은 염소와 양, 가젤뿐 아니라 돌고래도 먹었던 듯하다. 그 체계적인 도살 방식으로 미루어 볼 때, 물고기는 주로 교역용이었을 것으로 짐작된다.

수백 년간 발라코트는 이곳과 인접한 광대하고 비옥한 인더스 평원이 급변하면서 활동 영역이 더 넓어졌다. 당시에는 두 개의 큰 강인 인더스강과 사라스와티Saraswati강이 서쪽의 발루치스탄 구릉 지대와 남동쪽의 대인도 (타르) 사막Great Indian (Thar) Desert 사이에 광대하게 펼쳐진 비옥한 토양으로 물을 대 주었다. 인더스강은 아시아에서 가장 큰 강으로 꼽히며, 티베트 남쪽에서 발원하여 카슈미르를 지나 반건조 지대인 인더스 평원까지 흘러온다. 그리고 인더스 평원에 이르면 두툼한 침니 퇴적물을 형성하면서 부드럽고 쉽게 뒤집히는 토양을 조성해 주어, 철제 연장 없이도 대규모 경작이 가능했다. 이곳은 기후가 극단적기도 해서 여름에는 아주 덥고 겨울에는 때때로 혹한이 몰아친다. 농업 용수는 먼 산악 지대에서 흘러 내려오는 강과 개울에서 얻었다.

메소포타미아와 마찬가지로 인더스 평원은 얼핏 보기에 그다지 비옥해 보이지 않지만, 바로 이곳이 초기 농경과 목축의 요람지였다. 1만2000년 전 이곳의 산악 지대 경계지는 안정적인 물 공급원을 따라 정주하던 소규모 수렵채집인 사회의 터전이었다. 이들은 끊임없이 이동했는데, 인도양의 연안에서만은 예외였던 듯하다. 연안 근처의 습지대, 강어귀, 얕은 물 등 그 이후에 점점 더 중요해졌을 법한 얕은 수역의 어장을 인도양 연안이 지탱하고 있었기에 이곳에서 눌러 살았던 것으로 추정된다.[14] 이곳처럼 대조적 환경인 곳에서는 이웃 무리들과 연대하지 않고서 생존할 수 없었다. 그에 따라 다른 종족과의 결혼, 친족 간의 유대 등의 관계를 바탕으로 맺어진 연대가 한참 이후까지 지탱되면서 훨씬 더 복잡한 사회로 나아가는 토대가 마련되었다.

기원전 제5천년기와 제3천년기 사이에 인더스 평원의 광대한 전역으로 농경 생활이 뿌리를 내리면서 경제적 기반이 바뀌었고, 그에 따라 이 지역의 문화도 급격한 궤도를 그리며 변화해 갔다. 이런 변화를 촉발한 원인은 인더스강의 홍수였다. 7월~9월에 불어난 인더스강이 둑을 넘어 범람하면서 막대한 양의 미세한 침니를 하류로 실어 와 인더스 평원에 흩뿌려 주었다. 이곳 농부들은 유프라테스강과 나일강 연안의 동시대 사람들과 마찬가지로 물이 평평한 지대로 넘쳐흐르는 자연 홍수로 근처에 터를 잡아 마을을 조성해 나가며 더 넓은 사회를 형성했다. 이런 자연 홍수로 인근에서는 아주 작은 노력만 기울이면 굳이 관개 시설을 세우지 않고도 작물을 재배할 수 있었다. 초반에는 범람원이 빽빽한 삼림 지대여서 홍수의 재앙에도 크게 영향을 받지 않았고, 덕분에 농부들은 농사를 잘 지었다. 하지만 마을 인구가 증가하면서 점점 더 많은 땅이 개간되고 숲이 파괴되면서 홍수는 걷잡을 수 없는 영향을 미쳤고, 농사 환경도 변했다. 이런 사회 단계에서 생존하려면 협력이 필요했다. 지역의 족장들과 사제들이 나서서 이내 크고 작은 정착지의 복잡해지는 위계 질서를 주도했다.

기원전 2700년경 인더스 문명이 짧은 기간 폭발적으로 성장한 바로 그 시기에, 저지대와 고지대만이 아니라 인더스강과 페르시아만을 연결하는 고대의 연안 경로를 따라서도 장거리 교역이 늘어났다. 이 무렵에 인더스 문명은 현재의 파키스탄을 넘어서는 넓은 지역까지 뻗어 나갔다. 인더스 문명의 사회는 도시가 지배적이던 메소포타미아의 수메르 문명과 크게 달랐다. 인더스 문명의 사람들은 대도시와 작은 공동체가 느슨한 문화적·종교적 유대로 한데 이어져서 살았다.

수메르인에게도 그러했듯, 인더스 문명의 지도자에게 도시는 사회를 조직화하고 다스리는 수단으로서 기능했다. 인더스 문명에는 적어도 다섯 곳의 도심지가 있었으며, 그중 최대 도심지인 모헨조다로는 넓이가 250헥타르(250만 제곱미터)에 이르렀다. 시내와 교외의 인구는 최대 10만 명을 넘었다. 서쪽 끝에 성채가 세워지고 성채 아래로 격자형의 좁은 거리들과 집들이 자리 잡았던 점으로 미루어 보아, 모헨조다로는 확실히 계획적으로 조성한 도시였을 것이다. 안타깝게도 인더스 계곡 문명의 필사본은 온갖 노력에도 불구하고 아직까지 해독되지 못해서 모헨조다로의 지배자들과 그들의 역사는 밝혀진 바가 전혀 없다.

하라파, 모헨조다로 등 인더스 문명의 도시들은 홍수로부터 도시를 보호할 배수로, 벽, 구운 벽돌로 정교하게 쌓은 성벽까지 모두 치밀하게 공들였다. 그렇다고 해서 이런 홍수 대비 시설이 항상 제 역할을 한 것은 아니다. 모헨조다로는 최소 아홉 차례나 재건되었다. 발굴 과정에서 비즈 제작자 같은 장인 구역이 발견된 점을 감안하면, 어딘가 어부들의 영역도 있었을 것이다. 또한 이 도시에서 지천으로 발견되는 물고기 뼈의 규모로 미루어 볼 때, 전업 어부들이 활동한 것으로 짐작된다.

토양의 비옥함에도 불구하고, 인더스 평원은 아슬아슬한 환경에 놓여 있었다. 도시의 수만 명에 이르는 비농업 인구가 변덕스러운 홍수에 따라 좌우되는 곡물에 의존했다. 이런 불확실성으로 인해 본질적으로 물고기 같은 식량이 중요했다. 단, 대량으로 어획될 수 있어야 했다. 문제는 대량 어획만이 아니었다. 그 보존 처리에도 세심한 관리가 필요했다. 강에서의 어획에 의존했을 뿐 아니라 건조되거나 염장된 물고기가 멀리 떨어진 연안 지대에서 도시로 막대한 양이 수입되었기 때문에 보존 처리가 특히 중요했다. 인더스강은 안 그래도 유속이 빠른 편인데, 강둑마저 물러서 대체로 고기잡이하기에는 너무 불안정했다. 그에 따라 민물 고기잡이는 주로 잔잔한 강 후미, 호수, 작은 수로 등에 집중되었다. 이런 곳은 물살이 느린 편이라 잉어와 메기 같은 물고기를 잡을 수 있었고, 특히 인더스강의 흐름이 비교적 느려지는 겨울과 여름이 고기잡이에 유리했다.

또 하나의 큰 강인 사라스와티강은 물살이 더 잔잔했다. 따라서 이곳에서 고기잡이가 더 왕성했을 것이다. 발루치스탄의 강과 개울도 잔잔한 편이었고, 그곳의 고요한 못에는 물고기가 풍성했다. 사람들은 잔잔한 우각호牛角湖나 옆도랑에서 테라코타제製의 추를 달아 그물을 치는 방식으로 고기잡이를 했다. 이 추는 점토 비즈처럼 보이지만, 사실은 그물에 마모되어 독특한 모양으로 바뀐 것이다. 하라파에서 발견된 채색 질그릇 조각에서는 한두 개의 그물을 들고 물고기 사이에 서 있는 남자가 그려져 있다. 이 그림의 맨 밑에는 큼지막한 그물 일부분이 보이는데, 틀림없이 물속에 잠긴 그물 안에는 잡힌 물고기가 가득했을 것이다. 그렇다고 해서 그물이 이곳 사람들의 유일한 고기잡이 기술이었다는 얘기는 아니다. 많은 어부가 단순한 형태의 낚싯바늘과 낚싯줄도 사용했다. 그런가 하면 기원전 2700년경에는 쇠 낚싯바늘에 미늘을 부착했는데, 이는 이런 종류의 낚싯바늘을 사용한 최초 사례에 든다.

말린 생선 수십 만 마리가 인더스강의 어귀에서 내륙에 있는 모헨조다로 등지의 도시로 운반되었지만, 교역의 구체적인 규모는 어림잡아 추정만 할 수 있다. 고고학적 발굴을 통해 종종 어렴풋한 암시가 비쳐지기는 한다. 인더스 문명의 전성기인 기원전 2700~1700년에 번성했던 카라치에서 동쪽으로 약 45킬로미터 떨어진 알라흐디노Allahdino에서의 발굴도 그중 한 사례다(지도12 참조).[15] 발라코트에서처럼 알라흐디노에서도 거의 모든 물고기가 바다 어종이었으나, 어부들은 주로 은빛 하스돔silver grunt만 잡았다. 기원전 2500년 이후부터 사람이 거주했으며, 일명 하이 마운드High Mound라고 불리는 알라흐디노의 발굴지에서는 거의 모든 물고기 뼈가 좁은 통로의 서쪽 면에 있는 세 칸의 방에 집중적으로 모아져 있었다. 이 뼈들은 사실상 전부 머리 뼈였는데, 이로 미루어 볼 때 몸통은 건조되거나 염장 처리되었을 것이다. 현재 이곳의 상업적 어업에서도 그런 식으로 처리되고 있다. 한편 지역내 소비용으로 남겨 둔 물고기는 다르게 취급되어, 현재와 마찬가지로 머리 부위도 먹었다.

당시에는 하라파, 모헨조다로를 비롯해 인더스강과 사라스와티강을 따라 들어선 여러 도시들이 점점 성장하면서 조개껍데기, 비즈, 말리거나 염장된 생선을 찾는 수요가 기하급수적으로 늘어난 듯 보인다. 이집트와 메소포타미아에서도 그랬듯 이제 생선은 산업화에 근접한 상품이 되어 인간만이 아니라 염소, 양, 심지어 낙타까지 생선을 먹었다.

인더스강 남쪽의 서부 연안은 물이 얕지만 위험한 수역이었다. 남서계절풍이 거세게 불어오면 강한 파도가 일어나서 조심해야 했다. 바리가자Barygaza(현재의 뭄바이)의 큰 항구까지 이어진 좁은 수로는 목숨이 위험할 수도 있었다(지도12 참조). 숨겨진 암초와 세찬 물살 때문에 썰물이 빠져나갈 때 자칫 방심했다간 배가 좌초되기 십상이기 때문이다. 『에뤼드라해 주항기』에 따르면, “왕실 소속의 토박이 어부들”이 트라파가trappaga와 코팀바cotymba라는 큰 보트를 타고 수로 입구에 자리 잡고 있으면서 그 얕은 수역을 지나가려는 이들을 강한 밀물 때 통과하도록 인도했다고 한다.[16]

『에뤼드라해 주항기』에는 멀리 갠지스강의 어귀까지 인도 반도 전역에 걸친 교역 기회, 항구, 빠른 조수 등에 대한 내용이 담겨 있다. 인도 남단 쪽의 섬나라 스리랑카는 인기 기항지였다(지도12 참조). 103개의 큰 강과 2개의 계절풍이 부양시켜 주는 거대한 범람원이 산란장을 풍성하게 만들어서 일 년에 네다섯 달 동안 물고기를 어획할 수 있었다. 북쪽의 또 다른 범람원인 방글라데시처럼 스리랑카의 고기잡이도 대체로 기회주의식으로 산란기 동안에 펼쳐졌다. 스리랑카에 서식하는 어종은 메기, 가물치 등 얕은 물 어종이라 인도양의 전역에서 오는 선장들에게 친숙한 식량이었다. 어부들은 창과 낚싯바늘을 사용했지만, 독이 있는 식물에 크게 의존하기도 해서 말라 가는 물웅덩이에서 오도 가도 못하는 물고기를 독으로 죽였다. 그물은 사용하지 않았던 것으로 보인다.[17]

스리랑카의 북쪽과 동쪽으로 항해하면, 그 연안의 어장은 카누 선원들을 4만 년이 넘도록 먹여 살리는 대양으로 들어섰다. 열대성 폭풍이 벵골만으로 올라와 방글라데시를 황폐화시키는 문제와 별개로 이곳 수역은 인도양 세계와 동남아시아를 이어 주는 익숙한 계절풍 항로였다. 그곳에서 더 멀리 나가면 교역자들이 비단을 얻을 수 있는 지나인[Thinae](중국인)의 땅이었다. 『에뤼드라해 주항기』에서는 이 땅을 이렇게 표현했다. "이 수역 너머의 지역은 혹독한 겨울과 매서운 추위 때문에 접근하기가 힘들다."[18] 하지만 자세한 조언은 스리랑카를 끝으로 더 이상 없다. 스리랑카 너머에 잘 알려지지 않은 다른 세계가 있다는 정도로만 마무리된다.

17. 잉어와 크메르족

당연한 결과일지 모르지만, 조몬 문화는 지리적 우연으로 인해 아시아의 초창기 고기잡이 사회를 상징하게 되었다. 조몬은 일본 열도에 벼농사와 보다 복잡한 사회가 자리 잡기 한참 전부터 오랜 세월에 걸쳐 정교한 적응, 다양한 어패류의 어획, 풍성한 연안 지대를 바탕으로 번성했다. 한편 중국의 고대 고기잡이 전통 역시 북유럽과 지중해 지역과 다를 바 없이, 빙하시대 이후 해상 환경이 끊임없이 변하던 시대까지 그 유래가 거슬러 올라간다.

중국의 초기 고기잡이

중국의 중심 지대와 남쪽 지대에서 펼쳐진 고기잡이 양상은 조몬과 아주 대조적이다. 이곳에서도 1만2000년 전에 고기잡이는 광범위한 사냥과 수렵의 일환이었다.[1] 양쯔강 하류의 분지가 여러 공동체를 먹여 살리면서 이곳 사람들은 야생 벼를 주식으로 삼았고, 범람원의 얕은 물웅덩이와 옆도랑에 풍성한 잉어도 잡아먹었을 것으로 보인다(374쪽 지도13 참조). 고기잡이의 위상은 기원전 7000~6000년경 양쯔강을 따라 벼농사가 시작된 뒤부터 높아졌다. 당시에는 양쯔강 중류의 계곡 같은 범람원에 잉어가 그득 들어찼고, 실제로 잉어의 뼈가 고고학적 퇴적물 조사에서도 발견되고 있다. 양쯔강 하류 지역에서는 첸탕강 남쪽 기슭 해수면으로부터 약 1미터 아래에서 과호교跨湖桥 유적이 발굴되었다(지도13 참조). 당시에 이 지대는 한쪽엔 산으로 둘러싸이고 다른 쪽엔 민물 호수가 자리해 있었다. 사람들은 물에 잠긴 땅 위로 수상 가옥을 지었지만, 불어나는 해수면 때문에 이곳을 떠났다. 과호교는 얕은 물이 조성되면서 물고기가 풍성한 이곳의 여러 정착지 중 한 곳이 되었을 테지만, 다른 정착지는 물 아래로 자취를 감추어 버렸다.

중국의 어부들은 수백 년에 걸쳐 단순하면서도 효율적인 고기잡이 방법을 여럿 개발했다.[2] 어느 지역에서나 흔히 사용한 미늘창 외에도 주로 얕은 물에서 통나무배, 뗏목, 판자 보트 등을 타고 나가 투망을 던졌다. 투망 가운데 일부는 물고기를 유인하는 바구니가 달린 장벽형 그물에 불과했지만, 물고기를 대량으로 잡아 끌어당기는 후릿그물도 있었다. 어부들은 일부러 덤불을 심어 놓고, 그늘이 진 은신처를 찾는 물고기를 얕은 물가로 유인한 뒤에 그물로 에워싸거나 떠내는 식으로 잡기도 했다. 중국의 초창기 고기잡이는 대부분 뗏목이 동반되었고, 잔잔한 내륙 수역에서 특히 많이 활용되었다. 판자로 만든 평평한 바닥의 낚싯배와 뗏목은

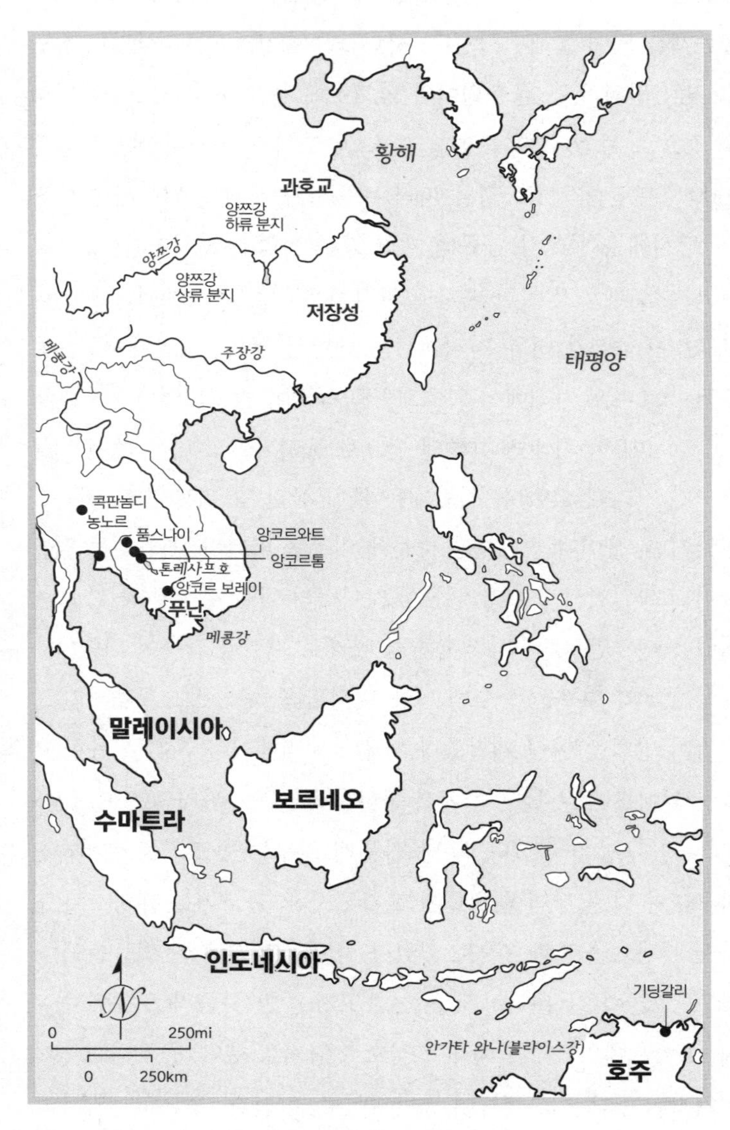

지도13 동·동남아시아의 크메르족 주요 도시와 초기 유적

이후에 측면이 더 높아진 정크junk•로 발전했다.

초기 중국 어부들이 썼던 유명한 기술 중에는 가마우지 길들이기도 있었다. 가마우지를 붙잡아 놓고 키우면서 주인을 위해 작은 물고기를 잡아 오도록 훈련시키는 방법이었다. 가마우지는 잘만 훈련시키면 물고기를 삼키지 못하게 목에 고리를 달아 놓을 필요도 없었다. 그리고 혼자 잡기에는 벅찰 만큼 많은 물고기를 낚아 올리려고 때때로 여러 가마우지가 합동 작전을 펴기도 했다. 다음은 명나라의 작가 수팡Su Fang의 글이다. "강가를 따라 살아가는 사람들 대다수가 가마우지를 길러 작은 뗏목에 태우고 다녔다…… 가마우지들은 물속으로 깊이 잠수해서 날쌔게 작은 고기들을 낚았다…… 목에 작은 고리를 매어 놓아서 좀 큰 물고기는 삼키지 못하게 해 놓았다…… 가마우지들은 식탐이 많고 먹성이 좋았지만 어부들에게 흡족할 만한 소득을 가져다주었다."[3] 기원전 1000년 후에는 항해용 정크를 타고 근해 고기잡이를 나갔으나 고질적인 해적질 때문에 대규모로 펼치지 못했다.

산업화 이전의 중국인은 한마디로 농사를 잘 지으면서 고기잡이를 부업으로 삼았다고 할 만하다. 인구가 불어나 농토가 점점 좁아지자 사람들은 점점 야생 식물류와 물고기에 의존했다. 황허강 계곡, 양쯔강 중류와 하류 같은 여러 지역에서의 민물 고기잡이는 경작 벼를 포함한 식물류와 생선이 주된 양식인 주기별 생활에서 한 부분일 뿐이었다. 유사 시대에는 중국 중앙 평원의 수많은 사람이 논과 갈대 군락지가 물에 잠기는 여름철 우기에 물고기

• 바닥이 평평한 중국의 돛단배

(History/Bridgeman Images)

가마우지와 함께 있는 중국의 어부들.
윌리엄 알렉산더William Alexander, 1767~1816의 수채화

를 잡았다. 우기 동안 물 위에 떠서 살면서 연중 절반의 기간 동안 물고기를 먹다가 홍수로 넘친 물이 빠지면 다시 논으로 돌아왔다. 선사시대 선조들도 이들과 똑같은 생활을 했을 가능성이 있다.

기후가 비교적 온화한 양쯔 강변과 더 남쪽 지역에서는 민물고기, 그 중에서도 특히 얕은 강과 호수에 풍성했던 아시아 잉어 Asian carp가 중대한 식량원이었다. 우기는 잉어를 잡기에 절호의 시기였다. 홍수가 빠져나가면서 생긴 얕은 물에 물고기가 오도 가도 못하게 되면, 그때 그물과 창으로 물고기를 손쉽게 잡을 수 있었다. 주장강 분지와 양쯔강 유역에 여름의 홍수가 밀려 들면 드넓은 습지대와 얕은 호수는 야생 잉어가 살기 좋은 환경이 되었다.[4] 그에 따라 이 무렵엔 일부 농부들이 잉어를 산 채로 기르며 필요할 때마다 잡을 셈으로 못을 만드는 일도 시간 문제일 뿐이었다. 게다가 잉어는 가두어 길러도 쑥쑥 잘 자라는 어종이었다.

사이프리너스 카르피오 하에마토프테루스*Cyprinus carpio haematopterus*, 흔히 아무르 잉어Amur carp라고 부르는 어종은 동아시아의 자생종이며, 잡식성이다. 유속이 느리고, 부드러운 진흙이 가라앉아 고인 물가를 좋아한다. 양쯔강 하류에는 풀잉어, 검은 잉어, 은빛 잉어, 큰머리 잉어 등 4종이 서식하며, 모두 산란기가 되면 호수에서 강으로 이동한다. 잉어가 양쯔강에서 알을 낳으면 조만간 강기슭 호수에서 수천 마리로 불어난다. 4종 모두 산란 환경이 비슷하지만, 선호하는 수심은 다르다. 대부분 양쯔강 중류에서 알을 낳기 때문에, 개간과 댐 건설로 개체수가 급격히 줄어들기 전까지만 해도 380킬로미터에 걸친 양쯔강 중류에 12곳의 산란 어장이 있었다. 잉어는 잡기도 쉽고, 못에 가두어 놓고 키우기도 편해서 중국에서는 기원전 3500년보다 훨씬 전부터, 다시 말해 고기잡이나 농경에 대한 문자 기록이 전혀 없던 시대부터 키워졌다.

잉어 양식은 우기 중에 못과 논으로 휩쓸려 온 잉어를 키우면서 시작됐을 것이다.[5] 번식력이 강한 잉어는 빠르게 자라고 새끼를 잡아먹지도 않는다. 농경 인구가 늘어남에 따라 점점 과밀해지는 지대에 거주하는 생계형 농부에게는 잉어 양식이 실용적인 보조 식량원이 되었다. 양식 잉어는 야생 잉어보다 성장이 훨씬 빨라서 2년 사이에 무게 40킬로그램, 길이 약 120센티미터까지 자랐다. 전해오는 바로는, 당시 비단 농장에서 누에와 누에 배설물을 먹으면서 길러졌다고 한다.

중국에서 잉어 양식은 중국인 정치가 범려范蠡가 집필한 양식 입문의 고전 『물고기 번식의 기본서*Treatise on Fish Breeding*』가 세간에 나온 것으로 추정되는 기원전 475년보다 훨씬 전부터 일상화되어 있었다. 우나라(현재 중국 동부의 저장성)의 대신臺臣이었던 범려는 직접 커다란 못에 잉어를 번식시키고 길렀는데, 못 가장자리에 심은 뽕나무에 벌통을 매달아 놓고는 여기에서 떨어지는 것들로 물고기를 먹이면서 나뭇잎은 누에와 염소의 먹이로 썼다고 한다. 범려는 책에 여러 일화와 몇몇 신화도 소개하지만, 잉어 양식에 관해 조언할 때는 딱딱할 만큼 단조로운 문체를 썼다. "6모우mou의 땅에 양어지를 짓는다. 못 안에 섬 같은 지대를 9곳 정도 만든다. 못 안에 수생 식물을 서로 포개지도록 가득 심는다. 그리고 알을 밴 길이 3치 정도의 잉어 스무 마리와 역시 길이가 3치인 수컷 잉어 네 마리를 넣어 준다…… 간섭하지 않고 가만히 놔두면 잉어들이 알을 낳을 것이다." 범려는 "두 번째 달이 뜰 때"(3월에) 못에 물고기를 넣었다. 또 네 번째 달(5월)과 여덟 번째 달(9월)이 뜨는 사이에 거북이 여섯 마리를 못에 체계적으로 넣어 주라고도 권하며, 거북이를 "날아다니는 포식자의 침입을 막아 줄 천국의 파수꾼"이라고 칭하기도 했다.

잉어는 못에서 빙빙 헤엄치면서 큰 강이나 호수에 있는 것처럼 행동했다. 1년 후 생산량은 놀라울 정도였다. 범려의 글대로라면, "이듬해의 두 번째 달이 뜰 때쯤이면 1치의 잉어 1만5000마리, 2치 잉어 4만5000마리, 3치 잉어 1만 마리를 얻게" 되어, 총 "125만 주화"에 상당하는 생산량을 얻을 것이라고 했다. 범려는 2치 잉어 2000마리만 번식용으로 놔두고 나머지를 팔라고 했다. 그러면서 그렇게 따라 하면 매년 소득이 막대하게 늘어날 것이라고 예측했다.[6]

양어지 양식은 아주 정교한 수준으로 발전했다. 일부 양어지는 인공적으로 움푹한 곳을 만들어 놓아 잉어들이 알아서 크기별로 분리되도록 조성되었다. 그런가 하면 어떤 양어지 운영자는 잉어를 크게 키우기 위해 비교적 큰 잉어가 모여드는 호수와 강의 연안에서 알을 채집해 왔다. 물가에서 진흙을 잔뜩 퍼 와서 못의 바닥에 깔아 주면 2년 만에 큼지막한 잉어를 얻기도 했다. 잉어 양식을 시작하면서 자기 전 재산을 가난한 이들에게 나눠 준 범려는 양식으로 다시 큰 재산을 모았다.

그 후 1000년이 흐르는 동안 중국에서의 잉어 양식은 그 정점을 찍으면서 잉어의 식습관과 기생충 예방에도 세심한 관심을 기울였다.[7] 고대 중국에서는 모든 수역이 공공의 것이었기 때문에 물고기 양식은 시골 생활의 필수 요소가 되었다. 남쪽에서는 한나라(기원전 206~서기 220)에 농부들이 고대의 풍습처럼 보이는 방식에 따라 못을 파서 물을 채운 후 연꽃과 마름을 기르면서 물고기와 거북이를 키웠다. 못의 둑에는 나무를 심어 놓고, 물소가 논을 갈 때 잠시 그 나무에 밧줄로 매어 두었다. 한편 북쪽에서는 황허강 지류 유역의 등고선 관개 수로를 만들어서 중력을 이용해 논과 양어지에 물을 댔다.

잉어 양식의 황금기는 당나라(서기 618~906)가 부상하면서 갑자기 제동이 걸렸다. 당나라 황실의 성씨姓氏인 '이'는 가장 흔하게 양식된 잉어의 어종을 가리키는 단어이기도 했다. 때문에 즉시 칙령으로 잉어의 양식이 금지되었고, 잉어를 먹으면 태형 50대로 처벌받을 범죄가 되었다. 결과적으로 보면, 황제의 엄명은 점점 물고기에 의존한 사회에서 본 모습을 변장한 축복이었다. 양어지 소유자들이 이 칙령을 계기로 새로운 어종을 키우게 됐기 때문이다. 결국 양식자들은 동아시아 곳곳의 큰 강과 범람원 호수에 자생하는 또 다른 민물 어종인 큰머리 잉어(히포프탈미크티스 노빌리스*Hypophthalmichthys nobilis*)로 관심을 돌렸다. 얼룩무늬의 은회색 물고기는 몸집이 커서 길이가 60~82센티미터까지 자라고, 성장 속도가 빨라서 양식용으로 이상적이었다. 또 살코기가 희고 단단해서 식용으로도 아주 좋았다.

농부들은 은빛 잉어(히포프탈미크티스 몰리트릭스*Hypophthalmichthys molitrix*)도 길렀다. 은빛 잉어는 현재 세계에서 가장 많이 양식되는 잉엇과 물고기다. 플랑크톤을 먹는 여과 섭식 동물이며, 개체군 밀도가 아주 높다. 무게 18킬로그램 이상 자라기도 하며, 겁을 먹으면 물에서 저돌적으로 뛰어올라 배를 탄 어부들에게, 지금은 뱃놀이를 즐기는 사람들에게까지 위협을 준다. 양어지 소유자들도 금세 깨달았지만, 큰머리 잉어와 은빛 잉어는 풀잉어 및 진흙 잉어와 함께 한 공간에서 공존할 수 있었다. 결국 양식의 생산성이 치솟았고, 그에 따라 황제의 칙령도 틀림없이 잘 지켜졌을 것이다. 행운처럼 온 어종 전환 과정에서 금붕어는 귀족의 정원을 돋보이게 하는 물고기로 귀하게 대접받았다. 한편 당나라의 정책은 또 다른 혁신도 낳았다. 즉, 특정 계절에 큰 강 유역에서 치어를 채집해 오는 혁신이었다. 송나라(서기 906~1120)에 들어와서는 이렇게 채집한 치어들을 고도로 개량된 방법으로 자연 수역에서 놓아길렀다.

명나라(서기 1368~1644)의 황제는 양식을 적극 권장하며, 농부들에게 지배층과 도시 시장에 신선한 물고기를 대도록 했다. 명나라의 관료들은 질병 억제 대책과 못에 양분과 비료 넣어 주기와 같은 보다 정교한 양식 기술을 활용하도록 장려했다. 양어지 운영자들은 생산성을 높이는 조언에 따라 동물의 거름, 유기 폐기물 등으로 물의 양분을 보강했다. 농부들은 범려의 권유처럼 뽕나무를 심는 것 외에 물가에서 돼지와 닭을 키우며 그 거름을 유용하게 쓰기도 했다. 양어지를 보수하기 위해 물을 빼야 할 경우에는 이참에 바닥의 진흙을 파내서 작물의 비료로 썼다. 중국 남부에서는 물고기가 언덕 사면의 논을 개간하는 데 유용하게 쓰였다. 사면에 제방을 쌓아 둘러놓는 식이었다. 비가 내려서 논에 물이 차면 땅 주인은 치어를 사서 제방 안쪽에 풀어놓았다. 그러면 2~3년 내에 물고기들이 잡초의 뿌리를 모조리 먹어 치워서 논은 씨를 뿌리기에 적당해졌다. 이때 땅 주인은 물고기를 팔고, 개간된 논에 벼를 심었다.

1500년 무렵에 강에서 치어를 채집해 와 못에 가두어 기르는 활동은 중국에서 큰 규모의 사업으로 성장했다. 로마의 가룸 생산에 쓰인 기술과 상당히 비슷한 기술을 활용해 잡은 물고기를 발효시켜 젓갈과 소스로 만들기도 했다. 중국의 중앙부와 남부에서는 동남아시아처럼 이런 소스와 발효된 물고기가 교역에 큰 비중을 차지했다. 물고기 양식이 가업이었을 당시에 잉어를 기르는 데 활용된 이런 방법들이 수백 년 동안 대대로 전수되면서 양식은 중국 농경의 주춧돌이 되었다.

13세기의 베네치아 여행가인 마르코 폴로Marco Polo, 1254~1324는 중국의 큰 강과 호수에서 수많은 선박용 운하를 보고, 글로 옮겼다. 그는 연안에서 지역 시장으로 매일같이 신선한 생선이 어마어마하게 운송되는데, 그 많은 양이 모두 팔리는 게 신기할 정도라는 소감도 덧붙였다. 계절마다 시장에 나오는 생선도 다양하게 바뀌었는데, 놀랍게도 그중에 자신이 아는 어종이 하나도 없었다고 한다. 현재 중국 시장에 나오는 생선은 거의 전부가 양식이다.

동남아시아 : 앙코르와 톤레사프

동남아시아의 3대 수계水系는 각각 비옥한 삼각주를 끼고 있으며, 훨씬 거대했던 고대의 수로 규모에 비하면 지금은 많이 줄어들었다. 태국 중부와 차오 프라야Chao Phraya 삼각주가 그 첫 번째 수계를 이루고, 캄보디아의 메콩강과 톤레사프호가 두 번째 수계를 이루며, 나머지 하나는 베트남의 홍강, 마강, 카강으로 이루어진다

(지도13 참조).[8] 이곳에서 계절적으로 발생한 홍수가 광대한 농지로 범람하면, 물가에서 줄기가 길쭉하고 빠르게 자라는 벼를 경작할 수 있었다. 과거에는 계곡마다 더 높은 땅으로 에워싸인 비옥한 식물 군락지가 있었다. 이 높은 땅은 가뭄에 내성이 강한 낙엽성落葉性의 습한 열대 우림 지대들로, 변덕스러운 우기를 통해 수분을 공급받았고 국지적 기후와 지형적 차이가 심한 것이 특징이었다. 바로 이런 환경의 계곡이 밀집한 인구를 먹여 살렸고, 점점 힘이 막강해지고 변동이 심해지는 왕국에 자양분을 대 주었으며, 장거리 교역을 가능케도 해 주었다.

기원전 2000년경부터 동남아시아에 탄탄히 자리 잡았던 이 복잡한 사회에서는 벼가 그 토대였다. 벼농사 사회는 중국의 양쯔강 계곡에서 처음 출현했다가 강과 연안을 따라 남쪽으로 퍼져 나갔다. 벼의 재배는 북쪽에서부터 동남아시아와 남아시아로 퍼져 나갔던 중국인의 수많은 착상 가운데 첫 사례에 든다. 기원전 1000~500년에 청동기 기술도 북쪽에서부터 널리 전파되었고, 장거리 교역도 점점 적극적으로 벌어지면서 부유하고 호전적인 종족들 간의 경쟁에 더욱 불을 붙였다.

기원전 300년 무렵에 동남아시아의 해상 교역망은 인도에서부터 동쪽 멀리 발리섬까지 뻗어 나간, 그야말로 광대한 상업 무대에 속해 있었다. 이 해상 교역을 통해 여러 가지 착상과 새로운 문화가 활발하게 교류되었다. 그리스도의 시대 무렵에는 몇몇 동남아시아 사회가 왕국이 되어 우러러 떠받드는 조상과, 자신이 영적으로 통한다는 특권을 내세운 귀족 계층이 지배층으로 군림했다. 지배자 가운데 일부는 신과 같은 군주가 되었는데, 특히 메콩강 하류와 톤레사프 연안에 자리 잡은 영토, 즉 중국인이 "천개의 강이 흐르는 항구 도시"라는 뜻으로 푸난(부남)이라고 이름 붙인 광대한 지역의 지배자들 사이에서 그런 군주가 많이 나왔다(지도 13 참조).

캄보디아의 앙코르 보레이Angkor Borei도 당시 중요한 중심지로 융성했다.[9] 현재 캄보디아의 수도인 프놈펜Phnom Penh에서 남동쪽으로 약 96킬로미터 거리에 있는 이곳은 예나 지금이나 대략 85킬로미터의 수로를 통해 접근이 가능하다. 지금도 벽돌과 토담의 잔해가 300헥타르 정도 고지대를 에워싸고 있는데, 이 고지대는 삼각주와 비슷하게 펼쳐진 저지대 평원에 자리 잡고 있으면서 그 가운데로 인공 수로가 놓여 있다. 이 오래된 벽은 대략 기원전 500년~서기 500년에 융성했던 중심지의 흔적이다. 토착민인 크메르족 1만4000명은 여전히 이곳에서 살면서 앙코르 보레이를 크메르 문명의 요람이라고 자부하고 있다. 1995~2000년에 이곳 유적의 여러 지대에서 잇달아 발굴된 도랑에서는 정교한 고기잡이의 자취가 발견되었다. 구체적으로 포유류의 뼈, 조류와 조개뿐 아니라 7000점 이상의 물고기 잔해도 출토되었다. 물고기 뼈는 최소한 24종의 것이며, 줄가물치(칸나 스트리아타*Channa striata*), 등목어(아나바스 테스투디네우스*Anabas testudineus*), 메기가 가장 많았다.

줄가물치는 최대 1미터까지 자라는 가늘고 긴 육식 어종이다. 아가미로 호흡할 수 있어서 육지에서도 짧은 거리를 이동할 수 있으며, 번식력이 왕성해 일 년에 다섯 번이나 짝짓기를 한다. 공격적이고 침략적이며 엄청난 포식자라 내셔널지오그래픽 블로그에서 피질라Fishzilla라는 딱 맞는 별명을 붙여 주기도 했고, 식량으로서의 가치가 뛰어나다. 등목어는 최대 25센티미터까지 자라며, 동남아시아의 토착 어종이다. 몸통이 마르지만 않으면 물 밖에서도 비교적 오래 살 수 있어서 상품성이 높다

벼농사, 고기잡이, 사냥 등은 앙코르 보레이 같은 푸난의 중심지를 수백 년 동안 지탱해 주면서 거주민들이 전략적 위치에 터전을 잡고 교역로와 해상 연결을 존치할 수 있게 해 주었다. 메콩강의 어장은 광대하고 홍수가 잦았으며, 아주 비옥한 지역의 중심지에 대인구가 몰려 살아갈 수 있을 정도로 풍요로웠다. 물고기는 강어귀, 강 유역, 호수 등에서 쉽게 잡혔고 세계의 다른 지역처럼 오래전부터 가다듬어진 단순한 기술을 통해 보존 처리가 가능했다. 톤레사프 인근의 앙코르 문명은 푸난 왕국에서도 가장 뛰어났고, 또 가장 오랜 기간 존속되었다.

풍요롭기로 따지면, 톤레사프의 관대한 민물 어장을 따를 상대가 별로 없었다. 톤레사프는 수백 년 동안 여러 마을, 도시, 대신전, 즉 전 국가를 먹여 살려 준 광활한 호수였다. 앙코르가 국가로 거듭나기 훨씬 전에, 동남아시아의 일부 사회는 고도로 중앙집권화된 왕국이 되어 공식적 과시, 연회, 의식을 중요시한 귀족 계층이 지배하고 있었다. 이런 왕국의 수장들은 그 뒤로 수백 년에 걸쳐 정치 조직을 점점 키워 나가려 애쓰며 카리스마와 힘을 내세워 지배했다. 이들 왕국은 초반에는 메콩강 하류의 강변과 저지대, 그리고 톤레사프 평원 쪽의 상류 지대를 따라 융성했다. 정치적 격동이 심해지다가 서기 6세기부터는 경제적 · 정치적 무게 중심이 내륙 쪽의 톤레사프, 즉 중국인이 진랍真臘이라고 일컬은 지역으로 옮겨갔다.

메콩강은 동남아시아에서 가장 긴 강이다. 티베트의 고원에서 발원해 중국, 캄보디아, 베트남 등 여러 국가를 관통해 4200킬로미터 이상을 흐르다가 동중국해로 빠져나간다. 메콩강은 세계에서 가장 생산성이 높은 민물 어장이며, 그 중심에 바로 톤레사프가 있다. 수백 년 동안 톤레사프의 물고기는 웅대한 앙코르 문명과 앙코르 문명의 농부와 장인 수천 명에게 자양분을 대 주었다. 앙코르 문명의 지배하에 있었던 사람들이 정확히 몇 명인지 추정할 수 없지만, 21세기의 크메르족보다는 훨씬 적었을 것이 확실하다. 당시 그 일대는 이미 인구가 북적북적했지만 톤레사프 어장은 잘 지탱되고 있었다. 그때부터 양식은 톤레사프 어장을 유지하는 데 큰 역할을 했을 가능성이 높다. 현재 대략 6000만 명 정도인 이 지역 인구가 메콩강의 500종 이상 물고기에 의존하는 실정임을 감안하면, 메콩강의 어장은 양식 없이 유지되기 어려우며, 멀리 상류에 야심차게 세운 수력 발전 댐들로 인해 위기에 처해 있기까지 하다.[10]

캄보디아 중앙부에 위치한 톤레사프는 120킬로미터 길이의 톤레사프강을 사이에 두고 메콩강과 이어져 있으며, 두 강은 프놈펜에서 합류한다.[11] 호수 자체는 하류 메콩 분지의 널찍한 평원에 움푹 파인 땅을 차지하고 있으며, 톤레사프강은 이 분지의 남쪽 끝에서 수시로 물길이 바뀌는 여러 수로에서 발원한다. 5월부터 10월까지 우기에 톤레사프강은 최대 수위까지 불어난다. 호수를 에워싼 민물 맹그로브 숲은 아주 다양한 종의 동식물을 부양시켜 주는 주변의 여러 서식지 중 일부에 불과하다. 메콩강의 홍수와 우기 덕분에 톤레사프강은 5월부터 10월까지 메콩강에서부터 북쪽으로 흐르고, 나머지 기간에는 호수의 물이 빠진다. 호수로 흘러 들어오는 침전물에는 식물성 플랑크톤이 먹는 양분도 들어 있어서 아주 풍부한 어장을 만들어 준다. 그에 따라 톤레사프에는 무수한 새들과 수많은 물뱀과 더불어 최소한 149종의 물고기가 왕성하게 서식하고 있다. 그래서 손가락 길이의 은빛 금붕어부터 세계에서 가장 큰 민물 어종으로 꼽히는 메콩 대형 메기까지 다양한 물고기가 잡힌다. 어른 메기는 길이 3미터에 무게 230킬로그램까지 자라는데, 잡기가 쉬워서 남획되고 있다. 결국 오늘날 잡아먹지 못하도록 법으로 규제하고 있지만, 이전에는 주식이었다.

톤레사프의 물이 홍수로 흘러넘치면 주변 지대는 훌륭한 물고기 번식장이 된다. 본격적인 고기잡이는 물이 서서히 낮아지는 우기의 끝물에 시작된다. 물이 흘러넘칠 때 같이 휩쓸려 오는 물고기, 주로 은빛 잉어는 용의주도하게 설치해 놓은 그물로 잡는다. 대체로 원뿔 모양의 그물을 어부들의 수상 가옥 아래에 설치해 놓는 식이다. 이런 식으로 수만 마리의 물고기를 잡는데, 대부분은 손질한 다음에 염장 및 발효하여 양념으로 널리 쓰이는 생선 젓갈, 프라혹prahok을 만든다. 제거된 생선 머리는 논에 비료로 쓴다.

크메르족의 여러 지도자들이 톤레사프 지역을 하나의 왕국으로 통일하기 위해 힘썼지만, 번번이 실패하다가 서기 802년에 추진력 있는 자야바르만 2세Jayavarman II가 권좌에 오른 후에 통일됐다. 자야바르만 2세는 경쟁자들을 정복하고 잇달아 조공 왕국을 세우며, 스스로를 최고의 왕이자 지상으로 내려온 힌두교 신 시바의 화신으로 선포했다. 45년 동안 자야바르만 2세는 강력하고 고도로 중앙집권화된 국가를 다스렸다. 그에 따라 운하, 저수지, 각 통치 왕족의 링가linga•를 모실 화려한 신전 등을 짓기 위해 남아돌 정도의 막대한 식량과 철저히 통제된 대인원의 노동력이 필요했다. 크메르족 통치자들의 왕조에서 지어진 수도, 즉 현재 앙코르로 알려진 그 지역은 당시에 우주의 중심이었다. 그리고 이런 우주관을 바탕으로 탄생된 중앙집권적인 사회는 부와 사치, 신 같은 군주에 대한 숭배를 놀라운 수준까지 끌어 올렸다.[12]

그 뒤에 또 한 명의 야심찬 지배자 수리야바르만 2세Suryavarman II가 서기 1113년에 크메르족 왕좌를 계승했다. 수리야바르만 2세는 즉위 4년 후에 앙코르와트의 건설을 명했다(지도13 참조). 고대의 종교 건물 가운데 세계 최대 규모인 이 장대한 앙코르와트는 숲지대 위로 60미터 이상 뻗어 올라가, 그 앞에 있으면 수메르인의 가장 큰 지구라트ziggurat도 난쟁이처럼 보이고 인더스의 모헨조다로 성채도 동네 신전처럼 초라해 보일 정도다. 이렇듯 범상치 않은 건물은 생산성이 아주 높은 벼농사와 톤레사프의 풍요로운 어장을 통해 어마어마한 양의 식량이 공급되지 않았다면, 아마 완성하기란 불가능했을 것이다.

앙코르와트는 크메르족이 힌두교 신인 우주의 수호자 비슈누Vishnu에게 봉헌하기 위해 극상의 노력을 쏟아 만들어 낸 기념물이다. 설계의 세세한 부분까지 모두 힌두교의 천계를 지상적 방식으로 재현하였다. 이를테면 신이 그 꼭대기에 산다는 우주의 거대한 산, 수미산Mt. Meru은 중앙의 탑으로 재현되었다. 다른 네 개의 탑은 수미산의 낮은 봉우리를, 그리고 신전을 에워싼 벽은 영계

• 힌두교의 신 시바를 상징하는 남근상

(History/ Bridgeman Images)

1918년에 물고기를 잡기 위해 세운 톤레사프의 인공 댐의 경계에 있는 산들을 재현한 것이다. 168미터에 이르는 회랑 벽의 아래쪽에 얕은 양각으로 새겨진 기다란 돋을새김은 왕이 조신을 거느리고 코끼리의 등에 올라타서 높은 책무를 받는 모습을 담고 있다. 벽의 또 다른 부분에는 전투 장면과 관능적인 천계의 여인들이 허리까지 아무것도 걸치지 않고 천국의 환희를 기리며 춤추는 모습도 있다. 한쪽 벽에는 힌두교 전설 '유액의 바다 휘젓기Churning of the Sea of Milk'가 묘사되어 있다. 이는 거인들과 신들이 합세하여 만다라산Mount Mandara을 휘감은 거대한 뱀, 바수키Vasuki의 몸을 잡아끌면서 태고의 강을 휘저었다는 전설이다. 이렇게 천년을 휘저어 불로장생의 약을 만들었다고 한다. 예술가들은 파도가 일렁이는 바다에서 뒤죽박죽 엉킨 여러 종류의 물고기 수십 마리도 새겨 넣었다. 전설에 따르면, 이 물고기들은 독살되어 비슈누의 역할을 맡은 수리야바르만 2세의 검에 두 동강 내어졌다고 한다. 그다지 유명하지 않은 신전의 또 다른 돋을새김에는 비교적 평범한 활동도 담겨 있다. 숲이 우거지고 새, 물고기, 악어 등이 득실거리는 습지에서 사람들이 물고기를 잡고 사냥을 하고 음악을 연주하는 모습이다.

수년 동안 고고학자들은 앙코르와트와 인근 앙코르톰Angkor Thom을 자급자족형 궁이자 신전이었을 것으로 추정했다. 그러다 최근에 들어와서 라이다LIDAR(광선 레이더), 즉 헬기에 탑재되어 있는 정확한 광센서로 숲으로 덮인 지표면의 정보까지도 낱낱이 감지하는 조사를 벌였다.[13] 그 결과 앙코르와트의 자리가 제방이나 도랑으로 에워싸인 논의 한가운데였으며, 논의 규모가 약 1000제곱킬로미터에 이르러 75만 명으로 정도를 먹여 살렸을 정도로 거대했다는 점이 밝혀졌다. 말하자면 앙코르와트가 지어지기 전부터 이 일대에는 이미 거대한 도시 복합 단지가 조성되어 있었다는 얘기다. 대신전 주위로는 도시를 관통해 톤레사프 호수로 흘러드는 세 개의 작은 강에 물을 조절하고 저장하고 분산하는 수로 및 제방, 저수지 등이 거대한 망처럼 연계되어 있었다. 물 관리 시설의 규모가 그야말로 경이적이었다. 앙코르와트로부터 서쪽으로 2킬로미터가량 떨어진 서 바라이West Baray(저수지)는 길이가 약 8킬로미터에 폭이 2킬로미터인데, 강물의 방향을 북쪽으로 돌려서 물이 공급되는 구조였다. 수천 명의 사람들이 신전의 일을 돌봤고, 또 다른 수천 명이 벼를 재배하고 톤레사프에서 물고기를 잡아 신전 사람들을 먹여 살렸다. 도시 지대가 체계적으로 분산되면서 농사와 고기잡이로 생산된 배급 식량을 통해 신 같은 왕을 섬기는 대인원을 부양했다. 기자 파라오의 물류 체계처럼, 이곳 역시 물류 체계가 복합적으로 잘 조직화되어 있었다.

1181년에는 또 다른 지배자 자야바르만 7세가 인근의 앙코르톰에 새로운 수도를 세웠다(지도13 참조). 수도 안으로 들어서면 중심부에서 상징적 세계를 만나게 되는데, 왕의 장제전인 바이욘Bayon이었다. 바이욘의 돋을새김에는 시장의 풍경이 몇 장면 새겨져 있다. 평민이 북적북적 모여 있는 곳에서 남자들이 큼지막한 물고기를 쇠꼬챙이에 끼워 굽고, 고기와 쌀을 끓이는 장면이다. 그 외에 그물을 설치하는 남자들, 창에 꿰인 채 건조대에 눕혀 있는 물고기들, 시장에서 생선을 파는 여자들의 장면도 눈에 띈다.

여기에 아낌없이 쏟아 부은 경비는 앙코르의 뛰어난 생산성에 의존했다. 다시 말해 논, 저수지, 수로와 더불어 이례적일 정도로 풍요로운 톤레사프 어장에 의존했다. 프랑스의 탐험가 앙리 무오Henri Mouhot, 1826~1861가 1860년 1월에 노를 저어 톤레사프를 가로지르다 "물속에 헤엄치는 물고기가 어찌나 많은지 밀물이 밀려오기라도 하면 배 밑으로 잔뜩 밀려드는 통에 자꾸 노에 걸릴 지경"[14]이었다니, 어장이 얼마나 풍요로웠는지 가늠된다. 당시에도 오늘날처럼 고기잡이는 주로 12월~5월에 벌어졌고, 어부들은 덫과 그물로 살이 통통하게 오른 잉어와 메기 수만 마리를 잡았다.

이런 풍요로움을 감안한다고 해도, 크메르족의 국가는 인구가 워낙 과밀해서 양식이 필수였을 것이다. 안타깝게도 양식은 썩기 쉬운 유기 소재에 의존한 탓에 고고학자들에게 유용한 잔해는 현재 희박하다. 그래서 크메르족 국가의 절정기에 물고기 양식의 규모가 어느 정도였는지는 추론에 맡길 수밖에 없다. 세계의 다른 지역 사례로 미루어 보건대, 이곳에서도 단순하지만 효율적인 방법이 수백 년에 걸쳐 거의 그대로 이어졌을 가능성이 있다. 따라서 최근에 이 지역에서 행해진 산업화 이전의 양식을 통해 더 난해한 과거를 비추어 보는 것도 충분히 합리적인 추론이다.

크메르 왕국의 사람들에게 삼각주와 톤레사프에서 덫으로 물고기를 잡아 와서 울타리로 둘러막은 곳이나 못에 가두어 놓고 기르는 일쯤은 어렵지 않았을 것이다. 양쯔강을 비롯해 저지대 연안의 강과 강어귀 유역에서 수백 년에 걸쳐 양식이 탄탄히 뿌리내렸던 중국에서 양식의 착상이 남쪽으로 퍼졌을 테니, 크메르 왕국에도 전파되었을 것이다. 물고기 양식은 생산성이 높았을 것이며, 지금도 흔히 행해지는 풍습처럼 논에서 잉어 등의 물고기를 기르면서 안 그래도 높은 생산성이 더 증대되었을지 모른다. 캄보디아처럼 물이 풍성한 곳은 유수流水 양식을 하는 것이 아주 유리하다. 산소를 공급해 주고 물고기 배설물을 흘려 보내 주기 때문이다.

현재 캄보디아에서의 양식 생산량은 어마어마한 수준이다.[15] 판가시우스Pangasius, 즉 남아시아와 동남아시아의 자생종인 중간 크기에서 대형 크기의 민물 상어메기 같은 귀한 물고기가 약 9×4.5미터 넓이의 대나무나 나무 우리에서 길러지고 있다. 우리는 수면에 떠 있어서 물고기가 더위를 먹지 않게 해 주고, 우리의 세제곱미터당 최대 100~120킬로그램의 생산량이 나오도록 거적이나 부레옥잠 같은 수생 식물로 덮인다. 지금은 치어를 전문적으로 잡아 우리를 채워 주는 어부들도 있다.

잉어는 흐르는 물이나 심지어 심각하게 오염된 하수구나 강에 있는 우리에 갇혀 지내는 것에 거부 반응이 별로 없지만, 잉어의 우리는 대체로 바닥에 설치되어 완전히 물에 잠기는 식으로 만든다. 대체로 불린 쌀을 먹이면 유달리 빠르게 크는데, 대개 시장성 있는 크기까지 자라면 바로 판매한다.

중국이나 캄보디아 모두 인구가 폭발적으로 늘어남에 따라 양식의 중요성이 점점 높아졌다. 현재 동아시아와 동남아시아의 수천 만 명을 먹여 살리는 물고기 양식은 중국 왕조와 앙코르와트 훨씬 이전부터 기반이 탄탄히 잡힌 것이다.

18. 안초비와 문명

안데스 산맥 구릉 지대에 위치한 차빈 데 우안타르Chavin de Huantar의 신전에서 우렁찬 소리를 내는 소라고둥 나팔(푸투투스pututus)이 지금까지 최소 20개나 발견되면서, 껍데기의 고향인 태평양으로부터 멀리 떨어진 신전에서 중요한 존재였음을 증명해 주고 있다(400쪽 지도14 참조). 차빈 데 우안타르는 미로 같은 지하 굴이며, 그 안에는 숨겨진 골짜기 사이로 물소리가 울린다. 소라고둥 나팔과 관련한 한 연구에서는 현재의 전문 연주자가 소라고둥을 부는 동안 그 사람의 입 안쪽과, 껍데기의 입으로 무는 부분 · 몸체 부분 · 뚫린 부분에 부착해 놓은 소형 마이크로 그 소리를 기록한 바 있다. 그 결과 소라고둥 나팔의 소리는 프렌치 호른의 것과 비슷했고, 그와 유사한 관악기처럼 소리가 달라졌다. 즉, 소리를 약하게 하는 방식으로, 연주자가 손을 껍데기 안으로 넣으면 음조가 바뀌었다. 과학자들은 마이크를 신전의 의례 집행실 안에 설치하여, 그 나팔의 웅웅 거리는 낮은 소리가 동시에 여러 방향에서 들려오는 것처럼 들린다는 사실도 증명했다. 웅웅 거리는 소리는 정신이 혼미해지는 듯한 느낌을 유발했다. 따라서 당시 나팔 소리를 듣던 이들은 아마도 경외감과 함께 신화와 관련된 두려움도 느꼈을 터다. 말하자면, 소라고둥의 나팔 소리는 고대 신전의 초자연적 분위기를 증대시켜 준 셈이었다.[1]

구 신전Old Temple 안의 가운데 방에는 일명 란손Lanzón이라는 화강암 돌기둥이 있다. 인간과 고양잇과를 섞어 놓은 모습을 하고, 엄니를 드러낸 상징물이다. 란손은 차빈Chavín의 중요한 신이었을 것이며, 머리 위쪽의 숨겨진 방에서 신탁이 선포되었다. 차빈의 다른 곳에서 발견된 또 하나의 란손에 조각된 신은 한 손에 소라를, 다른 손에 가시국화조개껍데기를 들고 있었다. 이는 다산과 성性의 이원성을 암시하는 상징으로 짐작된다. 이런 껍데기는 멀리 떨어진 해안 지대와 산악 지대, 고지대와 저지대 사이의 끊임없는 교류를 상징했고, 이런 교류가 바로 안데스 산맥 지대 역사에서 중요한 특징 중 하나였다.

차빈의 소라와 가시국화조개껍데기는 라마의 등에 실려 에콰도르 근해의 서식지에서 연안 평원을 가로지르고 구불구불한 길을 지나 산악 구릉 지대로 500킬로미터 이상 이동했다. **스트롬부스***Strombus*, 즉 소라고둥은 의례용 도구로 쓰였을 뿐 아니라 상감세공되어 장신구나 다른 용도의 장식품으로 만들어지기도 했다.[2] 뾰족한 끝부분을 자르고 갈아 내서 입으로 무는 부분을 만들면 용도에 맞게 바꾸어 쓰기가 쉽다. 다른 수많은 고대 사회에서도 그랬듯, 소라껍데기는 안데스 산맥 지대에서 가장 신성시되었던 인공물 중 하나였다. 스트롬부스 나팔은 에게해 제도와 남아시아 같이 먼 곳에서의 음악사에서도 한 요소를 차지했다. 인도어로 '신의 노래'라는 뜻의『바가바드기타*Bhagavad Gita*』에 보면, 크리슈나Krishna 왕과 아르주나Arjuna 왕자가 소라고둥 나팔을 불면서 백마들이 끄는 커다란 전차에 앉아 전쟁터로 들어서는 장면이 나온다. 나팔로서의 소라고둥은 미국연안경비대의 항해 규칙에 소리내기용 도구로 정식 등재되어 있기도 하다.

스폰딜루스*Spondylus*, 즉 가시국화조개는 구하기가 훨씬 힘들었다. 가시국화조개는 멕시코만과 태평양의 따뜻한 수역의 암초지대에서 수면 6~18미터 아래에 서식한다. 이런 심해성 연체류를 채취하려면 잠수가 필요한데, 잠수는 청각 손실을 입는 경우가 빈번할 만큼 전문가에게도 위험한 일이다. 이처럼 채취가 어려운 연체류는 그만큼 가치가 더 높았을 것이다. 안데스 사람들에게 가시국화조개는 '신들의 피'였다. 다시 말해, 그 살코기는 신만이 먹을 수 있는 것이었고, 환각유발적 특성은 주술사의 신들림을 이끌어 주었을 것이다. 이러한 속성으로 인해 가시국화조개의 살은 수원水源을 다스리면서 결과적으로 인간 존립의 미래까지 좌우하는 "조상들에게 음식으로 바치는" 한 수단이었을 뿐 아니라, 살아있는 자들의 세계와 초자연계를 이어 주는 존재로 여겨지기도 했다.

소라고둥 등 다른 조개류처럼 가시국화조개도 공식 의례에서 거행되던 노래와 춤에서의 반주 음악과 관련 있었다. 의례에서 소리는 아주 중요했다. 사람들은 가시국화조개껍데기로 목걸이 장식을 만들어 착용하고, 움직일 때마다 딸랑딸랑 소리 나는 가운데 달팽이껍데기 종, 북, 호리병박 등으로 음악을 연주했다. 가시국화조개껍데기를 귀에 가져다 대면 파도 같은 소리를 내서, 듣는 이에겐 일종의 초자연계 음악으로 받아들여졌을지 모른다. 가시국화조개가 영적으로 정확히 어떤 의미를 띠었는지 확실하게 밝혀지지 않았다. 다만 추측해 보자면, 농경의 비옥함을 상징했을 것이다. 실제로 군주는 가뭄을 피하기 위해 신들에게 가시국화조개껍데기 가루를 바쳤다. 가시국화조개의 붉은색은 피, 여자, 희생과 연관되어 있었다. 영적 변신, 즉 안데스 산맥 지대의 주술사들이 살아있는 자들의 세계에서 영적 세계로 거뜬히 넘어가는 능력을 상징했을 가능성도 있다.

수백 년 동안 어마어마한 양의 가시국화조개껍데기가 에콰도르에서 그 주변의 여러 고지대와 저지대로 날라졌다. 잉카의 장인은 조개껍데기로 작은 상을 만들었는가 하면, 저지대 곳곳에서 가시국화조개 비즈가 다량으로 발견되기도 한다. 가시국화조개의 거래는 수익성이 좋았을 뿐 아니라 영예로운 일이기도 했다. 가시국화조개가 안데스 산맥 지대의 신앙에서 중요하게 여긴 수중 의례와 큰 연관이 있었기 때문이다. 가시국화조개껍데기는 17세기까지도 아주 귀한 대접을 받았다. 근대에도 수집품으로 인기를 끌면서 고대처럼 귀한 교역품이었고, 현재는 페루와 에콰도르 사이의 정치적 관계를 개선하는 상징물이기도 하다.[3]

초기의 고기잡이 사회

여러 곳에서 측정된 방사성 탄소 측정 자료를 근거로 추정해 보면, 사람들이 남아메리카의 태평양 연안에 정착하여 고기잡이를 시작한 시기는 1만4000년 전이며, 어쩌면 그보다 훨씬 앞섰을 가능성도 있다. 남아메리카 대륙에서 그 흔적을 분명하게 남긴 최초의 고기잡이 사회는 퀘브라다Quebrada로, 페루 남부의 카마나Camaná라는 현대 도시 인근에 있었으며, 아메리카 대륙의 최초 정착 직후에 세워졌다(지도14 참조). 해수면이 지금보다 더 낮았던 당시에는 움막이 태평양에서 내륙으로 7~8킬로미터 안쪽에 자리 잡았다.[4] 사람들은 기원전 6000년경까지 퀘브라다를 수차례 찾았을 것으로 추정된다. 확실히 이곳의 움막은 영구적으로 자리를 잡고 살았던 터가 아니었다. 고지대에서 태평양 연안으로 이동했던 수렵채집인이 계절에 따라 이동하던 곳 중 하나였을 것이다. 이들은 상류에서 130킬로미터가량의 유명한 흑요석 채집지에서 흑요석을 가져다 도구로 제작했다. 태평양 연안에서 거주할 때는 거의 해산물만 먹었다. 여러 발굴을 통해 밝혀진 바이지만, 발견된 동물 뼈의 96.5퍼센트가 물고기의 뼈였다. 그중에서도 특히 민어(시애나*Sciaena*)가 많았는데, 민어는 잉카 시대에 그리고 어쩌면 그 이전부터 인기있었던 날생선 샐러드 요리인 세비체ceviche의 기본 재료로 쓰인 흔한 어종이었다.

어부들은 그물을 사용해 고기잡이한 것으로 보인다. 그물의 일부분이었을 것으로 추측되는 파편과 부구로 쓰였을 법한 호리병박 조각 몇 점이 이런 추정을 뒷받침해 준다. 이들은 동죽(메소데스마 도나시움*Mesodesma donacium*)도 채집했다. 동죽은 엘니뇨현상으로 서식지가 파괴되지만 않으면 조간대에서 큰 군락을 이룬다. 연안의 이런 자원은 잡기가 아주 쉬워서, 기원전 6000년 전 어느 시기에 임시 움막 생활에서 영구 정착 생활로 들어서기도 했다. 퀘브라다 유적에서 이 무렵에 흑요석이 부쩍 희귀해지는데, 이때부터 고지대를 찾는 횟수가 줄었던 듯하다. 기원전 6000년 무렵에는 퀘브라다의 비교적 큰 유적 주위로 작은 움막이 17채나 들어섰다.

대략 1만1000년 전에는 페루 남부와 칠레 북부의 아타카마 사막Atacama Desert 연안 지대에 영구 정착지가 들어섰다. 이처럼 영구 정착의 자취는 여러 위치에서 확인되고 있으며, 현재 페루의 연안 도시 일로Ilo의 남쪽에 위치한 링Ring 유적도 그런 곳 중 하나다(지도14 참조). 이곳에서는 기원전 약 9200~3850년에 쌓인 거대한 원형 조개무지가 발견되었는데, 이 조개무지에서는 물고기 뼈, 연체류, 바다 포유류와 바닷새의 잔해가 무더기로 나왔다.[5] 반면 발굴을 통해 발견된 육지 포유류는 네 마리의 쥐뿐이었다. 말하자면 링의 거주자들은 광범위한 수렵 채집 활동을 펼치되 전적으로 바다를 중심 무대로 삼았다.

또 다른 연안 지대의 유적인 퀘브라다 데 루스 부루스Quebrada de los Burros에 살았던 거주민도 다르지 않았다(지도14 참조). 이들은 기원전 7700~5300년에 작은 샘물을 식수원으로 삼았다. 당시의 연안 지대 거주민 대다수가 그랬을 것으로 추정되듯, 이들도 작은 반원형 취락을 이루며 살았고, 태평양을 주요 식량원으로 의지했다. 추측컨대, 정어리를 다량으로 포획할 때에는 그물을 사용한 듯하며, 다른 종은 낚싯바늘로 잡았던 것 같다. 이곳 거주민들은 돌촉 창으로 큰 바닷새뿐 아니라 과나코나 사슴 같은 사냥짐승도 잡았으며, 상어를 잡을 때도 돌촉창을 썼을 가능성이 있다.

내륙으로 약 1.5킬로미터 거리에는 로마loma라는 식용 식물

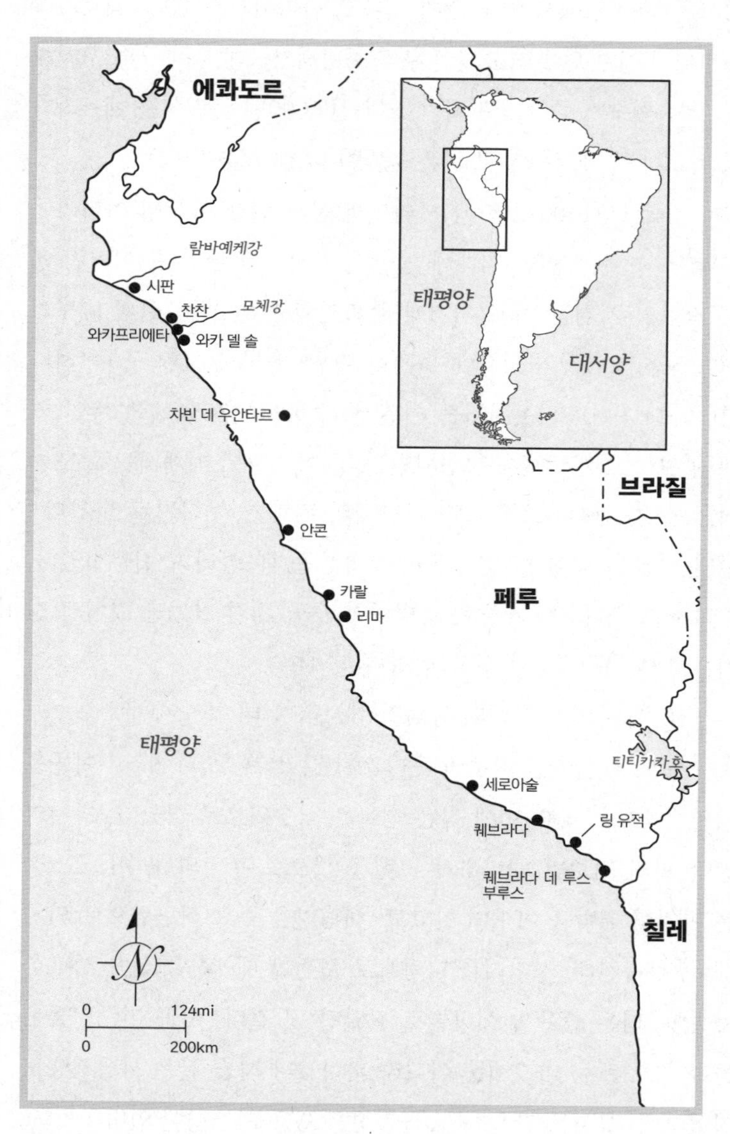

지도14 안초비와 안데스 산맥 지대의 국가들. 남아메리카 서부의 고고학 유적

군락지가 펼쳐져 있었다. 로마는 6월부터 9월까지 짙은 안개에서 수분을 얻으며 자라다가 햇볕이 내리쬐는 몇 달 사이에 시든다. 이곳 유적에서 발견되는 동죽껍데기의 계절에 따른 나이테를 통해 밝혀진 바에 따르면, 앞선 시대 지층대의 사람들은 로마가 나지 않는 10월~5월에 집중적으로 연체류를 채집했다. 이후의 점유기에는 동죽 채집기가 9월~1월로 좁아졌다. 동죽껍데기가 암시해 주는 바를 토대로 추정해 보면, 퀘브라다 데 루스 부루스는 초기에 영구적 정착지였으나 이후 특정 계절의 취락지에 가까워졌고, 거주자들은 내륙에 살면서 안개가 끼는 철 동안 로마, 사냥 거리, 동죽을 찾아 연안으로 나왔던 듯하다. 이런 변화가 일어난 이유는 여전히 수수께끼이지만, 식수 공급의 변화와 관련있을지 모른다.

멀리 북쪽에서는 기원전 4500~1000년에 팔로마Paloma 정착지에 사람들이 거주했다. 이곳은 리마Lima로부터 남쪽으로 48킬로미터 떨어진 거리로, 칠카Chilca 배수 유역의 북쪽으로 15킬로미터 떨어진 만의 뒤쪽에 있었다(지도14 참조).[6] 팔로마는 넓이가 15헥타르(15만 제곱미터)였으며, 드넓은 로마 군락지에서 가까웠다. 초반에는 얼마간 이동 생활을 하던 집단이 특정 계절에 찾던 움막촌이었지만, 나중에는 이들 후손 30~40명 정도가 영구적으로 정착하면서 등나무로 지지대를 받치고 풀이나 갈대로 이엉을 얹은 돔형의 주거지를 짓고 살았다. 쓰레기 더미의 상태가 건조한 덕분에 고기잡이용 그물과 뼈 낚싯바늘의 파편이 잘 보존되었지만, 이들의 먹거리는 주로 안초비와 정어리 같은 작은 물고기였다. 인간의 유해를 화학 분석한 결과에서는 스트론튬 수치가 아주 낮게 나왔다. 이런 결과는 식생활에서 단백질 섭취가 유달리 높았음을 짐작케 한다. 팔로마의 남자들 가운데 상당수는 차가운 물속에 잠수하여 청각 손실을 입었다. 초반에는 남자들이 여자들보다 단백질을 더 많이 섭취했지만, 수백 년이 지나면서 여자들의 단백질 섭취 수준도 개선되었다. 이 부분은 일부 개인과 가족이 다른 이들보다 더 윤택한 식생활을 누렸다는 암시이기도 하다. 다시 말해, 팔로마 사회가 평등주의가 아니었다는 의미다.

팔로마 거주민들은 주로 연안에서 살았지만 식물인 로마도 먹거리로 삼았다. 홍수가 난 후에는 인근 하천 바닥에서만 재배할 수 있는 환경이어서, 그곳에 아주 제한적이나마 콩, 호리병박, 호박 같은 작물을 심기도 했다. 이곳의 땅은 요리와 보온을 위한 땔나무뿐 아니라 의복, 주거지, 그물, 바구니, 고기잡이용 부구 등을 만드는 데 필요한 재료도 대 주었다. 게다가 고기잡이를 효과적으로 할 수 있는 환경이 갖추어지면서 초창기부터 각각 바다와 육지를 기반으로 하는 경제가 상호 의존하도록 조성됐으리라 추정된다. 내륙 사회가 대규모의 의례 집행처를 지으면서 점점 복잡해짐에 따라 이런 상호 의존성도 더욱 높아졌다. 한편 연안 지대의 인구가 늘어나면서 이전 사회를 지탱한 로마가 부족해지자 고기잡이 사회는 범람원에 점점 의존하게 되었을 것이다.

"서로 다닥다닥 붙어 있는 작은 먹잇감"

1865년에 미국의 고고학자이자 외교가이며 훗날 잉카 유적에 대한 기록을 남긴 최초의 인물에 포함되는 에프레임 스퀴어Ephraim

Squier, 1821~1888가 페루의 북부 해안에 다다랐다. 선원들이 노를 저어 그를 해변으로 실어다 줄 때, 그는 선박이 느릿한 물결을 헤치며 지나가자, "작은 물고기〔안초비〕가 잔뜩 떼를 지어 헤엄쳤다…… 덩치 크고 식욕 왕성한 바다의 적들을 피하다 해안으로 밀려오는 모양새였다…… 그 작은 먹잇감이 수면으로 코를 삐죽 내민 채 서로 다닥다닥 붙어 있으니 바다가 동양의 미늘 갑옷으로 뒤덮인 것처럼 보일 지경이었다. 손으로 한 움큼씩 퍼 올리면 수천 마리씩 거뜬히 잡을 수 있을 것 같았다"[7]라고 표현했다. 안초비 떼는 연안을 따라 약 1.6킬로에 걸쳐 띠 모양으로 뻗어 있었다. 여자와 아이들이 "모자, 대야, 바구니를 들고 나오거나 치마 앞섶을 오므려" 안초비를 퍼 올렸다. 당시 스퀴어가 발을 디딘 곳은 세계에서 가장 풍요로운 연안 어장이었다.

페루 안초비(엔그라울리스 린겐스*Engraulis ringens*)는 태평양 남동부에서 해수 가까이에 서식하는 어종이다. 크릴새우나 물벼룩류 등 크기가 큰 편인 동물성 플랑크톤을 먹고살며, 페루 근해 훔볼트 해류Humboldt Current의 용승 수역에서 어마어마한 무리를 지어 다닌다. 몸집이 작은 안초비는 수명이 3년이며, 최대 크기가 20센티미터 정도다.[8] 현재 세계에서 가장 대량으로 어획되는 어종에 들며, 1968년에는 최대 어획량이 10.5미터톤에 달했다.

이곳 안초비 어장은 믿기 어려울 정도로 풍성하다. 칠레 북부에서부터 페루 북부까지 2000킬로미터가 넘도록 길게 뻗어 있으며, 매년 안초비의 수가 제곱킬로미터당 100미터톤에 이르기도 한다. 현재 세계에서 상업적으로 포획되는 안초비 가운데 5분의 1은 이 어장에서 잡히며, 그 풍성함을 겨룰 만한 상대는 아프리카 남서부의 나미비아Namibia 근해에 위치한 벵겔라 해류Benguela Current 어장뿐이며, 이 수역 역시 용승이 일어난다. 페루 근해의 유명한 안초비잡이 '명당'은 남위 8도, 11도, 15도이며, 이 일대에서는 어획량이 제곱킬로미터당 1000미터톤에 달한다. 당연한 얘기일 테지만, 페루의 초기 유적 중 최대 규모는 이 명당들의 수역대에 들어오는 연안 지대 600킬로미터를 따라 형성되어 있다. 어장이 가장 풍성한 곳에서 고기잡이 사회도 가장 복잡한 형태로 발전하기 때문이다. 적어도 이론상으로는, 근대 이전의 안초비 개체수는 무려 600만 명을 먹여 살릴 수 있는 규모였다.[9]

안초비는 동물성 플랑크톤을 실컷 먹었고, 바닷새는 안초비와 연체류를 먹으면서 쑥쑥 자랐고, 인간은 바닷새와 안초비, 연체류를 모두 잡아먹었다. 단, 엘니뇨가 일어났을 때는 예외였다. 따뜻한 물이 차가운 물 위로 흐르는 시기에는 안초비가 다른 곳으로 떠나고 새들도 따라서 떠나갔다. 엘니뇨는 예측 불가능한 현상이었다. 엘니뇨가 다소 심하게 발생하면 생소한 열대 물고기가 찾아왔다. 이런 현상이 일어나면 대체로 수년 간 고생길이 이어졌다. 사람들은 물고기와 연체류를 그나마도 발견할 수 있는 경우에 한해, 예전에 비해 적게 먹으면서 육지에서 뭐든 닥치는 대로 구해 먹었다.

인구가 늘어남에 따라 필연적으로 고기잡이의 강도가 높아졌다. 연안 지대 사회는 여러 가지 방법으로 어획량을 늘렸다. 명당에 자리 잡은 페루 연안 지대의 어부들은 그물을 더 많이 짜서 갈대 카누를 타고 점점 더 많은 안초비를 잡아들였다. 이런 활동은 목화를 재배하지 않았다면 불가능했을 것이다. 목화는 바닷물에 오래 노출되어도 끄떡없는 귀한 장점이 있어서 미세망의 그물을 만드는 데 아주 유용했다. 목화 밧줄과 그물이 널리 사용되던 기원전 2500년 이후로, 작은 물고기의 대량 어획이 강화되면서 어부들은 큰 물고기 대신 안초비와 정어리만 잡다시피 했다. 이중 정어리는 엘니뇨 시기에 잡았을 것이다. 당시에 안데스 산맥의 연안 지대에서는 그물 제작 재료인 목화와 부구 재료인 호리병박 같은 식물을 식량용 식물보다 훨씬 더 많이 재배하고 있었다.

고기잡이 기술은 지대별로 달랐다. 모래사장이 펼쳐진 연안 지대에서는 대체로 갈대 카누를 타고 그물을 던지는 방식을 선호했다. 산타강Santa River 같이 바위가 많은 연안에서는 낚싯바늘과 낚싯줄에 의존해 연안 가까이에 사는 더 큰 물고기를 잡았다. 태평양 연안에서 인구가 가장 밀집한 곳은 모래사장 뒤쪽이었고, 바로 이곳 수역에서 안초비의 어획량이 가장 높았다. 일부 전문가의 견해에 의거하자면, 기원전 1800년 전 400년 동안 이곳 연안 지대 인구는 자그마치 30배로 증가했을 수도 있으며, 평등주의가 점점 사라지고 사회적으로 더 복잡해지면서 연안 지대를 따라 대대적 건축 공사가 일어났을 것이다.[10]

계곡에 인간의 정착지가 폭발적으로 증가하면서 고대 사회에서 가장 정교한 수준으로 꼽히는 관개 시설이 탄생하기도 했다.[11] 안데스 산맥 지대의 사람들은 차츰 옥수수, 콩, 칠리, 호박 등 작물을 재배하면서 강의 홍수를 세심히 관리함으로써 처음엔 작은 규모의 관개 시설을 구축했다가, 나중에는 훨씬 더 크게 키워 나갔다. 기원전 1800~400년에는 짧거나 긴 여러 용수로로 무려 4100헥타르(4100만 제곱미터)에 이르는 농지에 물을 대 주었다. 관개 시설이 적게 이용됐을 때조차 사람들의 식생활에서 식물류의 식량률이 증가하면서 연안 지대의 생활 양상은 대폭 바뀌었다. 연안의 어장과 강 계곡의 농작물이 한데 어우러지면서 식량 공급은 더욱 안정적으로 변모했다. 결국 수많은 연안 지대 사회가 내륙으로 이동했고, 고기잡이는 떠나지 않고 여전히 태평양 인근에 남은 이들의 몫이 되었다. 일부 연안 마을은 고기잡이를 전업으로 삼으면서 점점 부강해지는 내륙의 여러 중심지에 물고기를 상품으로 대 주었다.

연안용 배가 개발되면서 안초비 어장의 어획량이 크게 늘어났다. 통나무배를 만들 만한 나무가 없었던 어부들은 토토라 갈대totora reed를 다발로 묶어서 배의 앞부분이 가파른 각도로 높이 올라간 모양의 가벼운 카누를 만들었다. 당시 토토라 갈대는 연안 가까이에 흐드러지게 자랐고, 수천 년 동안 단순한 형태의 주거지를 짓는 재료로 사용되고 있었다. '작은 갈대 말'이라는 뜻으로, 현재 카발리토스 데 토토라caballitos de totora라고 불리는 이 카누는 물에 아주 낮게 떠서 말 타듯 두 발을 벌리고 걸터앉아서 탈 수도 있다. 어부들은 다리로 카누를 밀어 모래사장에서 물 위로 띄운 후, 굽이치는 물결을 높은 뱃머리로 헤치면서 더 큰 물고기가 잡히는 깊은 수역으로 들어간다.

토토라 카누를 탄 사람들은 일단 깊은 수역으로 들어서면 몇 대가 합세하여 추를 매단 미세한 망의 자망을 설치하는데, 이렇게 해 놓으면 자망에 안초비 수천 마리가 잡히기도 하고 때때로 숭어 같은 큰 물고기도 걸려든다. 자망을 적절한 위치에 설치해 놓은 뒤에는 어부들 각자가 미끼를 매단 갈대 덫으로 바닷가재 등 갑각류를 잡거나 낚싯바늘과 낚싯줄로 물고기를 잡는다. 토토라 카누

(De Agostini Picture Library / Bridgeman Images)

페루의 토토라 보트

는 지금도 종종 이용되고 있으며, 현대의 풍습으로 미루어 볼 때 당시 어부들도 카누를 두 대씩 가지고 있었을 것이다. 물에 너무 젖어서 강물에 띄우지 못하는 일이 없도록 한 대는 육지에서 말려 두고, 나머지 한 대를 이용하는 식이었을 것이다. 토토라 카누는 현대의 수상 레저 스포츠 용품인 패들 보드와 아주 유사하다.

고기잡이와 안데스 문명의 유래

엄청나게 많이 잡힌 안초비는 말리기도 했는데, 아마 갈대 깔개 같은 곳에 펼쳐 놓는 식으로 말렸을 것이다. 말린 안초비와 정어리는 상품으로서 여러 이점이 있었다. 잡기가 쉬웠고, 대량으로 건조시킬 수 있어서 안정적인 식량원이었다. 가벼워서 바구니나 그물망에 담아 등짐으로 둘러매거나 라마의 안장에 실어 대량으로 육지까지 운반하기에도 좋았다. 안초비와 정어리 잡이가 새롭게 부각된 바로 그 시기는 의식을 주관하는 중심지가 대규모로 발전하고, 관개 농경이 확대되던 때였다. 당시에는 대규모 공공 공사와 사회적 · 종교적 환경이 점차 정교해지면서 농사나 어업에 종사하지 않는 사람들이 대거 필요해졌다. 어도비adobe 벽돌• 건물을 짓고, 확대되는 관개 시설을 크고 넓게 파는 데 필요한 인원을 대대적으로 동원하기 위해서는 배급 식량이 필요했다.

그렇다면 안데스 문명의 출현에서 물고기를 비롯한 해산물이

• 진흙과 짚으로 만들어서 굽지 않고 태양광선으로 건조시킨 벽돌

얼마나 중요했을까? 수 세대에 걸쳐 고고학자들 사이에서 세워진 가정에 따르면, 산업화 이전의 문명은 급증하는 도시 인구를 먹여 살릴 만큼 집약적인 농경이 가능해진 시기에야 비로소 출현할 수 있었다. 하지만 이 가정은 페루의 연안 지대와 이 지대와 연계된 강 계곡 지대에 딱히 들어맞지 않는다. 이 지역은 의식 주관의 중심지가 발전하고 인구가 늘어나면서 기원전 2000년 전부터 번성을 누리고 있었다. 또 수년 전에 북부 연안의 안콘 치욘Ancón-Chillón 지역에서 연구하던 고고학자 마이클 모슬리Michael Moseley가 증명해 낸 바로는, 기원전 2000년경 이후에는 급격한 경제 변화가 일어나기도 했다.[12] 모슬리가 지적했듯, 이곳 사막 지대에서의 농경은 재배 식물과 재배 방식에 대한 노하우, 관개 수로와 경작지 조성에 동원될 인력, 노동력의 조직화를 가능케 할 만한 사회적 제도가 마련되어 있어야만 했다. 말하자면, 집약적 농경이 시작되기 전부터 거대한 시설을 조성할 만한 사회적 체계가 이미 자리 잡혀 있었던 것이 틀림없다.

강 계곡에 관개 수로를 조성하기 오래 전부터 태평양 연안 지대에 거주하는 사람들은 노동력이 대대적으로 동원되어야 하는 복잡한 종교 시설을 세웠고, 이런 노동력은 관개 농경이 아니라 바다를 기반으로 하는 경제를 통해 부양되었으며, 대규모의 관개 농경 활동은 그 후에 등장했다. 농경에는 급격한 변화가 없었고, 오히려 점점 막강한 통합 권력이 생겨나 범람원에서의 집약적 농경이 이루어지기 훨씬 전부터 정교한 의식 시설의 건축과 관리를 주도했다. 모슬리는 이런 통합 권력이 고기잡이 사회가 모종의 지배에 기꺼이 자발적으로 복종하면서 생겨났다고 주장한다. 또 태평양 연안의 독보적 해상 자원에 힘입어 연안 지대와 내륙의 강 계곡 지대에 인구가 점점 크게 몰려들면서 급속도로 늘어나는 비농업 정주 인구를 먹여 살리는 데 충분한 식량 거리가 제공되었다고도 본다. 모슬리의 견해가 맞는다면, 그리고 그의 이론이 오랜 기간이 지나도록 지금까지 폐기되지 않고 이어져 왔음을 감안한다면, 이후에 발전한 안데스의 정교한 국가 조직 사회에서 물고기가 궁극적 기반이었던 셈이다.

이런 식의 사회 변화는 물가의 어획량을 통해서도 짐작해 볼 수 있다. 현대 어획량에 비추어 추정컨대, 고대의 연안 지대에 살았던 인구가 어장의 부양 능력에서 60퍼센트 정도를 활용하면서 작은 물고기만 먹었다면, 이 연안 지대는 650만 명이 넘는 인구를 먹여 살릴 수 있었다. 물론 꼭 그랬으리라고 단정 지을 수 없지만, 대략적 수치를 통해 작은 물고기의 활용이 복잡한 사회의 출현을 뒷받침하기에 충분히 넉넉한 경제적 기반을 갖추어 주었을 것이라고 짐작할 수 있다.

물론 고기잡이가 안데스 문명을 일으켰다고는 말할 수 없다. 다만, 수백 년 동안 고지대와 저지대에서 벌어진 문화 변화에서 물고기가 한 몫을 차지한 것은 분명하다. 연안 지대의 자원에 의존하는 인구가 대규모로 밀집 형성되었고, 지도자들은 이런 인구를 기반으로 노동력을 조직화하여 대규모 종교 시설을 세울 수 있었을 뿐 아니라, 그 이후에는 관개 시설을 대대적으로 건설해 그물 제작용 목화와 호리병박은 물론 다른 작물까지 재배하도록 강계곡 지대를 새롭게 조성할 수도 있었다. 이런 시나리오에 따르면, 관개 농경은 강력한 종교적 권한을 가진 소인원의 집단, 즉 당시의 단순한 기술과 지역 인구를 활용해 새로운 경제를 일으킨 지배층의 통제하에 이루어졌다. 교역, (기원전 4500년경 연안 지대에 퍼진) 옥수수 농사, 바다 식량에 기반한 새로운 경제는 안데스 사회를 급격하게 변화시켰다. 하지만 안데스 사회는 그보다 수천 년 전인 초기 연안 마을에 그 자취가 남아 있기도 한 고대의 고기잡이 전통에 의존했다. 천년이 흐르는 동안 연안 지대에 사는 대다수는 바다 의존도가 90퍼센트를 넘었다.

가장 풍성한 어장이 자리 잡은 600킬로미터 정도 지대에서는 연안 사회의 규모와 복잡성이 급격히 증가한 것으로 보인다. 리마로부터 북쪽으로 약 200킬로미터 떨어진 수페Supe와 그 인근의 강 계곡에 위치한 수십 곳의 고대 정착지는 기원전 3100~1800년에 융성했다. 그중 카랄Caral은 기원전 2876~1767년경에 아메리카 대륙 최초로 세워진 도시가 확실해 보인다(지도14 참조).[13] 카랄은 여섯 개의 거대한 고분과 최소한 32개의 공공 건물이 도시의 중심을 이루고 있다. 30미터 높이의 거대 시설인 대신전에는 정면부에 움푹 꺼진 원형의 널따란 안마당이 갖추어져 있다. 페루의 고고학자 루스 셰디 솔리스Ruth Shady Solis는 카랄이 수페 계곡에서 망처럼 연계되어 있던 18곳 정착촌의 중심축이었으리라고 추정한다. 수페 계곡의 거주민은 페루와 에콰도르 연안에서 1200킬로미터도 더 멀리 떨어져 있으면서도 스폰딜루스(가시국화조개)를 접하며 살았다. 이런 조개를 소유한다는 것은 더 광범위한 안데스 세계에서 수페 계곡이 차지한 위상을 가늠케 하는 척도였다. 수페 계곡의 중심 도시, 카랄은 당시 수백 년 동안 수페 계곡에 투입된 모든 노동력의 4분의 1 이상을 흡수했을 것으로 추정된다. 수페 계곡의 여러 사회는 서로 연계된 지역 망에서 저마다 특별한 역할을 맡았다. 고기잡이 마을을 형성한 사회도 있었고, 초반엔 콩, 목화, 호박 등을 재배하다 나중에 옥수수를 재배한 사회도 있었다. 한편 카랄을 비롯한 수페 계곡 정착지에 엘니뇨현상으로 인해 대지진과 폭풍우가 닥치면서 주요 신전은 크게 훼손되었다. 결국 카랄은 기원전 1767년에 모든 사람이 떠나고 폐허가 되었다.

기원전 1800년 이후 사회가 뚜렷한 형식을 갖추면서 관개 시설을 따라 주거지와 의식 집행 시설이 확대되었다. 농부들은 치밀한 감독을 받으며 강 계곡 지대를 옥수수 농사에 맞게 개간했다. 어부들은 정교하고 변동이 심한 강 계곡 지대의 여러 왕국에서 눈에 띄지 않는 이름 없는 존재가 되었다.[14] 서기 200~800년에 북부 연안에서는 연안의 강 계곡 지대인 모체Moche 계곡과 람바예케Lambayeque 계곡을 중심으로 모체 국가가 발전했다(지도14 참조). 모치카 문화Mochica(모체 문명)는 람바예케 계곡의 시판Sipán에서 발견된 장엄한 무덤으로 가장 유명하며, 도기와 야금술도 매우 주목할 만한 수준이었다. 또한 사실주의적 묘사의 대가였던 모치카 문화의 예술가들이 남겨 놓은 이미지는 부유한 지배층의 지배를 받았던 다채로운 사회를 생생히 느끼게 해 준다. 모치카 문화의 권력이 어느 정도로 중앙집권화됐는지는 논란의 여지가 있다. 하지만 그 지배층은 와카 델 솔Huaca del Sol과 와카 데라루나Huaca de la Luna 같은 장엄한 신전, 다시 말해 대체로 지배층의 정당성을 입증해 주던 정교한 공공 의식의 무대를 세웠다(지도14 참조). 두 개의 거대한 와카, 즉 신전 사이에는 평지가 있었고, 인구가 밀집한 인근 지대에는 금붙이 물건, 직물, 정교한 도기 등을 만들어 내던 장인들이 거주했다. 색다른 황금 장신구와 뛰어난 면직물은 저지대에서 고지대로 전해졌고, 고지대 농부들에게 유일한 요오드 섭취원이었던 해초 등 연안 상품 역시 교류품에 들어서 이곳 농부들은 해산물을 우유코ulluco나 감자 같은 작물과 교환했다.

농경과 고기잡이는 지배층의 격동적인 정책과 영토에 대한 야심에 가려져 부각되지 않았으나, 생존 세계에서 나름의 역할을 수행했다. 시칸Sicán 왕조는 남랍Namlap이라는 군주의 지배하에 서기 750~800년경에 부상하여 500년 동안 번창했다. 세밀하게 조직된 시칸 사회에서는 장인들이 뛰어난 금속품을 엄청나게 제작했으며, 그중 상당수는 금합금 박판으로 만들어졌다. 시칸 왕조는 그 부가 어마어마했다. 와카 로로Huaca Loro에서 온전한 형태로 발견된 이스트 툼East Tomb의 주 매장지에서는 황금 가면, 건틀릿gauntlet(갑옷 장갑), 이전에 의복에 꿰어 달았던 금박 판 등 1.2톤에 이르는 부장품이 나왔다. 시칸은 금속품을 대규모로 고지대나 연안 지대 등에 장거리 교역하면서 북쪽 멀리에서 스폰딜루스 조개를 다량으로 획득했다. 이 무렵에는 물을 관리한 대규모 관개 시설이 연안 지대의 생존에서 중요했고, 엘니뇨현상으로 인해 보조 식량이던 물고기가 특히 귀해진 수년 간은 더욱 그랬다.

서기 900년경 이후에 시칸 왕조의 뒤를 이어 출현한 치무Chimú 문화는 모체 계곡에서부터 람바예케에 이르는 연안 지대를 지배하는 국가를 발전시켰다. 지도자들은 20제곱킬로미터가 넘는 지대에 걸쳐 뻗어 있던 찬찬Chan Chan이라는 도시를 터전으로 삼았다(지도14 참조). 찬찬이 통제의 거점이 되면서 계곡 마을과 관개 체계만이 아니라 목화와 식용 작물을 재배하거나 대량으로 물고기를 잡는 외진 마을까지 다스려졌다. 치무의 전성기에는 농부들이 경작한 땅이 현재의 농경지보다 30~40퍼센트 더 많았다. 또한 어부, 농부, 장인 등 가릴 것 없이 모든 사람이 훨씬 더 광범위한 활동 체계에서 한 구성원으로 조직되었다. 치무의 지배자들은 중요한 진귀품을 비롯한 여러 상품의 교역을 전략적으로 독점하기 위해 각별히 공들였다. 이러한 교역의 자취가 가장 명확히 남아 있는 곳은 와르쿠Warku 왕국에서 중요한 고기잡이 사회였던 세로아술Cerro Azul이다(지도14 참조). 리마의 남쪽으로 130킬로미터가량 떨어진 곶 지대에 자리 잡은 세로아술에서는 안초비를 수만 마리씩 잡아 건조한 내륙의 농부들과 거래했고, 어쩌면 훨씬 더 먼 지대까지 거래했을 가능성도 있다.[15]

1470년에 이곳 연안 지대는 거대한 잉카 제국, 타완틴수유Tawantinsuyu에 편입되었다. 100년도 채 되지 않는 기간에 정복 활동으로 출현한 "사방으로 뻗어 나간 땅", 타완틴수유는 티티카카호Lake Titicaca 지역부터 에콰도르까지 고지대와 저지대 환경을 두루 차지하고 있었다(지도14 참조).[16] 알아주는 전사였고 조직력이 뛰어난 잉카인은 행정 수완과 엄격한 권력을 두루두루 활용하여 제국을 단결시켰다. 이 무렵에 연안 지대 어부들은 외진 곳에서 고기잡이 달인이 되어 있었다.

잉카인은 세로아술이 내려다보이는 으리으리한 석재 요새를 세웠다. 지역 경제는 안초비 어장을 바탕으로 고도로 조직화된 생산 체계를 갖추었고, 안초비 어장의 어획량은 지역민을 먹이고도 한참 남을 정도였다.[17] 안초비와 정어리는 수천 마리씩 건조된 후 저장실에 마른 모래로 덮여 빼곡하게 보존되었다. 이런 건조 생선은 퀴푸quipu•, 즉 숫자를 기록하는 데 사용한 매듭 끈을 가진 관리들이 재고를 조사하고 세금을 매겼다. 교역량은 틀림없이 어마어마했을 것이다. 그 종사자 수는 남쪽의 연안 지대 인근 계곡에 있는 행정 조직에 대한 당시 기록을 토대로 추론해 볼 만한데, 그 기록에 따르면 농부 1만2000명, 어부 1만 명, 상인 6000명이 거주하고 있었다.

1532년에 프란시스코 피사로Francisco Pizarro, 1475~1541가 잉카의 지배자 아타우알파Atahualpa를 생포하면서 시작된 스페인 정복은 많은 원주민의 목숨을 앗아간 이국의 질병 전염을 등에 업고 결국엔 타완틴수유를 붕괴시켰다. 잉카 제국은 정복자들 앞에서 무너졌지만 역사가 으레 그러했듯, 논과 어장은 고대와 다를 바 없이 일정한 순환을 이어 갔다. 사람은 먹어야 산다. 식민지 농부들은 근해의 섬에서 구아노를 캐기도 했고, 잡힌 안초비는 바구니에 담기고 마차에 가득 실려 리마와 다른 도시로 실려 갔다. 하지만 어업은 여전히 산업화 이전의 규모에 머물러 작은 목재 보트나 갈대 카누로 고기잡이를 벌였다. 수백 만 마리의 물고기가 어획되어 상당량의 어분(생선가루)이 구아노처럼 비료로 쓰였지만, 이 무렵의 어업은 순전히 인근 지역 시장에 대 주기 위한 것이었다. 5세기가 지난 후에야 안초비와 구아노가 페루 경제의 주요 상품이 되었다. 단, 안초비의 경우엔 산업화 규모의 고기잡이로 세계에서 가장 풍성한 어장 중 하나가 붕괴되기 전까지의 얘기다.

• 고대 잉카 제국에서 쓰던 결승(結繩) 문자. 다양한 굵기와 색깔의 끈에 여러 종류의 매듭을 서로 다른 위치에 지어 정보를 기록한 방식

제3부 풍요로움의 종말

인류는 가족, 친족, 일가를 먹여 살리기 위해 수만 년 동안 민물고기와 근해의 바닷물고기를 활용했다. 그러다 싹튼 문명이 서양에서는 로마 제국 시기 동안 그 절정에 다다랐다. 로마 제국을 비롯한 모든 초기 문명 사회에서는 공공 공사에 종사하고, 관직을 수행하고, 육해군의 작전에 참여하는 수백 명, 아니 때로 수천 명에게 배급할 식량이 아주 중요해졌다. 따라서 중세에 이르기 한참 전부터 세계 곳곳에서는 근해 수역을 철저히 활용했고, 때로 남획하는 지경까지 갔다. 이런 고기잡이는 자연 환경을 바꾸었고, 서식지를 변동시키기도 했다. 고대의 고기잡이는 이미 세계의 근해 생태계에 큰 타격을 입혔고, 특히 로마인 이후로 더 심한 타격을 미쳤다

동서양에서 로마의 통치가 복잡다단한 양상으로 붕괴되면서 근해에 대구, 청어 등의 물고기가 풍성한 북유럽을 제외한 모

든 지역에서 상업적 어업 활동도 줄어들었다. 중세의 유럽인 대다수는 곡물을 주식으로 삼으며, 물고기보다 육식을 좋아했다. 당시에는 바다에 사는 모든 동물을 물고기fish로 쳤다. 물고기는 건강이나 위세, 참회와 연결되는 대체 음식이었고, 특히 참회는 기독교에 의해 세밀히 규정되었다. 살아있는 물고기는 값이 비싸서 대체로 부자나 자급자족적인 수도원 수도사가 아니면 먹지 못했다. 서기 1100년경까지는 인근에서 잡힌 물고기에 의존하며, 생물이나 살짝 보존 처리된 상태로 먹었다. 1200년 무렵부터 어느 정도 육식을 금하는 성일의 일수가 늘어남에 따라 수많은 평민이 상당히 멀리 떨어진 곳에서 건조되거나 염장되거나 절여진 바닷물고기를 먹었다. 한편, 귀족과 부유층은 생물 생선을 선호했고, 특히 양어지에서 양식된 이국적 물고기, 잉어를 즐겨 먹었다.

유럽 어부들은 사회적 상황의 변화뿐만 아니라 환경 변화에도 대응해야 했다. 비교적 온난한 시기이던 중세 온난기Medieval Warm Period의 수백 년 사이에 인구가 증가하면서 물고기에 대한 의존도가 점점 높아졌다. 10세기 무렵에는 인근 시장에 팔기 위해 물고기를 잡았고, 어촌은 대체로 가내 어업으로 성장 중인 도시와 소도시로 생선을 대 주면서 생계를 이어 갔다. 그로부터 300년 후에는 잉글랜드 남부 전역으로 생선을 운반하는 짐수레 수송망이 갖춰졌는가 하면, 노르망디에서 파리까지 생물 생선을 운반하는 역마驛馬 방식의 수송 체계도 생겨났다. 1300년 무렵에는 내륙의 먼 지역에서 잉어, 창꼬치 등을 대규모로 양식했다. 남획하거나 강에 장벽을 설치하는 등 인간의 어업 활동과 환경이 함께 변화하면서 유럽 서부의 일부에서는 연어 떼의 수가 줄어들었다. 또한 수요가 점점 늘어나면서 번식 속도가 더딘 철갑상어 개체수가 급감했다. 그에 따라 이제는 주변 어장, 특히 청어 어장을 활용하려는 시도가 늘어났다.

대서양과 북해에서는 청어의 복잡한 산란 패턴을 잘 활용하면 근해에서 청어를 수천 마리씩 잡을 수 있었다. 하지만 문제가 있었다. 청어는 기름기가 많은 어종이라 몇 시간 내에 부패했다. 그럼에도 청어잡이는 특히 북해와 발트해의 포메라니안만 유역을 중심으로 급속도로 퍼졌다. 청어는 바다에서 바로 염장했다. 몇 달 동안 상하지 않게 보관했다가 무더기로 팔기 위한 조치였다. 13세기에는 상업적 어획이 대규모로 펼쳐졌고, 특히 북해 남부와 발트해, 스웨덴 남부의 스코네주 연안에서 근해로 알을 낳으러 몰려드는 청어 떼를 중심으로 활발했다. 이렇게 대량으로 어획된 청어는 통에 담겨 소금물에 절여진 뒤에 밀봉되어 먼 내륙 지대에서 일정 단위로 거래되었다. 그로부터 1세기 후에는 진정한 의미에서의 국제적 어업이 형성되면서 네덜란드인이 주역으로 부상했다. 1520년 무렵에는 네덜란드인이 로마에까지 청어를 대 주었다. 그러던 중에 소빙하기가 시작되었는데, 새끼 청어는 차가운 물에 특히 민감하다. 그에 따라 발트해와 북해에서 더 이상 청어 떼를 대량으로 포획할 수 없어지자 어부들은 다른 어종으로 눈길을 돌렸다. 이때의 청어 어장 감소는 그 뒤로도 고착화된 듯해서, 지금도 발트해의 청어 떼는 1000년 전보다 20퍼센트 낮다.

염장 청어가 그다지 이점이 없자 어부들은 대서양 대구로 관심을 돌렸다. 흰색의 바닷물고기인 대구는 살코기를 건조시키거나 염장시켜 장기간 보관하기가 쉬웠다. 노르웨이에서는 대구가 청동기부터 어획되면서 이미 로포텐 제도의 주요 상품이 되었다. 건조된 대구는 바닷사람들이나 사순절을 독실히 지키는 이들에게 소중한 먹거리였다. 발트해와 북해의 한자동맹Hansa同盟• 상인들 사이에서 대구를 찾는 수요가 식을 기세 없이 늘어났고, 이들은 확보된 대구를 벌크선船으로 실어 날랐다. 대구 어장을 찾아 나서는 노력이 끊임없이 펼쳐지던 와중에 1412년에는 잉글랜드의 어부들이 아이슬란드 수역까지 진출했다. 아이슬란드 수역은 간담이 서늘해질 만큼 위험했지만 수익성이 어마어마했다. 그 뒤인 1497년에는 뉴펀들랜드Newfoundland 대구 어장이 발견되었는데, 이곳은 수면에서 바구니로 잡아 올릴 수 있을 정도로 대구가 풍요로웠다. 이 무렵에 대구 어업은 유럽에서 국제적 사업으로 도약하면서 거래망이 내륙 먼 지역과 지중해의 가톨릭 국가까지 뻗어 나가 있었다. 뉴펀들랜드와 뉴잉글랜드 어장에서의 대구 어획은 대대적 상업 활동의 일부이기도 했다. 이제 대구는 영국을 카리브해의 노예 농장과 뉴잉글랜드의 항구로 이어 주는 삼각 교역의 한 상품이 되었다. 장기 수익도 어마어마해서, 아메리카 대륙에서 황금으로 얻는 전체 수익보다 점증적으로 높아졌다. 하지만 18세기 초부터 남획 징조가 나타나면서 대구의 평균 크기가 점점 줄어들었다.

여기에서 놀라운 점이 있다. 이 거대한 국제 교역, 즉 진정한 의미에서 최초의 전 세계적 어업이 중세부터 지금껏 거의 변하지

• 13~15세기에 독일 북부 연안 및 발트해 연안의 여러 도시에서 해상 교통의 안정 보장, 무역의 보호 및 촉진, 상권 확장 등을 목적으로 체결된 동맹

않은 방법과 장비를 기반으로 한다는 점이다. 그리고 북대서양 대구 어장의 황폐화는 19세기까지 수세기에 걸쳐 끊임없이 이어졌다. 수요가 점점 높아지는데 물고기는 더 찾기 힘들어지자 사람들은 고기잡이에서 효율성을 높이고자 했다. 연승낚시••, 소형 어선과 모선•••을 가지고 대서양 등의 원양으로 나가기, 근해에서 대형 후릿그물 설치하기 등 다양한 방법이 개발되었다. 그에 따라 개체 수는 더욱 고갈되었다. 그물에 추를 매달아 해저까지 훑는 저인망 어업은 14세기부터 활용되었고, 갯대를 대어 그물의 입구를 벌려주는 식의 **갯대 저인망**beam trawl이 개발되면서 어획량도 크게 치솟았다. 그러나 그만큼 해저는 심하게 황폐화되었다. 1830~1840년대에는 증기 동력이 도입되었고, 1세기 전에는 디젤 동력의 저인망 어선까지 등장하면서 이제 어부들은 훨씬 오랜 기간 근해 멀리에서 어업 활동을 펼치면서 잡은 물고기를 얼릴 수 있게 되었다. 1890년대에 증기 동력 저인망 어선의 어획량은 돛단배의 어획량보다 무려 8배나 높았다. 그리고 디젤 어선의 어획량은 때때로 증기 저인망 어선의 어획량보다 40퍼센트까지 더 높았다. 현대식 저인망과 1850년대부터 사용된 **건착망**purse seine의 개발로, 이제 고기잡이는 기회주의가 아닌 바다를 산업적 규모로 활용하는 효율성의 문제가 되었다.

이러한 기술은 유럽 수역에서 처음 자리 잡았지만 어부들이 고대의 고전적 전략을 따르면서, 즉 어장이 고갈되면 다른 곳으로

•• 한 가닥의 기다란 줄에 일정한 간격으로 가짓줄을 달고 가짓줄 끝에 낚시를 단 어구를 사용해 낚시에 걸린 대상물을 낚는 방법

••• 원양 어업에서 많은 부속 어선을 거느리며 어획물을 처리 및 냉동하는 큰 배

옮겨 가는 전략을 따르면서 그 기술이 멀리까지 전파되었다. 일본인은 1882년에 원양의 작은 물고기를 잡기 위해 건착망을 도입했다. 1930년대에 프랑스인은 근해의 멀리에서 모선 어업을 펼쳤다. 페루산 어분이 동물의 사료로 크게 인기를 끌면서 그 수요가 폭발적으로 증가하자 이제 어부들은 선박과 새로운 전기식 어군탐지기魚群 探知器를 구입하고, 유지 보수할 만한 재정력을 갖춘 정식 기업에 소속되어 활동했다. 제2차 세계 대전 이후부터 고기잡이는 전면적인 산업 활동이 되었고, 일본이 그 활동을 주도해 나갔다. 한편 저인망 어선의 선단이 남극까지 진출하면서 이제껏 어업 활동이 없었던 수역을 15년도 채 지나지 않아서 고갈시킨 후, 다른 곳으로 옮겨 갔다. 오늘날 안 그래도 심각한 압박을 받는 세계 어장은 기후 변화로 위협받는 상황에서 2050년까지 90억 명 이상을 먹여 살려야 하는 도전에 직면해 있다. 2014년에는 인간이 섭취하는 물고기 소비량에서 처음으로 자연산보다 양식 비율이 높았다.

전 세계 어장이 지금과 같은 상태에 이른 것이 전적으로 현대 어업 탓이라고는 말할 수 없다. 세계의 어장이 처한 현재 상태는 수천 년에 걸친 바다 자원의 이용이 극에 달한 결과이며, 물고기를 무한 자원이라도 되는 양 여긴 태도가 이를 더욱 부추긴 셈이다. 현재는 인구 증가, 기술 혁신, 무분별한 수익 추구가 맞물리면서 바다가 해산물 생산의 잠재성을 거의 회복 불가능할 정도로 빼앗기고 말았다. 이 모든 것은 가장 인간적인 속성, 즉 기회가 생겼을 때 그 기회를 이용하려는 능력이 낳은 결과다.

19. 바다의 개미

로마 제국의 붕괴는 서유럽에 사는 생존형 어부들의 일상에 별 영향을 미치지 않았다. 이들은 수백 년 동안 해 온 대로 계절에 따라 일상을 이어 갔다. 고고학 유적에서 생존형 고기잡이의 자취를 좀처럼 찾기 힘든 것처럼, 중세 초기에도 민물고기나 바닷물고기와 관련한 증거는 희박하다. 영국, 프랑스, 북해 연안 저지대에서는 6~7세기 중반의 시골 정착지에서 바닷물고기와 관련한 발견물이 드문드문 나왔으나, 집중적 고기잡이의 자취는 전혀 나오지 않고 있다. 당시에는 바다에서의 화물 적재량이 적었고, 따라서 교역은 기본 필수품보다 귀중품에 집중되어 있었다. 그 이유가 무엇이든 간에 물고기는 로마 시대 이후 서유럽의 식생활에서 두드러진 특징이 아니었다.

하지만 농경 생활을 하기엔 너무 위험하거나 농작이 불가능한 환경이었던 스칸디나비아는 달랐다. 5~7세기 중반까지 노르웨이에서는 특히 북쪽의 로포텐 제도를 중심으로 대구류와 청어류가 중요한 식량이었고, 이후 로포텐 제도는 대표적인 대구 어장이 되었다. 발트해 서쪽의 덴마크와 스웨덴 섬 지역 역시 대구 어장의 생산성이 높았다(430쪽 지도15 참조). 실제로 보른홀름섬의 소르테물드Sorte Muld에서 6~7세기의 청어 뼈 1만3000점이 발견되었으며, 그중 96퍼센트가 퇴적물에서 출토되었다. 당시 북부 전 지역은 고대로부터 해상 문화 전통이 이어져 온 데다 바닷물고기가 풍성한 어장으로 접근하기가 쉬웠고, 이는 이후 바다 어장에 대대적 변화를 몰고 오는 토대가 되었다.[1]

기독교인은 일찌감치 서기 1세기부터 참회하는 의미로 금욕일을 지키도록 권고받았다. 특히 매주 수요일과 금요일 그리고 사순절 동안 금욕 생활을 하며, 곡물과 채소 그리고 물고기를 먹도록 권장했다. 이런 금욕은 온화하고 자기 관리가 아주 철저한 성 베네딕토Saint Benedict, 약 480~543/547에 의해 더욱 중요시되었다. 성 베네딕토는 『베네딕토 규칙서*Regula Benedicta*』를 써서 수도원에서의 절식과 육식 없는 식사를 주장했고, 6세기부터 베네딕토회가 유럽 전역으로 퍼져 나가면서 육식 없는 식사의 교리가 기독교 규율의 기본 교의로서 세속 사회로까지 확산되었다. 그 결과, 독실한 신자로 인해 수 세기 동안 물고기의 수요가 기하급수적으로 늘어났다.[2]

네덜란드에서는 중세 말기에 금욕 기간 동안 물고기를 먹는 식사가 일상화되었다. 사순절이 되면 사람들은 청어, 넙치류, 홍합, 뱀장어, 채소를 먹었다. 절식에 관한 한, 물고기의 분류를 놓고 다소 혼란도 일었다. 16세기의 유명한 물고기 전문가 아드리엔 코에넨Adriaen Coenen, 1514~1587은 1578년에 출간돼서 널리 읽힌 『비스부크*Visboek*』(물고기 책)에서 물개를 청어 바로 아래 종으로 분류했다.[3] 나중에는 일 년 중 약 40퍼센트 동안 금욕 생활이 요구되기까지 하면서, 부유층과 빈곤층을 아우른 전 계층에서 물고기의 수요가 꺾일 줄을 몰랐다.

중세 초기에는 사실상 모든 이들이 과일, 곡물, 콩, 채소 등 탄수화물 위주의 식생활을 했다. 식탁에 올라오는 먹거리 중 육고기는 드물었고, 물고기는 훨씬 더 드물었다. 단, 어디에나 흔한 유럽산 뱀장어 종인 안구일라 안구일라*Anguilla anguilla*는 예외였다. 이 어종은 못과 개울에 가면 득실거릴 정도로 많았고, 창이나 덫으로 쉽게 잡혔다.[4] 더군다나 뱀장어는 높은 열로 훈제하면 두 시간 만에 막대기처럼 단단하게 건조되어 장기간 보관이 가능했다. 뱀장어는 워낙 풍성하게 널려 있어서 일종의 화폐처럼 쓰여, 일해 준 삯이나 어업권의 대가로 오가기도 했다. 970년에 잉글랜드 동쪽의 펜랜드Fenland에 위치한 일리 수도원Ely Abbey의 대수도원장은 인근 마을인 아웃웰Outwel과 업웰Upwell로부터 매년 1만 마리의 뱀장어를 선물로 받았다(지도15 참조).

잉어 양식

수도사들이 무상 불하된 토지와 호수 · 못 · 강에서의 어업권을 받았던 8세기 전까지만 해도 민물고기와 바닷물고기는 대부분의 사람들에게 가격이 비싸도 너무 비싼 먹거리였다.[5] 초반엔 근처 안정적인 어장을 둔 수도원이 아니면 해산물을 먹기 힘들었지만, 종교계가 자급자족과 식생활 개선을 위해 노력하면서 물고기의 비중이 점점 높아졌다. 권력층은 민물고기나 바닷물고기에 대한 이용권이 있어서 물고기를 넉넉히 먹었다. 적어도 13세기까지 생물, 그중에서도 특히 창꼬치와 대형 송어, 연어 같은 소하성 어종은 권력층 식단에서 주 메뉴에 들었다. 큰 강에서 잡히는 철갑상어는 때때로 길이 3.5미터에 무게가 300~400킬로그램까지 나갔고, 당시 최고 사치품이었다. 현재는 철갑상어의 알을 소금에 절인 캐비아로 가치가 높지만, 중세에는 물고기로 귀하게 대접받았다. 궁에 진상품으로 올렸는데, 통에서 절여 가공 처리한 상태로 바치기도 했다.

대형 뱀장어, 창꼬치, 연어는 클수록 귀해서 도시의 지도자들과 고관 귀족에게 존경의 표시로 바쳐졌다. 뼈가 많은 창꼬치 같은 어종은 수프로 먹을 수 있었지만, 연회에서 코스 중간에 볼거리용으로 나오는 경우도 많았다. 실제로 사부아Savoy의 아마데우스 공작의 요리장이 1420년에 낸 요리책을 보면, 창꼬치에 금박을 입혀 순례자처럼 꾸미는 조리법이 실려 있다. 코스의 중간에 순례자들의 지팡이를 상징하는 의미에서 칠성상어 한 마리를 먼저 선보이고, 이어서 금박에 덮인 창꼬치 여러 마리를 내가는 식이었다고 한다.

물레방아 기술이 점점 개량되면서 내륙 사람들은 특권층을 노려 실험적으로 양어지를 운영했다.[6] 양어지는 11세기경에 루아르와 라인강 지역에서 처음 등장했고, 도미류와 창꼬치 같은 토착 어종이 길러졌다(지도15 참조). 초반에는 생산량이 적은 편이었지만, 유럽 내륙의 넓은 지대에 걸쳐 잉어 양식이 자리 잡히면서부터 상황이 달라졌다. 사이프리너스 카르피오는 몸집이 육중한 잉어로, 봄마다 얕고 따뜻한 물에서 쑥쑥 커서 크기가 엄청나다. 도나우강 하류와 흑해로 흘러드는 강물의 따뜻한 수역에서는 야생 잉어가 무성하게 자란다. 잉어 양식은 1000년 후 어느 시기쯤에 수도사들을 통해 중유럽과 서유럽에 들어오면서 유럽 대륙 전역에, 특히 수도원 사이로 빠르게 퍼졌다. 아마도 기후적 이유에 따른 결과일 테지만, 영국에는 14세기 이후에야 잉어 양식이 들어왔다. 수도사들은 봄에 어른 잉어를 따뜻하고 잡초로 무성하게 뒤덮인 못에 넣어 번식하도록 놔두었다. 그리고 4~6년 동안 양분이 풍성한 못으로 새끼 잉어를 주기적으로 옮겼고, 식탁에 내기 적당해질 때까지 키웠다. 그러다가 잡을 시기가 오면 양어지의 물을 빼낸 다음에 깊숙한 가운데 쪽으로 잉어를 몰아서 못 밖으로 손쉽게 빼냈다.

14세기 중반에는 잉어 양식의 규모가 대대적으로 확대되었다. 한 예로, 파리 인근의 샬리 수도원Chaalis Abbey에서는 여러 곳에 총 40헥타르(40만 제곱미터)가 넘는 양어지를 두었고 양식어 전량을 수도사의 식량으로 대 주었다. 하지만 이런 규모도 보헤미아 남부에 있는 트레본의 로즘베르크Rozmberk of Trebon 남작들이 운영한 양어지 규모에 견주면 하찮았다(지도15 참조). 이들은 1450년 무렵에 17개의 소형과 3개의 대형 양어지로, 총 700헥타르(700만 제곱미터)를 운영하면서 여기에서 나온 잉어를 프라하 등 여러 도시에 팔았다. 현재까지도 트레본 주위에는 대략 400제곱킬로미터에 이르는 잉어 양어지가 있다. 잉어는 저렴한 적이 없었다. 15세기 대부분 동안 잉어는 1킬로그램당 소고기 9킬로그램이나 빵 12덩이

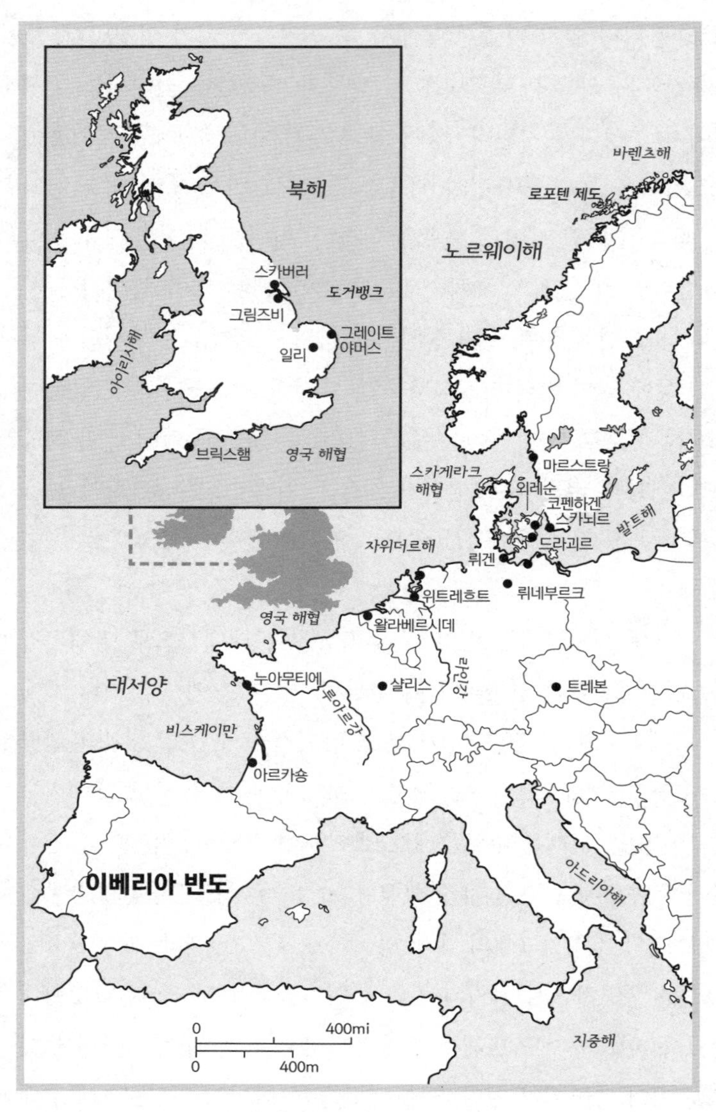

지도15 청어 어장. 발트해와 북해 청어 어장의 주요 항구와 위치 및 그 외 서유럽 지역들

에 상당하는 가격에 팔렸다. 그 수요가 아주 높아서 프랑스 중부 지역에서는 1400년 이후에 총 4000헥타르(40제곱킬로미터)에 이르는 잉어 양어지를 지원해 주었으며, 이 양어지는 대부분 신선한 바닷물고기가 썩지 않고 운송하기에 힘든 내륙 깊숙한 지대에 자리 잡고 있었다.

치밀하게 조성된 잉어 사업은 땅주인과 수도원에게 높은 수익을 안겨 주었지만, 1300년 이후 바닷물고기를 쉽게 잡으면서 걷잡을 수 없는 쇠퇴의 길로 들어섰다. 15세기 이후에는 정치적 동요, 수도원의 느슨해진 식생활, 높은 인건비, 잉어의 질퍽한 맛보다 바닷물고기를 선호하는 기호가 한데 맞물리면서 사실상 프랑스의 모든 잉어 양식장이 사라졌다.

번식력이 가장 왕성한 청어

클루페아 하렌구스*Clupea harengus*, 즉 대서양 청어는 바다의 개미다. 다른 사람도 아닌 칼 린네Carl von Linné, 1707~1778•가 번식력이 가장 왕성한 물고기라고 명명한 대서양 청어는 북대서양과 북해에 다양한 종이 지천으로 널려 있다.

북해에서는 봄과 가을에 청어가 무리 지어 알을 낳는다. 북쪽 무리인 버컨 청어Buchan herring는 셰틀랜드 제도Shetland Islands와 스코틀랜드 애버딘Aberdeen의 동해안 근해 사이에 있는 지대에서 알을 낳

• 동식물의 학명을 정하는 방법을 처음 제정한 스웨덴의 식물학자이자 의사

는다. 뱅크 청어Bank herring는 요크셔와 노퍽 사이의 해안 지대, 북해 중앙부의 도거뱅크Dogger Bank 수역이 산란장이다(지도15 참조). 또한 최남단에 서식하는 청어 무리인 다운스 청어Downs herring도 있는데, 북해의 서던 바이트Southern Bight와 영국 해협에서 알을 낳는다. 대체로 버컨 청어가 가장 먼저 알을 낳고, 도거뱅크 수역의 청어가 그 다음으로 산란기를 맞으며, 다운스 청어는 늦가을에 알을 낳는다. 겨울과 봄에는 세 어종 모두 북해 주위를 반시계 방향으로 돌다가 북해의 동쪽 수역에서 겨울을 난다. 6월경에는 버컨 청어가 셰틀랜드 제도로 찾아오는데, 그때 네덜란드 어부들은 **뷔스**buss라는 심해용 배를 대 놓고 어획기의 시작일, 즉 성 요한 세례자 탄생 대축일인 6월 24일의 밤이 오길 기다리곤 했다.[7] 9월과 10월에는 청어가 잉글랜드의 이스트 앵글리아East Anglia 연안 근해로 빽빽이 몰려들어 도거뱅크 인근 얕은 수역의 해저 가까운 곳에서 알을 낳았다. 그런 후에 청어 무리는 지친 몸을 이끌고 북쪽으로 움직여 북해 연안 저지대 근해에서 겨울을 보내는 식의 똑같은 주기를 반복했다.

여기까지 들으면 북해가 천혜의 식량원이라고 생각할지 모르겠다. 하지만 안타깝게도 청어의 살코기는 기름기가 많고, 특히 가을 산란기에 더욱 심하다. 다시 말해 몇 시간도 안 돼서 썩어 버린다는 얘기다. 춥고 습한 북유럽에서는 기름기가 적은 대구와 달리, 청어는 대다수 지역에서 바람으로 건조시키기가 불가능하다. 당시에는 소금의 공급도 달려서 염장 처리는 조잡한 수준이었다. 소금 생산지는 대부분 연안의 습지대였고, 이탄泥炭을 여과기에 거르면서 녹인 후에 그 액체를 끓여서 수분을 증발시키는 식으로 소금을 생산했다. 이렇게 해서 생산된 젤레zelle는 고가인 데다 구하기도 힘들었다. 중세 초기에 청어 염장 처리는 소금을 발라 준 후 보존 효과를 높이기 위해 자주 뒤집어 주는 정도에 불과했고, 이렇게 해도 2주 정도밖에 보존할 수 없었다.

클루페아 하렌구스는 수천 년 동안 발트해 서부의 지역 사회에 중요한 식량 거리였다. 하지만 연안 지대를 제외하면 중세 초기의 식생활에서 해산물이 차지하는 비중은 낮은 편이었다. 스웨덴 동쪽인 고틀란드Gotland 근해의 섬과 노르웨이 주민들에게 물고기는 중요한 식량이었다. 이곳 무덤에 무기와 함께 묻혔다가 발견된 남자의 유해를 분석한 결과에서도 이들이 원정 중에 물고기를 배급 식량으로 먹은 전사였을 것으로 추정되었다. 발트해의 어획량은 물고기의 수요가 늘어나면서 차츰 증가했다. 가장 붐빈 청어 어장은 발트해 서쪽에 있었다. 보른홀름의 주민들은 6세기부터 청어를 많이 먹었다. 독일 북부와 폴란드에서 발견된 고고학적 증거 상으로는 10~13세기 무렵에 그물을 사용해서 청어를 대량 포획한 것으로 추정된다. 한편 인구가 늘어나던 도시에서 청어 수요가 증가하면서 발트해 서쪽 유역의 방풍이 잘 되는 연안 후미와 강어귀에서는 상업적인 청어잡이가 확대되기도 했다. 앵글로색슨족이 남긴 기록에 따르면, 맞은편인 북해에서는 늦여름과 가을에 영국과 유럽의 청어잡이 어부들이 이스트앵글리아 근해에서 어업 활동을 활발하게 벌였다.[8]

13~14세기에 들어서면서 청어잡이에 획기적인 돌파구가 열렸다. 당시 덴마크의 코펜하겐 인근에 있는 로스킬데 피오르Roskilde Fjord에서 청어잡이 어부들이 작은 칼로 청어 대가리의 뒤쪽에 있는 아가미를 제거하고, 즉시 염장 처리를 했다. 그러면 흐르는 피

에 녹은 소금이 내장까지 스며들면서 훨씬 효과적이고 오래 가도록 보존할 수 있었다. 정확히 언제, 어디에서 이런 방법이 처음 시작됐는지 분명하지 않다. 다만, 로스킬데 피오르에서 발견된 그 이전 시대의 물고기 뼈에서는 이런 방법이 전혀 남아 있지 않다.[9] 이 무렵엔 소금 품질도 더 좋아졌다. 9세기에는 노르웨이 선박들이 비스케이만의 루아르강 어귀에 있는 누아무티에Nourmoutier를 향해 남쪽으로 항해했는데, 누아무티에는 햇빛에 말린 천일염이 고대 이후 쭉 교역되던 곳이었다.

발트해에서 청어 시장이 넓어지는 데 이바지한 최초의 청어 어장은 뤼겐Rügen섬 근해에 있는 것으로 알려져 있는데, 이곳은 독일 북부의 뤼네부르크Lüneburg 암염갱岩塩坑과 가까웠다(지도15 참조). 소금은 인근의 뤼베크Lübeck 상인에게 발트해 청어 교역과 청어잡이 위치를 철저히 통제할 수 있도록 유리한 입지를 마련해 주었다. 청어를 보존 처리하고 통 속 절임의 품질을 엄격히 통제하는 데도 큰 도움을 주었다. 그에 따라 13세기에는 뤼겐섬 맞은편 본토에서 동쪽으로 215킬로미터 떨어진 뤼베크와 슈트랄준트Stralsund의 거래상이 동쪽의 실레지아Silesia부터 서쪽의 독일 중남부에 이르는 광대한 지역에서의 청어 교역을 좌지우지했다.[10]

뤼겐의 교역은 스웨덴 남서부의 스코네주 근해의 훨씬 거대한 어장과 경쟁하면서 1290년 이후 침체되었다. 스코네주 근해 지역에는 품질이 뛰어난 뤼네부르크산 소금도 풍성했다. 12세기 말 덴마크 역사가로서 덴마크의 초기 역사를 저술한 삭소 그라마티쿠스Saxo Grammaticus, 1150?~1220?에 따르면, 당시 알을 낳으려는 청어가 스코네 근해로 바글바글 몰려들어서 노를 젓기도 힘들 지경이었고, 손으로도 잡을 수 있을 정도였단다. 스코네의 어장이 부상하던 바로 그 시기에는 통 속 절임이 새로운 보존 처리 방법으로 떠올랐다. 통 속 절임은 내장을 제거한 청어를 목제의 큰 통에 빈틈없이 채우는데, 그 사이사이에 소금을 덮는 보존 처리법이었다. 소금이 수분을 빨아들인 청어를 새 소금물에 다시 채워 놓으면 최대 2년까지 보관할 수 있었다. 보통 소금 한 통으로 평균 117킬로그램이 나가는 세 통 분량의 청어를 보존 처리할 수 있었다. 통 속 절임 덕분에 장거리 청어 교역이 열렸다.

통 속 절임은 소금을 잔뜩 뿌려 청어를 저장하는 이상적인 방법이었다. 섭씨 10~12도에서 최대 10개월까지 먹을 수 있었고, 기온이 더 낮으면 훨씬 더 오래 두고 먹을 수 있었다. 소금물 절임 방식은 품질을 일률적으로 유지할 수 있도록 엄밀한 표준화가 이루어졌다. 마침내 청어 보존 문제를 해결할 대책이 나온 것이다. 청어잡이는 종교성뿐 아니라 늘어나는 도시 인구의 수요와 군대 식량의 필요성에 따라 몇 세대 만에 국제적 산업으로 부상했다. 1390년 무렵엔 청어잡이가 멀리 떨어진 수역에서도 아주 흔해져서, 프랑스 군인이자 탐험자였던 필리프 드 메지에르Philippe de Mézières, 1327?~1405가 "큰 물고기를 먹을 형편이 안 되더라도 누구나 청어는 먹을 수 있었다"라고 썼을 정도였다.[11]

발트해 어장은 통 속 절임 덕분에 멀리 떨어진 내륙 도시까지 생선을 대 주면서 경제적으로 수익성도 높아졌다. 초반까지만 해도 청어잡이는 농부의 활동 영역이어서, 농부들이 수확을 마친 후에 고기잡이에 나섰다. 산란기 동안에는 덴마크와 스웨덴 사이에 있는 외레순Øresund의 넓은 지역에 거주하는 주민들이 대문을 잠그고 청어잡이에 나서서 교회가 텅 빌 정도였다(지도15 참조). 덴마크인이 미처 따라잡기도 어려울 만큼 수요가 가파르게 증가하자 멀리 유틀란트 반도의 플렌스부르크Flensburg를 비롯한 발트해 지역 주민까지 수백 명씩 일명 '스코네 시장'으로 몰려들었다.[12] 이들 중 상당수는 발트해와 북해 주변의 어장을 떠돌며 특정 계절 동안 품삯을 받고 일해 주는 뜨내기 어부들이었다.

어부들은 5~8명씩 일명 **노트라그**notlag라는 비공식 그룹을 이루어 한 배에서 고정식 그물이나 유망流網으로 고기잡이를 했다. 노트라그는 그물과 배만 있다면 한 계절 동안 꾸려질 수 있었고, 매년 재결성되었다. 어부들은 슈텐schuten이라는 작은 배를 타고 일했다. 어부에 따라 낮에 정치망•으로 잡기도 하고, 밤에 횃불을 들고 고기잡이에 나서기도 했다. 저인망 설치는 금지되었는데, 청어 어장량을 지키기 위한 나름의 고민이 반영된 대책이었던 듯하다. 노트라그는 누구나 될 수 있었다. 또한 모든 노트라그는 지역 영주에게 한 계절에 두 번씩 어획세를 내야 했고, 이는 청어잡이에 더욱 철저했다.

스코네 시장은 14세기 절정기 동안 8월 15일부터 10월 9일까지 대대적으로 열렸다. 1400년경에는 청어잡이에 나선 사람들이 무려 1만7000명이 넘었고, 그 외에도 8000명이 청어 거래와 관련된 일에 참여했다고 한다. 날이 밝을 무렵에 상인이 떼 지어 몰려든 광경이 눈앞에 그려진다. 상인들이 해변의 고기잡이 막사에서 바다를 향해 서서, 파도 위에서 이리저리 흔들리며 깜빡거리

• 고기 떼가 지나가다가 걸리도록 한곳에 쳐 놓는 그물

(Interfoto/ Alamy stock photo)

19세기 말의 스코네 청어 시장 풍경. 검열관이 통에 도장을 찍어 주는 모습이 보인다.

는 불빛을 말없이 지켜본다. 배가 아직 바다에 있는 동안에는 물고기를 구매하는 일도, 가격을 흥정하는 일도 금지되었다. 물고기를 가득 실은 배가 해변으로 다가오면서 뿔나팔 소리가 울린다. 상인들이 서둘러 물가로 가서 가장 좋은 물고기를 차지하려 이리저리 밀치며 악을 써 댄다. 금세 난장판이 따로 없는 경매가 한바탕 벌어진다. 해변에서는 청어 손질이 일체 금지되어서, 일단 거래가 맺어지면 운반꾼이 청어를 방파제 뒤편의 특정 막사로 실어다 준다. 특별히 뽑힌 여자 군단이 청어의 내장을 제거하면 또 다른 여자 군단이 미리 준비해 둔 통에 손질한 청어를 차곡차곡 채우며 뤼베크산 소금과 물로 만든 소금물을 덮는다. 한 통에 900마리가량의 청어가 들어가야 한다. 일명 그르툼키에리grtumkjeri라는 검열관이 선서에 따라 채워진 통을 검사하며 원산지, 포장 시간, 내용물의 품질 등을 보증해 주는 품질 관리 마크를 찍어 준다. 내륙으로 수백 킬로미터까지 실려 가더라도 보상이 가능하도록 통에 상인의 표식이 찍히기도 한다.[13]

이처럼 생산 시스템이 정교하다 보니, 품질과 일관성에서 스코네산 청어를 따를 경쟁자가 없었다. 그러다 1384년에 똑같은 생산 표준이 북해를 건너 잉글랜드 북서부의 스카버러Scarborough에도 전파되면서, 영국의 어장이 경쟁력을 갖추게 되었다(지도15 참조). 한편 뤼겐 시장은 변질되었다. 뤼베크의 행상인이 스코네 시장으로 고기를 잡으러 몰려드는 농부들이야말로 자연스럽게 온갖 소비 상품을 사고팔기에 좋은 폭넓은 고객이라는 점을 간파하면서부터였다. 어장을 따라 종합 시장이 형성되면서 어부들은 넓게 흩어진 해변이 아니라 임시 시장으로 활용되는 특정 지점, 즉 덴마크 아마게르섬Amager Island의 드라괴르Dragør와 스웨덴 최남서단의 스카뇌르Skanör, 팔스테르보Falsterbo 같은 곳으로 몰려들었다(지도15 참조).

14세기 중반 무렵에는 여러 도시에서 온 상인들이 스코노에 부동산을 소유하면서 일명 **비테**vitte라는 창고와 작업장을 갖춘 시설을 세울 수 있게 되었다. 비테는 상점, 교회, 수도원, 매춘굴까지 있는 개인 소유의 임시 교역소였다. 상인 조합인 한자동맹에 가맹한 모든 도시를 비롯해서, 북해 연안 저지대 지역인 자위더르해Zuider Zee 같이 멀리 떨어진 도시까지 이런 비테를 운영했다. 이런 환경에 힘입어 잉글랜드와 플랑드르 상인조차 스코네에서 두각을 떨쳤다. 법적으로 복잡한 보호를 받던 상인과 달리, 어부들은 목재나 돗자리로 조잡하게 만든 오두막인 피스케레예르fiskelejer에 지내면서 그물을 말리고 장비를 손봤다.

1370~1380년에 스코네는 노르웨이 북부에서부터 스페인과 이탈리아, 웨일스에서부터 독일 중부와 동쪽 멀리에 이르기까지 유럽의 청어 시장을 지배했다. 1368년에는 뤼베크 상인 혼자 수출한 청어의 양만 해도 7만6000통에 달했다. 발트해 도시로 수출된 스코네 청어의 총량은 연간 22만5000통에 이르렀을 것이다.[14] 청어 공급량은 종잡을 수 없이 요동쳤다. 어떤 해에는 청어가 말 그대로 물이 팔팔 끓듯이 득실거렸고, 1474~1475년에는 코빼기도 보이지 않았다. 다행히 당시 보존 처리된 청어의 재고량이 유럽 시장의 수요를 충당할 정도로 충분했던 것으로 보인다.

14세기 초엔 현재 스웨덴에 있는 마르스트랑Marstrand이라는 도시로 청어를 구입 및 가공하기 위해 멀리 잉글랜드와 발트해

지대 전역에서부터 상인들이 몰려들었다(지도15 참조). 네덜란드와 독일 상인은 배에 청어를 가득 실어 독일 청어 시장의 중심축인 라인과 쾰른으로 옮겨 날랐다. 라인과 쾰른에 도착한 청어는 선서한 검열자들이 그 품질을 확인하고 통에 표식을 해 준 뒤에, 취리히와 바젤 같이 남쪽의 먼 지역까지 거래되었다. 청어의 전체 교역망은 규모가 크고 생명력이 긴 시장을 형성하면서 생산자와 독일 남부의 소비자들을 이어 주었다. 청어는 유럽 전역에서 동쪽 지역산 옷감과 모피 같은 갖가지 사치품과 농산물을 비롯해 온갖 교역품의 윤활유 역할을 했다. 덴마크 학자 카르스텐 얀케 Carsten Jahnke는 14세기 말~15세기 초의 덴마크 생선 수출이 소의 2~3배, 전체 농산물의 절반에 해당된다고 추산했다.

스코네 시장은 1370~1380년에 전성기를 누렸다. 한자동맹 도시들은 뤼베크산 소금의 공급을 통제하며 1370년 이후 스코네 시장의 운영을 좌지우지했고, 북해 경쟁자들이 스코네에 접근하는 것을 제한하려 애썼다. 이런 배제 정책은 결국 자충수가 되었다. 잉글랜드, 스코틀랜드, 북해 연안 저지대 지역의 어부들이 그동안 자기 안방인 청어 어장을 제대로 활용하지 못했다는 사실을 자각한 것이다. 잉글랜드인은 유럽 중심부인 프로이센 도시와 직접 교역하기 시작했고, 이것이 큰 성공을 거두면서 스코네는 경제적 위상이 대폭 낮아졌다. 이 무렵엔 북해의 청어 가공 품질이 발트해 어장의 것과 별 차이가 없어졌다. 뿐만 아니라 북해 연안의 가공업자들은 더 맛깔스러운 마트예matje(처녀), 즉 알을 낳지 않은 어린 청어를 가공한 담백한 맛의 소금 절임 청어를 개발하기도 했다. 덴마크와 노르웨이 근해에서 잡아 올린 어린 청어를 짭짤한 소금물과 함께 오크통에 넣고 5일 정도 숙성시키는 방식이었다. 마트예 청어는 갖가지 방식으로 요리해서 내갈 수 있는 데다 막대기 같은 염장 청어보다 맛이 좋아서 인기를 끌었다.

스코네 어장이 침체되자 덴마크 상인들은 덴마크 북쪽의 림피오르Limfjord를 기반으로 삼은 청어 교역으로 짭짤한 수익을 거두었다. 이들은 더 저렴하고 품질도 다소 낮은 청어를 국내 소비용으로 거래하며 순전히 수출에만 주안점을 두었던 스코네의 한자동맹 교역과 다른 노선을 취했다. 노르웨이 어부들은 현대의 고텐부르크Gothenburg 북쪽 연안이자 당시 노르웨이에 속한 보후슬렌Bohuslen의 근해에서 대서양 청어를 잡았다. 보후슬렌 어장은 연안에서 후릿그물을 던지는 방식을 사용해 12세기부터 이미 고기잡이가 활발했던 곳으로, 1585년에 7만5600통이라는 최대 생산량을 기록했다. 청어 개체수는 북대서양 진동에 영향을 받아 대략 100년마다 대변동이 일어났다. 청어 떼는 말 그대로 불규칙적으로 나타났다 사라졌다 했다. 다만 1780년대만큼은 예외여서, 이 기간에는 이례적인 호항을 맞았다. 그러다 1810년에 청어를 구경하기도 힘들어지면서 수출이 금지되기까지 했다.

어찌 되었든 스코네의 상인은 자본화가 잘 되어 있었고, 통속 절임의 품질도 엄격히 통제했다. 썩기 쉬운 상품을 고품질로 변신시켜 단지 발트해 도시만이 아니라 세계 곳곳의 소비자들에게 호응을 얻었다. 한마디로 스코네 어장은 기반 시설까지 완비된 중세 유럽의 최대 상업 어장이었다.

어부들, 뷔스를 타다

15세기부터 청어 교역의 경제적 중심축은 북해 쪽으로 크게 기울었다. 북해의 초기 어부들은 대부분 북해 연안 저지대 여기저기에 흩어진 계절적 임시 막사와 정착지에서 고기잡이 활동을 벌였다. 이런 연안 지대 중에는 칼레Calais와 오스텐트Ostend같이 커다란 항구 도시도 있었는가 하면, 소도시와 자그마한 어촌도 있었다. 당시에는 연안 시장과 별개로 앤트워프Antwerp와 헨트Ghent 같은 아주 역사 깊은 도시 시장도 생선만 전문적으로 팔고 있었다.

당시 어부들이 살았던 고기잡이 정착지는 이제 자취가 거의 남아 있지 않지만, 예외도 있다. 현재 벨기에에 있는, 조수 유입구 인근에 위치한 왈라베르시데Walraversijde다(지도15 참조).[15] 왈라베르시데는 원래 임시 움막촌이었지만, 곧 영구 취락이 되었다. 발굴 결과 취락은 초벽初壁에 초가지붕을 얹은 집들 여러 채가 흩어져 있는 형태였고, 집마다 가운데에 벽돌로 만든 화톳불 자리가 있었다. 집 근처에는 작은 헛간도 있었는데, 각종 도구를 저장하는 용도였을 것으로 추정되며, 어쩌면 보트를 넣어 두는 창고였을 수도 있다. 당시의 기록에 의거하면, 이곳 거주민은 바다 고기잡이에 종사하면서 염장 생선 외의 여러 상품을 거래했다. 집 가까이에서는 이탄을 채굴한 구덩이가 발견되기도 했다. 이탄을 건조시킨 뒤에 태워서 그 재를 바닷물과 섞은 다음에 가열해 소금을 만든 것이다.

14세기는 어부들과 연안의 농부들에게 힘겨운 시기였다. 토지 소유와 용수권用水權이 강화되어 수많은 촌락이 가난에 찌들어

살면서 도시 시장에 전적으로 의존했다. 연안 마을이 워낙에 빈곤하다 보니 불어나는 물로부터 마을을 보호해 주었던 띠 모양의 모래언덕이 제대로 관리되지 못했다. 급기야 모진 강풍과 만조가 동시에 일어나면서 1394년 1월, 그 유명한 성 빈첸시오Saint Vincentius 날의 바닷물 범람 사고가 터져 오스텐트의 대부분이 물에 잠기고 왈라베르시데가 홍수와 침니로 막대한 피해를 입었다. 홍수 이후 연안의 모래언덕은 마을 앞이 아닌 뒤로 이동하고 말았다. 그에 따라 주거지들이 내륙의 더 안쪽으로 들어가 평행이나 수직 구조로 다시 세워졌고, 이때 홍수로 살 곳을 잃은 이들은 예방 차원에서 도랑을 건설하거나 청어 어장에서 일하는 인력으로 동원되었을 것이다.

왈라베르시데는 고기잡이를 넘어서는 구상을 염두에 둔 유력한 이해 관계자의 도움을 받아 핵 모양의 거대한 정착촌이 되었다. 지역 귀족과 관료 들은 상선과 영국 선박을 표적으로 삼아 사나포선私拿捕船• 활동을 하도록 거주민을 적극 부추겼고, 거주민은 그 일을 아주 잘 해냈다. 어부들이 어찌나 사납게 굴었던지 1404년에는 브뤼주Bruges 주변을 관리하던 주 장관이 상부의 명령 없이 노략질을 하지 못하게 경고할 정도였다. 왈라베르시데는 전통적인 어촌이 되어, 거주민의 절반이 장기간 집을 비웠다. 마을에서는 고기잡이배를 가진 사람들이 대장 행사를 했다. 고기잡이는 어부별로 독자적으로 벌어졌다. 배에 최대 어부 20명까지 탔고, 어

• 교전국의 선박을 공격할 수 있는 권한을 정부로부터 받은 민간 소유의 무장 선박

부들 각자가 자기 그물로 고기를 잡아 수익에서 몫을 나눠 갖는 식이었다. 당시 기록을 근거로 미루어 보자면, 이들은 조수 유입구에서의 항해나 청어 염장 비법 등과 같은 값진 노하우를 갖고 있었다. 하지만 어촌은 해적 행위에 적극 나서는 난폭한 사람들이 판치는 곳이기도 했다. 그에 따라 왈라베르시데 역시 다른 유사 어촌처럼 사회의 변두리에 머물렀다.

왈라베르시데는 15세기에 뷔스라는 새로운 어선이 도입되면서 북해 어장에 일어난 혁신에 동참하기도 했다. 당시에는 여러 마을이 엄격한 자격 기준뿐 아니라 심해용 어선의 대규모 선단을 바탕으로 그루테 오이세리groote oisserij, 즉 '대어장great fishery'을 조성했다.[16] 1560년대부터 1850년대까지는 이처럼 여러 마을이 하나의 연합을 형성해서 염장 청어의 어획, 가공, 판매 등을 독점했다. 1600년에는 뷔스의 수가 무려 800척에 이르렀다. 청어잡이 뷔스는 70~100톤 규모의 짐을 실을 수 있는 갑판형 선박이었고, 선장과 10~14명의 선원들은 몇 달씩 배를 탔다. 바다에 나가면 잡은 청어를 부분적으로 보존 처리하여 통에 넣어 두었다가 육지로 넘겨 주면서 필요한 경우 육지에서 보존 처리를 더 하도록 했다. 17세기에 청어잡이 뷔스를 타고 나간 어부는 가공 담당 등 이런 저런 일꾼을 빼고도 6000~1만 명에 이르렀다. 어획량은 어마어마해서 17세기 첫 10년간은 대략 3만1000**라스트**lasts, 즉 37만 2000통 분량 정도였다.

청어잡이 철이 되면 뷔스 선단은 쉴 새 없이 분주했다. 2월과 3월이 되면 청어가 몰리는 스코틀랜드 북부 근해의 셰틀랜드 제도에서 고기잡이를 시작했고, 점점 남쪽의 북해로 이동하는 청어를 따라 선단도 이동했다. 9월과 10월에는 뷔스를 타고 잉글랜드 연안과 도거뱅크 근해에서 알을 낳는 청어를 잡았고, 11월과 12월에는 오래 전부터 청어 교역이 자리 잡힌 이스트앵글리아의 그레이트 야머스Great Yarmouth 근해로 몰려갔다(지도15 참조). 그레이트 야머스 어시장은 유럽 전역에서 구매자들을 끌어 모았다. 이곳은 물살이 빠른 조수로 인해 인근 강어귀에 광활한 모래벌판이 형성되었고, 덕분에 고기잡이용 임시 움막이 아주 넉넉히 자리 잡았다. 이런 움막에서 남자들은 물고기를 잡으러 나갔고, 여자들과 아이들은 물고기의 내장을 제거하고 가공 처리해서 통에 담았다. 새벽에 배들이 물고기를 싣고 들어오면 내장을 제거하는 사람들이 지저분한 작업대에서 힘들게 일할 차례였고, 이렇게 채워진 통은 해변 뒤쪽에 줄지어 세워졌다. 19세기에 물고기 내장 제거 전담자들은 새벽부터 해질 때까지 작업대에서 일하면서 1분에 약 40마리까지 처리할 만큼 숙달되어 있었다. 중세 의사들도 틀림없이 이들만큼 실력이 숙달되었을 것이다. 그만큼 내장 제거가 위험한 일이었다는 얘기다. 칼을 잘못 미끄러트리기라도 하면 평생 불구가 되어 밥줄이 끊길 수도 있었다. 손질 작업에서는 뭐든 버리는 법이 없어서 내장은 비료로 쓰였다.

1310년 한 해만 따져도 외국 상인이 수출한 청어의 양은 최소 482라스트, 즉 500만 마리가량 되었다. 1342년에는 그레이트 야머스에 입항세를 낸 배가 유럽 대륙에서 온 배들과 국내 배들을 합해서 무려 500척이었고, 이중 대다수가 청어잡이철에 북해 연안 저지대에서 왔다. 그레이트 야머스 항구는 특히 훈제와 염장 방식을 두루두루 활용하여 가공한 붉은 청어로 유명했다.

30~50척의 그레이트 야머스 배들은 붉은 청어가 담긴 통을 멀리 보르도까지 싣고 가서 와인과 교환했다. 엘리자베스 1세 시대의 작가이자 1599년에 이런 광경을 직접 지켜본 토머스 내시Thomas Nash, 1567~1601의 말마따나 "보존력이 뛰어난 붉은 청어는…… 유럽 전역에 운송될 수 있어서 아주 귀한 상품"이었다.[17] 말하자면 가내 수공업으로 시작된 일이 북해의 양쪽을 아우르는 대규모 사업으로 발전한 셈이었다.

왈라베르시데 같은 작은 마을이 어떻게 이런 성공을 거두었을까? 뷔스는 이전 시대의 선박보다 훨씬 비싸서 부유한 생선 거래 상인이 실제 어업에 가담해 주어야 했다. 그에 따라 왈라베르시데 어부들 대다수는 수익을 분배하는 대신 품삯 일꾼이 되었다. 마을에는 어느새 집이 최소 100채에 달했고, 밧줄을 만드는 공터, 양조장, 여인숙, 매춘굴까지 생겼다. 마을 유지들은 예배당에 기부금을 냈고, 예배당의 스테인드글라스 창문에는 부유한 가문들이 대 준 무기 등이 충성의 상징으로서, 또 그들 가문과 어부들 사이의 유대의 상징으로서 그려 넣어졌다. 배나 노동력 측면에서 보나, 사나포선 선원으로서 활동 측면에서 보나 이런 유대는 귀족과 미천한 취락지 거주민에게 모두 중요했다.

15세기에 왈라베르시데의 취락은 벽돌을 쌓고 회반죽을 바르고 초가지붕을 얹은 가옥으로 이루어졌다. 여전히 바다와 고기잡이 기반의 마을이었지만, 바다를 통해 정향, 후추, 상아 빗, 스페인 동부의 발렌시아산 사치품 같은 진귀한 상품도 들어왔다. 실제로 이런 물건들이 취락 전역에서 발견되고 있어서, 이 마을이 해상망을 잘 활용해 상품을 고루고루 교류했음을 암시해 준다. 이

부분은 17세기 뉴펀들랜드 같은 훨씬 이후 시대의 고기잡이 사회에서 나타나는 특징이라는 점에서 볼 때 주목할 만하다. 왈라베르르시데에서는 비교적 평범한 유물도 발견되었는데, 그중 특히 그물 제작용 목제 바늘이 수두룩하게 나왔다. 대부분의 바늘에는 소유자 개인의 상징이 표시되어 있었다. 이 바늘을 토대로 추정해 보자면, 당시에 쓰인 그물코는 대부분 2.2~3.8센티미터 정도였다. 연안에서의 저인망 그물용이나, 납추와 코르크질 부구를 매단 청어잡이용 그물에 적당한 그물코였다. 유물에서는 쇠 낚싯바늘도 나왔다. 최대 14센티미터로, 대부분 길었던 점으로 보아 대구나 해덕 같은 대형 어종을 잡았던 듯하다.

왈라베르르시데 연안에 출현하는 물고기류는 주로 청어, 대구, 넙치류, 뱀장어로, 모두 북해 남부 지역의 대표 어종이다. 마을 사람들은 오크통의 판자로 나무통을 짜서 우물 안쪽에 대 놓고 물을 썼다. 오크의 나이테를 분석한 결과, 일부 판자는 1380~1430년에 잘린 폴란드 북부의 그단스크Gdansk산이었다. 말하자면 스코네산 청어가 담긴 오크통이었을 가능성이 높다. 또한 당시는 한자동맹이 북해 연안 저지대로 스코네산 청어 수출을 독점한 때이기도 하며, 1441년에 독점이 철폐된 직후 우물도 이런 방식으로 더 이상 사용되지 않았다. 1475년 이후 왈라베르르시데는 당시 전반적인 정치 불안정에 더해 바다까지 심각하게 불안정해지면서 시름을 겪었다. 1세기 후에는 전쟁으로 파괴되어 폐허가 되었다. 전쟁통에 유일하게 버텨 냈던 예배당 탑마저 19세기에 폭풍우로 무너졌다.

왈라베르르시데는 북해 청어 산업의 부침과 더불어 흥망성쇠를 겪었다. 16세기 초에 네덜란드 경제에서 청어 어업은 중요한 부분을 차지했고, 국내총생산에서 무려 8.9퍼센트나 차지했다. 그러나 19세기에는 겨우 0.3퍼센트에 그쳤다. 300년 사이에 청어 어장의 생산량과 수익성 모두 점진적으로 쇠퇴했다. 지금까지 남아 있는 어업 회사의 기록을 보면, 배 한 척을 계속 운영하면서 1년 치 경비를 충당하는 데 필요한 최소 어획량이 약 40라스트였다. 이런 경비에는 스페인산 소금 값(청어 1라스트당 소금 4통이 필요했다), 통의 구입비, 지역 및 지방 정부로부터 부과되는 세금 등도 포함되었다. 게다가 당시 평균 수명이 20년인 선박의 감가상각비까지 감안해야 했을 뿐 아니라, 그물의 구입과 유지 보수 비용, 선원의 급여와 식량비도 필요했다. 상당한 고정 비용이 들어가는 데다 어획량이 아주 불확실해지면서 청어 산업에 대한 투자는 점점 줄어들었다. 1750년대부터 마르스트랑과 이스트앵글리아 근해 수역에서는 더 이상 거품이 일 정도로 청어 떼가 몰려들지 않았다. 어장량이 빈약한 해가 점점 늘면서 청어 산업은 결국 쇠퇴하고 말았다. 이제 네덜란드인은 오래전부터 막대한 수익이 흘러 들어오던 북대서양의 대구 어장에 눈독을 들이게 되었다.

20. 바다의 소고기

중세판 염장 청어, 그중에서도 품질이 떨어지는 염장 청어는 확실히 식욕을 돋우지 못했다. 기름기도 많고, 막대기 같이 딱딱한 데다 비린 맛이 강했다. 12세기에는 이런 식량이 사순절 동안 파리 빈민 구호소의 빈민 4000명과 군대 복무자에게 배급되었다. 생물 생선을 접하기 힘든 독실한 신자에게도 염장 청어는 성일에 섭취할 수 있는 몇 안 되는 단백질원 중 하나였다. 적어도 새로운 주자인 대서양 대구가 막대한 양으로 시장에 들어오기 전까지는 그랬다. 기름기투성이인 청어와 달리 대구의 살코기는 희고 단단해서 보존 처리하기가 한결 쉬웠고, 잠재적 보존 기간이 5~7년이나 되었다. 말린 대구는 단단해서 나무토막 같았어도, 가벼워서 대량으로 운반하기가 쉬워서 선원과 군인의 식량으로 이상적이었다. 말린 대구는 건어stockfish로 불렸고, 더 낮은 위도 지대에서는 대구를 염장 및 건조하였다. 말린 대구를 요리하려면 시간이 좀 걸린다는 흠이 있지만, 그래도 간단했다. 존 콜린스John Collins는 『소금과 어업Salt and Fishery』(1682)에서 요리 팁을 알려 주기도 했다. "나무망치로 30분 조금 넘게 쾅쾅 패 준 다음 3일 동안 물에 푹 불려 놓으면" 된다고.[1] 말린 염장 대구는 금세 유럽 전역의 주요 상품으로 떠올랐고, 육식 없는 성일이 일 년에 150일이나 됐던 시절에는 거래량이 특히 더 많았다.

가두스 모르화*Gadus morhua*, 즉 대서양 대구는 인기 어종인 해덕대구, 북대서양 대구, 민대구와 같은 가디다에Gadidae 과에 속한다. 대구는 해터러스곶Cape Hatteras에서부터 그린란드, 대서양에서부터 비스케이만에 이르는 극지 주변의 온화한 대서양 수역에서 잘 자란다(453쪽 지도16 참조). 머리가 크고 몸집이 육중한 대구는 바다 밑바닥 2미터 이내의 수역에서 활동하면서 먹이를 먹을 때만 수면으로 올라온다. 크게 자라면 길이 2미터에 무게 96킬로그램까지 성장한다. 고갈 상태 수준인 오늘날의 바다에서도 27킬로그램 정도 되는 대구가 드물지 않게 보인다. 대구는 차가운 물에 사는 어종이라 섭씨 0~13도 수온을 가장 편안해 하며, 먹성이 아주 좋다. 또 흰 살코기는 기름기가 없는 편이라 북부 지역의 늦겨울과 초봄의 차가운 바람과 햇빛에서도 무난하게 건조된다. 대서양 대구는 낚싯바늘과 낚싯줄로 쉽게 잡혀서 북유럽에서 빙하시대 말 이후로 꾸준히 잡혔다.[2]

노르웨이 북부 근해의 로포텐 제도와 베스테롤렌 제도Vesterålen Island 사이의 수역은 대구의 주요 겨울 산란장이다. 대구는 매년 1월이면 차가운 바렌츠해에서 남쪽으로 이동, 팔처럼 뻗은 로포텐 제도에 둘러싸인 베스트피오르Vestfjord 협만으로 찾아온다

(지도16 참조). 그러면 로포텐 제도의 주민은 이후 남은 겨울 동안 대구를 잡는다. 대구 어장은 최소 2000년 동안 어쩌면 훨씬 오랫동안 풍요로워, 현재까지도 어획량이 꾸준하다. 예나 지금이나 로포텐 제도의 해안 돌출부와 항구 뒤편으로는 커다란 목제 건조대에 목이 잘린 채 내걸린 대구들이 가득하다.[3]

노르웨이 식민지 개척자들은 가축과 가족을 포함해 20톤까지 실을 수 있는 대형 범선형 상선에 올라 남쪽과 서쪽으로 끊임없이 항해했다. 그러던 800년 무렵에 오크니 제도Orkney Islands와 셰틀랜드 제도에 정착했고, 그 직후에 페로스 제도Faeroes Islands에도 정착민이 들어왔다(지도16 참조). 약 874년에는 잉골프 아르나르손Ingólfr Arnarson이라는 남자가 아내와 함께 산과 연안 사이에 숲이 펼쳐진 땅, 아이슬란드에 처음 발을 디뎠다(지도16 참조). 그리고 그곳에서 아일랜드인 수도사들을 보게 되었는데, 남쪽에서 가죽 보트를 타고 온 이 은둔자들은 이교도와 같은 땅을 밟고 사느니 차라리 떠나는 편을 택했다. 노르웨이인은 떠나오면서 가축 무리를 데려왔지만, 물개 사냥과 근해에서의 대구잡이에 크게 의존했다. 아마 농민들 대다수는 밭에서 못지않게 배 위에서도 많은 시간을 보냈을 것이다.

노르웨이인의 항해는 계속 이어지면서 985년경에 싸움꾼 에릭 더 레드Eirik the Red가 그린란드로 들어오게 되었고, 이곳에서 노르웨이인 식민지 개척자들은 고국에서보다 더 훌륭한 목초지를 마주하였다. 개척자들은 서쪽에 눈 덮인 산들이 있다는 것을 알았지만, 약 15년이 지나서야 에릭 더 레드의 아들, 레이프 에릭손Leif Eiriksson이 데이비스 해협Davis Strait을 가로지르며 남쪽 연안을 따라 점점 숲이 우거진 연안을 지나다가 뉴펀들랜드 북쪽에 이르게 되었다. 노르웨이인의 항해는 아이슬란드에서 보존 처리된 생선이 없었다면, 다시 말해 5~7년 동안 상하지 않아 든든한 생선이 없었다면 어림도 없었을 것이다. 말린 대구는 노르웨이 뱃사람들에게 육포나 다름없었다.

7~10세기에 잉글랜드와 유럽 사람들은 호수와 강에 사는 물고기 아니면 뱀장어 정도를 먹었지만, 바닷물고기가 쉽게 잡히는 특히 노르웨이 남부와 청어가 풍성한 발트해 서쪽의 섬 지역은 달랐다.[4] 요크와 사우샘프턴 같은 곳에서 발굴된 청어 잔해들은 연대가 8세기까지 거슬러 올라간다(지도16 참조). 11~12세기에 바닷물고기의 위상이 점점 높아졌지만, 이때도 대구는 미개척 어종이나 다름없었다. 노르만족이 잉글랜드와 앵글로색슨족의 언어를 정복하기 전까지 'cod(대구)'라는 단어조차 존재하지 않았다. 노르웨이 개척자들이 9세기에 스코틀랜드에 들어오기 전까지 이곳 주민들은 연안에서 쉽게 잡히는 어종 위주로 한정된 고기잡이를 벌였다. 그러다 이주자가 불어나던 9~10세기에 스코틀랜드인이 대구에 주목하면서 'ling(수염 대구 무리)'이나 'saithe(작은 대구)'라는 단어를 입에 올렸는데, 노르웨이 방문자들이 식생활 기호뿐 아니라 노련한 대구 보존 처리 기술까지 들여온 것이 계기였으리라 짐작된다.

노르웨이의 보존 처리법은 두 가지를 중심으로 삼았다. 바로 건어와 염건어 보존 처리였다. 건어는 등뼈 대부분을 그대로 놔둔 채 건조하는 방식이었다. **염건어**klipfish는 머리를 잘라 내고 배를 나비꼴로 벌려서 위쪽 등뼈를 제거한 다음에 펴서 말리는 식이었다.

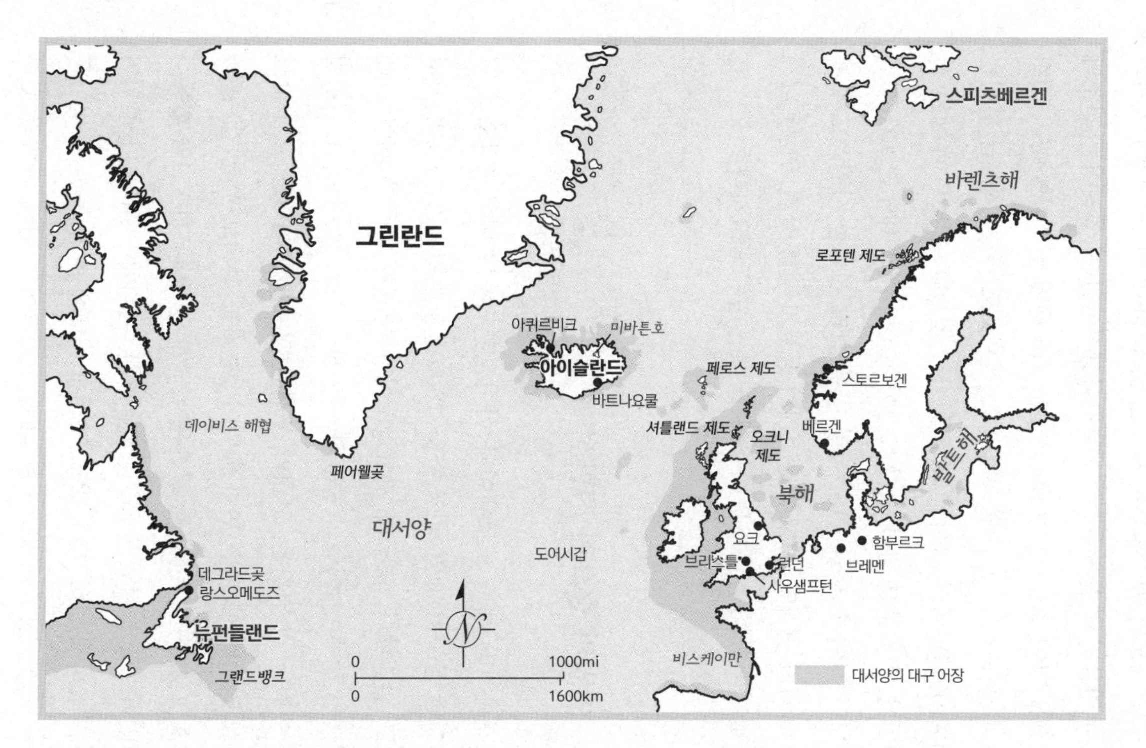

지도16 북대서양 대구 어장의 위치와 주요 항구

로포텐 제도와 베스테롤렌 제도는 몇 달 내내 기온이 영하 언저리에서 머물러서 건어를 만드는 데 이상적이었다. 염건어는 건조와 염장을 같이 하는 방식이라 폭넓은 기온대에서도 가능했고, 해변의 자갈을 깔고 그 위에 펼쳐 놓는 식으로도 했다. 최상급 건어는 60~100센티미터 길이의 대구를 말린 것이다. 건조된 후에도 살코기가 상당 부분 남아 있기 때문이다. 염건어용 대구는 40~70센티미터 길이가 가장 좋다. 이런 점은 그저 신기한 사실쯤으로 흘려 넘기기 쉽지만, 고고학 유적에서 물고기 뼈를 살펴보면서 11세기에 펼쳐진 어업 혁명을 가늠해 볼 때는 아주 중요하다.[5]

어업의 중요한 전환점

그전까지만 해도 노르웨이와 아이슬란드에서 비공식적으로 펼쳐지던 물고기 교역이 약 950~1000년경에 갑자기 국제적 사업으로 발전했다. 영국의 고고학자이자 물고기 전문가 제임스 배렛James Barrett이 '어업의 중요한 전환점Fish Event Horizon'이라고 명명한 이런 극적 전환은, 고대의 쓰레기 더미에서 어획 물고기의 보존 처리 방법에 어떤 변화가 일어났는가를 살펴보면 잘 알 수 있다.[6] 그렇다면 이런 극적 전환은 어떻게 일어났을까? 교역 활동이 전반적으로 늘어났기 때문일까? 사실, 여기에는 여러 가지 원인이 복잡하게 얽혀 있다. 우선 광대한 지대에 걸친 농경, 물방아용 둑의 확산, 점점 과도해지는 내륙 고기잡이로 인해 개울과 호수에 침니가 쌓이면서 민물고기를 전보다 잡기 힘들어진 것도 원인

일 수 있다. 또 하나의 원인은 절식과 성일 준수와 연관된 앵글로색슨 후기의 규율인데, 7세기 무렵에는 이 규율이 수도사와 세속인 모두에게 적용되었다. 잉글랜드에서는 10세기에 베네딕토회의 개혁이 절정에 이르며 970년경에 성 베네딕토의 규율이 고대영어로 번역되었다. 이 일은 생선 섭취에 영향을 미쳤을 수도, 미치지 않았을 수도 있지만 어쨌든 그런 규율은 오래전부터 일상적으로 지켜지고 있었다.

어업 혁신의 주된 계기는 도시와 소도시의 성장이었을지 모른다. 고고학 유적에서 발견되는 최초 시기의 청어와 대구는 마을보다 소도시에 몰려 있다. 청어는 11세기까지 거의 전적으로 도시 정착지에서만 발견되고 있다. 대구는 서기 1000년경에 잉글랜드인의 식생활에 등장했지만, 청어와 대구 모두 소도시에서 흔한 먹거리가 되고도 한참 후까지 시골에서 보편적 먹거리가 아니었다. 바다 고기잡이는 유럽 북부의 화물선 적재량이 크게 증가하면서 1000년경에 20톤가량이던 것이 1024년에는 60톤가량으로 늘어난 시기에 성장했다. 한자동맹의 허술하고 느린 코그cog와 역시 속도가 느린 홀크hulc가 발트해 수역을 거쳐 스칸디나비아에서 남쪽의 영국 해협으로 상품과 생선을 실어 날랐다. 이 거대한 화물선들은 중세의 벌크선이나 다름없었고, 보존 처리된 청어로 꽉꽉 채워진 통과 수북한 건어 다발을 대량으로 실어 나르기 위해 설계되었다. 당시에는 유럽 전역의 초기 도시와 소도시들에 밀집해 살아가는 사람들이 특히 절식 기간 동안 해산물을 찾으면서 한없는 수요가 일어났을 것이다.

어업 혁명은 북쪽 끝자락에서부터 시작되었다. 말린 대구는 긴긴 겨울의 몇 달 동안 중요한 먹거리였다. 로포텐 제도의 풍성한 대구 어장량과 뛰어난 생선 건조 현장을 감안하면, 이곳에서는 생선 교역이 수 세기에 걸쳐 활발하게 일어났을 것이다. 아이슬란드에서도 마찬가지로 생선뼈가 아주 우수한 상태로 보존되어 있었다.[7] 뼈들은 연안과 내륙의 유적에서 모두 발견되었고, 바다에서 70킬로미터 정도 떨어진 아이슬란드 고지대 북동부의 미바튼 호Lake Myvatn 지역에서는 서기 9~10세기의 물고기 잔해들이 발견되었다(지도16 참조). 보존 상태로 미루어 추정컨대, 당시의 어부들은 인근 호수에서 물고기를 잡아먹었지만 연안에서 보존 처리된 물고기도 먹었으며, 그 종류는 주로 염건어로 말린 대구와 해덕대구였다.

노르웨이 북부와 아이슬란드의 생선 교역은 지역적 수준이었고, 아마도 친족 간의 유대, 상호 의무, 선물 교환, 서로 다른 지대에서 사는 족장들 간의 유대 같은 사회적 기제가 주된 바탕이었을 것이다. 물고기는 이런 상호 관계의 망을 통해 바닷새 알, 바다 포유동물 고기 등 다른 물건과 함께 내륙으로 운반되었다. 세계의 다른 지역에서도 생존형 어부들과 다른 이들 사이에 이와 비슷한 기제를 바탕으로 교역이 이루어졌다. 보존 처리된 생선은 가벼워서 짐말에 실어 내륙으로 운반하기가 수월했다. 북쪽의 혹독한 지대에서 교역은 정착 초반기부터 살기 위한 필수 요소였을 것이다. 이러한 생선 보급은 일가와 가족 관계를 기반으로 삼아 본토에서 조달하는 식으로 체계화되었다. 여러 종류의 생선이 기준 없이 교역되었고, 교역 관계는 계속 이어졌지만 공식적이지 않았다. 하지만 초기 교역이 아무리 허술했다고 해도, 이는 10세기부터 고도로 체계화되면서 급속도로 발전한 어업의 원조였다.

아이슬란드 북서쪽 웨스트피오르 반도Westfjords Peninsula의 초기 고고학 유적에는 그런 변화상이 잘 남아 있다. 12~13세기 아퀴르비크Akurvik 유적에서 살았던 사람들은 여러 번의 고기잡이철을 작은 판잣집 같은 곳에서 지냈다(지도16 참조). 이곳은 일 년 내내 머물며 농사를 짓고 고기를 잡던 정착지는 확실히 아니었다. 특정 계절에만 사용한 임시 거처였다. 이곳 거주자들은 작은 물고기를 통째로 버렸지만, 발견된 대다수 조개무지에서 가슴 쪽과 꼬리 쪽 등뼈가 나온 점으로 볼 때 염건어와 건어를 다량 생산한 것으로 추정된다. 보존 처리 과정에서 내장을 제거하고 머리 부분을 대부분 절단했다. 등뼈는 건조되면서 몸통이 흐트러지지 않도록 그대로 남겼다. 아퀴르비크에서 발견되는 13~15세기의 뼈들은 대부분 염건어나 건어로서 최적 길이였으며, 이는 어업의 표준화를 암시해 주는 확실한 증거이기도 하다. 노르웨이 근해에 속하는 로포텐 제도와 베스테롤렌 제도 유적들에서 이런 암시를 뒷받침해 주고 있다. 초기 시대 유적에서 아주 다양한 종류의 물고기가 보존 처리된 흔적이 발견되고 있지만 중세의 생선 교역에서 중요한 역할을 한 스토르보겐Storvågen이라는 항구 도시에서는 거의 대구에만 주력하는 등 어획의 다양성이 현저히 낮았던 것으로 추정된다(지도16 참조).

그런가 하면 오랫동안 남획한 흔적도 발견되고 있다. 고리뼈 중심부 앞면의 나이테를 살펴보는 동시에 정교한 통계 분석을 실시하여 밝혀진 바에 따르면, 아퀴르비크에서 발견된 대구는 연령대가 6~12.5세였다. 현대 기준으로 보면 연령대가 아주 높은 편이다. 오늘날에 잡히는 대구는 보통 2~10세이며, 그중 4분의 3정도는 4~5세인 반면 아퀴르비크에서 잡혔던 대구는 6~10세였다. 말하자면 15세기 이후 대구 개체군의 평균 연령이 절반 가까이 낮아졌다는 얘기다. 연령대 감소는 아주 중대한 문제다. 몸집이 더 크고 나이도 많은 대구가 어린 대구보다 알을 수백만 개는 더 낳기 때문이다.

북쪽 지역에서 진정한 의미의 상업적 대구잡이는 건어 수출이 호황기를 맞은 1100년경부터 시작되었다.[8] 로포텐 제도 주민들은 5월 말부터 8월까지 말린 생선을 남쪽으로 실어 보냈는데, 대부분이 베르겐으로 실려 가면서 베르겐은 건어 교역의 중심지로 떠올랐다. 1191년에 덴마크에서 베르겐을 찾았던 이들은 건어가 엄청 많아서 양을 가늠하기도 힘들 정도였다는 관찰담을 남기기도 했다. 베르겐은 여러 면에서 입지가 좋았다. 항구에서는 방풍이 잘 되는 남향이었던 데다 위치도 어장과 주요 수입 지역(발트해 지역, 잉글랜드, 독일, 북해 연안 저지대)의 중간 지점이었다. 아이슬란드가 노르웨이 영토가 된 13세기에 베르겐은 그 위상이 훨씬 더 높아졌다. 곡물 공급이 늘 부족한 노르웨이 서부와 북부 지역에서 건어는 교역의 중요한 수출품이었기 때문이다.

동위원소, 콘토르, 망치

현대 과학에 힘입어 중세의 국제적 어업을 통찰할 수 있는 흥미진진한 증거가 밝혀지고 있다. 한 예로서, 11~12세기의 잉글랜드와 플랑드르의 정착지에서는 북해 남쪽 지대에서 전형적으로 나타나는 동위원소 기호를 가진 물고기 뼈가 출토되면서 고기잡이가 비교적 인근 수역에서 벌어졌음을 암시해 주고 있다. 하지만 런던을 중심으로 도시 인구가 갈수록 늘어남에 따라 수요가 증가하면서 인근 수역에서 잡히는 물고기로는 그 수요를 따라잡기가 역부족이었고, 이를 증명해 주듯 13~14세기의 물고기 뼈들은 북극의 노르웨이 및 아이슬란드와 스코틀랜드 북부 지역의 물고기 동위원소 기호와 일치한다. 또 15~16세기의 물고기 뼈를 분석해 보니, 북해 너머 먼 수역에서 잡히는 물고기의 동위원소 기호가 나왔다.

물고기는 대체로 보존 처리되기 전에 머리 부분이 잘렸던 점을 감안하면, 런던 같은 대도시에서 머리 뼈의 발견 빈도는 아주 귀중한 지표로 삼을 만하다. 로마 시대부터 중세 이후까지 런던에서 발견된 95점의 대구 잔해를 종합해 보면, 이 시기에는 대구의 활용 방식에 크게 변화가 일어났다. 로마 시대의 대구 70점가량와 색슨족 시대의 대구 잔해 소량을 별개로 치고 보자면, 런던에서는 서기 1000년경에야 대구를 흔하게 먹게 되었다. 한편 13세기의 발굴물에서 대구의 수가 증가하는 반면 머리 부분은 많이 발견되지 않아서, 이 무렵엔 대구 산지가 인근보다 보존 처리된 수입 쪽으로 대거 이동되었음을 암시해 준다. 이 시기에는 대구 뼈의 동위원소 기호에서도 변화가 나타나, 분석 결과에서 인근산보다 북쪽 수역산의 동위원소 기호가 많이 나오고 있다. 한자동맹은 앵글로족과 노르웨이인 사이의 물고기 교역을 14세기 초부터 장악했다. 그렇다면 1250년경 런던에서 갑자기 로포텐 제도산 물고기가 나타난 이유는 뭘까? 그 답은 분명치 않다. 다만 추정해 보자면, 어부들이 시장을 바꾸었거나 북해 남부의 대구 어장량이 고갈된 때문인지 모른다.

베르겐은 수백 년간 건대구 교역을 주도했다. 베르겐 교역상 중에는 현지인도 있었고, 잉글랜드 같이 멀리에서 온 외지인도 있었다. 외지인 중 대부분은 독일인이었는데, 처음엔 라인 지역에서 많이 왔다가 13세기에는 뤼베크와 웬드족 소도시에서 많이 몰려왔다. 14세기에는 상인들이 한자동맹에 소속되면서 특정 소도시에서 특권을 행사했다. 베르겐의 한자동맹은 아주 효율적으로 운영되었다. 자본을 두둑하게 후원받으면서 오래전부터 구축된 교역망을 통해 북쪽 지역에 꼭 필요한 곡물 등의 상품을 확실하게 공급했다. 또 1360년대부터는 **콘토르**kontor, 즉 교역소를 두었다. 콘토르는 한자동맹의 의향과 목적에도 불구하고 독립체로 운영되면서, 연계된 교역 회사들을 통해 노르웨이 어부에게 신뢰를 주었다. 한자동맹의 회사들은 흉어인 해에도 곡물을 확실하게 대 주어서 어부들 사이에서 인기가 좋았다. 1560년에는 콘토르와 거래하는 어부가 300명에 달했다. 건대구는 베르겐에서 뤼베크로, 그리고 다시 잉글랜드로 실려 가기도 했다.

잉글랜드는 12세기부터 15세기 초까지 건대구 수입국 2위였고, 15세기 초반부터 아이슬란드 남쪽 근해에서 직접 고기잡이를 벌였다. 건대구 교역은 흥망성쇠를 거듭하며 두 번의 절정기를 맞았다. 첫 번째는 노르웨이인이 대구를 잉글랜드 항구로 수출하기 시작한 12세기였고, 두 번째는 유럽의 건대구 사업에 중대한 기술 변화가 일어난 16세기였다.

당시에 독일 남부의 영리한 사람들이 의회 의사록에서 일명 '밀mill(방아)'이라고 칭한 기구를 발명했으며, 이중 최대 크기는 수력으로 작동했을 것으로 추정된다. 밀은 생선을 망치로 두들겨서 부드럽게 풀어 주는 기계였다. 이전까지 손으로 하던 일을 기계화시킨 것이다. 밀의 발명 덕분에 순전히 국내용으로 필요한 양보다 더 많은 물고기를 보존 처리할 수 있게 되었을 뿐 아니라, 독일 남부 사람들은 아이슬란드산 대구를 노르웨이산보다 더 좋아하게 되었다. 아이슬란드산이 망치로 두드리면 더 부드러웠기 때문이다. 그 외에도 장기적으로 이어진 변화가 한 가지 더 있었다. 이제는 아이슬란드산 대구가 베르겐만이 아니라 잉글랜드까지 가면서 잉글랜드에서의 수요를 상당 부분 채워 주게 되었다. 15세기 말에는 대구가 함부르크, 브레멘, 뤼베크의 여러 지역으로 실려 갔다(지도16 참조). 한편 네덜란드인이 북쪽 지역의 교역에 끼어들고, 그 외 국가까지 베르겐 북부 지역산 물고기를 놓고 한자동맹과 경쟁을 벌이면서 상업 무대에서 경쟁이 치열해졌다.[9]

상업 무대에서 교역되는 건대구는 모두 유럽 북서부와 북동부 지역으로 실려갔고, 뉴펀들랜드를 통해 영국 서부와 노르망디 남쪽의 서유럽으로 대구가 공급된 이후로도 교역은 오랫동안 지속되었다. 1470년대까지도 건대구는 1킬로그램당 호밀 7킬로그램에 상당하는 가격을 형성하면서 노르웨이의 어부들에게 막대한 이윤을 안겨 주었다. 그러나 1620년대에 가격이 하락하면서 수많은 어촌이 경제적 빈곤에 허덕이다 건대구 어업에서 손을 뗐다.

"코모디우스 스토크피셰"

중세의 어부들은 바다를 무한한 자원처럼 생각했다. 한 어장에 배가 너무 너무 많이 몰려서 어획량이 시들해지면 이내 다른 어장으로 옮겨 갔다. 기독교 교리에서는 인간이 삼림을 개간하고 땅에 씨를 뿌리고 호수 · 강 · 바다에서 물고기를 잡을 수 있도록 신의 허가를 받았다고 믿었다. 그런 노동이 인간을 신과 더 가깝게 해 준다고도 믿었다. 보다 극단적으로 해석하면, 고기잡이는 어부들이 독실한 신자들에게 일용할 양식을 대 주면서 죄를 씻어 내는 속죄의 한 방법이라고 생각했다. 바다에서 물고기를 잡는 이들은 고국에서 가까운 어장이 점점 남획되자 더 위험한 어장으로 과감히 나가는 것을 의무처럼 여겼다.

종교적 의무와 별개로, 남획하는 중에도 식을 줄 모르는 수요 때문에 고기잡이배들은 새로운 미개척 수역으로 내몰렸다. 아이슬란드는 이미 건대구로 유명했지만, 중세의 어획 장소는 현지 수역을 거의 벗어나지 않았다. 현지인은 전통적으로 농경과 부업으로 고기잡이 활동을 병행해서 대체로 연안 수역을 어획 장소로 삼았다. 그러다 1412년경에 잉글랜드의 어부들이 한자동맹 때문에 돈벌이가 짭짤한 베르겐 시장에 접근할 길이 막히자, 북해에서 흘수吃水•가 깊고 쌍돛대가 달린 일명 도거dogger라는 어선을 몰고 북서쪽으로 방향을 잡아 아이슬란드로 왔다. 당시만 해도 도거는 거의 알려지지 않은 배였다.[10] 노르웨이인은 11월~3월에 신중하게 고

• 배가 물 위에 떠 있을 때 물에 잠겨 있는 부분의 깊이

국에 머물렀지만, 도거는 아니었다. 더 많은 물고기의 확보라는 경제적 책무에 부응하여 2월 동안 북쪽으로 항해 했다. 도거는 원양에서 오랫동안 머물면서 대구를 쫓아 계속 이동해야 어획할 수 있다는 것을 간파한 어부들의 호된 경험을 바탕 삼아 개발된 어선이었다. 추측컨대 도거는 길이가 18미터가량이고, 배의 앞머리 일부에 갑판이 깔린 반갑판선이었을 것이다. 반갑판 쪽에는 잠도 자고 요리도 할 만한 작은 선실이 딸려 있고, 갑판이 깔리지 않는 나머지 뚫린 공간은 고기를 잡고, 잡은 고기를 염장하는 공간으로 활용되었을 것이다. 그리고 어부들은 배 가장자리에 서서 각자 낚싯바늘과 낚싯줄로 물고기를 기계적으로 낚고 또 낚아 올렸을 것이다.

아이슬란드의 어장은 까다롭고 호락호락하지 않아서, 한번 나가면 항해 기간이 최대 60일까지도 걸렸다. 당시에 바다의 소고기로 통하던 물고기를 포획하기 위해 아이슬란드 어장으로 나선 남자들은 나이가 많든 적든 간에 가슴 철렁할 만한 고난을 견뎠다. 가죽과 모직물로 만든 옷만 달랑 입고 눈발과 빗줄기, 강풍과 돌풍 속에서 고기를 잡으며 딱딱한 비스킷이나 자신들의 항해 목적이기도 한 건대구로 끼니를 때웠다. 언제 어느 순간에 죽음이 닥칠지 몰랐다. 도거 선원들의 사상률은 무려 60퍼센트쯤이었을 것으로 추정한다. 하지만 이 시대는 사람 목숨이 파리 목숨이던 시대였고, 기독교 교리 때문에 그리고 끊임없는 전쟁으로 군인 식량이 필요한 탓에 대구는 없어서는 안 될 상품이었다. 1419년에 아이슬란드 근해에서는 겨울 폭풍우가 일어나 강풍과 눈보라가 휘몰아 닥쳤는데, 아이슬란드의 연대기에 실린 이름 모를 누군가의 글에서 그날 참사를 이렇게 전했다. "난파된 잉글랜드 배들의 파편이 육지 사방에서 떠밀려 왔다. 난파된 배는 못해도 25척은 될 법했다. 배에 탔던 이들은 모두 목숨을 잃었다."[11] 이처럼 위험이 도사리고 있는데도, 잉글랜드 어부들은 꿋꿋이 이곳 바다를 찾아왔다. 벌이가 아주 쏠쏠했기 때문이다. 당시에 잉글랜드의 상인들은 베르겐의 상인보다 대구 값을 50퍼센트 더 높게 쳐 주었다.

아이슬란드의 대구 어장은 잉글랜드와 스코틀랜드의 어선을 모두 끌어들이는 '코모디우스 스토크피셰*Comodius stokfysshe*'라는 어종으로 명성이 자자했다. 이 어종은 대체로 근해에서 서식했다. 감옥 같이 좁은 바다보다 저 멀리 수평선이 보이는 바다를 선호하는 습성을 지녔다. 어부들은 배를 띄워 돛을 올리고 오크니 제도를 지나 북서쪽으로 쭉 항해하다가 아이슬란드 동쪽에 위치한 바트나요쿨Vatnajojkull의 육지가 보일 때쯤이면, 서해안 쪽 근해의 어장에 다다르게 되었다(지도16 참조). 이렇게 찾아오는 어부들은 난폭하고 다루기 힘들었으며, 어디쯤에서 대구가 잘 잡힐지 알아 내는 노하우를 절대 가르쳐주지 않으려 했다. 대체로 아이슬란드 사람들과는 별 연고도 맺지 않았다. 조충潮衝•과 삐죽삐죽한 바위가 널려 있는 해안 지대로는 웬만해선 다가오지 않았다. 남서부 연안의 바람이 들이치지 않는 쪽의 뭍 위로 올라와 움막을 세우고 잡은 대구를 보존 처리하는 사람도 더러 있긴 했지만, 이들은 파렴치한 작자들이었다. 때로는 약탈과 살인도 아무렇지 않게 저질러서 해적이 따로 없었다.[12]

마침내 돈이 되는 알짜 어장에도 더 나은 체계가 잡히면서 16

• 조류의 충돌에 의한 격랑 수역

세기에는 일부 도거도 교역에 직접 뛰어들었다. 17세기에 존 콜린스가 묘사한 바에 따르면, 도거 선원들은 이 무렵엔 165미터의 낚싯줄을, 납추와 미끼를 매다는 낚싯바늘과 함께 써서 고기를 잡았다. 이는 긴 주낙줄마다 낚싯바늘을 매단 더 짧은 낚싯줄을 걸어서 고기를 낚는 방식이었는데, 고기가 아주 잘 잡혀서 아이슬란드 사람들이 투덜댈 정도였다. 주낙줄이 길어서 자신들의 어획 영역인 얕은 수역으로 대구들이 제대로 몰려오지 못한다고 생각했기 때문이다. 어획량이 엄청나서 16세기에는 150척이나 몰려들었고, 그중에는 배수량排水量 90톤급의 배들도 더러 끼어 있었다. 출항할 때는 쇠 낚싯바늘 수천 개와 주낙줄 여러 개와 상당량의 소금을 챙겼다.

물고기가 떼 지어 모여드는 수역

잉글랜드 남서쪽 지역인 브리스틀Bristol은 가끔씩 날씨가 변덕을 부리는 길쭉하게 뻗은 브리스틀 해협 쪽에 자리 잡고 있다(지도16 참조). 브리스틀은 과거엔 어업항이 아닌 국제적 교역 중심지였고, 사순절의 생선 교역에서 맹활약을 펼쳤다. 15세기에 브리스틀의 상인들은 활동적인 모험가였다. 이들은 과감한 모험에 기꺼이 자본을 걸면서 서쪽 어장들, 그중에서도 특히 아일랜드의 근해 사업에 적극 나섰다. 아일랜드 어장에서는 어부들이 청어의 친척뻘인 정어리를 잡아 통 속에 보존 처리하여 가져오는가 하면, 남방대구도 잡아왔다. 북해에서는 청어 산란기와 아이슬란드의 여름철이 성수기였지만, 이 수역에서는 어선이 일 년 내내 활동해서 돈벌이가 쏠쏠한 스페인과의 와인 및 모직 교역 외에 또 다른 부가 수익을 내 주었다. 직물, 채굴, 대단위 농경 등을 통해 영리적으로 위험성 있는 아이슬란드와 그 너머 지역으로의 어업 원정에 자본을 대기도 했다.

브리스틀의 상인은 끊임없는 발견의 시대에서 활약하며, 늘 새로운 기회에 촉각을 곤두세웠다. 대다수는 먼 땅에서 오고, 여러 언어를 쓰는 선원과 어부들이 브리스틀의 선술집을 뻔질나게 드나들었다. 이들은 유럽의 여러 연안과 원양 수역을 속속들이 꿰고 있었다. 그중에는 원양 어선을 타는 사람들도 있어서 아이슬란드 대구 어장에서 한겨울의 폭풍우를 견디어 내고, 아프리카 연안을 따라 멀리 남쪽까지 항해를 다녔다. 그리고 대다수는 새로운 어장을 찾아서 영국 해협, 북해, 아이슬란드의 북적북적한 수역에서 아주 먼 곳까지 항해를 다녔다. 대체로 깊은 얘기는 꺼내지 않았다. 어부는 원래 비밀이 많은 부류이니 어련하겠는가. 이들은 술을 마시면서 바다 괴물을 봤다느니, 엄청 큰 물고기를 낚다가 배가 침몰할 뻔 했다느니, 서쪽 땅에 가면 황금이 넘친다느니 하는 이야기를 늘어 놓았을 것이다. 신비의 땅 브라질Brasil은 일종의 천국처럼, 수평선 저 멀리에서 늘 안개에 싸여 보일 듯 잘 보이지 않는 오묘한 그런 곳으로 사람들 입에 오르내렸다. 위험을 무릅쓰고 근해에서 멀리까지 항해를 나선 사람들은 어부만이 아니었다. 프랑스인은 1402년에 카나리아 제도Canary Islands까지 탐험을 감행했고, 그로부터 16년 후에 유럽인의 배가 마데이라Madeira에 닿았으며, 1432년에 포르투갈인이 아조레스 제도Azores를 식민지로 삼았다.

수평선 너머에 어떤 세계가 있을지 알고 싶은 강한 호기심과 어마어마한 부가 펼쳐진 땅이 있을지 모른다는 기대감이 절정에 달하면서, 1492년 크리스토퍼 콜럼버스Christopher Columbus, 1451~1506의 카리브해 항해와 1497년 존 캐벗의 뉴펀들랜드 항해 같은 탐험이 이어졌다. 상상할 수 없는 어마어마한 부가 이러니저러니 하는 얘기가 아무리 난무해도, 북대서양에서 실질적으로 돈이 된 것은 브리스틀의 주요 상품 중 하나인 물고기였다. 1480년대에는 대서양 연안을 따라 카나리아 제도, 마데이라, 아조레스 제도까지 장거리 교역 항해를 나서는 일쯤이 일상화되었다. 근해를 항해하는 선원들은 도거와 아주 다른 선박을 이용했다. 아랍인과 베르베르족 어부들이 북아프리카 서쪽과 스페인 연안의 근해에서 타던 큰 삼각돛의 어선에서 착안된 캐러벨Caravel이었다. 캐러벨은 두세 개의 돛대가 달린 배였으며, 이후에는 사각형 돛이 장착되었다. 당시 기준으로는 빠른 쾌속선이었고, 비스듬히 바람을 받으며 항해할 수 있었으며, 화물의 적재 용량도 노르웨이의 크나르knarr보다 훨씬 높았다. 캐러벨이 콜럼버스를 카리브해로 데려다 주었는가 하면, 브리스틀의 해상 교역에서도 1480년대에 드문드문 벌어진 브리스틀의 서쪽 세계 원정에서도 제 역할을 톡톡히 해 주었다. 선장의 항해 일지나 승객이 기록한 자료는 하나도 남아 있지 않은 탓에 이런 배들이 어디를 다녔고 무엇을 발견했는지는 여전히 수수께끼다. 다만, 선원들이 고기잡이를 벌였다는 점만은 확실시된다. 세관 기록을 보면, 1480년에 브리스틀에서 두 척의 배가 대량의 소금을 싣고 서쪽으로 항해를 떠났다고 나와 있는데, 이 소금이 물고기를 염장 처리하기 위한 용도였을 것으로 추정된다.

이 무렵에 브리스틀의 선장들은 고기잡이와 교역 목적으로 아이슬란드의 서쪽 연안을 제집 드나들 듯이 찾아왔다. 어느 순간에 강한 동풍이 갑자기 불면 서쪽 수평선에서 낮에 서쪽으로 항해할 때라야 볼 수 있는 그린란드의 눈 덮인 산들이 언뜻언뜻 눈에 들어오곤 했다. 추정상으로는 그린란드를 직접 가 본 아이슬란드 사람들이 역사가인 커스텐 시버Kirsten Sever의 말마따나 '일련의 정보'를 알려 주었고, 잉글랜드의 어선들이 바로 그 정보에 솔깃해서 대구잡이를 위해 서쪽으로 항해했는지도 모른다. 하지만 이런 추정을 뒷받침할 증거는 좀처럼 찾기 힘들다.[13] 그 이유는 그린란드에 남아 있는 노르웨이인의 쓰레기 더미를 면밀히 조사해 봐도 대구의 잔해가 나오지 않기 때문이다. 게다가 당시 정착자들은 대구보다 기름진 물개 고기를 아주 좋아했던 것으로 보여, 여름철 대구잡이는 낙농 일과 물개 사냥을 병행하면서 틈틈이 벌인 활동에 불과한 듯해서 그만큼 증거가 남아 있을 가능성이 낮다.

그럼에도 불구하고 몇 척의 배가 서쪽으로 향했던 것은 확실하다. 당시에는 원양 선장이라면 위도 항법을 잘 알았다. 위도 항법은 이미 오랜 세월에 걸쳐 유효성이 증명되면서 노르웨이인에게는 아예 일상화되어 있었다. 선장은 배를 타고 서쪽 수역으로 향하려 할 때면 북쪽으로 쭉 가다가 북위 60도쯤에서 서쪽으로 방향을 돌렸다. 이때는 이 수역에서 봄과 초여름에 동풍이 자주 분다는 사실을 누구나 잘 알았기에 동풍을 활용했다. 그렇게 방향을 튼 다음엔 동풍만이 아니라 서쪽으로 흐르는 이르밍거 해류Irminger current와 동 그린란드 해류를 활용해 그린란드 남단 쪽에 있는 총빙叢氷을 지나 페어웰곶Cape Farewell의 남쪽으로 항해했다(지도16 참조). 이 지대는 때때로 세찬 강풍이 불었을 테지만, 일단 그린란드를 지난 뒤엔 1000킬로미터 정도만 더 가면, 노르웨이의 전설에 툭하면 나와 유명해진 그 해안 지대, 바로 래브라도Labrador가 나왔다.

아이슬란드 근해에서 고기잡이를 했던 사람들이 서쪽을 주시한 이유는 분명치 않다. 어장 쟁탈전이 너무 치열해졌거나 연안의 정치적 상황이 너무 골치 아파서 그랬으리라 추정할 뿐이다. 이유가 무엇이었든 북대서양 수역에서의 한겨울 고기잡이에 익숙해진 사람들에게 서쪽 수역으로 가기 위해 망망대해를 통과하는 일은 만만치 않은 장벽이었다. 원양의 안개, 빙산, 혹독한 강풍 등 적지 않은 위험 요소를 헤쳐 나가야 했지만, 정력적으로 미개척 어장을 찾는 어부들은 그런 장벽을 기꺼이 감수했다. 어쨌든 새롭게 적응해 간다는 점에서 보면, 바다 생활을 아예 몰랐던 견습 시절에 겪어 낸 난관과 크게 다르지 않다는 마음으로, 배짱 좋게 위험을 감수하지 않았을까 싶다.

으레 그렇듯, 증거는 찾기 힘들지만 이론적으로나 논리적으로나 확실해 보이는 바에 따르면, 몇몇 대구잡이 어부들이 뉴펀들랜드 어장을 찾은 시기는 노련한 뱃사람이자 항해가였던 베나치아 사람인 초아네 카보토Zoane Caboto, 아니 별칭으로 바꿔 말하면 존 캐벗이 잉글랜드의 헨리 7세의 후원을 받아 향신료 그득한 아시아로 가는 경로를 찾아 서쪽으로 항해하다가 아시아가 아닌 뉴펀들랜드에 닿은 시기보다 앞선다.[14] 존 캐벗은 1496년에 한 차례 허탕을 친 후, 그 다음 해에 매튜호라는 소형 캐러벨을 타고 브리스틀에서 북쪽으로 방향을 잡아 아이슬란드로 향하다가 탁월풍인 동풍을 타고 서쪽으로 방향을 돌렸다. 그러던 1497년 6월 26일에 데그라드곶Dégrad Cape을 처음 발견했다(지도16 참조). 레이프 에릭손의 벨아일 해협Strait of Belle Isle 최초 정착지인 랑스오메도

즈L'Anse aux Meadows에서 불과 8미터 떨어진 거리였다(지도16 참조). 데그라드곶을 발견한 캐벗은 빙하 상태가 보다 양호한 쪽을 택해 현재의 뉴펀들랜드 동쪽 연안을 따라 항해 했다. 이때 매튜호 주변으로 대구들이 수두룩하게 떼 지어 다녀서 선원들이 바구니로 쓸어 담았을 정도다. 캐벗은 브리스틀에서 열광적인 환영을 받았다. 당시에 잉글랜드를 방문했던 밀라노 외교 사절 라이몬도 데 손치노Raimondo de Soncino는 후견인인 밀라노 공작에게 이렇게 보고했다. "사람들 말이 그 땅이 아주 별천지고 기후도 온화하다고 합니다…… 바다에는 물고기가 바글바글할 정도로 많아서 그물이 아닌 바구니로도 쉽게 잡히고, 심지어 돌멩이로 때려잡을 수도 있답니다."[15] 그러면서 덧붙이길, 그곳에 다녀온 선원들이 이제는 아이슬란드 어장에 가지 않아도 물고기를 잔뜩 잡아올 수 있다고 뻐기기도 했단다. 캐벗은 아시아로 가는 항로를 끝내 발견하지 못한 채 다음 항해에서 행방불명되었다.

1502년에 상인 휴 엘리엇Hugh Elyot의 배, 가브리엘Gabriel호가 기록상 최초로 뉴펀들랜드 대구를 싣고 브리스틀로 귀환한 후, 어획한 대구 값으로 당시로서 어마어마한 금액인 180파운드를 받았다. 뉴펀들랜드 어장에 물고기가 믿기지 않을 만큼 풍성하다는 소문이 유럽 전역의 어업계로 삽시간에 퍼져 나갔다. 대구 가격은 갈수록 오르고, 도시 인구는 폭발적으로 증가한 시기인지라 어부들은 앞 다투어 테라 노바Terra Nova, 즉 '새로운 땅'으로 몰려갔다. 1510년 무렵에 브르타뉴 사람과 노르만 사람들이 매년 여름마다 뉴펀들랜드 연안에서 고기를 잡아들였고, 돈이 되는 대구잡이의 열기는 뜨거웠다.

21. "고갈될 줄 모르는 만나"

새로운 대구 어장 소문이 유럽으로 퍼지자 나름 잔뼈 굵은 어부들이 너도나도 대서양을 가로질렀다. 뉴펀들랜드 수역과 인근 연안 지대는 물고기가 바글바글한 데다 익히 보아 온 물고기와 유사한 어종이 그득그득해서 고갈된 고국의 바다에 비하면 약속의 땅 같아 보였을 것이다. 프랑스의 탐험가 자크 카르티에Jacques Cartier, 1491~1557는 1535년에 세인트로렌스강St. Lawrence River을 따라 상류로 항해하면서 그곳이 자신에게나 선원들에게나 이제껏 본 중에 가장 풍성한 어장이었다고 감탄했다(475쪽 지도17 참조). 반세기 후에 영국의 상인 앤서니 파크허스트Anthony Parkhurst는 뉴펀들랜드 인근 바다를 보고 난 뒤에 이렇게 썼다. "대구말고도 다양한 어종이 많아 감탄스러울 지경이다. 청어 · 연어 · 손백[홍어]도 있고, 플레이스 아니 가자미도 있다."[1]

파크허스트는 자신이 어떻게 처신해야 할지 감을 잡았다. 그래서 1575~1578년에 배를 몰고 뉴펀들랜드에서 고기를 잡았다. 아일랜드와 스코틀랜드 근해처럼 예측할 수 없는 기후와 그 지역 특유의 안개에 에워싸인 수역에서 고기를 잡다 보니, 어느새 익숙한 어종들을 쫓아 항해하게 되었다. 그렇게 항해하면서 보니, 아메리카 대륙의 수역은 그야말로 별천지였다. 유럽의 바다에서는 선사시대에나 존재한 어류들이 눈앞에서 헤엄쳐 다니고 있었다. 연어는 물론이요 대형 철갑상어까지 잔뜩 떼 지어 다녔다. 특히 철갑상어는 한때 왕이 먹던 귀한 물고기였지만, 당시엔 안타깝게도 남획되어 구경하기도 힘들었던 터라 더욱 감격스러웠다. 한편 남쪽 멀리 카리브해에서 콜럼버스의 후계자들은 다채로우면서도 생판 처음 보는 암초 어류를 잔뜩 발견했는데, 그 풍성함이 북쪽 어장을 압도했다.

뉴펀들랜드의 잿빛 바다로 항해를 온 어부들의 주요 목적은 엄밀히 말해 어획이었다.[2] 바위투성이에 숲이 우거진 연안 지대에는 별 관심이 없었다. 현지의 아메리카 원주민에게도 관심 없기는 마찬가지였다. 하지만 이들이 거들떠 보지도 않은 원주민은 어느 모로 보나 노련한 어부들이었다. 그중 미크마크Mik'maq족은 현재의 노바스코샤주와 프린스에드워드아일랜드주 전역, 뉴브런즈윅주 상당 부분, 퀘벡주 남부의 가스페 반도Gaspe Peninsula 등에 이르는 지역을 점유했고(215쪽 지도7, 지도17 참조), 해산물에 크게 의존했다. 특히 대합조개, 굴, 소하성 어류를 많이 먹었고, 그것을 잡아 손질한 후에 연기 나는 불 위로 낮은 건조대를 세워 훈제시켰다.[3] 미크마크족은 스스로를 자연계의 일부라고 믿었고, 생존 활동에서 동물이나 물고기도 인간과 협력 관계에 있다고 여겼다.

고대의 고기잡이 사회가 그렇듯, 미크마크족의 고기잡이 사회 역시 환경적으로나 문화적으로 깨우친 지혜가 깊었고, 그것은 선례와 구전을 통해 전해지며, 무수한 세대의 경험이 쌓이고 쌓여 온 결정체였다. 유럽의 어부들과 모피 교역자들이 미크마크족의 거주지인 연안으로 들어서지 않았다면, 미크마크족은 언제까지나 느긋하고 지속 가능한 생활 방식을 즐기며 살아갔을지 모른다. 방문자들은 미크마크족을 비롯한 현지 고기잡이 사회에는 별 관심을 두지 않은 채 오로지 근해 가까이에 떼 지어 다니는 물고기에만 눈이 멀어 있었다. 이들이 이곳 어장까지 오려면 보통 항해보다 더 오래 걸렸다. 하지만 브르타뉴와 잉글랜드의 어부들 모두 여기저기 이동하는 방면으로는 이골이 난 사람들이라 어장으로의 오랜 항해 정도는 일상에서 가벼운 변화에 불과했다.

북유럽과 북아메리카 사이에 광대하게 펼쳐진 망망대해를 해양학계에서는 북대서양 북쪽 지대North Atlantic Boreal Zone로 부른다. 북대서양 북쪽 지대 양편의 기후 상황은 대체로 비슷하다. 어종도 근본적으로 비슷한데, 대구, 청어, 연어에서 특히 두드러진다. 북대서양 동쪽은 어장량이 아주 풍성해서 웬만해선 안정적인 수익이 보장되었다. 그에 따라 일상적인 패턴이 자리 잡혔는데, 초봄에 서쪽으로 가서 가을에 만선으로 돌아오는 것이다. 역사가 제프리 볼스터Jeffrey Bolster는 당시 이 수역을 직접 목격했던 이들의 말을 인용했는데, 그 대목을 보면 유럽인 기준에서 뉴펀들랜드 어장이 얼마나 인상적이었는지 느껴진다. 한 예로 베테랑 선장 찰스 레이Charles Leigh는 1597년에 세인트로렌스만을 보고 다음과 같이 썼다(지도17 참조). "낚싯바늘 네 개로 불과 한 시간 만에 〔대구〕

250마리를 잡았다." 그런가 하면 높은 신분 출신의 탐험가 존 브레테톤John Brereton, 1571/1572~1632은 뉴펀들랜드 수역에 비하면 "잉글랜드에서 가장 풍성한 수역도 불모에 불과하다"고 평했다. 믿기지 않을 만큼 풍성한 어장에 감탄한 표현이 아주 많이 전해지는 점으로 미루어볼 때, 이런 말들은 충분히 신빙성이 있다. 존 스미스John Smith 선장은 1614년에 메인주를 찾았다가 이렇게 쓰기도 했다. "그 자는 아주 형편없는 어부다. 낚싯바늘과 낚싯줄을 쓰면서도 하루에 대구를 200~300마리는커녕 100마리도 못 잡는다." 물고기 수만이 아니라 "잘 먹어서 살이 탱탱하게 올라 있고, 맛도 기가 막히다"[4]라는 식으로 품질에도 감탄한 이들이 한둘이 아니었다.

오래 지나지 않아 뉴펀들랜드 수역으로 여러 나라의 어부들이 찾아들었다. 1501년에는 포르투갈인이, 1504년에는 노르만과 브르타뉴 사람이 나타났다.[5] 얼마 후에는 다른 프랑스인 어부들과 스페인 북부 바스크의 어부들도 나타났고, 바스크 어부들은 새로 발견된 땅new foundly land의 서해안쪽 근해에 있는 벨아일 해협에서 고래를 포획했다. 1540년부터 어장은 대폭 확대되었고, 해마다 수십 척의 배가 뉴펀들랜드, 세인트로렌스만, 메인만으로 항해해 왔다(지도17 참조). 1559년에는 보르도, 라로셸La Rochelle, 루앙Rouen에서 온 배만 따져도 최소 150척이었다. 1565년에는 프랑스의 배들이 그랜드뱅크 근해 수역에서 고기를 잡았다(지도17 참조). 잉글랜드인은 이곳의 소유권을 주장했으나, 새로 발견된 연안의 풍족한 자원을 획득하는 쪽으로 행동이 굼떠서 아이슬란드와 본국에 더 가까운 근해에서 고기잡이하는 것으로 만족했다.

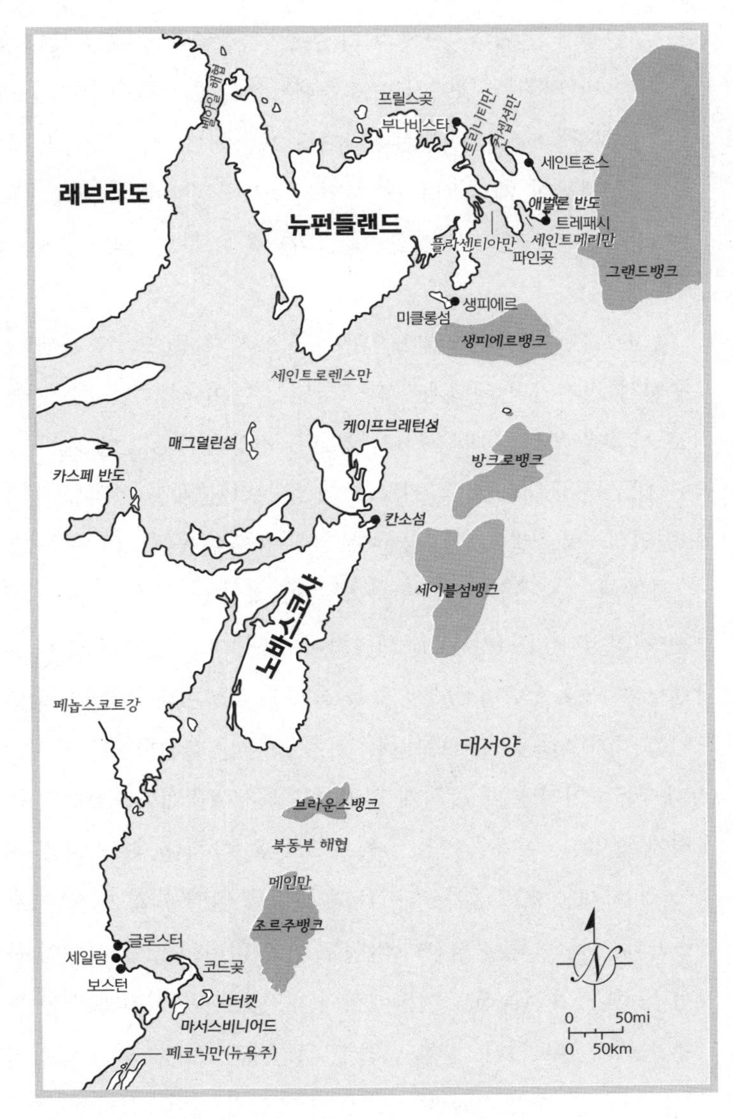

지도17 뉴펀들랜드와 뉴잉글랜드 주요 어장(회색) 및 위치

하지만 1565년 이후 아이슬란드 어장이 침체되자 재빨리 뉴펀들랜드로 관심을 돌렸다. 그에 따라 유럽의 왕조와 종교를 둘러싼 전쟁과는 반 바퀴쯤 떨어진 뉴펀들랜드에서 어부들이 평온하게 잘 사는 대구를 군대의 배급 식량으로 포획해 갔다. 잉글랜드 식민지 개척자들이 제임스타운Jamestown 등지에 정착촌을 세우기도 한참 전에 뉴펀들랜드 어장을 직접 다녀온 어부도 수천 명에 이르렀다.

1580년 이후에 잉글랜드인은 본국에서 갈등으로 붕괴된 포르투갈과 스페인의 어업계를 파고들면서 돈이 되는 남유럽 가톨릭교 시장에 생선을 대 주기 시작했다. 저염하여 햇빛에 말린 딱딱한 대구를 군대와 남쪽 시장에 대 주려면 뭍에서 작업할 필요가 있었다. 잉글랜드인은 잡은 물고기를 뉴펀들랜드의 동쪽 연안, 북쪽의 프릴스곶Cape Freels과 남쪽의 파인곶Cape Pine 사이에서 보존 처리했다(지도17 참조). 2~4월이 되면 여러 선단의 배가 잉글랜드와 프랑스의 항구에서 돛을 올리고 출항했다. 이때 잉글랜드인은 대개 남쪽의 포르투갈을 거쳐 소금을 실었다. 항해 기간은 대략 5주이지만 때로 적게 걸리기도 해서 4월이나 5월이면 목적지에 닿았다. 어부들은 8~9월에 화물을 산적한 수송 전용 대형 선박을 대동하고 돌아왔다. 대형 선박은 일명 **색쉽**sack ship으로 불렸는데, 색sack, 즉 주정강화 와인도 싣고 다녀서 그런 이름이 붙었던 듯하다. 뉴펀들랜드 어장에서의 대량 도살은 이전까지 볼 수 없던 이례적 규모였다. 한참 뒤인 1744년에도 프랑스의 탐험가이자 식민지 개척자인 니콜라 드뉘Nicholas Denys가 케이프브레턴섬Cape Breton과 세인트로렌스만에 대해 이렇게 썼을 정도다. "어선 몇 척이 매일 1만5000~3만 마리의 물고기를 잡아들이지 못하는 항구는 찾아보기 힘들다…… 이곳 물고기는 일종의 고갈될 줄 모르는 만나manna•와 같다."[6]

16세기의 어부들은 현재의 이주 노동자처럼 이 어장 저 어장으로 옮겨 다녔다. 이번 해에는 아이슬란드로 갔다가 다음 해에는 뉴펀들랜드로 가는 식이었고, 아마도 그 뒤엔 다시 북쪽으로 향했을 것이다. 상인이자 작가이던 루이스 로버츠Lewes Roberts, 1596~1641는 1638년에 어부들에 대해 "이들의 삶은 수달에[수달의 삶에] 비유할 만하다. 수달처럼 반은 땅에서, 반은 바다에서 산다"[7]라고 썼다. 뉴펀들랜드의 대구 어업은 전반적으로 아메리카 대륙에 거의 영향을 미치지 않았다. 전형적인 유럽식 어업인 이동형으로, 몇몇 외진 곳의 보존 처리 작업장을 빼면 숲이 울창한 해안 지대와 물질적 연계를 크게 갖지 않았다.

뉴펀들랜드의 풍성한 어자원은 아무리 퍼내도 바닥날 줄 모르는 것처럼 보였다. 대량으로 어획하던 1615년에 뉴펀들랜드 근해에서는 어선이 350척 정도 됐을 것이며, 한 척당 평균 12만 5000마리 정도를 잡았고, 이중 상당수는 최대 길이 2미터에 무게 91킬로그램쯤이었다. 오늘날 대구 크기에 비하면 엄청나다. 당시에 다트머스와 플리머스 같은 잉글랜드 서쪽의 항구 도시들은 대구 교역에서 주역으로 떠올랐다. 종교개혁으로 가톨릭교의 고대 규율을 지키는 사람들이 줄어든 시기에도, 육지와 바다에서의 전

• 이스라엘 민족이 모세의 인도로 이집트에서 탈출하여 가나안 땅으로 가던 도중에 광야에서 먹을 음식과 마실 물이 없어 방황하고 있을 때, 여호와가 하늘에서 날마다 내려 주었다고 하는 기적의 음식

투로 감소한 공급처가 메워지고도 남았다. 염장 청어와 건대구는 군인, 선원, 화물선에게 중요한 식품이었다. 하지만 항구 하역량의 부족이 경제적으로나 정치적으로 심각한 타격을 입힐 만한 상황을 감안해서 영국 의회는 잉글랜드에서 육식을 삼가고 물고기를 먹는 날을 지정하는 법안을 통과시켰다. 1563년에도 잉글랜드의 국무장관 윌리엄 세실William Cecil, 1520~1598이 물고기 먹는 날을 적극 권장했다. "그래야 해안의 사람들과 거주지가 굳건해지고, 선단은 그 어느 때보다 융성할 것입니다."[8] 이러한 노력이 17세기에는 학구적으로 펼쳐지면서 영국은 추위에 내성 있는 작물과 소와 양의 새로운 사육 방식에 힘입어 마침내 식량에서 자급자족하게 되었다. 그에 따라 그 무렵에 잉글랜드인은 저염된 건조 대구의 대부분을 남쪽의 가톨릭 국가로 수출했다.

연안 근처에서 정주하는 식으로 말린 건대구 어업은 소금이 덜 필요했고, 잉글랜드의 어부들은 이 분야에서 특기를 발휘했다. 어부들은 타고 온 대형 어선을 정박시켜 놓고, 삭구索具도 벗겨 놓은 후에 해변에서 뚝딱 조립한 소형 조립식 배로 고기를 잡았다. 연안에 보존 처리용 임시 시설과 건조대도 세웠다. 그러다 9월이 오면 모든 시설을 철거한 후 배를 타고 귀국길에 올랐다. 고기잡이 방법은 예전과 흡사했지만, 선박은 훨씬 더 컸다. 어떤 배들은 배수량이 300톤급에 이르러 어부, 보존 처리 담당자, 기술공 등 150명까지 태우고 다니기도 했다. 연안 근처의 플랑크톤을 먹는 열빙어처럼 작은 물고기나 갑각류를 먹으며 서식하는 곳에서 대구를 어획할 때는 양끝이 똑같고 노를 저어야 하는 조각배를 활용했다. 조각배를 정박해 두거나 둥둥 떠가게 놔둔 상태에서 고등어를 미끼로 매단 낚싯줄을 설치하는 식이었다. 대구가 너무 풍성해서 쇠 낚싯바늘, 납추 같은 중세의 간단한 기술도 마법 같은 효과를 냈다. 어떤 배들은 오후쯤 되면, 무려 1000마리까지도 낚았다. 잡은 대구가 육지로 실려 오면 헤드head나 스플리터spliter(가르는 사람)로 불리는 보존 처리 일꾼이 단 몇 초에 머리를 잘라 내고, 내장을 제거하고 살점을 갈라낸 다음에 변질되지 않게 소금 더미 위에 얹어 두었다. 그러면 손질된 물고기를 바닷물에 씻어 돌멩이를 깔아 놓은 곳이나 건조대에 얹어 말렸다. 그렇게 4~5일간 건조한 대구를 차곡차곡 쌓아올렸다. 어부 한 명당 한 계절에 대략 10톤 정도를 잡았다고 한다.

연안의 정주 어업 시설이 늘어나고 좋은 자리를 차지하려는 싸움이 치열해지면서 잉글랜드인은 그곳에 관리자를 남겨 두기 시작했다. 특히 명당일수록 더욱 그랬다. 다음 계절을 위한 모든 것을 준비해야 하는 관리자들은 출항하는 때 배에 오르지 않고 달아난 이들과 함께 뉴펀들랜드에서 최초로 영구 정착한 유럽인이 되었다. 전쟁을 비롯한 본국에서의 여러 사건들로 인해 해마다 찾아오는 인원도 달랐다. 이렇게 이동하는 어부들 전원이 겨울 내내 무인도에 고립되었던 해도 몇 번 있었고, 1700년에는 이렇게 겨울을 난 사람들이 약 2000명이나 되었다.

인원은 해마다 오르내리다가 1713년에 위트레흐트 조약Treaty of Utrecht으로 스페인 왕위계승 전쟁이 끝나면서 안정되었는데, 이때부터 뉴펀들랜드 어장이 크게 침체되기도 했다.[9] 어선이 너무 몰리면서 1683년부터 어장량 고갈에 대한 우려가 제기된 터였다. 어쨌거나 이렇게 배를 끌고 오는 이들 대부분이 유럽 어장을

(The Stapleton Collection/ Bridgeman Images)

〈물고기를 보존 처리하는 모습. 뉴펀들랜드 연안 어장〉,
G. 브라마티G. Bramati의 1825년경 작품

크게 황폐시킨 적이 있는 사람들이었다. 한 관찰자는 다음과 같은 견해를 남기기도 했다. "그렇게 많은 어선에게 끊임없이 물고기를 대 줄 만한 어장은 이 세상 어디에도 없다…… 저 많은 배의 절반 정도만 고기를 잡았다면, 일 년만에 앞으로 여러 해에 손해를 끼칠 만큼 심하게 어장이 파괴되지는 않았을 것이다."[10] 어선이 너무 몰려드는 것도 문제였지만, 어장에서 가까운 연안 자리를 잡는 것 역시 골치 아팠다. 쓸데없는 말다툼이 생기지 않을 만한 곳으로, 또 거친 바람과 바다를 피할 만한 곳으로 자리를 잡기란 여간 만만치 않았다. 좋은 자리를 선점하려는 경쟁이 대단했다.

잉글랜드인이 해안 가까이에서 고기를 잡던 곳으로부터 남쪽으로 떨어진 곳에서는 프랑스인이 훨씬 더 광대한 연안 어장에서 어획 활동을 벌였다. 프랑스인의 배는 대부분 육지로 들어오지 않고 근해 어장에서 여러 종의 대구를 포획했기 때문에, 육지 가까이에서의 경쟁을 벌일 걱정도 덜었다. 선장은 대서양을 가로질러 오면서 납을 매단 낚싯줄로 얕은 수역을 찾았다. 그랜드뱅크 같이 안개가 자욱한 데다 대체로 늦겨울이면 폭풍우가 자주 몰려오는 곳에서는 이런 일이 까다로웠다(지도17 참조). 일단 얕은 물에 자리를 잡으면 배가 둥둥 떠다니는 동안 선원들이 배의 양편에 조잡한 고기잡이용 난간을 설치했다. 그리고 배와 끈으로 묶인 통 속에 어부들이 들어가 서 있으면 날카로운 낚싯바늘에 몸이 베이지 않도록 통 위쪽은 짚으로 채웠다. 어부들이 대구를 낚아 올리면 역시 통 속에 들어가 서 있는 보존 처리 일꾼이 받아서 머리를 자르고 내장을 제거한 뒤에 용기 안으로 던져 넣었고, 그러면 염장 일꾼이 소금으로 두툼하게 덮었다. 그렇게 2~3일 정도 두었는데, 용기 안에 대구가 가득 채워지면 일이 끝났다.

일은 말도 못하게 힘들었다. 지독한 악천후 속에서조차 휴식 시간이 없었다. 소설가 피에르 로티Pierre Loti, 1850~1923는 아이슬란드 근해에서 대구잡이 어부들을 도와주던 프랑스의 함선에서 해군 장교로 복무한 적이 있었다. 로티는 1886년에 쓴 글에서 어부들이 낚싯바늘과 낚싯줄로 묵직한 무게의 대구를 낚아 잽싸게 배안으로 끌어당기기를 끊임없이 반복하며, 고달프도록 단조로운 활동을 이어 갔다고 썼다. 어떤 어부들은 30시간 동안 1000마리가 넘는 대구를 잡아들였다고 한다. "급기야 어부들의 억센 팔도 지쳐서 잠이 들었다. 이제는 몸만 깬 채로 불침번을 서며 고기잡이 동작을 수행했고, 마음은 천국을 만난 듯한 무의식 속을 둥둥 떠다녔다."[11] 프랑스인은 이곳을 독차지하다피시 어업 활동을 펼쳤지만, 1713년 위트레흐트 조약에 서명한 후부터 잉글랜드 어선도 그랜드뱅크에 끼어들었다.

17세기 말까지 뉴펀들랜드 어업은 사익 집단이 맡아서 했다. 잉글랜드 서부 지방의 뉴펀들랜드 어업이 특히 그런 편이어서, 이곳에서는 선장과 육지에서 활동하는 어선단장이 다루기 힘든 선원들을 상대로 그때그때 상황에 따라 임시 변통으로 질서를 유지해 나갔다. 대구는 전략적인 상품이 되었고, 대구 어업은 미래의 해군 수병을 길러 내는 거친 양성소로 여겨졌다. 1620~1625년에는 유럽의 중상주의 국가들이 대서양 유역을 거대한 상권으로 탈바꿈시키면서 염장 생선, 노예, 설탕이 멀리까지 뻗어 있는 교역로를 따라 교류되었다. 뉴펀들랜드, 뉴잉글랜드를 비롯한 여러 아메리카 식민지들은 가두스 모르화Gadus morhua(대서양 대구) 교역을 중심으로 하여 격자형으로 복잡하게 얽힌 교류망에 들어가게 되었다.

1634년에 찰스 1세가 서부 헌장Western Charter을 공표했다. 뉴펀들랜드가 잉글랜드의 땅임을 선포하면서 잉글랜드 법에 위반하는 자는 엄벌에 처한다고 규정했다. 하지만 뉴잉글랜드 상인들이 물고기 교역에서 점점 중요한 자리를 차지하면서 때때로 질이 떨어지는 생선을 노예의 배급 식량으로 파는 등 탐욕스러운 행동도 서슴지 않았고, 그런 행동은 서인도 제도West Indies와의 교역에서 특히 심했다. 1650년대에 보스턴은 주민 수가 3000명이 넘고, 대부분 부유한 상인이 사는 부촌이었다(지도17 참조). 교역 상인들은 술을 먹여 인사불성으로 만들거나 빚더미에 빠지게 하는 식으로 메인 주의 어부들을 속여 등골을 빼먹는 짓까지 마다하지 않았고, 뉴펀들랜드에 먹거리, 싸구려 럼주, 목재, 열대 지역산 상품 등을 잔뜩 들여왔다. 이들은 단기 수익에만 급급했고, 그에 따라 필연적으로 생선 보존 처리의 질은 떨어질 수 밖에 없었다. 이런 품질 저하는 연안 어업에서 유독 두드러졌다.

수백 만 척에 이르는 어선이 대서양을 가로질렀고, 대다수는 일 년에 두 번씩 나가서 언뜻 보기엔 아무리 잡아도 바닥날 것 같지 않은 대구를 풍성하게 어획했다. 고갈의 징후는 전혀 없었다. 하지만 예수회 회원이자 탐험가인 피에르 프랑수아 자비에 드 샤를부아Pierre-Francois-Xavier de Charlevoix, 1682~1761는 1720년에 쓴 글에서 "〔대구의〕 수가 모래사장을 덮은 모래알처럼 많아 보인다"라고 하면서 은근히 경고성 견해도 덧붙였다. "하지만 저런 식으로 하다간 중간에 어업이 중단될 것이다."[12] 샤를부아의 우려는 자연 보호 차원이 아니라 그랜드뱅크에 헤엄쳐 다니는 풍부한 돈벌이 자원에 대한 것이었다. 1747년에 프랑스 어선 564척이 2만 7500명의 어부를 태우고 어획한 대구는 프랑스의 화폐 가치로 100만 파운드에 해당했는데, 이 정도면 당시로서 엄청난 금액이었다. 여기에 더해 뉴잉글랜드 어업까지 급성장하면서 어획량은 어마어마해졌다.

뉴잉글랜드: "바다의 축복"

아메리카 대륙 연안은 뉴펀들랜드에서부터 남서쪽으로 기울어지면서 띄엄띄엄 기복이 완만한 언덕 지대가 이어졌다. 한편 물속에서는 이전 빙하 지대에서 갈라진 빙하 조각이 띄엄띄엄 이어지면서 고래 등 바다 포유동물만이 아니라 대구와 고등어 떼, 그리고 바닷가재까지 어마어마한 수의 바다 생물에게 서식지가 되어 주었다. 1602년에 바솔로뮤 고스널드Bartholomew Gosnold, ?~1607가 향기로운 사사프라스sassafras•를 찾아 잉글랜드 팰머스에서 콩코드Concord호를 타고 항해 길에 나섰다가 메인주에 다다른 후, 남쪽으로 항해를 이어 가다 "아주 인상적인 곶"에 닿았다. 다음은 그 배에 타고 있었던 모험가 가브리엘 아처Gabriel Archer의 글이다. "우리는 이 곶 근처의 깊이 15패덤fathom 지점에 닻을 내렸다가 어마어마한 양의 대구cod를 잡아들였고, 그래서 그곳을 코드곶Cape Cod

• 향이 좋아 차의 재료로도 쓰이는 남아메리카산 나무

으로 바뀌 불렀다(지도17 참조)."[13] 그 뒤로 얼마 지나지 않아 브리스틀 상인들이 두 척의 배를 타고 이 곳에 찾아왔다가 고스널드의 말이 과장이 아니었다는 소식을 전했다. 코드곶의 연안에는 잡은 대구를 보존 처리할 만한 공간도 널찍했다. 이로써 뉴잉글랜드 어업이 막을 올렸다.

뉴잉글랜드의 최초 식민지 개척자들은 농부 출신이었지만, 식량 부족으로 어쩔 수 없이 근처의 풍성한 자원을 이용할 수밖에 없었다. 역사가 제프리 볼스터의 말마따나 "잉글랜드에서 농사꾼이었던 착실하고 평범한 신참 이주민들은…… 마지못해 바다의 품에 안겼다."[14] 어느새 어장 근처와 에일와이프alewive(청어류)와 스멜트smelt(빙어)가 알을 낳는 개울과 강 유역을 따라 신흥 소도시가 출현했다. 식민지 개척자들은 유럽인의 관행을 그대로 따라 강의 상하류와 연안에 어살과 둑을 설치해서 산란기의 물고기를 잡았다. 바닷새 알을 채집하고 코드곶 근해에서 참고래를 사냥하고 작은 배로 선단을 꾸려 근해에서 대구잡이도 벌였다. 급기야 오래 지나지 않아 인근의 어장량은 고갈되었고, 강어귀의 생산성이 쇠퇴했다. 이에 식민지의 치안판사들은 "바다의 축복"을 보존하기 위해 규제에 나섰다. 새로운 규율은 산란기 물고기를 중심으로, 그중에서도 특히 줄무늬농어 위주로 정해졌지만 대구나 농어를 옥수수 밭의 비료로 함부로 사용하지 못하도록 금지하기도 했다.

수백 년에 걸쳐 사람들 사이에서는 그와 정반대되는 주장이 일상적이었음에도 이 지역 당국자들은 뉴잉글랜드 수역의 믿기 힘들 만큼 풍성함이 무한하다는 것을 믿지 않았다. 물방아용 둑과 어살 설치가 메인주 남쪽에서부터 코드곶에 이르기까지 급속도로 퍼지자 역시 예측대로 산란기의 물고기가 급격이 줄어들었다. 볼스터의 지적처럼, 1621년부터 1640년대 사이에 설치된 어살이 3000년간의 어획보다 이 지역의 소하성 물고기에 더 많은 영향을 미쳤다. 정착자들은 딜레마에 놓였다. 물고기를 마구 잡을 것인가, 보존할 것인가의 선택 앞에서 이러지도 저러지도 못했다.

뉴잉글랜드 식민지 개척자들이 유독 걱정한 어종은 에일와이프, 농어, 고등어 같은 물고기였다. 대서양 고등어는 청어처럼 기름기가 많아서 보존 처리하기가 힘들어도 맛좋은 살코기 때문에 아주 인기가 많았다. 북대서양 북쪽 어장의 주요 어종이던 고등어는 낮에는 거대한 무리를 지어 깊은 물속에서 헤엄치고 밤에는 수면으로 올라와서 그물에 잘 잡혔다. 특히 봄과 여름에는 최대 7억 5000만 마리가 떼를 지어 연안 가까이 몰려들었다. 어부들의 관점에서 보면, 대형으로 몰려다니는 것은 불안 거리였다. 1660년부터 남획을 둘러싼 우려가 나오면서 특히 후릿그물 사용을 크게 걱정하는 말들이 나오던 터였다. 현재는 고등어가 청어류와 함께 세계에서 가장 풍성한 어종에 들지만, 당시만 해도 소형어선을 이용해 고기잡이를 하던 식민지 개척자 어부들은 혹시라도 청어 어장량이 감소하면 어쩌나 하는 걱정을 놓지 못했다. 그 어부들 중에는 영국 해협 등지의 대서양 동쪽 어장에서 고갈을 직접 겪은 이들도 있었으니, 그렇게 걱정할 만도 했다.

17세기 중반에는 얼핏 무한정할 것처럼 풍성한 대구가 성장 중인 뉴잉글랜드 어업의 주요 산물로 떠올랐다. 한편으로 막대한 거래량에 따른 필요성 때문에, 또 한편으론 보존 처리와 저장 과정이나 보존 처리시킨 생선 판매의 과정에 따르는 복잡한 물류 체계 때문에 대구잡이는 서서히 상업화되고 있었다. 그러던 중 1642~1651년에 잉글랜드 내전의 영향으로 북아메리카 수역에서 잉글랜드의 어선 수가 급감했다. 뉴잉글랜드 상인들은 유럽 남부의 대구 값 상승을 호기로 이용하기 위해 선단을 독자적으로 투입했다. 이제 아메리카 대륙의 배들이 스페인, 포르투갈, 그리고 대구를 농장 노예의 배급 식량으로 삼은 카리브해 지역으로 대구를 실어 날랐다.[15] 1645~1675년에는 염장 대구의 생산량이 크게 늘면서 뉴잉글랜드 경제의 주요 상품으로 부상했다. 1653년에는 매사추세츠만의 지방집회•가 어업관리위원회를 세웠는가 하면, 어선과 어업 장비에 대한 면세안이 통과되었다. 지방집회는 보존 처리한 생선의 품질 기준을 세우는 동시에 산란기 동안에 대구와 고등어 어업을 금지하는 조치도 취했다. 결국 1668년에는 12월~1월의 산란기 동안 대구잡이를 금지시켰고, 이렇게 제정한다는 것은 한편으로 어업의 장기적 미래에 대한 우려를 암시해 주는 증거이기도 하다. 다만, 이 규정이 언제까지 시행되었는지는 확실치 않다. 어부들은 대체로 하루 안에 항해하고 돌아오는 곳에서만 고기를 잡았지만, 해마다 수천 명의 뉴잉글랜드인 어부들이 뉴펀들랜드 근해인 그랜드뱅크까지 고기잡이를 나서기도 했다.

1713년의 위트레흐트 조약에 따라 프랑스는 뉴펀들랜드에 대한 모든 소유권을 포기해야 했다. 프랑스인은 잡은 물고기를 보존 처리하기 위해 육지에 올라올 수 있었지만, 그곳에 영구 정

• 식민지 시대에 뉴잉글랜드의 입법 · 사법권을 가졌던 기관

착할 수는 없었다.[16] 한편 잉글랜드인은 영구 정착자가 꾸준히 늘면서 프랑스의 어업 영역까지 영역을 넓혀 갔다. 어획률은 하루에 400퀸틀quintal 이상이었다가 150퀸틀로 뚝 떨어지는 식으로 크게 요동쳤고(1퀸틀은 배를 갈라서 절이거나 염장하거나 건조시킨 대구 51킬로그램에 해당함), 고기잡이 열기가 가라앉을 때까지 안정을 찾지 못했다. 그럼에도 불구하고 미국 독립전쟁으로 어획량이 급감하기 전까지인 1760~1775년에 근해 수역은 뉴펀들랜드 어업의 버팀목이 되어 주며, 연간 어획량이 77만5000퀸틀에 이르렀다.

한편 프랑스인은 그랜드뱅크를 주축으로 삼아 세인트로렌스만에서 집중적으로 어획했다. 그랜드뱅크로 오는 배들은 많으면 1200척에 달했지만, 연안 쪽으로는 절대 나오지 않았다. 염장 작업도 선상에서 크기별로 처리했다. 이곳에서 잡히는 대구는 41~55킬로그램 정도 나가는 대형급도 있었지만, 보통은 27~45킬로그램이었고, 27킬로그램 이하도 올라왔다.

최대 6000명의 어부들이 활동하면서 매사추세츠 수역의 어장량이 고갈되자 1713년 전부터 뉴잉글랜드 어선들이 차츰 노바스코샤 여울까지 진출했다. 위트레흐트 조약 이후 소수 뉴잉글랜드 주민들과 유명무실한 수비대가 노바스코샤의 북동쪽 끄트머리에 자리 잡은 근해 어장 인근의 칸소섬Canso Islands에 영구적으로 눌러 살 터전을 세웠다(지도17 참조). 여름마다 대부분 뉴잉글랜드 출신인 어부들 수백 명이 칸소섬으로 몰려들었다. 그러다 가을이면 뉴잉글랜드 소유의 색쉽이 잡은 물고기를 싣고 잉글랜드와 지중해 항구로 출항했다가 소금, 식량 거리 등의 물건을 싣고 섬으로 다시 찾아왔다. 이들은 카리브해 지역에도 물고기를 대 주었다. 1720년대~1730년대는 칸소 어업의 연간 대구 생산량이 최대 5만 퀸틀에 달하면서 보존 처리에 쓰이는 소금도 큰 통으로 5000통이나 되었다. 1745년에 뉴잉글랜드는 연간 물고기 생산량 추정치가 22만 퀸틀이었다. 연간 소비량은 스페인 시장 한 곳만 30만 퀸틀이었고, 이탈리아 반도의 소비량도 이와 비슷했다. 그에 따라 너무 많은 대구가 유럽으로 몰리면서 공급이 과잉되었고, 그 여파로 칸소 어업은 쇠퇴했다. 여기에는 급하게 보존 처리한 생선 품질에 대한 높은 불만도 한 원인으로 작용했다. 19세기에 글로스터와 매사추세츠의 어선들은 주로 조르주뱅크Georges Bank에서 유럽의 선박들과 함께 어획 활동을 펼쳤다(지도17 참조). 매사추세츠 어획으로 꽤 쏠쏠한 수익을 얻자 주의회 의사당에서는 대구를 주州의 번영의 상징으로 삼기까지 했다.

당시엔 인근의 대구 어장량이 근해의 집중적 어획을 떠받쳐 줄 수 없었다. 농경 활동, 습지대 배수 작업, 어살 설치로 인해 연안 가까이의 소하성 어종을 먹고살던 대구와 해덕대구 같은 육식 어종의 식량 공급에 타격을 맞았다. 그 결과 대구는 멸종되지 않았지만, 비교적 크고 생산성이 높은 산란 어종이 자취를 감춰 버렸다. 어부들이 사용한 고기잡이 기술은 대서양 전역에서 중세의 먼 선조들이 쓰던 기술과 그다지 다르지 않았다. 그리고 그 단순한 기술은 본토 가까이에 있는 물고기를 잡으며 그럭저럭 꾸려가기보다 먼 어장으로 항해하는 편이 돈벌이에 더 좋아지자 어획량이 한계에 이르렀다. 잉글랜드인이 15세기 초에 북쪽의 아이슬란드 어장으로 항해를 나간 것도 그 때문이었다. 어획량이 더 풍성한 곳으로 옮겨 가는 전략은 고기잡이만큼이나 그 역사가 오래되었다.

고갈의 불안한 징후에도 태평하던 이들 중에는 자연 철학자들도 있었다. 이들은 바닷물고기란 인간이 무한정 잡을 수 있도록 존재한다는 듯이 주장을 폈다. 심지어 고기잡이가 어장량을 되레 높여 준다고 믿는 식민지 개척자들도 꽤 있었다. 대규모 고기잡이와 사냥의 비극적 영향을 가장 확실하게 보여 주는 사례는 고래 개체수의 급격한 감소다. 메인만과 뉴잉글랜드 연안에는 한때 고래가 수천 마리씩 서식했다. 바스크의 고래잡이 어부들은 메이플라워Mayflower호•가 들어오기 최소 1세기 전부터 이곳에서 고래를 사냥하며, 1530~1620년에 벨아일 해협에서 참고래와 북극고래 수천 마리를 잡아 죽였다. 1660~1701년에는 바스크와 네덜란드의 고래잡이 어부들이 북극 지방 서쪽에서 3만5000~4만 마리의 고래를 대량 학살했고, 그 이후엔 뉴잉글랜드 어부들이 근해 어장에서 불을 붙이는 데 쓸 '기름'을 구하려고 고래를 대량으로 잡았다. 결국 몇 세대가 지나지 않아 근해의 고래는 씨가 말라 버렸다.

기름을 구하기 위해 포획한 것은 고래만이 아니었다. 바다코끼리도 있었다. 바다코끼리는 한 마리당 정제유 한두 통이 나왔고, 그 엄니와 가죽도 아주 귀하게 쓰였다. 세인트로렌스만의 매그덜린섬Magdalen Islands과 남쪽 멀리의 노바스코샤의 세이블섬Sable Island 같은 지대에 수많은 떼를 이루며 서식했다(지도17 참조). 새끼를 낳는 4~6월이 되면 상당 시간을 해변에서 보낸다. 이때 사냥꾼은 개를 이용해 바다코끼리들을 흩어 놓은 다음에 대량으로

• 1620년 뉴잉글랜드 최초 이민자인 청교도들이 타고 온 선박

학살했다. 그 학살의 강도가 너무 심해서, 바다코끼리는 세이블 섬부터 래브라도까지 전멸했고, 현재 북극 수역에서만 서식하고 있다.

대재앙은 물개와 돌고래에게까지 미쳤다. 사냥꾼들은 대체로 느긋하게 죽일 수 있는 장소에 바닥 그물을 설치해 놓고 물개와 돌고래를 잡았다. 1795년에 뉴펀들랜드에서는 스쿠너schooner•• 를 타고 빙하에 내린 선원들이 일주일에 3500마리의 물개를 학살했다.[17]

미국 독립전쟁 발발 무렵엔 뉴잉글랜드 어업이 크게 팽창했다. 이는 서인도 제도의 농장에서 일하는 일꾼에게 물고기를 식량으로 제공한 것이 중요한 요소로 작용했다.[18] 뉴잉글랜드 어업을 떠받쳐 주던 상인들은 최상급 물고기를 유럽에 보내고, '쓰레기' 같고 대체로 보존 처리도 부실한 물고기를 카리브해로 보냈다. 1763년에 300척의 배가 유럽으로 19만2255퀸틀의 상급 상품을 나르고, 서인도 제도로 13만7794퀸틀의 쓰레기 같은 물고기를 운반했다. 이 배들은 카리브해에서 설탕과 럼주를 싣고 유럽으로 운반한 뒤에 대체로 남쪽의 아프리카로 가서 농장 노예를 사서 데려왔다. 뉴잉글랜드 대구 어업의 문제는 불안정성이었다. 호황기가 이어지는가 싶다가 갑자기 어획량이 급감하기도 했다. 1788년에는 근해에서나 그랜드뱅크에서나 어획량이 어마어마하여 대구가 과잉 공급되면서 가격도 폭락했다. 3년 후에는 세인트로렌스만의 어획량이 겨우 60퀸틀에 그쳤다. 당시엔 대구 어장량의 급

•• 돛대가 2~4개 있는 세로돛 범선

격한 널뛰기의 원인을 아무도 설명하지 못했지만, 아마도 수온 변화, 대구의 먹이인 물고기 개체수 변화, 어장의 지나친 남획이 한데 얽히고설키면서 빚어진 결과였을 것이다. 그 이전 유럽에서 일어난 상황이 아무래도 북아메리카에서도 똑같이 재현될 듯한 조짐이 보이고 있었다.

선단이 언제 흉작기를 겪을지는 아무도 예측하지 못했다. 1592년에 돌연 어획량이 형편없어졌고, 1620년과 1651년도 마찬가지였다. 어획량의 급감을 야기하는 원인은 지금도 여전히 설명하기가 힘들다. 그 원인이 무엇이든 간에 흉어인 해는 더 길게 지속되었다. 하지만 17세기 중반부터 19세기 중반까지 대서양 북서쪽의 대구 어장은 뛰어난 복원력으로 수년 동안 연간 15만~25만 톤의 어획량을 나타냈다. 이런 수치는 꾸준히 이어지리라 기대할 수 있으나, 잘 살펴보면 어장량의 급감 조짐이 나타나고 있었다. 18세기 중반의 뉴펀들랜드 어부들은 확실한 고갈 징후가 나타나자 수 세대를 이어 고기잡이를 해 왔던 근해 수역을 포기하고, 래브라도와 뉴펀들랜드 사이의 벨아일 해협 같이 먼 곳으로 고기를 잡으러 나갔다.

1803~1815년의 나폴레옹 전쟁 무렵에는 이동형 어업이 크게 침체되었다. 한편 손낚싯줄과 소형 어선을 이용한 근해 어업은 인근 수역에서 20세기까지도 계속되었다. 고기잡이의 이런 근본적 보수성에도 불구하고 기술 혁신이 일어나기도 했는데, 그중 일부는 미국의 어부들이 독립 후에 권리를 주장하면서 일어났다. 1790~1810년에 무려 1200척의 뉴잉글랜드 어선이 그랜드뱅크와 더 멀리 래브라도까지 항해해 갔다. 1835년 이후 보

스턴 시장에서 수요는 치솟는데 연안 어장량이 점점 고갈되자, 조르주뱅크에서 손낚시 방식의 넙치류 어업이 발전하게 되었다. 그러다 15년이 채 지나지 않아 조르주뱅크 어장량이 심각하게 줄어들자 어부들은 해덕대구로 관심을 돌렸다. 한편, 대구 어획량은 1850년대부터 심각하게 줄어들었다. 스쿠너에서의 손낚시로는 충분하게 잡지 못하자 1850년대에 일부 선장들이 선원들에게 더 넓은 수역에서 간소한 배를 타고 손낚시를 하게 했다. 새로운 전략이 효과를 나타내자 스쿠너에 도리dory•가 층층이 실리기 시작했다. 매일 새벽에 스쿠너에서 도리가 내려지면 어부들은 도리를 타고 더 넓은 수역으로 나가 부채꼴 모양으로 자리를 잡고 고기잡이를 했다. 그리고 저녁이 되면 도리는 다시 모선에 실렸다. 이런 식의 고기잡이는 아주 위험했지만, 어획량이 늘어나기는 했다. **라인 트롤**line trawl, 즉 주낙에 미끼를 매단 낚싯바늘 수백 개를 다는 방식 역시 효과가 좋았다. 미국인 어부들과 프랑스의 대형 배들은 이런 주낙 방식을 채택했지만, 캐나다인은 어장량 고갈에 대한 선견지명의 두려움 때문에 이를 금지했다. 미국의 어선에게도 금지시키려고 했지만 실패했다. 결국 어획량은 극적으로 늘어났고, 1880년에는 대구 어획량이 무려 1억3333만6000킬로그램을 기록했다.[19]

1865년에는 W. H. 휘틀리W. H. Whiteley 선장이 벨아일 해협에서 쓰려고 대구잡이용 덫을 착안해 냈다. 얕은 수심에서 던졌다가 물고기를 잡아 끌어당기는 후릿그물과 달리, 이 덫은 고정 설치된

• 소형 목조 어선

(North Wind Picture Archives/ Alamy Stock Photo)

1880년대에 소형 어선을 타고 그랜드뱅크에서 대구를 잡는 모습.
M. J. 번스M. J. Burns의 작품

그물로 물고기를 유도하는 장치였다. 19세기 말부터 대체로 주낙 사용이 금지된 근해 어장에서 대구잡이용 덫이 보편적으로 사용되었다. 동시에 증기 기관선이 물개 사냥에 채택되었다가 이후 대구 어업에서도 이용되었다. 이 신기술은 연안 어업에서의 효율성을 높여 주는 쪽으로는 별 영향을 미치지 않았지만, 훨씬 더 큰 규모의 화물을 시장으로 실어 나를 수 있게 해 주면서 공급 과잉과 가격 폭락이 일어났다가 뒤이어 어획량 급감과 가격 상승으로 이어지는 필연적 순환 구조를 유발시켰다.

시장 자체도 급속도로 변하고 있었다. 염장 대구의 생산량은 1880년대에 최정점을 찍었다가 카리브해 농장의 사탕수수 설탕 시장 침체, 다른 식량과의 경쟁, 생물 생선 판로의 급속한 팽창과 맞물리면서 하락했다. 설상가상으로 1870년대에는 현재 안타깝게도 고갈되어 버린 대서양 북서부 어장 등 여러 수역에서 바닷가재 어업이 전통적 대구 어업을 앞지르기도 했다.

22. 고갈

여기는 1845년경의 메인만 근해에 있는 조르주뱅크다. 고기잡이용 스쿠너 한 척이 안개 속으로 범포 덫을 펼치고 유령처럼 지나간다. 선장이 어둑어둑한 그 사이에서 온 신경을 모아 주변을 살펴보고 있다. 선장의 모자는 어느새 이슬비에 젖어 챙에서 빗물이 뚝뚝 떨어진다. 그의 앞쪽에 한 선원이 납을 매단 낚싯줄을 건들건들 흔들고 있다. 배가 앞으로 서서히 나가는 동안 선원은 큰 소리로 수심을 외친다. "수심 6 〔패덤fathoms〕. 수심 5." 선장이 조타수에게 손짓을 보내자 조타수가 배의 앞부분을 바람 쪽으로 돌린다. "이제 내려." 조타수가 외치자 닻이 잔잔한 물속으로 던져진다. 몇 분 후, 선원들은 낚싯바늘과 낚싯줄을 들고 배 난간에 자리를 잡는다. 한 시간이 지나도록 고기잡이가 영 신통치 않자 이들은 닻을 올려서 다른 지점을 찾아 나선다. 선장과 항해사가 맑은 바다를 주시하는 가운데 배가 유령처럼 앞으로 쓱 나간다. 얼마

후 네 개의 닻이 던져진다. 이번엔 드디어 제대로 명당을 찾았는지, 난간 위로 대구 수백 마리가 올라온다.

역사적 기록을 되짚어 보면, 대서양 근해 얕은 물에서의 대구잡이는 그다지 어려울 것 없는 일처럼 보인다. 세계에서 가장 풍성한 어장에서 기록적인 어획량을 거둔 대목이 아주 수두룩하니 말이다. 하지만 대서양에서도 다른 곳과 다를 바 없이 어부들은 사냥감과 수 싸움을 벌여야 했다. 고기잡이의 성패는 연륜과 관찰력에 따라, 때로는 책략에 따라 결정되었다. 잡으려는 물고기의 습성과 변덕에 따라 좌우되기도 한다. 이런 식의 고기잡이에서는 예나 지금이나 노련함과 기회주의가 한데 얽혀 있다. 당시에는 바다 속 수백 미터 깊이까지 들여다볼 수 있는 전기 장비도 없어서, 수면 아래에 물고기가 얼마나 있는지를 볼 수도 없었다.

생존형 고기잡이는 아직도 왕성하게 벌어지고 있다. 현재도 여전히 인도의 해안에서는 손 그물을 치고, 아마존강의 열대우림 주민들은 대형 아라파이마Arapaima를 그물로 잡으며, 아메리카 원주민들은 태평양에서 상류로 거슬러 올라가는 연어를 작살로 잡는다. 수백 만 명이 강, 호수, 바다에 의존해서 먹을 것을 구하고 있다. 과거보다 민물을 찾아오는 물고기와 근해에 서식하는 물고기들이 더 많은 까닭에, 세계의 수많은 지역에서 엄격하게 단속하는 와중에도 남획이 일상적으로 벌어지고 있다.

고고학 유적을 통해 고갈의 징후를 감지하기는 상당히 어렵다. 다만 물고기 크기의 감소와 어종의 변화가 그 단서를 제시해 주기는 하는데, 이런 단서가 연체류에서도 발견되고 있다. 남아프리카의 연안 조개무지 일부에서 확인된 바에 따르면, 채집자들이 쌍각류를 종류별로 바꿔 가며 이곳저곳 조개 군락지를 싹 비워 내는 통에 연체류의 크기가 줄어들었다. 고대 세계의 거주자들은 남획에 맞서서 전형적 전략인 새로운 어장이나 굴 군락지로 옮겨 갔던 것이다. 인구 밀집도가 훨씬 낮았던 고대 세계에서는 이런 전략이 통했을만 했다. 대체로 도시 없는 생존형 어업은 지속가능성이 있었고, 이때의 최대 위험은 예측을 깨고 연어 떼가 나타나지 않거나 안초비나 청어가 갑자기 사라져 버리는 경우였다.

혁신

서구 세계에서는 대략 3000년 전, 유럽에 대구와 청어의 국제적 시장이 갑자기 출현하면서부터 고기잡이에 대혁신이 시작되었다. 제임스 배럿이 명명한 대로, '어업의 중요한 전환점'은 몇 세대 만에 유럽 어업의 지형을 탈바꿈시켜 놓았다. 그 출발점은 북해에서의 집중적 청어잡이와 바람과 햇빛으로 말린 노르웨이 북부 로포텐 제도의 건대구였다. 종교 교리와 전쟁으로 대구와 청어의 수요가 불붙으면서 북대서양 대구 어업이 탄생했다. 그리고 이때부터 이런 저런 어종을 마구 포획하면서 근해와 그랜드뱅크 수역 모두에서 수백 년간 이어질 북대서양 대구 개체수의 황폐화가 시작되었다.

이따금씩 어장량 감소 문제를 우려하는 목소리가 나오면서 특히 연안 인구가 증가한 17세기 이후에는, 의도는 좋았으나 대체로 별 효과를 거두지 못한 법과 규율이 제정되었다.[1] 이런 우려를 제기하는 사람들은 바다에 물고기가 무한하며 남획이라는 것은 있을 수 없다는 대중적 통념에 부딪쳐야 했다. 1609년에 네덜란드 법학자 휴고 그로티우스Hugo Grotius, 1583~1645가 밝힌 다음의 언급은 당시 일반적이고 고질적인 신념을 잘 반영해 준다. "바다와 바다의 이용은 만인에게 공통적이라는 것이 보편 법칙이기 때문에…… 누구나 인정하듯, 수많은 사람이 육지에서 사냥하거나 강에서 물고기를 잡으면 숲에 사는 야생 동물과 강에 사는 물고기는 쉽게 소멸될지 몰라도 그런 우발적 사건은 바다에서 일어날 리가 없다."[2] 앞에서도 말했듯, 심지어 고기잡이가 오히려 바다의 어장량을 풍성하게 해 준다고 주장한 이들도 많았다. 이런 정서는 가장 크고 잡기 쉬운 물고기가 멸종하기 전까지 끈질기게 이어졌다.[3] 그러는 사이에 어살 같이 물고기의 이동을 방해하는 인간의 설치물로 물고기는 점점 더 고갈되었다.

19세기부터는 노르웨이에서부터 뉴잉글랜드에 이르는 지역까지 남획이 미치는 영향이 피부로 느껴졌다. 이제는 물고기를 찾으려면 오랜 경험과 해박한 어장 정보, 시행착오가 필요했다. 풍성한 어획량과 관련된 정보는 철저히 비밀에 부쳐져 선장끼리 구두로 전수되었다. 고기잡이배의 선장들은 뉴잉글랜드 근해의 얕은 바다에 나가면 납과 낚싯줄로 수심을 재면서 주변에 대구가 있다고 판단되면 닻을 내렸다.

광범위한 혁신의 시대였으니 필연적인 결과이기도 했을 테지만, 수요는 늘어나는데 물고기는 더 찾기 힘들어지자 고기잡이 방식이 점점 효율적으로 바뀌었다. 프랑스 어부들은 이른바 고정 주낙set-lining이라는 기술을 착안해 냈다. 아주 긴 주낙줄에 4000개나 되는 낚싯바늘을 달아서 바닥 가까이에 설치해 놓고, 작은 배에서 지켜보는 기술이었다. 하지만 이 기술은 미국인에게 반감을 샀고, 전통적인 손낚시질과 함께 안 그래도 대구 개체수에 가해진 압박을 더욱 가중시키는 원흉이었다. 초반엔 어획량이 늘어났지만 장기적으로 볼 때 파국을 초래했다. 해저까지 낚싯줄을 설치하기 때문에 대구 어장량은 훨씬 빨리 고갈되어 갔다. 한편 근해 얕은 수역에서의 어획량이 감소하자 선장들은 선원에게 도리를 타고 더 먼 수역으로 가서 손낚시를 하게 했다. 이런 식의 손낚시질은 상상할 수 있는 한 가장 고된 고기잡이로 꼽을 만했고, 예측 불가능한 기후 지대에서는 위험천만하기까지 했다. 1850년대에는 코드곶 유역에서 효율성이 대단히 높은 후릿그물을 보편적으로 사용했다. 이렇다 보니 연안과 근해의 어장량은 계속 고갈됐다.

유럽 수역의 어업계 사이에서 아우성이 높아지자 영국 정부는 1863년에 문제점을 조사하기 위해 왕립위원회를 세웠다. 생물학자 토머스 헉슬리Thomas Huxley, 1825~1895까지 합류한 위원회였다.[4] 어부들을 비롯한 여러 전문가들 수백 명으로부터 증언을 듣고, 또 그 반대의 증거가 압도적인 상황이었는데도 위원회는 어획량이 너무 적어져서 어부들이 고기잡이를 멈추면 적절한 때에 어장량이 자연스레 회복될 것이라는 식의 결론을 내렸다. 그 결과 제약 없는 어획이 거침없이 진행되었으니, 오히려 무절제한 어업이 가능하도록 문을 열어 준 셈이었다. 당시에는 아주 파괴적인 기술, 즉 오래전부터 드문드문 이용된 저인망 기술이 보편화된 때였다.

저인망과 저인망 어선

저인망 어업은 북유럽에서 수년 전부터 시작된 방식으로, 연안이나 배를 타고 나가는 얕은 수역에서 사용한 후릿그물을 해저 가까이에 깔았다가 당기는 식으로 바뀌었다. 이런 방식을 쓰면 어획량이 대폭 늘었다.[5] 발트해에서는 밑바닥이 평평한 평저선으로 저인망을 설치하기에 이상적인 환경이라 1302년부터 일찌감치 저인망 어업이 활용되었다. 그후 오래 지나지 않아 어부들 사이에서는 저인망이 바닥을 싹 훑으며 그물을 끌고 다니는 통에 어장에 큰 타격을 준다며 볼멘소리를 했다. 1341년에 네덜란드 연안의 근해에서는 두 척의 배 사이에 펼쳐서 끌고 가는 원더쿠일wonderkuil이라는 촘촘한 망의 그물이 사용 금지되었다. 템스강 어귀에서도 굴 채취용 반두그물과 비슷하지만 크기가 더 큰 저인망 유사 도구들이 사용되면서 결국 1376년에 하원이 에드워드 3세에게 탄원을 올리는 상황까지 치달았다. 어부들 사이에서도 "그물코가 너무 촘촘해서 아주 작은 잔챙이 물고기조차 한번 걸리면 빠져나갈 수 없다"는 불만이 터지고 있었다.[6] 수면 가까이에서 서식하는 어종과 조개는 초토화되었고, 저인망으로 잡히는 잔챙이들은 과잉 공급되면서 돼지 사료로 쓰이기까지 했다. 에드워드 3세는 위원회를 임명하는 조치를 취했고, 이 위원회에서는 사실상 갯대 저인망이나 마찬가지인 도구를 면밀히 검토한 후에 깊은 수역에서만 설치하도록 권고했다. 이미 초반부터 일부 어부들은 해저의 복잡한 서식지를 바닥까지 훑어 버림으로써 생겨날 무시무시한 황폐화에 대해 의식하고 있었다.

그물이 펼쳐져 있도록 한쪽 끝에 목재 대를 대어 주는 식의, 진정한 의미에서 최초의 갯대 저인망은 자위더르해와 북해 연안 저지대의 얕은 수역에서 사용되었다.[7] 플랑드르에서는 이미 1499년에 사용 제한을 위해 여러 번 시도했는데, 이를 잘 살펴보면 당시에 이런 갯대 저인망 도구들을 둘러싸고 논쟁이 어땠는지를 짐작하는데 특히 유용하다. 프랑스에서는 1584년에 이런 그물을 사용하면 사형에 처하기까지 했다. 갯대 저인망을 사용하는 것은 강한 반론을 형성했지만, 어획량이 워낙 막대해서 쉽게 근절되지 않았다.

갯대 저인망이 17세기에 들어와 잉글랜드 남쪽 연안에서 인기를 끌었다. 참나무 갯대는 길이가 약 4미터였고, 저인망 앞쪽 부분은 갯대가 바닥에서 60센티미터가량 떨어져 있게 설계되었다. 1714년에 의회에서는 저인망의 어획 효율성이 너무 좋아 청어, 정어리, 스프랫 청어, 양미리 외의 모든 어종을 미세 저인망으로 잡는 것을 법으로 금지시켰다. 잉글랜드의 초기 저인망 어업에서는 남서부의 주요 어항인 브릭스햄Brixham이 중심축이었다(지도15 참조). 또한 저인망을 끌 때 사용한 고물 쪽이 넓고 깊은 구조인 소형 어선은 원래 두 돛대에 사각돛이 대어지는 방식이었다가, 17세기에 사각돛 대신 선체와 평행 구조를 이루어 조종하기가 쉽고 효율적인 삼각돛(세로돛)으로 바뀌었다.

저인망 어업은 여전히 제한되었는데, 이는 저인망 어업으로부터 엄청나게 싹쓸이 되는 치어를 보호하려는 차원이었다. 그럼에도 불구하고 1830년대에 등록된 저인망 어선은 브릭스햄 한 곳에만 약 112척이나 되었다. 종류를 가리지 않고 바닷물고기를 찾는 수요가 급속도로 늘어나면서 영국 해협과 북해 유역에 저인망 어업이 널리 퍼졌다. 신규로 운행되는 어선도 대거 늘었는데, 얼음을 채워 포장한 생물 생선을 주요 항구에서 런던까지 빠른 속도로 운송해 주는 새로운 철도가 개통된 이후로 특히 더 늘어났다. 1850년대에는 잡은 물고기를 얼음으로 보존하면서 어선들은 연안에서 더 멀리까지 나가 고기를 잡을 수 있었고, 육지의 해산물 시장의 판로도 더욱 확장되었다. 잉글랜드 북동부의 항구 도시 그림즈비Grimsby에서는 1860년 이후 활어조活魚槽를 갖춘 소형 어선 **스맥**smack이 800척이나 운행되었다.

19세기 초반에는 손낚싯줄을 이용하는 어부 한 사람이 하루에 물고기를 200마리씩 거뜬히 잡을 수 있었다. 대구만이 아니라 큰넙치, 홍어까지도 잡혔다. 19세기 말에는 최대 200척의 스맥이 선단을 이루어 일명 '제독'의 지휘하에 공동으로 저인망 작업을 펼치는 경우도 많았다. 저인망 어선들은 바다에 한 번 나가면 2주 내내 어획을 벌였고, 속도가 빠른 소형 배인 커터cutter가 잡은 물고기를 육지 시장으로 수송했다. 수송 작업은 이후 증기선이 맡았다. 스맥에서는 그물을 배 측면으로 던져 넣고 3~5시간 동안 끌고 다니다가 권양기捲揚機를 손으로 힘들게 돌려서 배 위로 끌어 올리는 식으로 어획했다. 가끔씩 저인망에 물고기가 너무 많이 잡혀서 배가 멈출 정도였다. 손낚시 어업과 달리 저인망 어업은 저생어, 저생어를 먹이로 삼는 어종, 연체류 등등 온갖 생명체를 다 끌어 올리는 마구잡이식 포획이었다.

(©Tyne & Wear Archives and Museums/ Bridgeman Images)

〈콘월에서의 정어리잡이: 후릿그물에서 잡은 정어리를 건져 올리는 모습〉,
네이피어 헤미C. Napier Hemy, 1841~1917의 1895년도 습작

증기선, 대변화를 몰고 오다

증기 동력이 등장하면서 상황은 바뀌었다. 제임스 와트James Watt, 1736~1819가 증기 기관을 발명한 것은 1769년이었지만, 증기 기관이 어업에 도입된 시기는 거의 1세기가 지나서였다. 알려진 한 최초의 증기선은 특별 제작된 증기 동력 저인망 어선으로, 1836년과 1838년에 프랑스 아르카숑Arcachon에서 사용되었다(지도15 참조). 그 뒤로 10년이 지나지 않아 증기 동력 어선은 보르도에서 운행되었고, 1856년과 1866년에는 각각 잉글랜드와 미국에서도 실험적으로 이용되었다.[8] 그러다 마침내 1881년에 그림즈비에서 34미터급 저인망 어선 조디악Zodiac호가 진수되었고, 조디악호는 단순히 미친 실험에 그치지 않고 하나의 경제적 제안이 되었다. 1882년에 증기 동력의 저인망 어선 여러 척이 스코틀랜드 수역에서 운행되었으나, 항해하면서 낚싯줄과 유망을 활용하는 어획 방식 차원에서 여전히 벗어나지 못했다. 한편 잉글랜드에서는 증기 동력으로 끌어당기는 갯대 저인망을 적극적으로 도입했다. 돛으로 가는 범선형 저인망 어선은 해체되거나 북해 맞은편의 어부들에게 팔렸다. 그 뒤로 네덜란드와 독일의 저인망 어선 선단 역시 급속도로 성장했다.

증기 동력 저인망 어선의 등장은 엄청난 변화를 몰고 왔다. 무엇보다 먼저, 어선이 바람에 거슬러 운항할 수 있는 동력을 얻었다. 이제 어선의 선장들은 강풍이 불 때마다 위험한 상태에서 벗어나기 위해 돛을 말아 올려 사투를 벌어야 하는 선원을 걱정하지 않아도 되었다. 또한 조류와 해류에 크게 신경 쓰지 않아도 되었다. 증기 동력 어선이 등장하기 전까지 19세기의 어부들은 시속 48킬로미터 이상의 바람이 불어 대는 깊은 수역까지 좀처럼 어획에 나서지 않았지만, 증기 동력 저인망 어선을 활용하면 근해에서 훨씬 오랫동안 항해가 가능할 뿐 아니라 훨씬 거친 환경에서도 버틸 수 있었다. 훨씬 더 깊은 수역에서도 저인망을 끌 수 있어서 범선의 한계치보다 네 배나 높은 수심 400미터까지도 어획에 문제가 없었다. 게다가 그물을 순식간에 15미터 이상까지 넓게 펼쳐 주었다. 강철 케이블이 감긴 증기 동력 권양기를 이용해 물고기로 가득 채워진 그물을 훨씬 짧은 시간 안에 끌어당길 수도 있었다. 어부들은 비교적 거친 해저까지도 거뜬히 긁어 낼 수 있도록 저인망의 목줄에 쇠사슬을 감기도 했다. 1890년대에는 얼음 공장들이 생겨나면서 장기 보존하는 문제까지도 해결되었다. 증기 동력 저인망 어선으로 잡힌 물고기는 범선으로 잡힌 물고기보다 평균 6~8배 정도 더 컸다.

하지만 북해의 어획량은 감소했고, 특히 서대기, 가자미, 넙치 같은 최고급 어종의 어획량이 심각하게 줄었다. 무자비한 어부들은 홍가자미, 해덕대구로 관심을 돌렸지만, 어획량은 여전히 감소했다. 연안 가까이에서 작업하거나 저인망 어선 없이 어획하는 어부들이 불만을 터트리자 1883년에 영국 왕립위원회가 또 한 번 세워졌다. 왕립위원회는 물고기들이 다 죽어 가거나 죽어서 수면에 둥둥 뜬다거나, 해저가 말도 못하게 망가졌다는 열띤 증언을 들었다.[9] 그러나 위원회에는 어부가 단 한 명도 없었고, 위원들은 바다의 심각한 상황에 무지했다. 반면, 어부들은 그 사정을 아주 잘 알았다. 깊은 수역에서의 저인망 어업이 귀중한 무척추 동물들을 사라지게 했고, 목줄이 지나가면서 닥치는 대로 죄다 긁어 낼 때 대합조개, 홍합, 가리비 등도 상당량 그물에 잡혀 왔다가 그대로 버려지고 있음을 실감하고 있었다. 바다에서 잔뼈 굵은 어부들이 성난 어조로 지적했듯, 저인망은 물고기들의 먹잇감을 황폐화시켰을 뿐만 아니라 산란기까지 지장을 주고 있었다. 해양 보존 생물학자 캘럼 로버츠Callum Roberts의 말마따나 왕립위원회의 보고서는 겉치레에 불과했다. 위원회가 내린 결론은 논란의 여지가 있었다. 아니, 터무니없었다. 위원회는 물고기가 게걸스레 먹어 치우는 먹잇감에 비해 갯대 저인망이 일으킨 피해는 미미한 수준이며, "갯대 저인망으로 식용 치어를 과도하다거나 분별없이 잡는다고 볼 만한 증거도 없다"고 밝혔다.[10] 이러한 발표는 어부들을 격분하게 만들었고, 어부의 분개심은 쉬이 가라앉지 않았다.

그렇다고 해서 위원회의 활동으로 상황이 크게 달라진 것도 없었다. 오히려 기술적 혁신으로 다시 한 번 엄청난 변화가 촉발되었다. 한 예로, **그랜턴 저인망**Granton trawl이 도입되었다. 그랜턴 저인망은 그물에 오터보드(저항판)를 부착하여 수압에 의해 그물이 쫙 벌어지게 해 준다. 저인망의 입구가 계속 벌어져 있는 오터보드 덕분에 거친 수역에도 설치가 가능했고, 그에 따라 심해 저인망 어업으로 들어서는 새로운 길을 널찍하게 열어 주었다. 그랜턴 저인망의 도입으로 어획량은 일반적인 갯대 저인망을 사용할 때보다 약 35퍼센트 증가했다. 하지만 어획량의 증가는 수치상으로 보이는 단순한 착각이었다. 사실, 줄어든 어장량으로 인해 어획의 강도가 높아지면서 저인망 어업의 비용은 급격이 상승했다.

일부 수역에서는 물고기를 구경하기도 힘들어져서 낚싯바늘과 덫을 사용하는 전통적인 어장이 사라지기도 했다. 어장량 회복을 위해 일부 만과 강어귀에서의 저인망 어업이 폐쇄되었으나, 이런 노력도 실효를 거두지 못했다. 낚싯바늘과 낚싯줄을 쓰는 어부들이 대거 몰려오면서 어장량이 계속 낮아졌기 때문이다.

건착망과 디젤 동력

증기 기관 장착 어선과 내연 기관 장착 어선은 차원이 달랐다. 1900년 이후 어선은 가솔린 기관이 일반화되었다가 1920년대에는 디젤 동력으로 바뀌었다. 석유가 석탄보다 적재 공간을 훨씬 적게 차지하는 덕분에 이제 어선의 진출 범위는 대서양 멀리까지 확대되었다. 디젤 동력 어선은 같은 크기의 증기 동력 저인망 어선에 비해 어획량이 40퍼센트 더 높았고, 선상에서 잡은 물고기를 가공 처리할 공간도 갖추어졌다. 이런 발전은 근해로부터 멀리에서 작업하는 공선factory ship•의 출현을 이끌었다. 전통적으로 어부들은 잡은 물고기를 배 위에서 염장 처리했지만, 이제는 급속 냉동고와 더불어 바다에 있는 동안 어분을 생산해 주는 기계도 갖추게 되었다. 현재는 저인망 어업이 산업적 규모로 어획하기에 아주 효율적이다. 실제로 대다수 상업화 어업은 저인망이나 건착망을 쓰고 있다. 1850년대경에 로드아일랜드의 고등어 어장에서 처

• 배 안에서 어획물의 처리와 각종 가공품을 만드는 대형 어선

음 출현한 건착망은 물고기를 에워싼 다음에 그물 아래쪽 테두리에 끼운 줄을 당기면 그물이 자루 모양으로 조여지며 물고기가 그 안에 갇히는 구조다. 건착망이 고등어나 비교적 작은 물고기 떼를 잡기에 아주 유용하다는 사실이 밝혀진 이후로, 1880년대에는 건착망의 사용이 멘하덴menhaden(청어의 일종) 어장과 유럽으로 금세 퍼졌다.[11]

대서양 멘하덴(브레부르티아 티라누스*Brevoortia tyrannus*)은 청어과에 속하며, 대구 어업에서 미끼로 쓰였을 뿐만 아니라 급속도로 산업화되는 경제에서 유용한 기름을 대 주기도 했다. 남북 전쟁 때는 뉴욕주 페코닉만Peconic Bay에 있는 6곳의 어유魚油 공장에서 일주일에 약 200만 마리의 멘하덴을 가공했다(지도17 참조). 건착망 어업용 소형 어선이 하루에 15만 마리의 멘하덴을 잡아서 1000마리당 1달러를 받으며 꽤 쏠쏠한 수입을 올렸다. 건착망 사용으로 어장량이 크게 감소하고 있다는 불멘소리가 터져 나오는 와중에도 정제유 산업은 갈수록 성장했다. 1870년대에는 증기 동력선이 멘하덴 건착망 어업에 진입하면서 새로운 어선만이 아니라 뉴잉글랜드의 공장 설립에도 막대한 투자가 이루어져, 공장 건물이 금세 64채로 불어났다. 메인주는 어느새 멘하덴 가공 처리의 중심지가 되었다. 그 이유는 여러 가지가 있겠지만, 어쨌든 살집이 오르고 잘 먹는 6월에 멘하덴이 자기 영역인 북쪽 경계지 메인주 연안의 근해 쪽으로 몰려들었던 덕분이기도 했다.

도살의 규모도 엄청났다. 얼마 못 가서 멘하덴 개체수가 붕괴될 것이라고 항의하는 사람들까지 나올 정도였다. 급기야 1879년에 코드곶의 북쪽으로 멘하덴이 찾아오지 않으면서 어부들과 공장 근로자들은 6년간 일자리를 잃었다. 이처럼 개체수의 급감은 연안 생태계의 자연적 변동과 인간의 남획이 맞물린 결과였다. 연안의 어장량이 고갈되자 맨하덴 어업은 근해로 장소를 옮겼고, 장소 이동은 오늘날 확실히 보여 주었다시피 어선들이 큰 건착망으로 남획하리라는 징조였다. 결국 19세기 말에 멘하덴뿐 아니라 고등어, 큰넙치, 바닷가재 등의 개체수도 급감하고 말았다. 이는 인간이 물고기를 아무리 많이 잡아도 자연이 그만큼 다시 채워 줄 것이라는 식의 생각이 불러온 결과였다. 자연은 인간의 생각대로 굴러가지 않았다.

한편, 유럽인은 동력화된 어선에 건착망을 챙겨서 아이슬란드 근해로 청어를 잡으러 갔다. 1882년에 일본인은 원양에 서식하는 작은 어종을 잡는 데 건착망을 도입했다가 가다랑어를 잡는 그물을 착안해 냈다. 효율적인 건착망 어업은 늘어나는 어유 수요를 충당하는 데 한몫하면서 유용한 돈벌이가 되었다. 1876년에 독일의 어부들은 실험 삼아 양에게 어분을 먹여 키운 바 있었고, 그러다 유럽과 북아메리카에서 동물 사료 시장이 발전하면서 어분 소비가 급등했다. 페루에서는 안초비로 만든 어분이 주요 수출품이 되었다. 1930년대 중반에 프랑스인이 해상에서 운영한 공선에는 물고기를 보존 처리하고 급속 냉동하고 저장하는 시설뿐 아니라 어유와 어분을 생산하는 시설까지 갖추어져 있었다.

북해 수역에서의 어장량이 점점 고갈되면서 어부들은 (이제는 어선과 장비를 마련할 만큼 높은 자본력을 갖춘 정식 기업에서 일하면서) 전형적인 전략을 따랐다. 즉, 다른 곳으로 장소를 옮기면서 저인망 어업 영역을 아이슬란드와 페로스 제도 근해의 어장까지 확대시켰다. 이곳에서의 어업 활동은 초반에 그다지 수익성이 좋지 않았다. 그런데 1930년대에 출력이 높은 엔진과 화물 적재량이 높은 대형급 어선을 사용하면서부터 달라졌다. 1930년대 말에는 이 수역에서의 어획량이 북해를 넘었다.

어업이 국제적 사업으로 커지면서 수많은 국가가 여기에 뛰어들었고, 유럽에서 멀리 떨어진 어장까지 이용했다. 일본은 약 2000년 전에 물고기와 쌀을 통한 자급자족 국가가 되면서 인구가 대략 3000만 명 정도에 이르렀는데, 이는 19세기까지 그대로였다. 그러다 1900년에 약 5000만 명에 이르면서 생선의 수요를 늘리는 데 한몫했고, 국제 어업에서 주요 주자로 활약하게 되었다. 1914년에는 영국보다 더 많은 물고기를 잡으면서 쿠릴 열도, 시베리아 연안, 캄차카 반도 근해에서 연어를 대거 어획했다.

일본인은 참치를 별미로 먹었다. 참치잡이 어선이 동력화되자 일본의 어업 영역은 대폭 확대되었고, 17세기 이후부터 활용한 주낙을 집중적을 설치했다. 1920년대 이후에는 심해 참치잡이로 연중 이동철만이 아니라 일 년 내내 활발히 어획했다. 모선이 이끄는 소형 어선의 선단들은 최대 150킬로미터의 낚싯줄로 참치를 낚았다. 1940년 무렵엔 인구가 약 7800만 명에 달했고, 늘어나는 인구에 따라 생선의 수요도 증가했다.[12]

제2차 세계 대전 이후에는 산업 규모 어업의 강도가 더욱 높아지면서 어업의 양상이 다시 한 번 변했다. 오래 전부터 세계에서 가장 분주하게 어업 활동을 벌인 일본은 어획량이 미국보다 두 배 정도 높았다. 일본인은 저인망 어선을 활용해 베링해에서 게를 잡는가 하면 남극에서 고래를 쫓았고, 중국해에서도 비교적 적은 규모로 어획했다. 전쟁이 벌어지면서 어업이 중단된 몇 년 동안에는 일본과 유럽의 연안 어업이 되살아나기도 했다. 일단 전쟁이 끝나자 일본과 소련 모두 물고기를 잡는 데 혈안이 되면서 거대한 선단을 소유했다. 이런 와중에 기술의 발전으로 더 큰 대형 그물, 항해 거리가 더 확대된 엔진, 용량이 더 커진 선상 냉동고 등이 등장했다. 선장들은 근해로부터 멀리 나가면 훨씬 근사한 어획감이 있다는 사실을 간파했고, 특히 물고기가 풍성하면서도 한 번도 해저가 쓸린 적 없는 미개척 수역으로 관심을 돌렸다.

1950년대 중반에 일본의 어부들은 서태평양 전역에서 어업 활동을 펼쳤다. 활동 영역은 동해에서부터 호주와 그 동쪽으로 하와이의 수역까지 이르렀다. 1970년대에는 한국과 일본의 어업이 국제적 사업으로 확장되면서 규모가 너무 커지자 수많은 국가들이 자국 연안에서 200해리(370킬로미터)까지를 배타적 경제 수역으로 선언했다. 이런 제한은 오히려 어부들을 더 깊은 심해로 나가도록 부추겼다. 왜냐하면 처음엔 주낙과 저인망으로도 막대한 양이 잡혔지만, 얼마 못 가서 신통치 않아졌기 때문이다. 한 조사 결과에 따르면, 미개척 수역에서의 어획률이 15년 만에 80퍼센트나 떨어졌다. 역시 이번에도 전통적인 방식대로 어획 장소를 다른 곳으로 옮겼다. 현재 바다는 주낙들이 꽃줄 장식처럼 여기저기 설치되어 있고, 그중에는 길이 100킬로미터에 3만 개의 낚싯바늘이 걸린 것도 있다.

사람들은 100만 년 넘게 물고기를 잡았지만, 산업적 어업이 성장하면서 불과 150년 사이에 오랜 역사의 어업 활동이 지속 불가능한 지경에 이르렀다. 인구가 늘어남에 따라 수요가 식을 줄을 몰랐고, 급감하는 어장을 놓고 갈등이 심해지자 세계는 또 하나의 전형적 임시방편인 양식으로 관심을 돌리고 있다. 현재 양식업은 급격히 성장하고 있지만, 모든 사람을 먹일 만큼 충분치 못할 것이며, 양식의 생태학적 영향에 대해서도 아직은 이해가 부족하다.

산업화 어업은 거슬러 올라가면 바다에서 생계를 꾸렸던 어부들에게 영향을 미친 의도적 결정들, 힘겹게 쌓은 경험, 정부의 조치까지 그 뿌리가 닿는다. 수많은 어부들은 눈에 띄지 않는 변두리에서 무명의 존재로 고달프게 일하며 대체로 역사가들의 흥미를 끌 만한 극적 요소가 없는 삶을 과묵하게 꾸려 갔다. 하지만 이들이 역사에 공헌한 바는 막대했다. 고대 이집트인은 나일강에서 그물로 수만 마리의 물고기를 잡아 공공 공사에 동원된 수많은 노역자를 먹여 살렸다. 건조되거나 염장된 생선이 노새가 끄는 짐마차에 실려 전쟁터의 로마 군단에게 배급되었다. 노르웨이의 선장들과 선원들은 노르웨이 북부와 아이슬란드에서 수천 마리씩 말린 대구로 끼니를 연명했다. 앞에서도 이야기했듯, 대체적으로 바다 어종의 급감은 대다수 인간이 가진 자질, 즉 기회가 생길 때마다 그 기회를 이용할 줄 아는 능력이 불러온 결과다.

연어 떼, 지중해를 거쳐 이동하는 참치 무리, 그리고 남아메리카 근해의 안초비 떼의 어획 활동은 증기 동력 저인망 어선과 바닥까지 훑는 저인망이 갑자기 등장하기 한참 전부터 행해졌다. 전반적으로 보면, 사람들은 중세, 아니 선사시대부터 거의 진화되지 않은 기술로 물고기를 잡았다. 어느 시대에나 자제를 촉구하는 이들이 늘 있다. 그중에는 어부뿐 아니라 다른 분야의 사람도 있다. 한 예로, 미래 세대를 위해 자원을 보존하는 것에 관심을 가진

17세기의 뉴잉글랜드 치안 판사처럼. 다만 안타깝게도 어장량에 대한 경고는 늘어나는 수요나 그 수요를 충당하는 과정에서 발생하는 수익과 생계, 아니면 물고기를 무한한 자원처럼 여기던 통념에 부딪쳐 제 목소리를 내지 못했다.

오늘날 볼 수 있는 산업 규모 어업의 대형 저인망 어선, 진보된 전자 기술, 동력 갑판 권양기 모두는 선사시대의 전략을 본 떠서 만든 것이다. 수천 년 동안 인간은 고갈될 때마다 새로운 어장으로 옮겨 가는 식으로 대응할 수 있었다. 현재의 저인망 어선들도 여전히 그런 식으로 원양에서 대응하고 있다. 하지만 그 전략은 궁극적으로 실패이며, 유일한 선택안은 어장량이 회복될 수 있도록 어장을 폐쇄하는 길뿐이다. 실제로 캐나다 정부는 1992년에 그해의 어획량이 최절정기인 1968년의 수준에서 1퍼센트에 불과하자 대구 어장을 폐쇄했다. 이곳을 비롯해 여러 어장이 고갈 상황임을 감안하면 심각성을 느낄 만하다.

23. 무한한 바다?

일본 도쿄 중심부에 있던 츠키지 어시장은 동류의 시장 가운데 세계 최대 규모였다. 1935년부터 2016년까지 팔려 나간 해산물이 무려 480종에, 5000만 톤 이상이었다. 수산 시장의 안쪽 공간에 자리 잡은 도매 시장에서는 정식 인가를 받은 상인 900여 명이 작은 노점을 운영하면서 참다랑어의 가공과 경매를 진행했다. 바깥 쪽 공간에는 북적거리는 소매 시장이 마련되어 주방 용품, 식료품, 해산물 등을 판매했다. 어서 빨리 맛보고 싶어 하는 이들을 위해 가능한 한 가장 신선한 초밥이 나오는 식당도 여러 군데 있었다. 츠키지 수산 시장의 내부는 인파로 어수선하고 분위기가 피폐한 데다 생선 판매상과 경매인, 생선을 수북이 실은 삼륜 원동기들로 번잡했다. 그다지 인상적이지 않은 입구의 느낌과 달리 23헥타르(23만 제곱미터) 규모의 이 시장은 미로처럼 얽히고 여기저기에 핏자국이 묻어 있는 좁은 통로에 노출 전구로 불을 밝히면서 날마다 1800톤의 수산물이 거래되었다. 일상적으로 하루에 4만2000명이 이곳에서 일하거나 방문했고, 그중에는 관광객도 많았다. 나도 언젠가 참다랑어 경매를 구경하려고 해가 뜨기도 전에 일어나서 가 본 적이 있다. 육중한 참다랑어들이 목재 팔레트(운반대) 위에 줄줄이 얹혀 있었는데, 모두 내장이 제거된 후 딱지가 붙여 있었다. 경매인들은 그 육중한 참다랑어 앞을 차례로 지나가면서, 꼬리 살을 맛보고 품질을 평가한 다음에 귀 따가운 고함과 수신호로 그것을 하나씩 팔았다. 내가 방문한 날에는 참다랑어 경매 가격대가 한 마리당 4만~20만 달러 선이었지만, 현재는 그보다 훨씬 높다.

옛 도쿄의 유풍이 남아 있어서 좁은 길이 종종 어디가 어딘지 헷갈리기도 했던 츠키지 시장은 금융회사와 명품 매장들이 들어선 호화로운 긴자 지구와 인접해 있었다. 전설에 길이 남을 만한 이 시장은 끝내 2016년에 2020년 도쿄올림픽을 위한 통신 센터 건설을 위해 폐장되었으며, 남쪽으로 3킬로미터 떨어진 도쿄만의 인공섬, 토요스로 이전되었다. 수많은 생선 판매상과 시민들이 이전을 격렬히 반대했지만, 결정을 뒤집기엔 역부족이었다. 최신식 토요스 시장은 어수선한 츠키지 시장에 비해 1.5배 더 크고, 냉난방 시설은 물론 전면 유리로 둘려져 있다. 또한 널찍하고 아주 깔끔한 통로와, 그 통로 주변으로 식당과 매장이 질서정연하게 자리 잡고 있다. 딱 한 가지 그대로인 것이 있는데, 바로 육중한 참다랑어가 경매용으로 목재 팔레트에 눕혀져 있는 광경이다. 하지만 이제 관광객들은 유리창 뒤에서 경매 모습을 지켜봐야 한다. 새롭게 개장된 시장은 방문객이 세계에서 가장 큰 어시장의 떠들

(Majority World/UIG/Bridgeman Images)

2008년 일본 츠키지 수산 시장에 경매용으로 나온 냉동 참다랑어.
구매자들이 품질을 확인할 수 있도록 생선의 꼬리 부분을 베어 벌려 놓았다.

썩한 소란과 냄새와 현장감을 가까이 느끼지 못하게끔 멀찍이 떨어뜨려 놓고 있다. 이는 대중 관광의 세계관에서 참다랑어를 경매할 때 맞닥뜨리는 피와 내장 등 불쾌한 부분을 제거하려는 점에서 보면 이해되지 않는 것도 아니지만, 아무튼 현재의 국제적 어업의 무자비한 현실로부터 방문객을 유리시키고 있는 셈이기도 하다.

일본인은 지구상의 그 어떤 민족보다 물고기를 좋아한다. 일본 정부가 토요스에 엄청난 자금을 투자하는 이유 중 하나도 일본인의 식을 줄 모르는 수요 때문이다. 이런 투자는 폭발적인 인구 증가, 대도시의 팽창, 인간으로 인한 지구온난화가 진행되는 시기에 세계 어업이 얼마나 막대한 규모로 이루는지를 잘 반영해 주는 사례다. 게다가 시점과 때를 같이 하여 바다 어장은 점점 지속가능성을 잃어 가고 있다. 2012년 추산치에 따르면, 당시에 운영 중인 어선의 수는 472만 척에 달했고, 이중 57퍼센트가 동력 엔진 장착 어선이었다. 또 68퍼센트에 해당되는 약 323만 척의 배가 아시아에서 운영되고 있었다.[1]

전 세계의 어획량은 이전 시대에 비하면 미미한 수준이다. 이제 산업화된 어선 선단들은 점점 더 멀리 떨어진 미개척 수역으로 촉수를 뻗쳐 나가고 있다. 산업혁명이 낳은 갯대 저인망 등 도구들을 통해 전해져 온 파괴적인 어업 기술로 인해 신음하는 어장과 황폐화된 해저가 불러올 미래가 눈앞으로 다가와 있다.

어획량이 전 세계 식량 안보에 얼마나 중요한지를 감안하면 의외이지만, 연간 어획량의 정확한 수치는 얻기 힘든 편이다. 우선 세계 어획량과 관련해서 가장 주된 자료인 유엔 식량농업기구United Nations Food and Agriculture Organization, FAO의 추산치에 따르면,

세계의 해상 어장은 1996년에 바닷물고기 8600만 톤으로 정점을 찍었다.[2] 이 수치는 (폐기된 물고기는 산정에 포함되지 않은 것으로) 2010년에 7100만 톤가량으로 떨어지기 전까지는 고른 수준을 유지했다. 한편, 브리티시컬럼비아대학의 과학자 다니엘 파울리Daniel Pauly와 드릭 젤러Dirk Zeller가 지난 수년 동안 수집한 어업 자료에서 그와 다르면서도 정신을 바짝 들게 하는 수치가 나왔다. 파울리와 젤러가 계산한 추산치상으로는 어획량이 1억3000만 톤으로 최정점을 찍었고, 그 뒤로 급감했다. 이 추산치는 취미용 낚시와 생계형 어업을 포함하여 산정한 실질적 어획량이며, FAO가 보고한 자료보다 약 53퍼센트 높지만 매년 120만 톤가량씩 감소하고 있다.[3] 이 계산에 따르면, 산업화된 어업이 2000년의 어획량에 기여한 몫은 8700만 톤에 해당되었다가 2010년에는 7300만 톤으로 떨어졌다. FAO에 따르면, 세계의 해상 어획량의 76퍼센트는 18개국이 차지하며, 각국의 연간 어획량은 100만 톤을 넘었다. 18개국에 속한 나라는 (주로 태평양에서 어업 활동을 벌이는 러시아연방을 포함해서) 모두 아시아다. 이중 중국, 인도네시아, 베트남의 어획량 증가폭이 가장 높았던 반면 일본은 1980년대 초 이후로 어선 선단의 규모가 점차 줄어들었다. 세계적으로 어획량이 가장 크게 증가한 곳은 인도양이었다.

산업적 어업의 어획량은 감소 추세인 반면, 소규모의 가내 어업과 취미용 낚시의 어획량은 1950년대 초반 연간 800만여 톤에서 2010년에 2200만 톤으로 증가했다. 공식 수치의 산정에 가내 어업이 포함되는 경우는 드물지만, 2000~2010년의 가내 어업 어획량은 약 380만 톤으로 추산된다. 취미용 낚시의 어획량이 적어도 기록에 근거하자면 연간 100만 톤 이하에 불과한 것으로 추정되며, 선진국에서는 (잡았다가 다시 놓아 주는 관행을 반영해 주는 듯) 그 수치가 점점 줄어들고 있지만, 개발도상국에서는 증가하는 추세다.

이런 수치들은 대략적 값이지만 치밀하게 논증된 것이다. 파울리와 젤러의 연구 결과는 상당한 논쟁을 일으켰으나, 한 가지만큼은 확실하다. 생존형 어업이 개발도상국의 식량 안보에서 여전히 중요한 토대라는 점이다. 이는 특히 남부 열대 지역과 태평양 지역의 개발도상국일수록 더하다. 취미용 낚시도 무시할 수 없다. 낚시를 취미 활동으로 즐기는 인구가 5500만~6000만 명에 이르면서 세계적으로 연간 400억 달러의 수익을 유발시키고, 전 세계적으로 100만 개가량의 일자리를 창출해 주고 있다고 한다.

산업화된 어업의 어획량 감소는 필연적인 결과였다. 점점 탐욕스러워지는 심해 어업의 역사적 궤적으로 보면 급격한 기술 진보와 2030년쯤엔 약 90억 명에 육박할 것으로 예상되는 세계 인구의 식을 줄 모르는 수요가 맞물리면서 유발된 결과이기 때문이다. 선진 공업국은 자국 현지의 어업만으로 이런 수요를 더 이상 충당할 수 없는 지경이며, 그에 따라 어업 상인은 대체로 아주 멀리 떨어진 개발도상국에서 생선을 수입하거나 저인망 어선이 그런 개발도상국의 수역에서 고기를 잡아 오게 하는 식으로 대응해 왔다. 현지의 영세 어업은 한때 인근 연안 사회에 해산물을 대 주고 어획량의 일부를 내륙과 거래하기도 했지만, 이제는 산업화된 선단에 경쟁 상대가 되지 못하는 데다 정부에서도 지원을 해 주지 않고 있다. 산업화된 어업의 어획량은 세계적으로 감소하는 중일지 몰라도 그 교역의 규모뿐만 아니라 수익은 어마어마하다. 일본 정부가 토요스 시장에 그토록 막대한 자금을 투자하는 이유가 여기에 있다.

FAO에서도 잘 의식하고 있다시피, 세계 어획량의 통계를 들여다 보면 식량 안보와 빈곤 근절 정책이 대규모 및 소규모 어업에 크게 의존하는 시기에 어획량은 안정적이지 못한 기록을 나타내고 있다. 오늘날에 와서 확실해진 바이지만, 1990년대의 높은 어획량은 지속가능하지 못한 수준이었다. FAO가 최근에 산정한 바에 따르면, 2011년에는 어장량에서 생물학적으로 지속가능한 수준을 초과하여 어획된 비율이 29퍼센트로, 그 최고치였던 2008년의 32.5퍼센트보다 낮아졌다.[4] 한편 2011년에 지속가능한 수준으로 어획된 비율은 71퍼센트로, 1974년의 90퍼센트보다 크게 하락했다. 지속 불가능한 어장량을 지속가능한 수준으로 회복시킬 방법은 엄격한 어장량 관리뿐이다. 생물학적으로 지속가능한 수준에서 고기를 잡았던 어업 활동층까지도 신중하게 관리되어야 한다. 지금은 어획량을 확대시킬 만한 여지가 없다. 지속가능한 수준으로 어획량을 낮추는 일은 어업의 압박을 낮추기 위한 조건이기도 하며, 지속가능한 수준으로 어획량을 낮추려면 남획을 방지하기 위한 신중한 관리가 필요하다.

생산력 뛰어난 10어종이 전 세계 해상 어획량의 약 24퍼센트를 차지하는 세계에서 어장량 회복은 쉽지 않은 일이다. 상어, 황새치 같은 원양의 대형 어종은 개체수가 급감했을 뿐만 아니라 연령이 더 높고 더 큰 물고기들이 어획되면서 전체적으로 몸집이 작아졌다. 태평양 남동부 지역에서 안초베타Anchoveta(페루 멸치)는 씨가 마른 것으로 추정되면서 어획량을 늘릴 여지가 전혀 없는 상황이며, 대서양 북동부와 북서부에서는 대서양 청어가 역시 같은 지경에 이르렀다. 대서양 대구의 경우엔, 대서양 북서부에서는 남획 상태이고 대서양 북동부 지역에서는 완전히 씨가 말라 버렸다. 2011년에는 가장 잘 팔리는 참치 어종이 450만 톤이나 잡혔는데, 그중 68퍼센트가 태평양에서 어획되었다. 참치 어장량의 3분의 1이 생물학적으로 지속 불가능한 수준까지 어획되면서 적정 한계치인 약 68퍼센트를 초월하기도 했다. 참치의 수요는 점점 늘어나는 추세라 참치 어업은 수익성이 굉장히 높다. 그에 따라 참치잡이 선단이 너무 많은 실정이지만 유효한 관리 체계는 전무하다.

세계의 해상 어획량이 감소하자 어장량 회복을 위한 다양한 시도가 벌어지기도 했다. 호주, 뉴질랜드, 유럽 북서부 지역, 미국 같은 일부 국가는 할당량 관리 제도를 정착시켰다. 미국에서는 남획 상태의 어장량 회복을 의무화하는 법률이 아주 좋은 효과를 내면서 어장량이 79퍼센트나 상승하여 무난한 수준으로 회복되었다. 1992년에 캐나다 정부는 북부 지대의 대구 생물 자원이 작년 수준의 1퍼센트로 하락하자 전면적인 대구 조업 일시 중단을 공표했다. 하락의 원인은 해저를 싹쓸이하면서 수많은 열빙어뿐 아니라 돈벌이는 안 되지만 생태학적으로 중요한 물고기까지 잡아 버리는 전자 기술과 어업 기술의 동원으로 인한 지나친 남획 때문이었다. 캐나다는 최초 어업 일시 중단 조치를 2년 동안 유지했지만 피해는 돌이킬 수 없었고, 대구 개체수가 아직까지도 충분히 회복되지 못했다. 사회적으로도 파국적 영향을 미치면서 당시에 3만5000명이 넘는 어부들과 생선 공장 근로자들이 일자리를 잃었고, 특히 뉴펀들랜드의 타격이 컸다. 일부 어부들은 대구가 사라지자 다시 돌아온 대게 같은 무척추동물로 조업 어종을 바꾸기도 하는 등 뉴펀들랜드에서 전반적으로 생활 방식을 변화시켜야 했다. 하지만 현재는 어느 정도 낙관론을 품을 만 한 상황이다. 2005년부터 차츰 회복의 징후가 보이더니 5년 후에는 그랜드뱅크의 어장량이 2007년 이후로 69퍼센트까지 증가했기 때문이다. 하지만 아직도 원래 어장량의 10퍼센트 수준에 불과하다. 게다가 지구온난화로 인한 수온 상승 같은 복합적 부가 요인까지 감안하면 갈 길은 더욱 멀다.[5]

현재 세계는 더 이상 어장량이 무한하다는 식의 여유를 부릴 처지가 못 된다. 북해의 청해 어업은 1970년대에 영토 경계 내에서의 자유 어업 활동을 벌이다가 결국 침체되었다.[6] 당시 이 수역에서는 적어도 14개국이 무제한적으로 어업 활동을 벌이고 있었다. 어획량이 감소하면서 가격은 상승했지만, 어떤 식으로든 어획량의 급감은 어업과 동물 사료 시장에 잠재적인 불안 요소였다. 그러다 북해 주변의 모든 국가가 배타적 수역을 200해리(370킬로미터)로 확대하며 자유 어업 수역이 사라지고 각국 정부가 자체적 보호 조치를 강행하면서부터 변화가 생겼다. 유럽연합EU에서도 공동어업정책•에 합의하며, EU 회원국 수역 관리의 책임을 맡았다. 그에 따른 영향은 즉각적으로 나타났다. 독일 통조림 산업이 큰 타격을 받았고 수많은 어업이 파산했는가 하면, 네덜란드의 청

• 각 회원국이 잡을 수 있는 물고기의 양을 결정할 뿐 아니라 다양한 시장 개입을 통해 어업 산업을 장려한다.

어잡이 저인망 어선 선단의 규모는 50척에서 12척으로 축소되었다. 영국에서는 이제 아침 식사로 훈제 청어를 먹지 않는 사람들이 많아졌다.

EU의 관리는 단기적으로 좋은 성과를 보였지만, 장기적 성과는 아직 두고 봐야 한다. 더 광범위한 생태계에 대한 과학적 이해가 여전히 빈약한 만큼 단정하기엔 이르다. 하지만 북해의 어장량은 상태가 나아졌다. 이따금씩 흉어인 해를 맞기도 하지만 대체로 청어 어장량이 크게 안정되었다. 2012년에 국제해양개발위원회International Council for the Exploration of the Sea, ICES에서도 할당량을 16퍼센트 늘려 55만5086톤으로 높이도록 권고했다. 북해의 대구와 해덕대구 어장량도 대폭적으로 개선되는 중이다.[7] 이런 사례는 ICES가 어업 압박이 심화된 스페인 수역의 남방대구 할당량에 대해서는 62퍼센트 감소를 권고한 것과 대비된다. 이제는 유럽의 수많은 어부들이 그간 치른 희생을 보상받는 듯하다.

그 외의 세계 여러 지역에서도 관리되지 않은 채 무절제하게 어획되는 어장들에서 남획의 뚜렷한 징후가 나타나고 있다. 그에 따라 현재 심각한 생태학적 파국이 일어나고 있지만, 어장량이 이렇게 남획되기 전에 잘만 관리했다면 세계적으로 약 1650만 톤까지 체계적 회복이 가능했을 수 있었다. 특히 육지에서 멀리 떨어진 원양 어장들이 생산성을 확실히 유지하기 위해 잘 단속하고 관리했더라면 더더욱 그리 되었을 가능성이 높다. 실제로 어장량을 회복하려면 전 세계가 아직까지 유례없는 높은 수준의 정치적 의지를 보여 주어야 한다. 잠재적으로 실현 가능한 전략이 한 가지 더 있다. 해양 보호 구역의 지정이다. 이 글을 쓰는 지금, 조업을 금지하여 보호하는 수역은 전체 바다의 1퍼센트도 되지 않는다. 아니 1퍼센트 중에서도 5분의 3정도가 될까 말까 한다. 해양생물학자 캘럼 로버츠는 어장량을 보존하기 위해서는 해양 보호 구역이 지금보다 50배는 더 필요하다고 본다. 여러 바다 수역에서 경제적 이해 관계로 얽힌 그 수많은 집단을 감안하면 실현 가능성이 희박한 수치다.[8]

물고기가 세계에서 가장 많이 거래되는 상품이 되면서 전 세계적으로 어업에 종사하는 인구가 수백 만 명에 이르고 있다. 따라서 철저한 관리와 해양 보호 구역의 지정은 영양물 섭취의 측면만이 아니라 일자리와 교역의 측면에서도 아주 중요하다. 어업의 분야에서 가장 주목할 만한 신흥 주자는 바로 양식이다. 식용 목적의 양식은 세계적으로 꾸준히 증가하고 있지만, 최근 몇 년 사이에 그 추세가 둔화되었다. 양식어의 비율은 2012년에 세계 총어업 생산량 중 42.5퍼센트를 차지하면서 2000년의 25.7퍼센트나 10년 전의 13.4퍼센트에 비해 높아졌다. 2013년에 중국 한 곳에서만 양식어의 생산량이 4350만 톤에 달했다. 아시아는 2008년 이후로 양식 비중이 자연산보다 더 높아지면서 2012년에 무려 54퍼센트나 되었다. 그에 비해 유럽은 18퍼센트에 불과한데, 이는 자연 수역의 어장량을 관리하기 위한 철저한 노력에 따른 결과일지 모른다. 한편 미국, 일본, 프랑스에서 양식의 생산량이 사실상 하락한 이유는 해외에서의 생산비가 더 낮기 때문이다.[9]

양식은 한동안 지속되리라는 점에 의심의 여지가 없다. 전 세계의 식용 양식어는 2000년에 3240만 톤이었고, 2020년에는 두 배로 뛰어 6660만 톤이 되었다. 2014년에는 전 세계 양식어의

96.3퍼센트를 25개국에서 생산했다. 양식은 육상 양식만이 아니라 바다 양식도 있다. 현재 중국의 민물고기 양식은 내국의 거대한 시장에서 주요한 상품이며, 2012년에는 인류의 55퍼센트가 중국, 인도, 방글라데시, 인도네시아, 일본 같은 인구 밀집 국가의 국민이었다. 2012년에 남아시아, 동남아시아, 동아시아에 속하는 국가들은 세계의 양식어 생산량에서 87.5퍼센트를 생산하면서 수백 만 명의 국민을 먹일 수 있었다.

전 세계 어장에는 기후 변화라는 위협이 드리워져 있다. 북대서양진동과 태평양의 엘니뇨 같은 기후 변화는 물고기의 개체수에 예외 없이 영향을 미쳤다. 기후 변화의 위협과 관련된 정보는 기껏해야 누덕누덕 주워 모은 수준이고, 어떤 경우엔 단순한 수사修辭에 불과해서 어장의 취약성을 제대로 판단하기가 힘들다. 물고기는 대체로 수온 변화와 산도 변화에 민감하며, 대서양의 청어와 대구는 이런 민감성을 잘 보여 준다. 산호초는 수온이 올라가면 색을 잃는 표백 현상이 심해지고, 해수면이 상승하면 얕은 수역, 강어귀, 맹그로브 습지대의 어장 환경이 변하게 된다. 미미한 기후 변화조차도 생존형 어업과 가내 어업에 여러 타격을 가할 소지가 있다. 심해에서 활동하는 어부들은 조업 지대를 옮길 만한 배와 자원을 소유하고 있기 때문에 타격이 덜하다.

어쩌면 기후 변화에 맞설 가장 효과적인 무기는 양식일지 모른다. 대체로 방풍이 잘 되는 수역에 자리 잡고 있으니 말이다. 하지만 그런 물고기 양식업자조차 기온 변화를 비롯해 생산성에 영향을 미치는 그 외의 미묘한 요소에 경각심을 기울여야 한다. 바다의 수온 변화에 따라 물고기의 개체수가 늘었다 줄었다 하는 일은 수천 년부터 쭉 있어 온 일이다. 하지만 앞으로 지구가 점점 더 뜨거워지면 허리케인과 토네이도 등의 강도는 더 높아지고 빈도는 더 잦아져서 갑자기 불어난 바닷물로 몇 시간 내에 조개 군락지와 강어귀가 휩쓸려 나갈 것이다. 기후 변화가 어장에 미칠 영향이 걱정된다면 고古생태학 기록과 환경 변화에 순조롭게 적응한 훨씬 이전 시대 어부들의 경험에 각별히 관심을 기울일 필요가 있다.

페루의 북부 연안 지대를 예로 살펴보자. 페루의 안초비 어장은 복잡한 역사가 하나 있다. 한때 잘 나가던 구아노(비료로 수출된 바닷새의 배설물) 산업과 복잡하게 얽힌 역사다. 당시 페루의 구아노 산업은 안초비를 먹고 사는 바닷새 개체수를 유지하는 데 관심이 컸을 것이다. 그러던 1950년에 캘리포니아의 정어리 어장이 붕괴되자 마침 가금류와 돼지의 사료 수요가 막대해 어분이 저렴한 단백질원으로 인기를 끌던 그때, 페루인은 헐값으로 어선을 구했다. 바로 그 1950년에 페루의 최초 어분 공장이 비밀리에 지어졌지만, 정부에서 구아노 이익 집단이 어장에 부과시킨 제약을 풀어 준 것은 1959년이 되어서였다. 어분 생산량은 정부가 구아노보다 어분의 가치가 다섯 배가량 더 높다는 사실을 깨달은 그때 이후로 대폭 증가했다.

그 뒤의 상황은 우리에게 익숙한 시나리오대로였다. 즉, 훨씬 더 대형급의 철제 어선이 목제 어선을 대체하고, 수중 음파 탐지기와 흡입 펌프 같은 과학 기술 장비들이 사용되고, 나일론 그물이 목화 그물을 대체하는 식이었다. 안초비 어업에서 돈을 쉽게 벌 기회가 엿보이자 새로운 투자자도 생겨났다. 어느새 안초비 어획량이 껑충 치솟으며 지속가능한 수준을 크게 넘어섰다. 1970년에는 약 1450명의 어부들이 선단을 이루어 건착망으로 조업을 벌였다. 이 정도면 이론상으로 175일 만에 안초비 1300만 톤을 수확할 수 있어서, 어장 전문가의 권고 수준인 750만보다 훨씬 많이 잡았을 것이다. 결국 정부는 안초비 어업이 위기에 빠지고 있음을 인지하면서 안초비 어업을 국영화시키고 어획량을 절반으로 줄였다. 이로 인해 어업계는 타격을 입었다. 1976년에 정부는 지속가능성이 여전히 위기에 놓여 있긴 했으나 안초비 어업을 민영화시켰다. 한편 연안 지대에 강력한 엘니뇨가 잇달아 닥치고 이따금씩 조업 제약이 시행되면서 어장량은 회복될 여지가 생겼다. 현재 이곳 어장의 잠재적 생산량은 어장 위원단이 몇 년 전에 권고한 어획량 기준에 가까운 약 760만 톤가량이다. 하지만 아직 안정화되지 않은 데다 과도한 남획까지 벌어지고 있다. 2014년에는 어획량이 220만 톤밖에 안 되어 엘니뇨가 닥친 2015년보다 훨씬 낮았다. 어쩌면 어장을 관리하는 사람들이 기후 환경에 세심히 주의를 기울인다면, 어장은 철저한 관리를 통해 지속가능성을 유지할 수 있을 지도 모른다. 하지만 지구상에는 이곳 외에도 심각하게 남획되는 어장들이 수두룩하다.

예나 지금이나 사람들은 당연한 권리라도 되는 양 물고기를 잡아 왔고, 이런 태도는 상업적 어업만이 아니라 취미용 낚시에도 강력한 동기로 작용했다. 역사가 이어져 오는 내내 인간은 환경적인 면에서 대체로 무관심하기도 했다. 이제는 고갈된 바다에서 고기잡이를 이어 가면서 동시에 바다를 보호할 방법을 찾아야 한다. 인구가 폭발적으로 증가하고, 특히 아시아를 중심으로 물고기 수요가 식을 줄 모르는 가운데 어장의 황폐화 속도를 늦추는 한편 어장을 회복시키기 위한 다양한 시도가 전 세계적으로 펼쳐지고 있다. 이런 시도가 전 세계적으로 얼마나 성공할지 미지수이지만, 미래는 이미 가까이에 와 있다. 몇 세대가 채 지나지 않아서 지구상 물고기는 거의 모두 자연산에서 양식으로 바뀔지 모른다. 마침내 이집트 관리들, 로마의 사치와 향락을 일삼던 무리들, 중국의 잉어 어부들이 개발한 전략이 백만 년 넘도록 이어져 온 야생에서의 고기잡이를 밀어 내고 그 자리를 꿰찰 수도 있다.

이 책의 도입부에서도 언급했다시피, 350년도 더 전에 아이작 월턴은 "물이 땅보다 생산력이 더 풍부하다"[10]라고 말했다. 그러나 어업의 산업화, 인구 증가, 기술 혁신이 맞물리면서 이제 이 문장은 더 이상 맞지 않는 직전까지 이르렀다. 우리는 해양 자원을 광범위하고 엄격하게 관리하며 거대한 망을 구축하는 동시에 체계적으로 서식지를 보호함으로써 물고기 교역과 자연 보호에 두루 신경을 쓸 수밖에 없다. 그런 태도를 취하려면 아주 고리타분하게 느껴질 만큼 장기적 사고가 필요하다. 월턴이 칭송한 어부의 자질인 "근면성, 관찰력, 훈련"[11]을 상기해야 한다. 수천 년 동안 사람들은 이런 교훈을 잘 따라왔다. 하지만 지난 몇 백 년 사이에 근면성은 파괴적 어획에 밀려나 버렸다. 이전까지 아주 풍요로웠던 바다를 영영 사막화시키고 싶지 않다면, 지속가능한 어업은 월턴의 조용한 낚시와 마찬가지로 하나의 예술이라는 것을 기억하는 편이 낫다. 안 그러면 바다에서 더 이상 물고기를 구경하지 못할 테니까.

감사의 말

나는 내가 미처 의식하지 못하는 동안 평생에 걸쳐 이 책을 작업해 왔다. 어부와 배들 근처를 평생 맴돌면서 나의 뇌리 한 편에서는 이 이야기를 엮으려고 조사가 벌어지고 있었다. 나는 여가 시간에 작은 보트를 타고 자주 항해했다. 어떤 날은 동력 보트로, 또 어떤 날은 무동력 보트를 타고. 몇 년 전에 항해의 초기 역사를 다룬 『인류의 대항해』라는 책을 썼는데, 그것도 내가 물 위에서 시간을 보내던 중에 싹튼 것이다. 고대 뱃사람과 다양한 기복을 지닌 바다와의 관계가 책의 주된 주제였다. 나는 직접 항해한 경험이 있는 데다 『인류의 대항해』를 쓰면서 바다에서든 민물에서든 고기잡이를 펼치는 이들에 대한 공경심이 마음 깊이 우러났다. 어획감에 대해서든, 그 어획감을 찾는 수역에 대해서든 어부들의 통찰력은 초창기 고기잡이의 주요 동기인 기회주의를 훌쩍 넘어서 있다. 이번 기회를 통해 고기잡이를 업으로 삼든 취미로 즐기든 모든 어부들에게 진심으로 고마운 마음을 전한다. 자신의 경험을 기꺼이 나누어 주고, 고기잡이를 관찰할 수 있게 해 주었는가 하면 내가 틀리면 호되게 꾸짖어 바로잡아 준 모든 분께 정말 감사드린다.

이 책은 고고학과 역사부터 고기잡이 전략, 고기잡이용 덫, 연체류 채집 같은 신비한 세계까지 다양한 분야의 학문과 다소 비학문적 분야를 두루두루 바탕으로 삼았다. 이런 자료를 재료로 삼아 복잡하게 뒤얽힌 역사의 퍼즐을 짜 맞추는 과정은 처음부터 끝까지 즐거웠다. 물론 이 책이 나오면 이런 저런 이야기들이 바로 나오리라 짐작한다. 특히 크고 작은 실수를 알려주는 것을 재미 삼는 익명의 독자 개개인이 유익한 지적을 해 주시리라 예상하면서 그분들께 미리 감사의 인사를 전한다.

이 책을 쓰려고 여러 자료를 조사하면서 아주 모호하고, 종종 모순적이기도 하며, 때로는 번뜩이는 통찰력을 일깨워 주는 수많은 학문적 문헌을 참고하게 되었고, 그 과정에서 필연적으로 수십 명의 학자들이 펼친 연구 자료가 귀한 도움이 되었다. 지난 반세기 동안 동료들과 벌여 온 토론 역시 이 책에 크게 기여했지만, 그 중에는 아주 오래전에 오고간 대화라 미처 기억할 수 없는 것도 있다. 그런 의미에서 일일이 거론하지 못하고 한 번에 묶어 감사 인사를 전하는 점에 대해 너그럽게 용서해 주기를 바란다. 여러분의 우정과 고귀한 견해에 깊이 감사드린다. 특히 존 베인스, 자비에르 카라, 일리슨 크로우더, 나디아 두라니, 린 갬블, 찰스 하이엄, 존 존슨, 다니엘 쿠린, 윌리엄 마콰르드, 조지 마이클스, 피터 롤리 코니, 다니엘 샌드웨이스, 스튜어트 스미스, 윔 밴 니어, 카렌 워커,

와산다 웰리안지, 데이비드 웬그로, 고故 그레이엄 클라크 교수에게는 각별한 감사를 전한다. 북대서양 대구 어업과 관련해서 이런저런 견해와 뛰어난 해석을 제시한 제프 볼스터에게는 크나큰 은혜를 입었다. 제프 볼스터의 『치명적인 바다The Mortal Sea』는 복잡하게 뒤엉킨 고기잡이의 역사에 눈을 뜨게 해 준 귀한 자료였다.

출판 대리인 수잔 래비너는 집필 초반부터 내게 용기를 불어넣어 주고, 언제나 변함없이 지지를 보내준 고마운 사람이다. 최고 실력의 편집자 윌리엄 프루트와 다시 한 번 일하게 된 점도 기쁘게 생각한다. 누구나 알아주는 편집 실력을 갖춘 데다 아주 지혜롭기까지 한 윌리엄과 함께 일하면서 수년 동안 좋은 글을 쓰는 요령을 많이 배웠다. 언제나 그래주었듯, 나의 친구 셸리 로웬콥프는 이번에도 막대한 편집 경험을 발휘해 주며 문헌상의 큰 실수를 저지를 뻔한 나를 수차례나 구해 주었다. 케이시 톰린슨은 아주 노련한 기량과 통찰력으로 원고를 꼼꼼히 검토해 주었다. 나의 오랜 벗, 스티브 브라운은 언제나처럼 남다른 실력으로 지도와 스케치를 그려 주었다. 마지막으로, 늘 고맙게 생각하는 두 사람 레슬리와 애나에게 진심 어린 감사의 마음을 전한다. 두 사람은 언제나 변함없이 지지를 보내 주고 웃음이 필요한 순간마다 나를 웃게 해 주는 정말 고마운 사람들이다. 그리고 내가 일을 잘 하도록 가차 없이 감독자 역할을 해 준 우리 집 고양이들에게도 고맙다. 우리 고양이들은 이제야 긴장이 풀렸는지 요즘은 키보드 위가 아니라 우편물 상자 안으로 느긋하게 파고들길 좋아한다.

용어 풀이

- 소하성anadromous : 물고기가 알을 낳기 위해 큰 무리를 지어 강을 거슬러 올라가는 습성
- 바이다르카baidarka : 바다사자 가죽으로 만든 카약. 알류트족이 수천 년 동안 고기잡이와 사냥에 이용했다.
- 미늘barb : 창끝이나 낚싯바늘에 부착한, 창 뒤쪽 방향으로 삐죽하게 돋아난 촉. 미늘에 찔린 동물은 금방 빠져나가지 못한다. 원래 육지 사냥용으로 만들었는데, 강이나 바다 등 물에서도 아주 유용하게 쓰였다.
- 바구니 덫basket traps : 밧줄이나 섬유 등을 이용해 대체로 둥그렇게 만든 작은 덫이다. 얕은 물에서 물고기를 잡는 데 사용했다.
- 갯대 저인망beam trawl : 그물 한쪽 끝에 갯대를 대 놓아 그물이 오므라들지 않고 계속 벌어져 있도록 만든 저인망. 갯대의 부착으로 어획 효율성이 높아졌고, 훨씬 깊은 수역에서도 저인망을 사용할 수 있게 되었다. 특히 증기 동력 저인망 어선에서 많이 쓰였다.
- 바이덴트bident : 고기잡이용 두 갈래 창

- 뷔스buss : 네덜란드의 심해 항해용 청어잡이 배
- 나비꼴로 벌리기butterflying: 물고기의 배를 갈라 내장을 제거한 다음에 건조 · 염장 · 훈제 처리하려면 살집이 쉽게 흐트러지지 않아야 한다. 때문에 잡은 물고기를 손질할 때, 등뼈를 남겨 둔 상태에서 살집을 나비 날개 모양으로 갈라서 펴 주는 것을 말한다.
- 투망그물casting net: 대개 어부들이 단독으로 쓰는 가벼운 그물로, 배를 타고 나간 얕은 물이나 연안에서 투망그물을 던진다. 때때로 두 배를 사이에 두고 투망그물을 던져서 활용한다.
- 고기잡이용 창fish spear: 촉이 달린 긴 막대 모양의 도구. 보통 미늘이 달렸고, 날 부분은 돌, 뼈, 철재 등으로 만들어졌다. 갈고리를 제외하면, 고대 고기잡이에서 가장 많이 쓰인 고기잡이용 도구였을 것으로 추정된다. 형태가 여러 가지로 다양했고, 주로 얕은 물에서 사용되었다.
- 낚싯바늘fishhook: 물고기를 잡기 위해 낚싯줄에 다는 바늘. 최소한 2만 년 전부터 사용되었고, 미늘이 달린 것과 달리지 않은 유형이 두루 쓰였다. 특히 태평양과 태평양 연안 북서부에서 아주 정교하게 발달했으며, 깊은 수역과 얕은 수역 모두에서 사용되었다.
- 분리형 자루fore shaft: 사슴의 가지뿔, 뼈, 목재로 만든 짧은 자루. 달려 있는 줄로 하푼과 본本 자루를 연결시켜 주는 구조였다. 하푼이 먹잇감을 맞히면 분리형 자루를 분리시켜 놓고, 자루에 다른 하푼이나 촉을 끼울 수 있어서 먹잇감을 많이 잡을 수 있었다. 큰 고기를 잡을 때 유용했다.
- 갈고리gaff: 나무 자루에 갈고랑쇠나 미늘창을 박아 넣은 도구. 큰 물고기를 낚아 올리는 데 쓰였다.
- 가라비garaby: 나일강 유역에서 고기잡이용으로 사용된 원뿔형 덫
- 가룸garum: 잔챙이 아니면 큰 물고기의 일부 부위를 대량으로 발

효시켜 만든 로마의 생선 소스

- 자망gill net: 아래쪽에 추를 달아서 커튼을 치듯 직선으로 설치하는 그물. 물고기가 그물코를 헤엄쳐 지나가려고 했다가 뒤로 물러나는 순간 아가미gill가 걸리는 구조다. 연어 등의 어종을 잡을 때 흔히 사용되며, 현재 미국의 일부 지역에서는 자망 사용을 엄격히 규제하고 있다.
- 원시적 낚싯바늘gorge: 짤막한 나뭇가지나 뼈의 양끝을 뾰족하게 깎아서 물고기의 입 안에 걸리도록 고안된 바늘. 일반 낚싯바늘fishhook 이전의 도구
- 그랜턴 저인망Granton trawl: 철제나 목제의 오터보드otter board를 댄 저인망. 오터보드는 저인망의 입구가 좌우로 벌어지고 그물이 수압을 이용해 쫙 펼쳐질 만한 각도로 맞추어 대어진다.
- 그르툼키에리grtumkjeri: (덴마크) 선서에 따라 통속에 채워진 청어의 균일한 품질을 보증해 주던 검열관
- 하푼harpoon: 미늘이 달리고, 끈으로 자루와 연결된 고기잡이용 창. 먹잇감을 향해 쏘면 자루에서 분리되며, 잡은 물고기는 줄로 끌어당기면 된다.
- 청어 라스트herring last : 라스트는 배에 실리는 화물의 중량 단위로, 상품마다 기준이 다르다. 청어 1라스트는 약 1만2000마리다.
- 염건어klipfish: 머리를 잘라내고 위쪽 등뼈를 제거한 다음에 살집을 나비꼴로 벌려서 건조한 대구
- 콘토르kontor: 한자동맹이 주요 항구에 둔 교역소
- 작살leister: 두 개의 미늘촉이 대칭으로 달린 미늘창. 동일한 각도로 세 벌의 미늘촉이 달린 것도 있었으며, 특히 얕은 물에서 유용했다. 빙하시대 말기나 그 직후부터 쓰였으며, 태평양 섬 지역의 초호에서는 지금도 여전히 사용된다.

- 라인 트롤line trawl: 긴 낚싯줄에 미끼를 낄 수 있는 낚싯바늘이 수백 개 이상 달려 있다. 주낙낚시. 불토우bultow라는 명칭으로도 불린다.
- 로코 쿠아파loko kuapa: (하와이) 연안 지대에 용암 바위로 만들어진 호수 모양의 양어지
- 주낙낚시long-lining: 긴 낚싯줄에 낚싯바늘 여러 개를 다는 방식. 19세기 말에 대구잡이 어부들이 많이 사용한 낚시법이다.
- 가짜 미끼lure: 색깔, 번쩍거리는 빛, 움직임, 진동 등으로 물고기의 관심을 유도하는 모조 미끼. 가짜 미끼를 쓸 때는 대체로 하나 이상의 낚싯바늘을 사용한다.
- 마탄자mattanza: (이탈리아) 지중해 수역에서 이동 중인 참치 떼의 대량 포획을 말하며, 그리스 · 로마 시대에 행해졌다. 그 이전에도 확실히 이루어졌을 것으로 보인다.
- 소조neap tide: 조수가 평균치보다 낮은 때로, 상현이나 하현에 나타난다.
- 그물코 측정기net gauge: 고기잡이용 그물의 망을 일정하게 맞추기 위해 사용된 도구. 그물을 사용한 사회에서 대부분 사용되었다.
- 노트라그notlag: (덴마크) 스코네 청어 시장에서 청어잡이 어부들이 꾸렸던 비공식 그룹
- 그물 덫passive net trap: 바닥에 설치해서 물고기를 유인하는 그물로, 대체로 자루형 그물이었다.
- 건착망purse seine: 띠 모양의 그물 아래쪽 테두리 고리에 줄을 끼운 그물로, 물고기를 빙 에워싼 다음에 줄을 잡아당겨 그물을 자루처럼 오므리면서 물고기를 가두는 방식이다. 고등어와 멘하덴같이 떼 지어 다니는 물고기를 잡을 때 아주 유용하다.
- 퀸틀quintal: 대서양의 대구 교역에서 사용하는 중량 단위. 1퀸틀

은 염장 대구와 말린 대구 51킬로그램에 해당된다.

- 색쉽sack ship: 17~18세기에 뉴펀들랜드에서 유럽으로 대구를 실어 나른 대형 선박
- 후릿그물seine net: 물고기를 대량으로 잡을 때 쓰는 큼지막하고 아주 튼튼한 그물. 흔히 얕은 수역에서 여러 어부들이 물속에 들어가거나 두 배에 나누어 타고 공동 작업하는 방식으로 쓴다.
- 조개무지shell midden: 버려진 연체류 껍데기의 무더기. 경우에 따라 선사시대의 연안 지대 사람들이 수십 년 심지어 수백 년 동안 쌓아놓은 것도 발견된다.
- 스맥smack: 영국과 대서양 북아메리카 연안의 근해에서 사용된 세로돛의 전통적인 고기잡이배. 소형 스맥은 외돛대 배였고, 대형 스맥은 쌍돛대 범선이었다.
- 잔챙이small fry: 자잘한 치어
- 훈제 처리smoking: 불에 쬐어 건조시키는 보존 처리 방법
- 스폰딜루스Spondylus: 가시로 덮인 조개. 살코기에 살짝 환각을 유발하는 속성이 있어서 안데스 산맥의 생활에서 초자연적으로 아주 중요한 의미를 띠었다.
- 대조spring tide: 조수가 평균치보다 높은 때로 보름달이나 초승달이 뜨는 시기에 일어난다.
- 건어stockfish: 등뼈 대부분을 그대로 놔둔 상태에서 건조시킨 대구
- 스트롬부스strombus: 중앙아메리카, 안데스 산맥 등지에서 성물聖物로 널리 쓰였던 조개
- 간질이기tickling: 물고기를 손으로 가볍게 주무르면서 잡는 기술
- 티라tira: (타히티) 길쭉하고 휘어진 모양의 낚싯대로, 끝부분이 두 갈래로 갈라져 있어 조개껍데기 낚싯바늘이 달린 낚싯줄 두 개를 매달아 쓴다. 카누를 타고 나가서 낚싯바늘을 수면 가까이에 띄

우는 식으로 사용한다. 낚싯대에 부착된 깃털 다발이 카누와 함께 움직이면서 어획감(대체로 날개다랑어)이 먹는 물고기를 쫓는 새들을 흉내 내기도 한다.

- 토몰tomol: (추마시족) 캘리포니아 샌타바버라 해협 지역의 추마시족이 탔던 나무판자로 만든 카누
- 톤나라tonnara: (이탈리아) 일명 죽음의 방으로, 그물로 에워싼 공간에 참치를 가둬 놓고 도살하는 곳
- 토토라totora: (케추아족) 페루의 연안에서 쓰였던 갈대 카누
- 저인망trawl: 바닷물고기를 잡는 대형 그물. 해저를 훑으며 고기를 잡는 방식으로 후릿그물에서 발전하였다.
- 끌낚시trolling line: 카누나 보트 뒤에 미끼를 건 낚싯바늘을 한 개 이상 끌고 다니면서 잡는 고기잡이 방법
- 비테vitte: (덴마크) 중세에 스코네 같은 청어 시장에 세워진 개인 소유의 임시 교역소
- 어살weir: 샛강이나 개울에 말뚝 등 인위적 장벽을 만들어 물고기가 쉽게 그물에 걸리거나 창에 잡히도록 가두어 놓는 방법

주 및 참고 문헌

고기잡이의 역사와 관련된 문헌은 아주 방대하다. 따라서 여기에서는 간결함을 기하기 위해 참고 문헌을 최대한 간략하게 소개하고자 한다. 유적 관련 보도 자료나 다소 이해하기 힘든 논문 같은 경우엔 굳이 자세히 언급하지 않으려 한다. 여기에서 소개하는 문헌만으로도 관심이 있는 독자에게는 아주 알찬 참고자료가 될 것이다.

1. 풍성한 바다

1. Brian M. Fagan and Francis L. Van Noten, *The Hunter-Gatherers of Gwisho* (Tervuren, Belgium: Musée Royal de L'Afrique Central, 1971).
2. Adam Boethius, "Something rotten in Scandinavia: The world's earliest evidence of fermentation," *Journal of Archaeological Science* 66 (2016): 175.
3. William H. Marquardt, "Tracking the Calusa: A Retrospective," *Southeastern Archaeology* 33, no. 1 (2014): 1–24.
4. Mike Smylie, *The Perilous Catch: A History of Commercial Fishing* (Stroud, UK: History Press, 2015), chap. 3. See also John Dyson, *Business in Great Waters* (London: Angus and Robertson, 1977), 171–83.
5. Daniel Sandweiss, "The Development of Fishing Specialization on the Central Andean Coast," in Mark G. Plew, ed., *Prehistoric Hunter-Gatherer Fishing Strategies*, 41–63 (Boise, ID: Department of Anthropology, Boise State University, 1996).
6. Anadromous fish spawn in freshwater, migrate to the ocean to mature, then return to freshwater to spawn.
7. Mark Lehner, *The Complete Pyramids* (London: Thames and Hudson, 1997).
8. David Livingstone, *Missionary Travels and Researches in South Africa* (London: John Murray, 1857), 206. Ingombe Ilede: Brian M. Fagan et al., *Iron Age Cultures in*

Zambia, vol. 2: *Dambwa, Ingombe Ilede, and the Tonga* (London: Chatto and Windus, 1969), 65–66, 138.

9. Alison C. Paulson, "The Thorny Oyster and the Voice of God: *Spondylus* and *Strombus* in Andean Prehistory," *American Antiquity* 39, no. 4 (1974): 597–607.

10. Quote from Izaak Walton and Charles Cotton, *The Compleat Angler*, ed. Marjorie Swann (New York: Oxford University Press, 2014), 27.

2. 시초

1. Kathlyn M. Stewart, "Early hominid utilization of fish resources and implications for seasonality and behavior," *Journal of Human Evolution* 27, nos. 1–3 (1994): 229–45.

2. J. C. A. Joordens et al., "Relevance of aquatic environments for hominins: A case study from Trinil (Java, Indonesia)," *Journal of Human Evolution* 57, no. 6 (2009): 658–71. See also J. C. A. Joordens et al., "*Homo erectus* at Trinil used shells for tool production and engraving," *Nature* 518, no. 7538 (2015): 228–31.

3. Nita Alperson-Afil et al., "Spatial Organization of Hominin Activities at Gesher Benot Yy'aqov, Israel," *Science* 326, no. 5960 (2009): 1677–80. See also Irit Zohar and Rebecca Bitgon, "Land, lake, and fish: Investigation of fish remains from Gesher Benot Ya'aqov (paleo-Lake Hula)," *Journal of Human Evolution* 30, no. 1 (2010): 1–14.

4. Curtis W. Marean, "Pinnacle Point Cave 13B (Western Cape Province, South Africa) in context: The Cape Floral kingdom, shellfish, and modern human origins," *Journal of Human Evolution* 59, nos. 3–4 (2010): 425–43.

5. Daniella E. Bar-Yosef Mayer et al., "Shells and ochre in Middle Paleolithic Qafzeh Cave, Israel: Indications for modern behavior," *Journal of Human Evolution* 56, no. 3 (2009): 307–14.

6. Quote from Izaak Walton and Charles Cotton, *The Compleat Angler*, ed. Marjorie Swann (New York: Oxford University Press, 2014), 6. (First published in 1673.)

7. John E. Yellen, "Barbed Bone Points: Tradition and Continuity in Saharan and Sub-Saharan Africa," *African Archaeological Review* 15, no. 3 (1998): 173–98.

8. Joris Peters and Angela von den Driesch, "Mesolithic fishing at the confluence of the Nile and the Atbara, Central Sudan," in Anneke Clason, Sebastian Payne, et al., eds., *Skeletons in Her Cupboard: Festschrift for Juliet Clutton-Brock*, 75–83 (Oxford: Oxbow Books, Monographs 34, 1993).

9. Randi Haaland, "Sedentism, Cultivation, and Plant Domestication in the Holocene Middle Nile Region," *Journal of Field Archaeology* 22, no. 2 (1995): 157–74.

10. L. H. Robbins et al., "Barbed Bone Points, Paleoenvironment, and the Antiquity of Fish Exploitation in the Kalahari Desert, Botswana," *Journal of Field Archaeology* 21, no. 2 (1994): 257–64.

3. 네안데르탈인과 현생 인류

1. A general, up-to-date description is in Dimitra Papagianni and Michael A. Morse, *The Neanderthals Rediscovered: How Modern Science Is Rewriting Their Story*, rev. ed. (London: Thames and Hudson, 2015).

2. Quote from Claudius Aelianus, *De Natura Animalium*, book 14, chap. 3, A. F. Schofield, trans., *Aelian: On the Characteristics of Animals* (Cambridge: Loeb Classical Library, Harvard University Press, 1958).

3. William Shakespeare, *Twelfth Night*, 2.5.

4. Miguel Cortes-Sanchez et al., "Earliest Known Use of Marine Resources by Neanderthals," PLOS One, September 14, 2011. http://dx.doi.org/10.1371.pone.0024026.

5. Marie-Hélène Moncel and Floret Rivals, "The Question of Short-term Neanderthal Site Occupations," *Journal of Anthropological Research* 67, no. 1 (2011): 47–75.

6. Bruce L. Hardy et al., "Impossible Neanderthals? Making string, throwing projectiles and catching small game during Marine Isotope 4 (Abri du Maras, France)," *Quaternary Science Reviews* 82 (2013): 23–40.

7. Herve Bocherens et al., "Were bears or lions involved in salmon accumulation in the Middle Palaeolithic of the Caucasus? An Isotopic investigation in Kudaro 3 cave," *Quaternary International* (2013), DOI: 10.1016/j.quaint.2013.06.026.

8. C. B. Stringer et al., "Neanderthal exploitation of marine mammals in Gibraltar," *Proceedings of the National Academy of Sciences* 105, no. 38 (2008): 14319–24.

9. This passage is based on Brian Fagan, *Beyond the Blue Horizon: How the Earliest Mariners Unlocked the Secrets of the Oceans* (New York: Bloomsbury Press, 2012), chap. 2.

10. Sue O'Connor et al., "Pelagic Fishing at 42,000 Years Before the Present and the Maritime Skills of Modern Humans," *Science* 244, no. 6059 (2011): 1117–21. The notion of deepwater (pelagic) fishing at Jerimalai has been challenged by Atholl Anderson, "Inshore or Offshore? Boating and Fishing in the Pleistocene," *Antiquity* 87, no. 337 (2013): 879–95. A series of comments by others accompanies Anderson's paper.

11. This passage is based on Brian Fagan, *Cro-Magnon: How the Ice Age Gave Birth to the First Modern Humans* (New York: Bloomsbury Press, 2010).

12. Nuno Bicho and Jonathan Haws, "At the land's end: Marine resources and the importance of fluctuations in the coastline in the prehistoric hunter-gatherer economy of Portugal," *Quaternary Science Reviews* 27, nos. 23–24 (2008): 2166–75.

13. Gema E. Adán et al., "Fish as diet resource in North Spain during the Upper Paleolithic," *Journal of Archaeological Science* 36, no. 3 (2009): 895–99.

14. Eufrasia Rosello-Izquierdo et al., "Santa Catalina (Lequeitio, Basque Country): An ecological and cultural insight into the nature of prehistoric fishing in Cantabrian Spain," *Journal of Archaeological Science Reports* 6 (2016): 645–53.

4. 조개를 먹는 사람들

1. Vincent Gaffney et al., *Europe's Lost World: The Rediscovery of Doggerland* (York, UK: Council for British Archaeology, 2009).

2. A general source is Geoff Bailey and Penny Spikins, eds., *Mesolithic Europe* (Cambridge: Cambridge University Press, 2008).

3. Marek Zvelebil, "Innovating Hunter-Gatherers: The Mesolithic in the Baltic," in Bailey and Spikins, eds., *Mesolithic Europe*, 18–59. A general source on stabilized sea levels is John W. Day et al., "The Influence of Enhanced Post-Glacial Margin Productivity on the Emergence of Complex Societies," *Journal of Island and Coastal Archaeology* 7, no. 1 (2012): 23–52.

4. Quotes from Charles Darwin, *The Voyage of the Beagle: Journal of Researches into the Natural History and Geology Visited During the Voyage of HMS Beagle Round the World, Under the Command of Captain FitzRoy, RN* (Knoxville: WordsWorth Classics, 1977), 202, 206.

5. Quoted from J. G. D. Clark, *Prehistoric Europe: The Economic Basis* (London: Methuen, 1952), 48.

6. Betty Meehan, *Shell Bed to Shell Midden* (Canberra: Australian Institute of Aboriginal Studies, 1982).

7. Passage based on Nicky Milner, "Seasonal Consumption Practices in the Mesolithic: Economic, Environmental, Social or Ritual?" in Nicky Milner and Peter Woodman, eds., *Mesolithic Studies at the Beginning of the 21st Century*, 56–68 (Oxford: Oxbow Books, 2005).

8. This section is based on Meehan, *Shell Bed to Shell Midden*.

9. In the interest of accuracy, when I describe Meehan's research I refer to everything in the past tense, although the Anbarra are very much a living people.

5. 빙하시대 이후 발트해와 도나우강

1. Anders Fischer, "Coastal fishing in Stone Age Denmark—evidence from below and above the present sea level and from human bones," in Nicky Milner et al., eds., *Shell Middens in Atlantic Europe*, 54–69 (Oxford: Oxbow Books, 2007).

2. Adam Boethius, "Something rotten in Scandinavia: The world's earliest evidence of fermentation," *Journal of Archaeological Science* 66 (2016): 175.

3. Inge Bødker Enghoff, "Fishing in Denmark During the Ertebølle Period," *International Journal of Osteoarchaeology*, no. 4 (1994): 65–96.

4. Soren H. Anderson, "Ringkloster: Ertebølle trappers and wild boar hunters in eastern Jutland: A survey," *Journal of Danish Archaeology* 12, no. 1 (1995): 13–59.

5. Quote from J. G. D. Clark, *Prehistoric Europe: The Economic Basis* (London: Methuen, 1952), 48.

6. Caroline Wickham-Jones, "Summer Walkers: Mobility and the Mesolithic," in Nicky Milner and Peter Woodman, eds., *Mesolithic Studies at the Beginning of the 21st Century*, 30–41 (Oxford: Oxbow Books, 2005).

7. Clive Bonsall, "The Mesolithic of the Iron Gates," in Geoff Bailey and Penny Spikins, eds., *Mesolithic Europe*, 238–79 (Cambridge: Cambridge University Press, 2008), is a good general summary on which much of this section is based.

8. Lásló Bartosiewicz et al., "Sturgeon fishing in the middle and lower Danube region," in Clive Bonsall, ed., *The Iron Gates in Prehistory,* 39–54 (Oxford: British Archaeological Reports, Book 1893, 2009).

9. Description of Lepenski Vir based on Bonsall, "The Mesolithic of the Iron Gates," 255–59. See also J. Srejovíc, *Europe's First Monumental Sculpture: New Discoveries at Lepenski Vir* (London: Thames and Hudson, 1972).

6. 줄무늬가 있는 토기를 쓰는 어부들

1. Junko Habu, *Ancient Jomon of Japan* (Cambridge: Cambridge University Press, 2004), has a summary of recent research.

2. Akira Matsui, "Postglacial hunter-gatherers in the Japanese Archipelago: Maritime adaptations," in Anders Fischer, ed., *Man and Sea in the Mesolithic: Coastal Settlement Above and Below Present Sea Level,* 327–34 (Oxford: Oxbow Books, 1995).

3. Keiji Inamura, *Prehistoric Japan: New Perspectives on Insular East Asia* (Honolulu: University of Hawaii Press, 1996), 60–61.

4. Akira Matsui, "Archaeological investigations of anadromous salmonid fishing in Japan," *World Archaeology* 27, no. 3 (1996): 444–60, has a summary of the theory and a critique based on recent research.

5. Ibid., 452–53.

6. Tetsuo Hiraguchi, "Catching Dolphins at the Mawaki Site, Central Japan, and Its Contribution to Jomon Society," in C. Melvin Aikens and Song Rai Rhee, eds., *Pacific Northeast Asia in Prehistory,* 35–46 (Pullman: Washington State University Press, 1992).

7. Habu, *Ancient Jomon,* 61–72.

8. An enormous literature surrounds Jomon pottery. Inamura, *Prehistoric Japan,* 39–52, summarizes the debates.

9. Junko Habu, *Subsistence-Settlement Systems and Intersite Variability in the Moroiso Phase of the Early Jomon Period of Japan* (Ann Arbor: International Monographs in Prehistory, Archaeological Series 14, 2001).

10. Inamura, *Prehistoric Japan,* 127–46.

11. Summarized in Matsui, "Archaeological investigations," 455–57.

7. 위대한 여정

1. Brian Fagan, *The Great Journey* (London: Thames and Hudson, 1987).

2. William W. Fitzhugh and Chisato O. Dubreuil, eds., *Ainu: Spirit of a Northern People* (Washington, DC: Smithsonian Institution Arctic Studies Center and University of Washington Press, 1999).

3. David W. Meltzer, *First Peoples in a New World: Colonizing Ice Age America* (Berkeley: University of California Press, 2009), has a detailed account of controversies, data, and theories.

4. D. H. O'Rourke and J. A. Raff, "Human genetic history of the Americas," *Current Biology* 20, no. 3 (2010): R202–R207.

5. This passage is based on John F. Hoffecker et al., "Beringia and the Global Dispersal of Modern Humans," *Evolutionary Anthropology* 25, no. 2 (2016): 64–78.

6. A botanist, Erik Hultén, coined the term *Beringia* in 1937. David Hopkins et al., eds., *The Paleoecology of Beringia* (New York: Academic Press, 1982), is the classic source, although it is now somewhat outdated. An update appears in John F. Hoffecker and Scott A. Elias, "Environment and Archaeology in Beringia," *Evolutionary Anthropology* 12, no. 1 (2003): 34–49.

7. John F. Hoffecker et al., "Out of Beringia?" *Science* 343, no. 6174 (2014): 979–80.

8. John F. Hoffecker et al., "Beringia and the Global Dispersal of Modern Humans," *Evolutionary Anthropology* 25, no. 2 (2016): 64–78.

9. Carrin M. Halffman et al., "Early human use of anadromous salmon in North America at 11,500 years ago," *Proceedings of the National Academy of Sciences* 112, no. 40 (2015): 12334–47.

10. Summarized by John F. Hoffecker, "The Global Dispersal: Beringia and the Americas," in John F. Hoffecker, ed., *Modern Humans: African Origins and Global Dispersal*, 331–32 (New York: Columbia University Press, 2017).

11. John R. Johnson et al., "Arlington Springs Revisited," in David R. Brown et al., eds., *Proceedings of the Fifth California Islands Symposium*, 541–45 (Santa Barbara: Santa Barbara Museum of Natural History, 2002).

12. Daniel H. Sandweiss, "Early Coastal South America," in Colin Renfrew and Paul Bahn, eds., *The Cambridge World Prehistory*, 1:1058–74 (Cambridge: Cambridge University Press, 2014). Huaca Prieta: Tom D. Dillehay et al., "A late Pleistocene human presence at Huaca Prieta, Peru, and early Pacific Coastal adaptations," *Quaternary Research* 77 (2012): 418–23.

8. 태평양 북서부 연안의 어부들

1. Jean Aigner, "The Unifacial Core, and Blade Site on Anangula Island, Aleutians," *Arctic Anthropology* 7, no. 2 (1970): 59–88.

2. George Dyson, *Baidarka* (Seattle: University of Washington Press, 1986).

3. Waldermar Jochelson, *History, Ethnology, and Anthropology of the Aleut* (Salt Lake City: University of Utah Press, 2002).

4. Kenneth M. Ames and Herbert D. G. Maschner, *Peoples of the Northwest Coast: Their Archaeology and Prehistory* (London: Thames and Hudson, 1999), was a fundamental source for my description of the Northwest coast.

5. Quote from Hilary Stewart, *Indian Fishing: Early Methods on the Northwest Coast* (Seattle: University of Washington Press, 1977), 25. This is a definitive source with lavish illustrations.

6. Michael J. Harner, *Pacific Fishes of Canada* (Ottawa: Fisheries Research Board of Canada, 1973), is a primary source on the fish. See also Roderick Haig-Brown, *The Salmon* (Ottawa: Fisheries Research Board of Canada, 1974).

7. John K. Lord, *A Naturalist in Vancouver Island and British Columbia* (London: R. Bently, 1866), describes Indian sturgeon fishing.

8. This passage is based on Ames and Maschner, *Peoples of the Northwest Coast*, chaps. 3, 4.

9. Erna Gunther, "An Analysis of the First Salmon Ceremony," *American Anthropologist*, n.s. 28, no. 4 (1926): 605–17.

10. Chad C. Meengs and Robert T. Lackey, "Estimating the Size of Historical Oregon Salmon Runs," *Reviews in Fisheries Science* 31, no. 1 (2005): 51–66.

11. Discussion based on Ames and Maschner, *Peoples of the Northwest Coast*, 120–21.

9. 에덴동산의 신화

1. Brian Fagan, *Before California: An Archaeologist Looks at Our Earliest Inhabitants* (Walnut Creek, CA: Altamira Press, 2003), has a general account.

2. Edward Luby and Mark Gruber, "The Dead Must Be Fed," *Cambridge Archaeological Journal* 9, no. 1 (1999): 1–23.

3. Torben C. Rick et al., "From Pleistocene Mariners to Complex Hunter-Gatherers: The Archaeology of the California Channel Islands," *Journal of World Prehistory* 19, no. 3 (2005): 169–228.

4. Torben C. Rick et al., "Paleocoastal Marine Fishing on the Pacific Coast of the Americas: Perspectives from Daisy Cave, California," *American Antiquity* 66, no. 4 (2001): 595–613.

5. Travis Hudson and Thomas C. Blackburn, *The Material Culture of the Chumash Interaction Sphere* (Los Altos, CA: Ballena Press, 1982–87).

6. Chester D. King, *The Evolution of Chumash Society: A Comparative Study of Artifacts Used for Social System Maintenance in the Santa Barbara Channel Region Before A.D. 1804* (New York: Garland, 1990).

7. Torben C. Rick, "Historical Ecology and Human Impacts on Coastal Ecosystems of the Santa Barbara Channel Region, California," in Torben C. Rick and Jon M. Erlandson, eds., *Human Impacts on Ancient Marine Ecosystems*, 77–101 (Berkeley: University of California Press, 2008).

8. Douglas J. Kennett and James P. Kennett, "Competitive and Cooperative Responses to Climatic Instability in Coastal Southern California," *American Antiquity* 65, no. 2 (2000): 379–95.

9. Lynn Gamble, *The Chumash World at European Contact* (Berkeley: University of California Press, 2008).

10. Travis Hudson et al., *Tomol: Chumash Watercraft as Described in the Ethnographic Notes of John P. Harrington* (Los Altos, CA: Ballena Press, 1978).

11. Quoted from Travis Hudson and Thomas C. Blackburn, *The Material Culture of the Chumash Interaction Sphere III: Clothing, Ornamentation and Grooming* (Los Altos, CA: Ballena Press Anthropological Paper 28, 1985), 135.

12. D. Davenport et al., "The Chumash and the swordfish," *Antiquity* 67, no. 1 (1993): 257–72.

10. 칼루사족 : 얕은 물과 해초

1. A popular account is in Jerald T. Milanich, *Florida's Indians from Ancient Times to the Present* (Gainesville: University Press of Florida, 1998). See also Milanich, *Archaeology of Precolumbian Florida* (Gainesville: University Press of Florida, 1994).

2. The discussion that follows is based on William H. Marquardt and Karen J. Walker, eds., *The Archaeology of Pineland, A Coastal Southwest Florida Site Complex, A.D. 50–1710* (Gainesville: Institute of Archaeology and Paleoenvironmental Studies Monograph 4, 2013). The bibliography in *The Archaeology of Pineland* is a comprehensive source on Calusa archaeology and history.

3. Karen J. Walker, "The Pineland Site Complex: Environmental Contexts," in ibid., 23–52.

4. William H. Marquardt, "Tracking the Calusa: A Retrospective," *Southeastern Archaeology* 33, no. 1 (2014): 1–24.

5. This passage is based on Walker, "The Pineland Site Complex: Environmental Contexts."

6. G. M. Luer and R. J. Wheeler, "How the Pine Island Canal Worked: Topography, Hydraulics, and Engineering," *Florida Anthropologist* 50, no. 1 (1997): 115–31.

7. Laura Kozuch, *Sharks and Shark Products in Prehistoric South Florida* (Gainesville: Institute of Archaeology and Paleoenvironmental Studies Monograph 2, 1993).

8. Karen Walker, "The Material Culture of Precolumbian Fishing: Artifacts and Fish Remains from Southwest Florida," *Southeastern Archaeology* 19, no. 1 (2000): 24–45, was the major source for this section. See also Susan D. DeFrance and Karen J. Walker, "The Zooarchaeology of Pineland," in Marquardt and Walker, eds., *The Archaeology of Pineland*, 305–48.

9. Quote from Walker, "The Material Culture," 33.

10. Summarized and discussed by Marquardt, "Tracking the Calusa: A Retrospective," 6–7.

11. Ibid., 13–16.

12. Merald R. Clark, "A Mechanical Waterbird Mask from Pineland and the Pineland Masking Pattern," in Marquardt and Walker, eds., *The Archaeology of Pineland*, 621–56.

13. Marion Spjut Gilliland, *The Material Culture of Key Marco, Florida* (Gainesville: University Presses of Florida, 1975).

14. John E. Worth, "Pineland During the Spanish Period," in Marquardt and Walker, eds., *The Archaeology of Pineland*, 767–92.

11. 대물 물고기가 등장하다

1. P. V. Kirch, *The Lapita Peoples: Ancestors of the Oceanic World* (London: Blackwell, 1997). See also P. V. Kirch and T. L. Hunt, eds., *Archaeology of the Lapita Cultural Complex: A Critical Review* (Seattle: University of Washington Press, 1988).

2. Ritaro Ono, "Ethno-Archaeology and Early Australonesian Fishing Strategies in Near-Shore Environments," *Journal of the Polynesian Society* 119, no. 3 (2010): 269–314. See also Virginia L. Butler, "Fish Feeding Behavior and Fish Capture: The Case for Variation in Lapita Fishing Strategies," *Archaeology in Oceania* 29, no. 2 (1994): 81–90.

3. P. V. Kirch, *On the Road of the Winds: An Archaeological History of the Pacific Islands Before European Contact* (Berkeley: University of California Press, 2000), has a general account.

4. P. V. Kirch, *The Evolution of the Polynesian Chiefdoms* (Cambridge: Cambridge University Press, 1984).

5. Quote from William Ellis, *Polynesian Researches,* 2 vols. (London: Fisher, Son and Jackson, 1829), 2:290–91.

6. Douglas L. Oliver, *Ancient Tahitian Society,* 3 vols. (Honolulu: University Press of Hawaii, 1974), 1:281–314.

7. Charles Nordhoff, "Notes on the Off-shore Fishing of the Society Islands," *Journal of the Polynesian Society* 39, no. 2 (1930): 137–73, and no. 3 (1930): 221–62.

8. J. Frank Stimson, "Tahitian Names for the Nights of the Moon," *Journal of the Polynesian Society* 37, no. 4 (1928): 326–27.

9. P. V. Kirch, *Feathered Gods and Fishhooks: An Introduction to Hawaiian Archaeology and Prehistory* (Honolulu: University of Hawaii Press, 1985).

10. Quote from Samuel Kamakau, *The Works of the People of Old* (Honolulu: Bulletin Papers of the Bishop Museum, Special Publication 61, 1976), 74.

12. 파라오를 위한 배급 식량

1. Fred Wendorf et al., *Loaves and Fishes: The Prehistory of Wadi Kabbaniya* (Dallas: Southern Methodist University Press, 1980). See also Wim Van Neer, "Some notes on the fish remains from Wadi Kubbaniyah (Upper Egypt, Late Palaeolithic)," in D. C. Brinkhuizen and A. T. Clasen, eds., *Fish and Archaeology,* 103–13 (Oxford: BAR International Series, 294, 1986).

2. Douglas J. Brewer and Renée F. Friedman, *Fish and Fishing in Ancient Egypt* (Warminster, UK: Aris and Phillips, 1989), 60–63.

3. Wim Van Neer, "Evolution of Prehistoric Fishing in the Nile Valley," *Journal of African Archaeology* 2, no. 2 (2004): 251–69.

4. Gertrude Caton Thompson and E. W. Gardner, *The Desert Fayum* (London: Royal Anthropological Institute, 1934), is the classic account. For later research, see Van Neer, "Some notes."

5. Brewer and Friedman, *Fish and Fishing,* 74–75.

6. Ibid., 72–73.

7. Leonard Loat and George Albert Boulenger, *The Fishes of the Nile* (1907; repr. Charleston, SC: Nabu Press, 2011).

8. Veerle Linseels and William Van Neer, "Gourmets or priests? Fauna from the Predynastic Temple," *Nekhen News* 15 (2003): 6–7.

9. Erik Hornung, *Conceptions of God in Ancient Egypt,* trans. John Baines (Ithaca: Cornell University Press, 1982).

10. Stan Hendricks and Pierre Vermeersch, "Prehistory: From the Palaeolithic to the Badarian Culture (c. 700,000 to 4000 BC)," in Ian Shaw, ed., *The Oxford History of Ancient Egypt,* 37–39 (Oxford; Oxford University Press, 2000).

11. Brewer and Friedman, *Fish and Fishing,* 42–46.

12. Mark Lehner, *The Complete Pyramids* (London: Thames and Hudson, 1997), has a comprehensive overview.

13. Ibid., part 4, has a useful description.

14. Jean-Christophe Antoine, "Fluctuations of Fish Deliveries in the Twentieth Dynasty: A Statistical Analysis," *Studien zur Altagyptischen Kulture* 35 (2006): 25–41.

15. James H. Breasted, *Ancient Records of Egypt* (Chicago: University of Chicago Press, 1906–7), 4:466.

16. Wim Van Neer et al., "Fish Remains from Archaeological Sites as Indicators of Former Trade Connections in the Eastern Mediterranean," *Paleorient* 30, no. 1 (2004): 101–48.

17. Diodorus Siculus, *The Library of History,* trans. C. H. Oldfather (Cambridge: Loeb Classical Library, Harvard University Press, 1933), book 1, line 36.

13. 지중해의 고기잡이

1. Cyprian Broodbank, *The Making of the Middle Sea* (London: Thames and Hudson, 2013), 126ff., summarizes early fishing activity. See also Arturo Morales Muñiz and Eufrasia Rosello-Izquierdo, "Twenty Thousand Years of Fishing in the Strait: Archaeological Fish and Shellfish Assemblages from Southern Iberia," in Torben C. Rick and Jon M. Erlandson, eds., *Human Impacts on Ancient Marine Ecosystems,* 243–78 (Berkeley: University of California Press, 2008).

2. A. Tagliacozzo, "Economic changes between the Mesolithic and Neolithic in the Grotta dell'Uzzo (Sicily, Italy)," *Accordia Research Papers* 5 (1994): 7–37. For the marine shells, see M. K. Mannino et al., "Marine Resources in the Mesolithic and Neolithic at the Grotta Dell'Uzzo (Sicily): Evidence from Isotope Analyses of Marine Shells," *Archaeometry* 49, no. 1 (2007): 117–33.

3. Richard Ellis, *Tuna: A Love Story* (New York: Vintage, 2008), is a good general account of this remarkable fish.

4. Broodbank, *The Making of the Middle Sea,* 171–72.

5. This section is based on Annalisa Marzano, *Harvesting the Sea: The Exploitation of Marine Resources in the Roman Mediterranean* (Oxford: Oxford University Press, 2000), chaps. 1, 2.

6. Homer, *The Odyssey,* 12:355–56.

7. James N. Davidson, *Courtesans and Fishcakes: The Consuming Passions of Classical Athens* (London: HarperCollins, 1997), 4.

8. Quoted from ibid., 5.

9. Archestratus was a Greek poet and gastronome who lived in Syracuse in the mid-fourth century BC. His poem *Hedypatheia,* or "Life of Luxury," described where to find food and discussed fish extensively.

10. Quotes from Davidson, *Courtesans,* 8.

11. Quotes from ibid., 19.

12. Theresa Maggio, *Mattanza: The Ancient Sicilian Ritual of Bluefin Tuna Fishing* (New York: Penguin Putnam, 2000), describes modern-day *mattanzas.*

13. Quote from Oppian, *Halieutica,* trans. A. W. Mair (Cambridge: Loeb Classical Library, Harvard University Press, 1928), book 33, lines 643–44.

14. Marzano, *Harvesting the Sea,* 69–79.

15. Fish salting: ibid., chaps. 3, 4. See also Athena Trakadad, "The Archaeological Evidence for Fish Processing in the Western Mediterranean," in Tønnes Bekker-Nielsen, ed., *Ancient Fishing and Fish Processing in the Black Sea Region,* 47–82 (Aarhus, Denmark: Aarhus University Press, 2005).

16. Hieron II was the Greek Sicilian king of Syracuse from 270 to 215 BC and an important figure in the First Punic War. He became a strong ally of Rome. Cargo figures from Marzano, *Harvesting the Sea,* 109.

14. 비늘 달린 무리

1. Marcus Terentius Varro, *Rerum Rusticarum Libri Tres* (Cambridge: Loeb Classical Library, Harvard University Press, 1934). English translation published on penelope .uchicago.edu/ Thayer/Varro, book 3, chapter 8, p. 347.

2. Mark J. Spaulding et al., "Sustainable Ancient Aquaculture," *Ocean Views,* July 11, 2013, voices.nationalgeographic.com.

3. Diodorus Siculus, *Library of History,* volume 11, books 21–32, trans. Francis R. Walton (Cambridge: Loeb Classical Library, Harvard University Press, 1957). Quote from chapter 25, line 4.

4. Pliny the Elder, *Natural History: A Selection,* trans. John F. Healey (New York: Penguin Books, 1991), book 8, line 44.

5. James Higginbotham, *Piscinae: Artificial Fishponds in Roman Italy* (Chapel Hill: University of North Carolina Press, 1997), 45.

6. James Higginbotham, *Piscinae,* chap. 2, describes the fish species kept in piscinae.

7. Robert I. Curtis, *Garum and Salsamenta* (Leiden: E. J. Brill, 1991), is a definitive source on this complex subject.

8. Lucius Junius Moderatus Columella, *De Re Rustica, Books 5–12,* trans. E. S. Forster and E. Heffner (Cambridge: Loeb Classical Library, Harvard University Press, 1954–55). Quotes from book 8, chapter 8, lines 1–4, chapter 17, lines 1–4.

9. Anna Marguerite McCann et al., *The Roman Port and Fishery of Cosa* (Princeton: Princeton University Press, 1987).

10. Higginbotham, *Piscinae,* 60.

11. Today, many Roman fishponds are underwater, thanks to rising sea levels. They have been used as markers to measure changes in sea levels.

12. Marcus Valerius Martial, *Epigrammata,* trans. E. W. Lindsay (Oxford: Oxford Classical Texts, Oxford University Press, 1922), book 13, chapter 81, line 13.

13. Gaius Plinius Caecilius Secundus (Pliny the Younger), *Letters of Pliny,* trans. William Melmoth, book 2, line 6. Gutenberg.org.

14. J. J. O'Donnell, *Cassiodorus* (Berkeley: University of California Press, 1979), is the definitive biography.

15. 물고기 먹는 사람들

1. Quotes in this paragraph from Diodorus Siculus, *The Library of History,* trans. C. H. Oldfather (Cambridge: Loeb Classical Library, Harvard University Press, 1935), book 3, lines 15–21.

2. Alan Villiers, *Sons of Sinbad* (London: Arabian Publishing, 2006). Villiers gives a vivid portrait of life on sailing dhows in the Indian Ocean and Red Sea when traditional lifeways were still widespread during the 1930s.

3. Peter A. Clayton, *Chronicle of the Pharaohs* (London: Thames and Hudson, 1994), 104–7, summarizes Hatshepsut's rule and her expedition.

4. Lionel Casson, *The Periplus Maris Erythraei* (Princeton: Princeton University Press, 1989), is the definitive translation and commentary, which I relied on throughout.

5. Ibid., 51 (chap. 2, 6–7).

6. Davis Peacock and Lucy Blue, eds., *Myos Hormos-Queir Al-Qadim: Roman and Islamic Ports on the Red Sea* (Oxford: Oxbow Books, 2006). See also Ross J. Thomas, "Port communities and the Erythraean Sea trade," *British Museum Studies in Ancient Egypt and Sudan* 18 (2012): 169–99. See also Steven E. Sidebotham, *Roman Economic Policy in the Erythra Thalassa 30 BC-AD 217* (Leiden: E. J. Brill, 1986).

7. Quote from Strabo, *Geography,* trans. Horace Leonard Jones (Cambridge: Loeb Classical Library, Harvard University Press, 1918), book 2, chapter 5, line 12.

8. Hippalus was a Greek merchant and navigator who lived in the first century BC. He may have been the first Greek geographer to realize that the west coast of India extended southward, not in a straight line east from Arabia, thereby making an ocean crossing a viable possibility.

9. Ross J. Thomas, "Fishing equipment from Myos Hormos and fishing techniques on the Red Sea in the Roman period," in Tønnes Bekker-Nielsen and Darío Bernal Casasola, eds., *Ancient Nets and Fishing Gear,* 139–60 (Aarhus, Denmark: Aarhus University Press, 2010).

10. Thomas, "Fishing equipment," 139ff.

11. Quotes in this paragraph from Casson, *The Periplus,* 61.

12. Adriaan H. J. Prins, *Sailing from Lamu: A Study of Maritime Culture in Islamic East Africa* (Assen, Netherlands: Van Gorcum, 1965), gives an excellent impression of the place, in many respects little changed from medieval times.

13. Alison Crowther et al., "Iron Age agriculture, fishing and trade in the Mafia Archipelago, Tanzania: New evidence from Ukunju Cave," *Azania* 49, no. 1 (2014): 21–44. Juani: Alison Crowther et al., "Coastal Subsistence, Maritime Trade, and the Colonization of Small Offshore Islands in Eastern African Prehistory," *Journal of Island and Coastal Archaeology* 11, no. 2 (2017): 211–37.

14. Mark Horton, Helen W. Brown, and Nina Mudida, *The Archaeology of a Muslim Trading Community on the Coast of East Africa* (Nairobi: British Institute in Eastern Africa Memoir 14, 1996).

15. Marbled parrot fish: Eréndira M. Quintana Morales and Mark Horton, "Fishing and Fish Consumption in the Swahili Communities of East Africa, 700–1400 CE," *Internet Archaeology* (2014), doi:10.11141/ia.37.3.

16. Quotes in these paragraphs are from G. S. P. Freeman-Grenville, *The East African Coast: Select Documents from the First to the Earlier Nineteenth Century* (Oxford: Clarendon Press, 1962), 14, 20.

17. Nicole Boivin et al., "East Africa and Madagascar in the Indian Ocean World," *Journal of World Prehistory* 26, no. 3 (2013): 213–81.

18. Quintana Morales and Horton, "Fishing and Fish Consumption."

16. 에뤼드라해

1. Quote from Lionel Casson, *The Periplus Maris Erythraei* (Princeton: Princeton University Press, 1989), 63, 65.

2. This coastline is described by Alan Villiers, *Sons of Sinbad* (London: Arabian Publishing, 2006), chap. 15.

3. Quote from Casson, *The Periplus,* 67.

4. Douglas J. Kennett and James P. Kennett, "Early State Formation in Southern Mesopotamia: Sea Levels, Shorelines, and Climate Change," *Journal of Island and Coastal Archaeology* 1, no. 1 (2006): 67–99.

5. Samuel Kramer, *The Sumerians* (Chicago: University of Chicago Press, 1963), is still an invaluable popular account. See also Harriett Crawford, *Sumer and the Sumerians,* 2d ed. (Cambridge: Cambridge University Press, 2004).

6. Laith A. Jawad, "Fishing Gear and Methods of the Lower Mesopotamian Plain with Reference to Fishing Management," *Marina Mesopotamica* 1, no. 1 (2006): 1–37.

7. Robert A. Carter and Graham Philip, eds., *Beyond the Ubaid: Transformation and Integration in the Late Prehistoric Societies of the Middle East* (Chicago: Oriental Institute of the University of Chicago, Studies in Ancient Oriental Civilization No. 63, 2010).

8. Mark Beech, "The Animal and Fish Bones," in Robert Carter and Harriet Crawford, eds., *Maritime Interactions in the Arabian Neolithic: Evidence from H3, As-Sabaniyah, an Ubaid-related Site in Kuwait,* 130–56 (Leiden: Brill, 2010).

9. Mark Beech, "In the Land of the Ichthyophagi: Prehistoric Occupation of the Coast and Islands of the Southern Arabian Gulf: A Regional Review," *Adumatu* 27 (2013): 31–48.

10. Sophie Méry, Vincent Charpentier, and Mark Beech, "First evidence of shell fish-hook technology in the Gulf," *Arabian Archaeology and Epigraphy* 19 (2008): 15–21.

11. J. Desse and N. Desse-Berset, "Les Ichthyophages du Makran (Belouchistan, Pakistan)," *Paléorient* 31, no. 1 (2005): 86–96.

12. Quotes from Casson, *The Periplus,* 73.

13. W. R. Belcher, "Marine Exploitation in the Third Millennium BC—The Eastern Coast of Pakistan," *Paléorient* 31, no. 1 (2004): 79–85. Balakot is described on pages 80ff.

14. This section relies on Jane R. McIntosh, *A Peaceful Realm: The Rise and Fall of the Indus Civilization* (Boulder: Westview, 2002).

15. Belcher, "Marine Exploitation," 80–82.

16. Casson, *The Periplus,* 79.

17. Wasantha S. Weliange, "Prehistoric fishing in Sri Lanka," in P. Perera, ed., *Festschrift in Honour of Professor S. B. Hettiaratchi: Essays on Archaeology, History, Buddhist Studies and Anthropology,* 211–28 (Nugegoda, Sri Lanka: Sarasavi Publishers, 2010).

18. Casson, *The Periplus,* 93.

17. 잉어와 크메르족

1. Li Liu and Xingcan Chen, *The Archaeology of China: From the Late Paleolithic to the Early Bronze Age* (Cambridge: Cambridge University Press, 2012).

2. Francesca Bray, "Agriculture," in Joseph Needham, ed., *Science and Civilization in China,* vol. 6, part 2: *Biology and Biological Technology,* 1–673 (Cambridge: Cambridge University Press, 1984).

3. Quotes from Berthold Laufer, *The Domestication of the Cormorant in China and Japan* (Chicago: Field Museum of Natural History Anthropological Series, Publication 300), 18, no. 3 (1931): 225.

4. Yangzi carp: Rafael Murillo Muñoz, *River Flow* (Boca Raton, FL: CRC Press, 2012), 1102–3.

5. C. F. Hickling, *Fish Culture,* 2d ed. (London: Faber and Faber, 1971).

6. Quotes in these two paragraphs are from Ted S. Y. Moo, trans., *Chinese Fish Culture by Fan Lee* (Solomons, MD: Chesapeake Biological Laboratory Contribution 459, n.d.), 2, 4. A *mou* was a measure of area: 6.6 mou equal 1.6 kilometers. A *chih* is 0.3581 meters.

7. Bray, "Agriculture," 1–673.

8. Charles Higham, *Early Mainland Southeast Asia: From First Humans to Angkor* (Bangkok: River Books, 2014).

9. Vuthy Voeun et al., "Faunal Remains from the Excavations at Angkor Borei, Kingdom of Cambodia." Manuscript. I am grateful to Miriam Stark for sharing this document with me.

10. Michele Nijhuis, "Harnessing the Mekong or killing it?" *National Geographic Magazine* 227, no. 5 (2015): 102–29.

11. Ian Campbell et al., "Species diversity and ecology of Tonle Sap Great Lake, Cambodia," *Aquatic Sciences* 66, no. 3 (2006): 355–70.

12. Charles Higham, *The Civilization of Angkor* (Berkeley: University of California Press, 2001), was the source for this section. See also Michael D. Coe, *Angkor and the Khmer Civilization* (London: Thames and Hudson, 2003).

13. Described for general readers by Brian Fagan and Nadia Durrani, "The secrets of Angkor Wat: How archaeology is rewriting history," *Current World Archaeology*, no. 77 (2016): 14–20.

14. Quote from Henri Mouhot, *Voyage dans les royaumes de Siam, de Cambodge, de Laos et autres parties centrales de l'Indochine* (1868; repr. Geneva: Editions Olizane, 1999), 172.

15. Food and Agriculture Organization of the United Nations, Fishery and Aquaculture Country Profiles, Cambodia. Country Profile Fact Sheets (Rome: FAO Fisheries and Aquaculture Department, 2011). http://www.fao.org/fishery/facp/KHM/en.

18. 안초비와 문명

1. Richard L. Burger, *Chavín and the Origins of Andean Civilization* (London: Thames and Hudson, 1992). The trumpet research is being carried out by the Center for Computer Research in Music and Acoustics (CCRMA), Stanford University.

2. Alison C. Paulson, "The Thorny Oyster and the Voice of God: *Spondylus* and *Strombus* in Andean Prehistory," *American Antiquity* 39, no. 4 (1974): 597–607. See also Marc Zender, "The Music of Shells," in Daniel Finamore and Stephen D. Houston, eds., *The Fiery Pool: The Maya and the Mythic Sea*, 83–85 (New Haven: Yale University Press and the Peabody Essex Museum, 2010).

3. Daniel Sandweiss, "The Return of the Native Symbol: Peru Picks *Spondylus* to Represent New Integration with Ecuador," *SAA Bulletin* 17, no. 2 (1999): 8–9.

4. Daniel Sandweiss, "The Development of Fishing Specialization on the Central Andean Coast," in Mark G. Plew, ed. *Prehistoric Hunter-Gatherer Fishing Strategies*, 41–63 (Boise, ID: Department of Anthropology, Boise State University, 1996).

5. Jerry D. Moore, *A Prehistory of South America: Ancient Cultural Diversity on the Least-Known Continent* (Boulder: University Press of Colorado, 2014), has general descriptions of the sites discussed in these paragraphs.

6. Jeffrey Quilter, *Life and Death at Paloma: Society and Mortuary Practices in a Preceramic Peruvian Village* (Iowa City: University of Iowa Press, 1989).

7. Quotes in this paragraph are from Ephraim Squier, *Travels in Peru* (New York: Harper, 1888), 110, 129.

8. Anchovy fishery: Edward A. Laws, *El Niño and the Peruvian Anchovy Fishery* (Sausalito, CA: University Science Books, 1997).

9. Michael E. Moseley, *The Inca and Their Ancestors: The Archaeology of Peru*, rev. ed. (London: Thames and Hudson, 2001), chap. 4.

10. Daniel H. Sandweiss, "Early Coastal South America," in Colin Renfrew and Paul Bahn, eds., *The Cambridge World Prehistory*, 1:1058–74 (Cambridge: Cambridge University Press, 2014). See also D. H. Sandweiss et al., "Environmental change and economic development in coastal Peru between 5,000 and 3,600 years ago," *Proceedings of the National Academy of Sciences* 106, no. 5 (2009): 1359–63.

11. Moseley, *The Inca*, chap. 5; Moore, *A Prehistory of South America*, 106–15.

12. The classic but now somewhat outdated work is Michael E. Moseley, *The Maritime Foundations of Andean Civilization* (Menlo Park, CA: Cummings Publishing, 1975). For a discussion, see Moore, *A Prehistory of South America*, 219–36. See also Daniel Sandweiss, "Early Fishing and Inland Monuments: Challenging the Maritime Foundations of Andean Civilization?" in Joyce Marcus, Charles Stanish, and R. Williams, eds., *Andean Civilizations: Papers in Honor of Michael E. Moseley*, 39–54 (Los Angeles: Cotsen Institute of Archaeology, UCLA, 2009).

13. R. Shady Solís, "America's First City: The Case of Late Archaic Caral," in W. Isbell and H. Silverman, eds., *Andean Archaeology*, vol. 3: *North and South*, 28–66 (New York: Springer, 2006).

14. For a general description of Moche, Sicán, and Chimú, see Moore, *A Prehistory of South America*, 331–38.

15. Joyce Marcus, *Excavations at Cerro Azul, Peru: The Architecture and Pottery* (Los Angeles: Cotsen Institute of Archaeology, UCLA, 2008). See also D. H. Sandweiss, *The Archaeology of Chincha Fishermen: Specialization and Status in Inka Peru* (Pittsburgh: Carnegie Museum of Natural History, 1992).

16. Izumi Shimada, *The Inka Empire: A Multidisciplinary Approach* (Austin: University of Texas Press, 2015), is a definitive account.

17. Sandweiss, *The Archaeology of Chincha Fishermen.*

19. 바다의 개미

1. The essays in James H. Barrett and David R. Orton, eds., *Cod and Herring: The Archaeology and History of Medieval Sea Fishing* (Oxford: Oxbow Books, 2016), were fundamental sources for this chapter. For herring: Paul Holm, "Commercial Sea Fisheries in the Baltic Region, c. AD 1000–1600," in Barrett and Orton, eds., *Cod and Herring*, 13–22.

2. *The Rule of St. Benedict*, English Version, Chapter 29, lines 31–33, www.osb.org.

3. Adriaen Coenen (1514–87) was a fishmonger at Scheveningen and an official seafood auctioneer as well as an imaginative illustrator. He began his 410-page-long *Visboek* at the age of sixty-three, basing it on his wide knowledge and collection of dried fish. The book is housed in the National Library of the Netherlands.

4. Friedrich-Wilhelm Tresch, *The Eel: Biology and Management of Anguillid Eels*, trans. Jennifer Greenwood (New York: Wiley, 1977). For a general survey: Richard C. Hoffman, "Economic development and aquatic ecosystems in medieval Europe," *American Historical Review* 101 (1996): 631–69.

5. Quoted from Brian Fagan, *Fish on Friday: Feasting, Fasting, and the Discovery of the New World* (New York: Basic Books, 2004), 178.

6. Richard C. Hoffman, "Carp, cods and connections: New fisheries in the medieval European economy and environment," in M. J. Henninger-Voss, ed., *Animals in Human Histories: The Mirror of Nature and Culture*, 3–55 (Rochester: University of Rochester Press, 2002). See also Richard C. Hoffman, *An Environmental History of Medieval Europe* (Cambridge: Cambridge University Press, 2014).

7. Holm, "Commercial Sea Fisheries in the Baltic Region," summarizes recent research.

8. J. Campbell, "Domesday herrings," in C. Harper-Bell et al., eds., *East Anglia's History: Studies in Honour of Norman Scarfe*, 5–17 (Woodbridge, UK: Boydell Press, 2002). See also James H. Barrett, "Medieval Sea Fishing, AD 500–1550," in Barrett and Orton, eds., *Cod and Herring*, 250–72.

9. Holm, "Commercial Sea Fisheries in the Baltic Region," 15.

10. Carsten Jahnke, "The Medieval Herring Fishery in the Western Baltic," in Louis Sicking and Darlene Abreu-Ferreira, eds., *Beyond the Catch: Fisheries of the North Atlantic, the North Sea, and the Baltic, 900–1850*, 157–86 (Leiden: Brill, 2009). See also Inge Bodker Enghoff, "Herring and Cod in Denmark," in Barrett and Orton, eds., *Cod and Herring*, 133–55.

11. Quote from Fagan, *Fish on Friday*, 99.

12. This passage is based on Jahnke, "The Medieval Herring Fishery," 161ff.

13. Ibid., 168–70.

14. Holm, "Commercial Sea Fisheries in the Baltic Region," 16.

15. This passage is based on Dries Tys and Marnix Pieters, "Understanding a Medieval Fishing Settlement along the Southern North Sea: Walraversijde, c. 1200–1630," in Sicking and Abreu-Ferreira, eds., *Beyond the Catch*, 91–122.

16. Bo Poulsen, *Dutch Herring: An Environmental History, c. 1600–1860* (Groningen: Aksant Academic, 2009). This is a definitive summary of the subject and an invaluable source. See also Christiaan van Bochove, "The 'Golden Mountain': An Economic Analysis of Holland's Early Modern Herring Fisheries," in Sicking and Abreu-Ferreira, eds., *Beyond the Catch*, 209–44.

17. Quote from Charles L. Cutting, *Fish Saving: A History of Fish Preservation from Ancient to Modern Times* (New York: Philosophical Library, 1955), 54.

20. 바다의 소고기

1. Quote from Brian Fagan, *Fish on Friday: Feasting, Fasting, and the Discovery of the New World* (New York: Basic Books, 2004), 67.

2. Mark Kurlansky, *Cod: A Biography of a Fish that Changed the World* (New York: Walker, 1997). For definitive academic papers, see James H. Barrett and David C. Orton, *Cod and Herring: The Archaeology and History of Medieval Sea Fishing* (Oxford: Oxbow Books, 2016), chaps. 3–21.

3. Arnved Nedkvitne, "The Development of the Norwegian Long-distance Stockfish Trade," in Barrett and Orton, eds., *Cod and Herring*, 50–59.

4. James H. Barrett, "Medieval Sea Fishing," has an authoritative survey of the subject. Fish bone evidence: James H. Barrett et al., "'Dark Age Economics' Revisited: The English Fish-Bone Evidence, 600–1600," in Louis Sicking and Darlene Abreu-Ferreira, eds., *Beyond the Catch: Fisheries of the North Atlantic, the North Sea, and the Baltic, 900–1850*, 31–60 (Leiden: Brill, 2009).

5. Sophia Perdikaris and Thomas H. McGovern, "Codfish and Kings, Seals and Subsistence: Norse Marine Resource Use in the North Atlantic," in Torben C. Rick and Jon M. Erlandson, *Human Impacts on Ancient Marine Ecosystems*, 187–214 (Berkeley: University of California Press, 2008).

6. See Barrett et al., "Dark Age Economics," 31–46.

7. This passage is based on Sophia Perdikaris and Thomas H. McGovern, "Viking Age Economics and the Origins of Commercial Cod Fisheries in the North Atlantic," in Sicking and Abreu-Ferreira, eds., *Beyond the Catch*, 61–90.

8. Justyna Wubs-Mrozewicz, "Fish, Stock, and Barrel: Changes in the Stockfish Trade in Northern Europe, c. 1360–1560," in Sicking and Abreu-Ferreira, eds., *Beyond the Catch*, 187–208. See also Nedkvitne, "The Development of the Norwegian Long-distance Stockfish Trade," in Barrett and Orton, eds., *Cod and Herring*, 50–59.

9. Mark Gardiner, "The Character of Commercial Fishing in Icelandic Waters in the Fifteenth Century," in Barrett and Orton, eds., *Cod and Herring*, 80–90. See also Mark Gardiner and Natascha Mehler, "English and Hanseatic Trading and Fishing Sites in Medieval Iceland: Report on Initial Fieldwork," *Germania* 85 (2007): 385–427.

10. Evan Jones, "England's Icelandic Fishery in the Early Modern Period," in David J. Starkey et al., eds., *England's Sea Fisheries: The Commercial Sea Fisheries of England and Wales since 1300*, 105–10 (London: Chatham Publishing, 2000).

11. Fagan, *Fish on Friday*, 183.

12. Ibid., chap. 13, summarizes a complex literature.

13. Kirsten Seaver, *The Frozen Echo: Greenland and the Exploration of North America, A.D. 1000–1500* (Palo Alto: Stanford University Press, 1997).

14. A classic account is Samuel Eliot Morison, *The European Discovery of America: The Northern Voyages* (New York: Oxford University Press, 1971).

15. Quote from English translation in Daniel B. Quinn, ed., *New American World: A Documentary History of North America from 1612*, vol. 1: *America from Concept to Discovery: Early Exploration of North America* (New York: Arno/Hector Bye, 1979), 97–98.

21. "고갈될 줄 모르는 만나"

1. Anthony Parkhurst (fl. 1561–83) was an advocate for English settlement in Newfoundland. He was the first Englishman to draw attention to the potential of the Gulf of St. Lawrence and the river beyond. Quote from a letter by Parkhurst to Richard Hakluyt, in Richard Hakluyt, *The Principal Navigations, Voyages, Traffiques and Discoveries of the English Nation*," ed. Ernest Rhys (London: Hakluyt Society, 1907), 5:345.

2. This chapter draws heavily on W. Jeffrey Bolster, *The Mortal Sea: Fishing the Atlantic in the Age of Sail* (Cambridge: Belknap Press, 2012), especially chaps. 1, 2. Also on Daniel Vickers, *Farmers and Fishermen: Two Centuries of Work in Essex County, Massachusetts* (Chapel Hill: University of North Carolina Press, 1994).

3. Harold E. L. Prinz, *The Mikmaq* (New York: Holt, Rinehart and Winston, 1996), has a general description, which I used here. See also Wilson D. Wallis and Ruth Sawtell Wallis, *The Micmac Indians of Eastern Canada* (Minneapolis: University of Minnesota Press, 1955).

4. Quotes in this paragraph from Bolster, *Mortal Sea*, 39–41.

5. This section draws on W. H. Lear, "History of Fisheries in the Northwest Atlantic: The 500-Year Perspective," *Journal of Northwest Atlantic Fisheries Science* 23, no. 1 (1994): 41–73.

6. Quote from Farley Mowat, *Sea of Slaughter* (New York: Atlantic Monthly Press, 1984), 168.

7. Lewes Roberts, *The Marchants Map of Commerce* (London: R. Mabb, 1638), part 1, p. 57.

8. Quote from Charles L. Cutting, *Fish Saving: A History of Fish Processing from Ancient to Modern Times* (New York: Philosophical Library, 1955), 33. These paragraphs and the following section rely on Peter E. Pope, *Fish into Wine: The Newfoundland Plantation in the Seventeenth Century* (Chapel Hill: University of North Carolina Press, 2004).

9. The Treaty of Utrecht was actually a series of treaties signed by the participants in the War of the Spanish Succession. Under the terms of these agreements France ceded Newfoundland, Nova Scotia, and some territories of the Hudson's Bay Company to Great Britain.

10. Lear, "History of Fisheries," 46.

11. Pierre Loti was a pseudonym. His actual name was Julian Viaud (1850–1923), and he was a French naval officer. Quotes in this paragraph are from Pierre Loti, *An Icelandic Fisherman*, trans. Guy Endore (Alhambra, CA: Braun, 1957), 8.

12. Pierre de Charlevoix, *Journal of a Voyage to North America* (London: R. and J. Dodsley, 1761). Reprinted by University Microfilms, Ann Arbor, 1966, 1:56.

13. Quote from A. C. Jensen, *The Cod* (New York: Thomas Y. Crowell, 1972), 66.

14. This passage relies on Bolster, *The Mortal Sea*, chap. 2, quote from p. 51.

15. Bernard Bailyn, *The New England Merchants in the Seventeenth Century* (Cambridge: Harvard University Press, 1955).

16. The Treaties of Utrecht are summarized at http://www.heraldica.org/topics/france/utrecht.htm.

17. Bolster, *The Mortal Sea*, 74–75.

18. Richard Pares, *Yankees and Creoles: The Trade Between North America and the West Indies Before the American Revolution* (Cambridge: Harvard University Press, 1956).

19. Bolster, *The Mortal Sea*, 137–38.

22. 고갈

1. W. Jeffrey Bolster, *The Mortal Sea: Fishing the Atlantic in the Age of Sail* (Cambridge: Belknap Press, 2012), chap. 4, has a comprehensive discussion, which I relied on here. The references in Bolster are an invaluable guide to the very complex literature glossed over here.

2. Hugo Grotius (1583–1645) was a Dutch jurist who helped lay the foundations of international law. His book *Mare Liberum* (The free sea), published in 1609, established the principle that the sea was international territory and free for all nations to use. Quote from Hugo Grotius, *The Freedom of the Seas,* trans. Ralph Van Deman Magoffin (New York: Oxford University Press, 1916), 49.

3. Bolster, *The Mortal Sea,* chap. 2.

4. Callum Roberts, *The Unnatural History of the Sea* (Washington, DC: Island Press/Shearwater Books, 2007), 140–44, 163–64.

5. Dietrich Sahrhage and Johannes Lundbeck, *A History of Fishing* (New York: Springer-Verlag, 1992), 104.

6. Quote from Callum Roberts, *The Unnatural History,* 131.

7. Ibid., 132–36, 141–42, 154–60.

8. Ibid., 147ff.

9. Ibid., 157.

10. Ibid.

11. Bolster, *The Mortal Sea,* 113–14, 125–29.

12. Roberts, *The Unnatural History,* 279ff.

23. 무한한 바다?

1 . The statistics in this chapter are drawn from the Food and Agriculture Organization (FAO), *The State of World Fisheries and Aquaculture* (Rome: Food and Agriculture Organization of the United Nations, 2014). As various authorities have pointed out, the figures are conservative and reflect incomplete reporting by many nations.

2. D. Pauly and D. Zeller, eds., "Catch reconstructions reveal that global marine fisheries catches are higher than reported and declining," *Nature Communications,* 2016, doi: 10.1038/ncomms10244, p. 9.

3. Callum Roberts, *The Unnatural History of the Sea* (Washington, DC: Island Press/Shearwater Books, 2007), chap. 26.

4. The statistics in this section are from FAO, *State of World Fisheries,* chap. 1.

5. Ibid., 181–92.

6. This passage is based on Mark Dickey-Collas et al., "Lessons learned from stock collapse and recovery of North Sea herring: A review," *ICES Journal of Marine Science* 67, no. 9 (2010): 1875–86.

7. www.http://europeche.chil.me.

8. Roberts, *The Unnatural History,* chap. 26. FAO, *State of World Fisheries,* 18–26.

9. Daniel Pauly et al., "Fishing Down Marine Food Webs," *Science* 279, no. 5352 (1998): 860–63. See also K. T. Petrie et al., "Transient dynamics of an altered large marine ecosystem," *Nature* 477, no. 7362 (2011): 86–89.

10. Izaak Walton and Charles Cotton, *The Compleat Angler,* ed. Marjorie Swann (New York: Oxford University Press, 2014), 27.

11. Ibid., 147.

찾아보기

ㅇ

ㅊ

ㅋ